本书获兰州大学"双一流"建设资金人文社科类图书出版经费资助和兰州大学人文社会科学类基本科研业务费战略发展专项项目资助

走向治理

公共文化服务的
现代转型与西部实践

TOWARD GOVERNANCE

Modern Transformation of Public Cultural Services and Practice
in the Western Areas

李少惠 等 著

社会科学文献出版社
SOCIAL SCIENCES ACADEMIC PRESS (CHINA)

目　录

上篇　理论概述与战略构想

下篇 实践样态与治理图景

上　篇

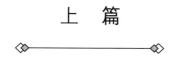

理论概述与战略构想

2005 年 10 月，党的十六届五中全会审议并通过的《中共中央关于制定国民经济和社会发展第十一个五年规划的建议》，首次明确提出了公共文化服务体系的战略规划。自此，"公共文化服务"成为指导中国文化建设的"公共话语"与核心理念，日益渗透到政府决策和社会生活之中。检视这一历程，毋庸置疑，覆盖全社会的公共文化服务体系建设取得了长足进步，成效显著。但不可否认，与社会经济发展水平相比，公共文化服务尚难以满足广大人民群众日益增长的精神文化需求，亦不能顺应社会主要矛盾发生改变后的现代社会转型要求。从全国范围来看，建立覆盖全社会的公共文化服务体系重点在农村、难点在西部。西部农村地区由于受特殊的自然环境和经济条件的制约，公共文化产品和服务较为欠缺，体系化建设尤为滞后。只有西部农村地区整体上建立起较为完善的现代公共文化服务体系，才有助于推动国家现代化目标的实现进程与乡村振兴战略的全面实施。

公共文化服务治理作为国家治理体系和治理能力现代化进程中的新命题，是建设社会主义文化强国这一宏观时代背景下的重要战略举措，是顺应全球化与公共治理趋势而衍生的"文化统治—文化管理—文化治理"的必然进路。在探索西部农村地区公共文化服务体系的理论与实践问题时，如何将治理理论应用其中，打破传统文化管理模式，建立公共文化服务治理模式成为当下以及未来一段时期推进西部农村公共文化服务体系建设的现实选择。然而，和诸多学者所担心的一样，治理作为一个"热门"词语，存在概念上的争议性、复杂性与理论自身的模糊性，应避免"治理滥用"。对此，本书在提出和使用"公共文化服务治理"这一概念时也非常谨慎，不是将公共文化服务体系建设的路径方式及其成效都称为或归因于治理，而是在借鉴治理内涵的基础上结合中国国情与公共文化服务实践进行理论的适用性分析。之所以做这样的探索，是因为公共文化服务体系建设亟待实现理论创新，需要在总结梳理公共文化服务实践层面创新的基础上重新确立新的理论视角与框架，以推动公共文化服务的跨越性发展。

公共文化服务治理不仅关系着公共文化服务实践所指向的公共性建构，包括培育公共精神、实现社会整合、建构政治认同与文化认同等重要议题，还关涉现代公共文化服务体系建设中政府、市场与社会的关系及政府职能和治理结构转型，特别强调多元参与主体之间在合作、信任和协商理念下，科学定位各主体的角色和功能，实现政府由传统的管文化向与市场、社会、公众共同治理文化的转变，由此确立政府主导、社会参与、多元协同的公共文化服务治理新格局。因此，本书的理论意义与现实价值为：其一，深化文化治理这一国家治理形态的理论内涵，丰富文化治理理论体系；其二，提出公共文化服务治理的话语体系，进一步拓展公共文化服务理论，推动文化治理理论研究的本土化进程；其三，打破传统文化管理模式，建立更加开放、包容的政策与制度环境，促进公共文化服务治理转型。

上篇以理论概述与战略构想为主要内容，重点从理论、政策和战略等层面分析公共文化服务及其治理转向的基础性问题，着力阐释公共文化服务治理的话语体系。在中国的政策语境中，以治理思维论述西部农村公共文化服务的理论与实践问题，是基于中国公共文化服务的现代转型明确"要以人民为中心，以社会主义核心价值观为引领，坚持正确导向，坚持政府主导、社会参与、共建共享、改革创新原则"同文化治理现代化诉求具有内在的一致性，凸显了政府体系内部的治理性变革以及国家与社会之间合作网络的塑造。探索西部农村公共文化服务的治理之道，需要在"国家—社会"关系框架下探讨公共文化服务的嬗变过程，明确其功能定位与话语表达，并透过作为文化治理内容与工具的公共文化服务政策文本，解读国家与地方公共文化服务治理的制度设计逻辑。作为一项发展中的命题，公共文化服务治理既有着公共服务的一般属性，也具备文化治理框架下公共文化服务治理变革的独特内涵要素。国内外围绕公共文化服务的治理模式进行了不同层面的探索，对形成中国西部农村公共文化服务治理之道提供了有益的借鉴，故应在此基础上，紧密契合西部农村公共文化服务的现实诉求、治理情境与发展方向，构想中国西部农村公共文化服务治理的战略要点。

第一章　导论

中国公共文化服务自提出以来，经历了从无到有、从有到多、从多到好的发展过程，逐步构建起了覆盖国家、省、市（州）、县（区）、乡（镇）、村的六级公共文化服务体系，并在这一过程中体现了公共文化服务由管理向治理的转型。

公共文化服务治理的形成有着内在的逻辑进路。就实质而言，公共文化服务治理与公共文化服务具有内隐的一致性与外显的连续性，同时，公共文化服务治理又呈现为一种与时俱进的理论创新，有着不同的理论内涵与机制设计。以治理思维讲述西部农村公共文化服务的发展之道，首先要在国家治理体系和治理能力现代化的时代背景下明确公共文化服务治理的现实诉求，分别从宏观、中观和微观三个层面就公共文化服务治理的理论价值进行探讨，尤其需要明确公共文化服务之于"国家—社会"动态关系的历史嬗变、功能定位与话语表达，进而以文化治理理论为基础，将治理思维引入公共文化服务，并探寻公共文化服务实现合作共治的模式与机制。

第一节　现实诉求与理论观照

公共文化服务治理的提出是顺应中国公共文化服务理论与实践发展，促进中国从传统文化事业管理迈向现代公共文化服务体系建设，从而实现公共文化服务高质量发展的必然要求。

公共文化服务治理的现实诉求必须首先置于国家治理体系和治理能力现代化的战略框架下，并基于宏观、中观和微观三个层面探讨公共文化服务治理的理论价值。公共文化服务治理在宏观层面是积极回应文化治理现代化的时代命题，从公共治理与文化治理的理论视角出发探讨公共文化服务治理价值功能与发展机理；在中观层面是对公共文化服务理论的丰富和拓展，关系着文化治理理论研究的本土化进程；在微观层面则是探讨在由文化管理转向文化治理的过程中，公共文化服务模式的调整与优化，由此凸显现代公共文化服务体系的价值内涵与目标指向，对传统公共文化管理模式进行制度性重构。可以说，公共文化服务治理是基于新时代的治理语境对公共文化服务的实践行动与理论发展的全新探索。

一　公共文化服务治理的现实契机

（一）国家治理体系和治理能力现代化的重要体现

公共文化服务体系建设作为一种文化建设战略与文化治理创新的载体，是推进国家治理体系和治理能力现代化进程的重要体现。国家治理体系是指一套紧密相连、相互协调的国家制度，在中国重点指党领导下的一系列制度体系，包含政治、经济、文化、社会、生态文明和党的建设等各领域的体制机制、法律法规。国家治理能力则是指运用国家制度对社会各方面事务进行管理的能力，包括改革发展稳定、内政外交国防、治党治国治军等各个方面。"国家治理体系和治理能力现代化"总目标的提出，明确了中国语境下的治理内涵和方向，即国家治理的基本制度符合时代潮流，国家治理的组织架构符合现代理念，不断完善和发展一个中心、多方参与、协同治理的治理主体体系，围绕政治权力机制与公民权利机制的有机构成和整体联系，实现政治权力机制、市场交换机制、民主治理机制和社会自治机制的优化及相互交叉创新，构建多重机制和方式交互复合作用的治理机制，将中国特色社会主义各方面的制度优势转化为治理国家的效能。①

在推进国家治理体系和治理能力现代化总体要求下，文化治理成为"国家治理现代化"命题中的应有之义。文化治理现代化是国家治理体系和治理能力现代化的重要组成部分，也是国家治理在文化建设领域的体现，为其他各个方面的治理体系和治理能力建设提供深厚支撑。尽管目前政界和学界对文化治理的内涵观点不一，但是对文化治理的价值理念、运行机制、运作逻辑等核心要素已基本达成共识，即倡导构建一种政府主导下的多元主体平等

---

① 王浦劬：《全面准确深入把握全面深化改革的总目标》，《中国高校社会科学》2014 年第 1 期。

协作的合作网络，意在彰显文化治理各主体由管从关系向伙伴关系的转变，强调要处理好政府与市场、社会在参与提供公共文化产品与服务等方面的关系，创新国家文化治理体制机制，推动文化管理向文化治理和文化善治转变，这是提升文化治理能力现代化的必由之路。由此可见，国家治理体系与治理能力现代化作为全面深化改革的必然要求，昭示着国家治理理念与制度体系的重大变革，必将对文化治理的创新发展产生重要的影响，为作为文化治理创新载体的公共文化服务治理提供有益的启示和现实契机。

（二） 中国文化体制改革和文化软实力提升的必然要求

公共文化服务体系建设作为全面建成小康社会的重要内容，也是服务型政府建设的主要任务。它不仅关系到政府文化行政职能履行、公民基本文化权利实现等核心命题，对于当代中国来说，公共文化服务体系建设更是关系到文化发展社会主义方向的根本性问题，是中国文化体制改革实践中一项与时俱进的制度创新。

中国文化体制改革的肇始及深化与市场经济体制确立、服务型政府建设、文化治理体系和治理能力现代化等时代背景密切相关，是国家应对发展新形势，提升文化软实力的重要举措，为发展社会主义先进文化，实现公共文化服务治理转型提供了制度基础。纵观改革开放以来中国文化体制改革的一系列举措，尽管在不同的历史阶段，文化体制改革的内容有所侧重，但总体上离不开宏观管理体制变革、微观运行机制创新、现代文化市场体系完善、公共文化服务体系建设等议题。其中，聚焦于文化行政职能转变、文化管理权力配置、文化法律制度建立等宏观层面的改革实践为公共文化服务治理创造了良好的制度环境，以管理主体多元、组织结构优化、服务方式创新等为核心的微观实践对于实现传统文化管理向现代文化治理的嬗变具有重要意义。围绕文化单位转企改制、行业主体培育、产业融合发展的变革行动则顺应了文化市场发展规律，有利于国家文化治理能力不断提升，而纳入国家文化建设主流话语体系的现代公共文化服务体系建设，作为政府履行文化责任的一项制度创新，其内在地包含了对高度组织化和格式化的传统文化管理体制的转型与超越，从人才队伍、组织结构、资源配置等方面直接赋予公共文化服务治理新动能。

从文化体制改革的持续推进到文化强国战略的明确部署，文化建设始终作为铸魂工程服务于中国特色社会主义事业的总体布局，为实现中华民族伟大复兴提供精神支撑。通常而言，文化主要通过对人的主体性塑造与价值性培育形成一致性的内隐力量对个体的思想和行动产生影响，进而传递着国家或民族共同的价值追求、道德规范、行为准则等，在这个意义上，文化构成了一个国家最核心的竞争资源，是综合国力的重要标志。从国家和民族发展的角度而言，文化软实力对内表现为一种向心力和凝聚力，有助于实现国家统一、民族团结和人民福祉；对外则体现为一种渗透力和影响力，在国家间竞争与话语权掌握中发挥着重要作用。提升文化软实力的根本在于国家核心价值体系的培育，动力源于文化发展体制机制的创新。中国政府以公共文化服务体系建设为支撑，不断推进文化创新，解放和发展文化生产力，从而为"社会主义核心价值体系建设"这一理论命题提供思想保障和制度基础，最终作用于国家文化软实力的提升。在国家治理体系和治理能力现代化的总体目标下，公共文化服务治理的适时提出和有效推进与公共文化服务一脉相承，既契合国家发展的时代主题，也符合文化治理的现实目标，反映了新的历史阶段国家高度的文化自觉，是提升国家文化软实力的必然要求。

（三）中国公共文化服务政策发展的题中之义

公共文化服务政策作为推进公共文化服务治理的重要抓手，对于满足公众文化需求、繁荣社会主义先进文化、建设文化强国具有重要的指导意义。然而，中国农村地区公共文化服务发展长期滞后，这一现象在西部农村地区尤为严重。由此，党和国家做出了一系列重大战略决策，以农村基层为重点，以体制机制改革创新为手段，以提高服务水平为鹄的，进一步加强农村公共文化服务体系建设，相继出台了一系列法律法规与方针政策，为西部农村地区公共文化服务治理指明了方向。

公共文化服务真正成为党和国家重要文件中的高频词，是在党的十六大之后。2005 年，党的十六届五中全会首次提出"公共文化服务体系"的概念，标志着中国公共文化事业建设进入新的历史时期。2006 年，《国家"十一五"时期文化发展规划纲要》中提出了公共文化服务体系建设的重要任务，并将加大力度改善农村及中西部地区公共文化基础设施条件、保障农民群体的基本文化权益作为发展重点。2007 年，国家将公共文化服务体系建设的重心放在农村基层，着力改善农村和中西部地区公共文化服务网络，激活公共文化服务内生力量。此后，农村公共文化服务日益渗透到政府决策和社会生活之中，成为文化建设的重点任务。为了加快政府文化职能转变，增强公共文化服务发展动力，中共中央办公厅、国务院办公厅于2015年印发了《关于加快构建现代公共文化服务体系的意见》，提出到2020年基本建成覆盖城乡、便捷高效、保基本、促公平的现代公共文化服务体系的工作目标，强调要在现代公共文化服务体系建设过程中形成政府、市场和社会共同参与的格局，并以此推动革命老区、民族地区、边疆地区、贫困地区公共文化建设实现跨越式发展。随后，文化部、财政部、体育总局等部门又联合发布了《关于做好政府向社会力量购买公共文化服务工作的意见》，更是直接对公共文化服务的社会化发展和治理性探索实践给予政策支持。2016年，《中华人民共和国公共文化服务保障法》的颁布可谓文化领域立法的重大突破，意味着中国公共文化服务从行政效应的"政策保护"迈向法律效应的制度保障。2017年，中宣部、文化部等部门联合印发《关于深入推进公共文化机构法人治理结构改革的实施方案》，旨在转变公共文化机构的组织结构和管理方式，进而提升其服务效能和治理水平。

党的十九大报告中提出实施乡村振兴战略，乡村振兴，文化先行。"十四五"时期是全面推进乡村振兴的关键时期。农村公共文化服务体系建设作为推进乡村文化振兴的重要工程，对于满足人民文化需求和增强人民精神力量发挥着重要作用。2021年，文化和旅游部发布《"十四五"公共文化服务体系建设规划》，将城乡公共文化服务体系一体化建设、均衡化发展作为主要任务，不断完善治理结构，提升治理水平。农村公共文化服务作为乡村振兴的基础工程和铸魂工程，其得以有效推进的关键在于通过实现治理转型提升农村公共文化服务发展水平。

公共文化服务治理实践与国家的政策设计有着紧密的联系，仅就以上所举公共文化政策文本涉及的体制机制改革、参与主体多元、服务机制优化以及文化机构法人治理结构建立等内容来看，已呈现鲜明的公共文化服务的治理转向。由此可见，推进西部农村公共文化服务治理是中国公共文化服务政策的题中之义，公共文化服务政策作为文化治理的内容与工具，在国家与地方公共文化服务政策的制度设计中逐步得到完善，为中国特色公共文化服务治理模式进行了有效的"顶层设计"。

（四）保障人的全面发展和文化权利的价值选择

文化权利，就是人们获得文化利益的权利。[①] 文化利益涉及人类生存与发展的各个方面，通常主要包括接受教育、获取信息、愉悦身心、进行创作等个体利益和维护共同体利益、保持文化多样化、尊重文化创造成果等集体利益。文化权利的充分实现是人的全面自由发展的基本表现，也是现代社会文明的重要标志。然而，相比政治权利与经济权利等其他人权，文化权利往往得不到应有的重视，时常遭遇悬置的困境。这是因为文化权利不但依赖于较高的社会经济发展水平，而且需要政府公权力以及公共资源的高投入作为保障。随着中国经济实力的增强与社会发展水平的逐步提高，公民的文化权利意识逐渐觉醒，对于公共文化服务的需求逐渐旺盛，也乐于参与文化活动并享受文化活动带给自身的精神满足感。中国在进入 21 世纪后正式开启了公共文化服务的"制度内供给"之路，意在通过公共文化服务体系建设，以政府为主导生产和提供一系列公共文化产品和服务，从而满足公众的公共文化需求，保障其文化权利。党的十六大报告进一步提出将尊重和保障公民文化权利作为全面建设小康社会的重要目标之一。公民文化权利逐渐上升到关乎党的执政能力和政府文化责任的高度，在公众日常生活中扮演着重要角色。

国家主导推进的公共文化服务体系建设作为对公民文化权利的积极回应，以设施健全、机构改革、队伍建设和机制创新为内核建立覆盖全社会的公共文化服务体系，为公民文化权利的充分实现创造条件。然而，自上而下的公共文化服务供给机制无法切实对接广大基层民众的需求，导致所投入的人财物等大量资源实际运行效能低下，公共文化服务陷入内卷化困境。随着新时代社会主要矛盾转化为"人民日益增长的美好生活需要和不平衡不充分的发展之间的矛盾"，如何顺应并满足人们不断涌现的更高层次、更加多元的精神文化需求，倒逼以政府为单一主体的公共文化服务提质升级，实现现代化的治理转型。在全面建成小康社会的当下，不仅要为公众提供普惠均等的公共文化产品与服务，保障公众共享改革发展带来的文化成果，通过着力解决城乡、区域以及人群间基本公共文化服务不平衡

---

① 蒋永福：《文化权利、公共文化服务体系与公共图书馆事业》，《国家图书馆学刊》2007 年第 4 期。

不充分的问题，努力营造公平正义的文化生态环境，提高全社会的文化生活质量，还要不断促进公共文化服务的法治保障，为人民赋权增能，充分激发全体社会成员参与公共文化服务体系建设的内生动力，调动他们的积极性、主动性与创造性，切实发挥主体地位与作用，真正落实以人民为中心的发展思想，促进人的全面发展。

二 公共文化服务治理的理论观照

(一) 宏观层面

研究公共文化服务治理是赓续国家发展战略谱系、深化文化治理这一国家治理形态理论内涵的现实需要。中国的国家治理经历了从以阶级斗争为纲的政治治理到以经济建设为中心的经济治理之后，正在走向以文化强国建设为战略目标的文化治理新阶段。[①] 公共文化服务作为文化治理的重要内容，构成国家治理进入新发展阶段以后的一种重要的运作载体和实现路径。

新时期的国家文化治理通常具有政治、经济、社会等多种面向，而且基于不同的治理目标和治理场域，文化治理的面向又有着不同的组合展示形态。首先，文化治理是具有政治治理面向的文化形态及运作过程。这充分表现为一定时期的文化及其治理过程总是服务于国家的意识形态建设，文化成为国家进行思想引领和意识形态建设的载体与工具，通过将国家意志和意识形态以宣传教化等形式灌输到民众的潜意识之中，以更好地发挥文化这种"社会黏合剂"的作用，便于有效地巩固已有的秩序。其次，文化治理往往也会表现出经济治理面向。这不仅指文化治理所具有的经济治理性，还包含了政府在提供公共文化服务过程中逐渐重视市场化途径的路径选择。一方面，文化治理所具有的经济治理性能够在一定程度上调整国家的经济发展结构，优化经济发展模式和方向，克服经济发展过程中面临的结构性矛盾和体制障碍；另一方面，对于市场化路径的重视，能够节约国家文化治理成本，经由市场机制的优势提升文化治理效率。再次，文化治理兼有社会治理的功能，表现为"社会生活的治理化"[②]。文化的社会治

---

① 胡惠林：《国家文化治理：发展文化产业的新维度》，《学术月刊》2012 年第 5 期。

② Bennett, T., "Putting Policy into Cultural Studies", *in* Grossberg, L., ed., *Cultural Studies* (New York: Routledge, 1991), p.15.

理性就是要通过文化治理提升公民的文化素养，维系公共秩序和公序良俗，促进社会的公平正义，消解与社会文明进步不相适应的意识观念。随着社会的发展，文化治理的社会面向从最初依赖文化政策对社会进行治理，逐渐转变为社会公民的自我治理。① 显然，研究公共文化服务的治理之道，能够从理论层面观照国家文化治理的政治、经济以及社会面向的深刻意涵，对于丰富文化治理这一新型国家治理形态的理论体系具有重要的价值。

（二）中观层面

研究公共文化服务的治理之道实质上是对公共文化服务理论的丰富和拓展，关系着文化治理理论研究的本土化进程。在传统的公共文化服务研究中，存在"文化福利""文化权利"等研究范式，研究内容聚焦于深化中国文化体制和运行机制改革、政府的公共文化服务职能转变、优化公共文化服务供给方式等。以往研究公共文化服务的框架工具在新的时代背景下遇到了许多无法解决的难题，需要重新审视理论关怀的合理性和实用性。

与此同时，文化治理理论作为舶来品，并不全然适用于中国公共文化服务的具体实践，亟待构建契合中国西部农村公共文化发展情境的理论体系。在西方的学术语境中，文化在治理实践中通常被赋予"工具"和"对象"的双重属性，这为国内学者研究文化治理议题提供了有益启示，并且推动了在中国治理情境下探讨公共文化服务治理独特内涵的研究。然而，随着中国公共文化服务进入高质量发展阶段，国外的文化治理理念逐渐在中国的治理实践中出现"悬浮化"、不接地气等问题，政府亟须本土化的文化治理理论指导，以更加精准、及时、全面地回应民众的文化需求，提高其对于公共文化服务的满意度。

因此，本书将治理理论与文化治理理论作为研究公共文化服务的重要理论视角，在摒弃"治理万能"的工具理性思维的基础上，通过聚焦西部农村公共文化服务的实际，挖掘提炼西部地区实践层面鲜活的治理性要素，不但有助于丰富公共文化服务理论的内涵和外延，拓宽其理论指导的现实意义，而且是对推进文化治理理论研究本土化的有益探索。

（三）微观层面

西部农村公共文化服务这一命题本身是被设置于中国问题背景和语境

---

① 吴理财：《文化治理的三张面孔》，《华中师范大学学报》（人文社会科学版）2014 年第 1 期。

下的,是在城乡二元分割的制度条件下对如何实现公共文化服务共建共治共享模式,从而在整体上建构起现代公共文化服务体系的思考与探索。研究公共文化服务治理则是在国家治理现代化背景下,将治理理论引入公共文化服务领域,探讨在由文化管理转向文化治理的过程中,公共文化服务模式的调整与优化。这不但涉及政府部门公共文化服务理念的革新问题,而且对公共文化服务供给过程和体系优化提出了新的要求,对于传统的单纯由政府包办的服务模式提出了挑战。

在传统的公共文化服务模式下,政府部门作为公共文化服务的单一供给主体,主要通过自上而下的"送文化"机制实现公共文化产品与服务的输送任务,由此形成了从公共文化产品生产、分配到输送、享受之间的单一链条。在这一过程中,政府部门集公共文化服务决策、生产、管理等职能于一身,而民众作为公共文化服务的享有者,由于其处于服务链条的末端,并不能有效地实现需求反馈和服务评价权利,这种供需错位导致公共文化服务效能低下。

随着国家治理体系和治理能力现代化目标的提出,公共文化服务治理的现代化成为国家治理现代化的必然要求,如何有效推进公共文化服务从传统的政府管理文化向政府主导下的文化治理转型,建立更加开放、包容的制度环境,形成多元互动和交互理性的公共文化服务治理格局,并使各主体在平等参与和合作互动中调适多元利益或冲突,以达到体系中各要素的协同效果,是新时期实现公共文化服务高质量发展的关键所在。因此,本书对于西部农村公共文化服务治理的研究,不仅契合了公共文化服务治理转向的现实需求,还可以为促成高效能的公共文化服务实践提供理论指导,有助于西部农村地区形成具有区域特色的公共文化服务模式,探索出符合西部农村公共文化服务治理转型的地方经验。

第二节　公共文化服务治理的理论基础

公共文化服务治理这一概念不是凭空产生的,而是有其深厚的理论基础。从学术范畴的角度来看,公共文化服务治理与公共文化、公共文化服务有着紧密的内在联系,是对后两个范畴的深化与发展;从理论发展的角度来看,公共文化服务治理以公共治理理论和文化治理理论为基础,并在中国国家治理现代化语境下不断发展与完善。

（一）核心概念界定

公共文化服务治理是国家文化治理体系的重要组成部分，其与公共文化和公共文化服务既一脉相承又与时俱进。公共文化服务是指为满足社会成员的公共文化需求，向社会公众提供公共文化产品和服务行为及其相关制度与系统的总称，而公共文化服务治理则是以公共文化为场域，以公共文化服务为治理工具和对象。因此，准确把握公共文化和公共文化服务内涵是理解公共文化服务治理的前提与关键。

1. 公共文化

公共文化是"公共"与"文化"的复合，是文化大系统中的一个子系统和特殊范畴，故界定"公共文化"的概念首先要对"文化"的概念加以把握。"文化"可谓是一个内涵复杂、外延宽广的大概念，随着社会历史的变迁而发展出丰富多样的内涵并延伸到人类社会政治、经济、文化生活的各个领域及不同学科，故迄今为止尚未形成简单明晰并得到人们普遍认同的定义。从词源学角度来看，西方语境下的"文化"一词源于拉丁文的"cultura"，原义是指人在改造外部自然界使之适应于衣食住行的过程中，对土壤、土地的加工和改良，后来逐渐引申出了修养、教育、文化程度、礼貌等多种含义。1871 年，英国人类学家泰勒在《原始文化》一书中对文化做了系统的阐释：文化或文明，就其广泛的民族学意义来说，是包括全部的知识、信仰、艺术、道德、法律、习俗以及作为社会成员的人所掌握和接受的任何其他的才能和习惯的复合体。[①] 1952 年，美国文化人类学家克罗伯和科拉克洪在整理分析了 160 多种文化定义之后对文化下了一个综合定义："文化存在于各种内隐的和外显的模式之中，借助符号的运用得以学习与传播，并构成人类群体的特殊成就，这些成就包括他们制造物品的各种具体式样，文化的基本要素是传统（通过历史衍生和由选择得到的）思想观念和价值，其中尤以价值观最为重要。"[②]

---

① 〔英〕爱德华·泰勒：《原始文化》（第 2 版），连树声译，广西师范大学出版社，2005，第 70～84 页。

② Kroeber, A. L., Kluckhohn, C., *Culture: A Critical Review of Concepts and Definitions* (Cambridge, MS, the Peabody Museum, 1952), p. 65.

在中国传统语境中，"文""化"本是各自独立表达的词语，其并列使用较早见于《易经·贲卦·象传》中的"观乎天文，以察时变；观乎人文，以化成天下"。"天文"即客观自然规律，"人文"即人伦社会规律，即社会生活中人与人之间纵横交织的关系，如君臣、父子、夫妇、兄弟、朋友等构成的复杂网络，通过"人文"以"化成天下"表现了明确的"以文教化"的思想，"文化"表示对人的性情的陶冶、品德的教养，本属精神领域之范畴。

1982年，联合国教科文组织（UNESCO）在墨西哥城举办的首次"世界文化政策会议"上，将"文化"界定为："文化是一套体系，涵盖精神、物质、知识和情绪特征，使一个社会或社群得以自我认同。文化不仅包括文学艺术，也包括生活方式、基本人权观念价值观念、传统和信仰。"[1] 2001年，联合国教科文组织在《世界文化多样性宣言》中再次对文化做了类似的定义，即"应当把文化看作某一社会或社会群体所具有的一整套独特的精神、物质、智力和情感特征，除了艺术和文学以外，它还包括生活方式、聚居方式、价值体系、传统和信仰"[2]。这一基于文化人类学对文化所做的权威界定也就构成文化政策文本及公共文化服务治理的概念基础。

界定"公共文化"的概念还要厘清何为"公共"。"公共"的语义为"公有的、公用的、公众的、共同的"。英文"public"一词的含义具有双重来源。一为古希腊词"pubes"，大致是成熟完备之义，指身体与情感智力上的双成熟，尤其指人们超越自我关心或自我利益而关注和理解他人的利益。这意味着个体对于自身行为可能给他人造成的后果以及人我关系的自觉。二为古希腊词"koinion"，英语中的"common"一词就来源于此，它本身还有关怀之意。[3] 显然，"公共"（public）这一词源更为强调的是一种共同的、集体的关怀。现代意义上的"公共"概念主要是从政治哲学的角度来界定的，其以产权制度和市场经济体制为基础，涉及"公共需求"、"公共领域"、"公共选择"和"公共精神"等诸多命题。[4]

① Graber, C. B., "The New UNESCO Convention on Cultural Diversity: A Counterbalance to the WTO?" *Journal of International Economic Law* 9 (3), 2006, pp. 553–574.
② Cowan, J. K., Dembour, M. B., and Wilson, R. A., *Culture and Rights: Anthropological Perspectives* (The United Kingdom: Cambridge University Press, 2001), p. 127.
③ 李春成：《公共利益的概念建构评析》，《复旦学报》2003年第1期。
④ 毛少莹：《公共文化服务概论》，北京师范大学出版社，2014，第7~10页。

公共文化从产生伊始就是与私人文化相对的范畴，是与纯粹市场性和产业化文化艺术相对应的具有公益性的社会文化，它是以公共性为内在属性的文化形态，具有深厚的精神文化内涵与外化的物质形态外延。在外延方面，公共文化主要指具有群体性、共享性等外在公共性特征的文化，其特点是以文化站、群众艺术馆、公共图书馆和博物馆等公共文化空间场所为依托，发展群众参与性、资源共享性的文化。在内涵方面，公共文化是在文化的精神品质上具有整体性、公开性、公益性、一致性等内在公共性特征的文化，它培养人们的群体意识、公共精神以及文化价值观念上的群体认同感和社会归属感，追求文化的和谐发展与文化整合。[①]

2. 公共文化服务

公共文化服务是指由政府主导、社会力量参与，以满足公民基本文化需求为主要目的而提供的公共文化设施、文化产品、文化活动以及其他相关服务。[②] 它是由公共部门或准公共部门共同生产或提供的，以实现和保障公民的基本文化权利、满足社会成员的基本文化需要为目的，着眼于提高全体公众的文化素质和文化生活水平，既给公众提供基本的精神文化享受，也维持社会生存与发展所必需的文化环境与条件的公共产品和服务行为的总称，[③] 具有公共性、非营利性、均等性和再生产性等特点。

首先，公共性是公共文化服务的根本属性，也是公共文化服务体系存在和发展的前提条件。公共性涵盖了利益取向的公正性、服务主体的公正性、资源配置的公有性以及社会成员的共享性和公用性诸方面。其次，非营利性表明了公共文化服务以注重社会公共利益为首要目标，非营利属性体现了公共文化服务的公益性特质，也是其区别于一般经营性文化服务的内核所在。再次，均等性意味着公共文化服务的分配和占有不以公民的身份、地位和职位差异而区别对待，人人都能平等获取的社会性服务。政府作为公共文化服务的主要供给主体，应通过均等化手段来推动公共文化服

---

① 万林艳：《公共文化及其在当代中国的发展》，《中国人民大学学报》2006 年第 1 期；李少惠：《互动与整合：甘南藏区农村公共文化服务发展研究》，中国社会科学出版社，2014，第 47 页。

② 《中华人民共和国公共文化服务保障法》，中国人大网，http://www.npc.gov.cn/zgrdw/npc/xinwen/2016－12/25/content_2004880.htm，最后访问日期：2020 年 10 月 12 日。

③ 陈威主编《公共文化服务体系研究》，深圳报业集团出版社，2006，第 16 页。

务公平性的实现。最后，再生产性是指公共文化产品或服务的价值并非如最初"制作"的那般一成不变，而是在人们消费的过程中被意外地挪用、重置或重新赋予。① 再生产性与文化作为人类社会的精神活动及其产物赋予公共文化服务的特殊品质有关。从公共文化产品与服务的生产、供给到接受、消费的全链条过程来看，其并不是一个绝对的"线性"过程，公众在接受公共文化服务的过程中会将自身的主观认知纳入其中，以判断该服务与自身需求的匹配程度，也因此凸显了作为接受方与消费方的公众主体地位与价值创造，同时也提示公共文化政策制定者要合理把控经由文化消费的再生产性所导致的意外风险，确保公共文化服务生产和供给的质量。

从公共管理学角度看，公共文化服务属于公共服务中的社会性公共服务，公共文化服务既是公共服务体系的有机组成部分，也是社会公共事业的重要内容，公共文化服务的提出及发展是社会进步和现代文明的标志。作为由政府承担主要供给责任的公共文化服务，对公共需求回应的有效性在一定程度上体现了服务型政府的建设水平。中国公共文化服务的发展，必须依靠国家在法律、政策、资金等方面的大力支持和社会各界的积极参与，通过建立健全公共文化服务体系来实现。

3. 公共文化服务治理

公共文化服务治理产生于国家治理现代化语境下，是国家文化治理体系的重要组成部分。与公共文化服务相比，其既在理念、主体、机制、效能等核心要素方面有其自身的侧重点，同时又以公共文化服务为内容和手段，特别是以现代公共文化服务体系为支撑。具体而言，公共文化服务治理是一种集价值理念、结构要素、模式和机制于一体的文化治理形式，在公共文化服务场域中遵循治理逻辑，通过建立政府、市场、社会等多元主体协同共治的合作网络，在文化规划、文化资源、基础设施、文化人才、资金投入以及文化生态环境等基础性要素的作用下，借助协同供给机制、供需对接机制、空间形塑机制、数字化机制、绩效评价机制等手段，实现对既有公共文化服务模式的调整与优化，并据此达成对政治、经济与社会等领域的多重治理，最终实现文化的善治。

---

① 吴理财：《把治理引入公共文化服务》，《探索与争鸣》2012 年第 6 期。

公共文化服务治理的基本特征表现在以下几个方面。首先，公共文化服务治理具有人民主体性。公共文化服务治理既是为人民的治理，又是靠人民的治理，不仅以人民群众的文化需求为导向，保障基本文化权益，而且尊重人民群众在文化建设中的主体地位和作用，通过政策设计与制度安排来激发内生活力①，体现了以人为本的价值取向。其次，公共文化服务治理具有网络性。在引入社会力量参与公共事务管理后，公共管理就成为真正的社会联合行动，而公共治理就是对合作网络的管理。②公共文化服务治理同样借由政府、市场和社会多元主体之间的合作与参与，实现由传统的科层模式向扁平化的网络治理模式的转变。各治理主体间在合作互动过程中形成网络状结构，每个主体都是网络的联结点，互联互构，既减少了信息传递层级，也激发了主体的积极性。再次，公共文化服务治理具有技术性。对现代技术的应用是公共文化服务最明显的特征之一，技术性深刻影响了公共文化服务的创新发展。新技术工具的开发利用不断促进政府职能的转变和权力结构扁平化，为多元治理主体结构提供了便捷平台与优化路径，数字化服务模式推动公共文化服务的共建共享。最后，公共文化服务治理具有整合性。通过整合各治理主体以及公私部门之间的人、财、物、信息等资源，提升公共文化服务效能，特别强调对公共行政体系内部政府部门层级的职能与功能的整合，全面调整纵向与横向府际关系，以规避各自为政或政出多门造成的公共文化服务碎片化，实现条块协同，增进效益。同时还注重整合协调多元治理主体的目标构成，通过吸纳并回应各主体不同的价值诉求，以沟通协商的方式达成共识，并通过发挥不同治理主体的优势使公共文化服务治理目标得以实现。

（二）文化治理的理论发展

一种具有生命力的概念，一经产生总是会不断扩散，与各国既有知识体系相结合，在特定环境和具体实践之下被赋予新的含义，乃至发展成为一种独立的理论体系。③公共文化服务治理的提出源于公共治理理论和文化治理理

---

① 许继红、乔瑞金：《试论当代中国特色公共文化治理的现代化转型》，《马克思主义与现实》2020 年第 3 期。
② 陈振明主编《公共管理学：一种不同于传统行政学的研究途径》（第二版），中国人民大学出版社，2003，第 62 页。
③ 彭莹莹、燕继荣：《从治理到国家治理：治理研究的中国化》，《治理研究》2018 年第 2 期。

论的引入和发展，并从中国实践出发，在国家治理体系与治理能力现代化背景下得以不断完善，是治理理论在公共文化服务领域本土化的系统成果。

1. 治理与公共治理

20 世纪 90 年代以来，西方在对政府、公民社会与市场的反思及政府改革的浪潮中产生了治理理论。"治理"一词最早出现于 1989 年世界银行以"治理危机"概述非洲发展问题根源的报告中，随后被广泛运用于描述发展中国家的政治状况。① 全球治理委员会（Commission on Global Governance）将治理界定为个人和公共或私人机构管理公共事务的诸多方式的总和，是使相互冲突的或不同的利益得以调和并且采取联合行动的持续过程。② 治理理论的创始人罗西瑙认为，治理与统治不同，治理是由共同的目标所支持的，这个目标未必出自合法的以及正式规定的职责，而且它也不一定需要依靠强制力量克服挑战而使别人服从。③ 治理的出现意味着公共行政模式的重大转变，它使整个行政管理生态发生了根本的变化，被视为理解、评估以及指导未来公共服务的重要理论构想和行动指南。④

治理理论于 2000 年被引入中国，学者们讨论的概念也由治理转换为政府治理或公共治理，其出发点在于重新定位政府角色。公共治理代表了中国政治改革的方向，① 现已成为一种具有高度概括力的理论解释范式。国内学者陈振明指出："公共治理就是对合作网络的管理，又可称为网络管理或网络治理，指的是为了实现与增进公共利益，政府部门和非政府部门（私营部门、第三部门或公民个人）等众多公共行动主体彼此合作，在相互依存的环境中分享公共权力，共同管理公共事务的过程，对政府部门而言，治理就是从统治到掌舵的变化；对非政府部门而言，治理就是从被动排斥至主动参与的变化。"⑤ 俞可平在公共治理理论的基础上提出了"善治"概

① 俞可平主编《治理与善治》，社会科学文献出版社，2000，第 1 页。
② Commission on Global Governance, *Our Global Neighbourhood: the Report of the Commission on Global Governance* (Oxford: Oxford University Press, 1995).
③ 〔美〕詹姆斯·N. 罗西瑙主编《没有政府的治理》，张胜军、刘小林等译，江西人民出版社，2001，第 5 页。
④ 淳于淼泠、李春燕、兰庆庆：《新公共治理视角下公共文化服务供需关系的三重建构》，《图书情报工作》2019 年第 3 期。
⑤ 陈振明主编《公共管理学：一种不同于传统行政学的研究途径》（第二版），中国人民大学出版社，2003，第 62~63 页。

念，即"良好的治理"，善治是作为"治理"的目标存在，是公共利益最大化的治理过程，其本质特征就是国家与社会处于最佳状态，是政府与公民对社会公共事务的协同管理，或称为官民共治。它包含一些重要的要素如合法性、法治、透明性、责任性等。[①] 实现善治就必须推行建立与社会经济发展、政治发展和文化发展要求相适应的现代治理体制，实现国家治理体系的现代化，这也是党的十八届三中全会以来政府一直追求倡导的国家发展的重要战略思想。总的来看，公共治理主要有以下几个特征。一是治理目标的公共利益取向。治理的目标是在各种不同的制度关系中运用权力去引导控制和规范公民的各种活动，以最大限度地增进公共利益。[②] 公共治理的目的不仅要重视工具理性，还要强调价值理性。公共治理不仅要重视效率，还要强调社会公平正义，其最终目的是促进人的全面发展。二是治理主体的多元化。治理理论中涵盖互相依赖的多个主体，这些主体彼此间通过网络化的交互机制不间断地进行协调互动，以此确定共同目标。公共治理理论突破了将政府看作唯一主体的传统观点，强调不仅有一直承担重要角色的政府，也包括作为政府重要补充力量的社会非营利组织（NPO）或非政府组织（NGO）等。三是治理手段与方式的多样性。其管理手段除国家行政手段外，更多的是强调各个主体之间的自愿平等合作。[③]

可见，公共治理是区别于传统政府管制模式的一种新型的公共事务管理模式。在这种模式中，政府与非政府组织、国家与公民社会、公共机构与私人机构相互合作，共享管理权力，并通过多种管理手段与方式，达到共同分享责任与义务，增进和实现公共利益的目的，体现了多元共治、协商合作的善治理念。公共治理其实更关注政府对公共事务的管理方式。它强调在自组织网络治理的基础上，政府参与其中并起"元治理"的作用；政府与自组织形成互动型治理网络，共同谋求公共利益最大化的治理形式。公共治理理论的形成是公共管理理论与实践的一个重大变革，它为中国现代公共文化服务体系建设与发展提供了有益的启示，昭示着政府文化管理方式的转变，实现政府由管制型向服务型的彻底转变，不断提升政府文化

---

① 俞可平主编《治理与善治》，社会科学文献出版社，2000，第8~9页。
② 俞可平：《治理和善治：一种新的政治分析框架》，《南京社会科学》2001年第9期。
③ 陈潭：《第三方治理：理论范式与实践逻辑》，《政治学研究》2017年第1期。

治理能力和文化服务的绩效。

2. 文化治理的理论变迁

1996 年，世界文化与发展委员会发布了题为《我们创造性的多样性》的报告，将"治理"的理念延伸到文化领域，文化治理的话语开始兴起。关于"文化治理"理论的系统阐述可追溯至葛兰西的"文化霸权"理论、福柯的"治理性"概念和本尼特的"文化治理性"思想。他们开创性的理论观点与学说为文化治理理论的形成与发展提供了重要的思想渊源。

葛兰西的文化霸权理论认为，"一个社会集团的至尊地位以两种方式展现自身，其一是'支配'，其二是'知识和道德领导权'"①，即统治阶级不仅要靠暴力机构维护国家秩序，还需要采用相对柔和的文化手段在意识形态层面完成对被统治阶级的把控。"文化所具备的软性力量渐渐取代其刚性的内容所体现出来的那种直接的暴力支配而转变为一种间接的支配，人在不知不觉之中服从或依随一种教导或言说。"② 应当说，葛兰西看到了文化作为统治者的政治工具进行统治的功用，使人们认识到了文化对于思想控制的重要性。故其文化霸权理论蕴含了将文化视为治理工具的思想。

福柯的治理思想对文化治理的影响甚大，其思想集中体现在"治理术"方面，指涉"对事物的准确布置，通过安排，将其引向合适的目的"③，通过一系列微观技术实现"支配他人的技术与自我支配的技术之间的关联"④。福柯的治理术主要有三层含义。⑤ 其一，治理术是多元、多层次、多向度的，它的对象、内在机理与目标取向都是具体、多样的，治理不是单向度的自上而下的压制。其二，治理术是动态、有机的，特别注重治理机制内在层次之间、治理对象之间的动态关联，以及治理对象自身的能动性，而治理本身也是一个历史性的动态演进过程。其三，治理术中的治理问题与一系列策略、机制、机构等微观技术的运作密切相关。

---

① Gramsci, A., *The Applied Theatre Reader*（Abingdon：Routledge, 2020）.

② 赵旭东：《人类学与文化转型——对分离技术的逃避与"在一起"哲学的回归》，《广西民族大学学报》2014 年第 2 期。

③ 徐一超：《"文化治理"：文化研究的"新"视域》，《文化艺术研究》2014 年第 3 期。

④ Martin, L. H., Gutman, H., Hutton, P. H., *Technologies of the Self：A Seminar with Michel Foucault*（University of Massachusetts Press, 1988）.

⑤ 徐一超：《"文化治理"：文化研究的"新"视域》，《文化艺术研究》2014 年第 3 期。

伯明翰文化研究学派学者本尼特将福柯的治理思想引入文化领域，从而"将文化视为一组独特知识、专门艺术、技术与机制，透过符号系统的技艺与权力技艺建立关系，以及透过自我技艺的机制一并作用在社会之上，或与之建立关系"①。在本尼特的理论中，他将政策、制度与管理的背景和手段看作文化的重要领域和成分，进而将文化研究视为特殊的文化治理区域，在问题框架内重新审视文化，文化可以是一种连接权力者和社会生活者之间的媒介，并可以发展成作用于社会关系上的一种治理机制，强调文化既是治理的对象，又是治理的工具。②

除了西方学者对文化治理的观点存有异议外，国内学者对"文化治理"的概念界定及其阐释也众说纷纭、见仁见智，但总体上仍与西方文化治理的研究取向相同，即围绕文化与治理的关系展开研究，主张将"文化"理念与"治理"理念相结合。何满子虽然早在1994年就关注到"文化治理"概念，但他所说的"文化治理"主要是指对大众文化中的庸俗内容进行治理，③即对文化自身进行治理，但并未形成学理性意涵。台湾学者王志弘对"文化治理"概念进行了开创性的学理化建构。他在汲取福柯和本尼特等及公共治理理论资源基础上，从文化的治理性功能视角出发，将"文化治理"界定为以文化来实施治理、管理，这里的治理（governance）已突破"控制、引导和操纵"的本意，他认为，文化治理是一个结合了"治理"和"治理性"的概念，一方面须注重其不局限于政府机构的性质，以及治理组织网络化的复杂状态；另一方面，必须关注文化治理乃是权力规制、统治机构和知识形态（及其再现模式）的复杂联结。④"文化治理概念的根本意蕴，在于视其为文化政治场域，亦即透过再现、象征、表意作用而运作和争论的权力操作、资源分配，以及认识世界与自我认识的制度性机制。"⑤

---

① Bratich, J. Z., Packer, J., McCarthy, C., "Culture and Governmentality", in Bennett, T., ed., *Foucault, Cultural Studies, and Governmentality* (Albany, NY, US: State University of New York Press, 2003).

② 任珺：《跨域视角下的文化政策研究》，社会科学文献出版社，2014，第125页。

③ 何满子：《文化治理》，《瞭望新闻周刊》1994年第9期。

④ 王志弘：《台北市文化治理的性质与转变，1967－2002》，《台湾社会研究季刊》2003年第52期。

⑤ 王志弘：《台北市文化治理的性质与转变，1967－2002》，《台湾社会研究季刊》2003年第52期。

随后，王志弘又于 2010 年发表论文，在前期理论研究基础上，汲取了包括反身性自我理论、文化霸权理论、调节理论等在内的思想资源，① 对"文化治理"概念予以深化，"文化治理"被界定为"借由文化以遂行政治与经济（及各种社会生活面向）之调节与争议，以各种程序、技术、组织、知识、论述和行动为操作机制而构成的场域"②，进一步丰富了"文化治理"的理论内涵。至此，"文化治理"方可谓形成了系统的学理化表达，虽然这一观点也遭到了质疑和批判，如吴彦明指出其繁杂的文化治理概念不但稀释了治理的理论色彩，而且使文化成为一种以"不在场的后者方式出现"的概念。③ 但王志弘对"文化治理"概念的理论化建构无疑产生了深远的影响。"文化治理"引发大陆学者的关注并成为热点是在 2005 年之后，此时恰逢公共文化服务体系的初建时期，为文化体制改革提供了理论指向。郭灵凤较早将文化治理作为专业术语进行分析，认为文化治理指的是为文化发展确定方向的公共部门和私营机构、自愿/非营利团体组成的复杂网络。④ 胡惠林认为文化治理是指国家通过一系列政策措施和制度安排，利用和借助文化的功能用以克服与解决问题的工具化，对象是政治、经济、社会和文化，主体是政府和社会，政府发挥主导作用，社会参与共治⑤，并把"善治"的理念融入文化领域中，认为"文化善治"是"文化治理"的更高境界。⑥ 他还提出文化治理是继政治治理、经济治理之后国家治理的第三个阶段。⑦ 在毛少莹看来，"文化治理"涉及两个方面的问题：一是作为"文化治理"的公共文化事务治理问题；二是基于"文化"与"治理"关系的文化的功能和作用在一般公共事务治理中的发挥问题。⑧ 因此，"'文化治理'可视为将'文化'理念与'治理'理念相结合，来处理公共文化事务、进

① 徐一超：《聚焦"文化治理"：问题史、理路与实践》，《中国文化产业评论》2014 年第 1 期。
② 王志弘：《文化如何治理：一个分析架构的概念性探讨》，《世新人文社会学报》2010 年第 11 期。
③ 吴彦明：《治理"文化治理"：福柯、班内特与王志弘》，《台湾社会研究季刊》2011 年第 82 期。
④ 郭灵凤：《欧盟文化政策与文化治理》，《欧洲研究》2007 年第 2 期。
⑤ 胡惠林：《国家文化治理：发展文化产业的新维度》，《学术月刊》2012 年第 5 期。
⑥ 胡惠林：《实现文化善治与国家文化安全的有机互动》，《探索与争鸣》2014 年第 5 期。
⑦ 胡惠林：《文化治理中国：当代中国文化政策的空间》，《上海文化》2015 年第 2 期。
⑧ 毛少莹：《文化治理及其国际经验》，《中国文化产业评论》2014 年第 2 期。

行公共文化决策、配置文化资源与权力的过程；同时，'文化治理'也可以理解为在这一过程中各利益相关方力量博弈形成的一种复杂的'自组织'关系"①。吴理财总结这些观点，提出公共文化服务既是文化治理的一种形式，也是文化治理的一项内容，在一个公共性日趋衰落的转型社会中，公共文化服务发挥重要的社会治理功能，即引导社会、教育人民和推动发展。②其思想内在蕴含着将文化治理的实质理解为透过文化和以文化为场域达到治理的目的。

概括而言，对"文化治理"的阐发形成了三条研究路径：一是将文化作为治理对象，把治理理念引入文化场域之中，通过国家、社会和市场等多元主体的融合作用介入文化管理体制变革中③；二是将文化作为治理工具或手段，强调以文化进行治理，即以主流文化意识形态引导社会风气和塑造精神境界，凭借文化的功能，以合作共治的方式达成政治、经济、社会等领域的多重治理④；三是将文化既作为治理对象又视为治理工具，这一观点得到了后来学者的推崇，原因在于治理文化通常是文化治理的前提与起点，是文化治理得以有效推进的文化保障，而文化治理的实现又是治理文化的目的和归宿，也是"治理文化"的现实意义和价值所在，两者是辩证统一的关系。在国家政策话语推动下的文化治理研究，总体来看包括以下两个侧重点。首先，强调文化的治理作用，认为文化治理是国家治理的重要内容。文化治理为国家治理提供相对稳定、广泛认同的思想价值体系，同时也为制度变革、社会创新奠定思想基础，并据此对文化治理的构成要素⑤、核心任务⑥以及对国家文化政策相关问题进行探讨。其次，强调从"文化管理"向"文化治理"的转变。文化管理是通过制度规章管理文化行为的过程，具有行政强制性，而文化治理是通过制度安排发挥文化功能以解决国家治理中的问题，强调人和社会的自主性。文化治理体现了治理理

---

① 毛少莹：《文化治理成为社会治理的重要部分》，中国社会科学杂志社官网，http://sscp.cssn.cn/xkpd/gggl/201208/t20120801_1121974.html，最后访问日期：2022 年 8 月 24 日。
② 吴理财：《把治理引入公共文化服务》，《探索与争鸣》2012 年第 6 期。
③ 李少惠、崔吉磊：《中国公共文化治理的本土化建构》，《贵州社会科学》2015 年第 11 期。
④ 吴理财、解胜利：《文化治理视角下的乡村文化振兴：价值耦合与体系建构》，《华中农业大学学报》2019 年第 1 期。
⑤ 景小勇：《国家文化治理体系的构成、特征及研究视角》，《中国行政管理》2015 年第 12 期。
⑥ 祁述裕：《当前文化建设的几个重点难点问题》，《行政管理改革》2013 年第 1 期。

念、治理主体、治理方式的重大变化。从这个意义上说，实现从文化管理向文化治理的转变，具有制度创新的意义，顺应了国家治理体系与治理能力现代化的发展趋势。

3. 文化治理理论的本土化反思

文化治理理论作为"舶来品"在中文语境中获得了长足发展，其与治理理论的兴起密切相关。治理理论的兴起源自对政府失灵和市场失灵的反思与替代，其所主张的治理理念为多元主体共同参与社会事务治理提供了理论基础，也在一定程度上克服了单纯依赖国家或市场而造成的"失灵危机"。然而，对治理理论的极度推崇，不可避免地忽略了治理本身的"失灵问题"。治理失灵，一方面是基于治理概念自身的复杂性、争议性、张力性，由此会影响人们对文化治理的思考与运用；另一方面，还必须认真考量中国的治理情境，尤其是后者。故而，在将西方治理理论和文化治理理论引入中国文化领域时，应予以本土化改造①，以实现"文化善治"的价值目标。

正是基于对治理理论适用性问题的讨论与反思，催生了意图调和政府、市场与社会之间力量对比及组合机制的新的"元治理"理论。元治理理论强调，不是为解决单一具体的行动或制度，而是改善治理条件和规范框架，澄清和协调价值冲突，聚焦于政治权威如何通过法律、组织结构、制度策略及其他政治战略促进引导治理自身组织体系建设和完善。②"元治理"（meta-governance）的实质在于通过有效发挥政府的资源和制度优势（设置治理规则、化解治理冲突、优化治理网络、提升组织能力等），为政府、市场、社会三种治理模式创建一种灵活互动的治理机制，消除各种治理模式之间存在的失调、对立与冲突③，达到三种治理模式协同互补的效果。显然，对于中国单一制国家政体而言，无论是宏观层面国家治理体系的构建还是具体到公共文化服务治理话语体系的打造，政府都是极为重要的角色，其在多元治理体系中的主导作用并未消解其他治理形

① 靳亮、陈世香：《文化属性"三分法"与中国公共文化治理的本土化建构》，《上海交通大学学报》（哲学社会科学版）2018年第2期。
② 臧雷振：《治理类型的多样性演化与比较——求索国家治理逻辑》，《公共管理学报》2011年第4期。
③ 李剑：《地方政府创新中的"治理"与"元治理"》，《厦门大学学报》2015年第3期。

式或力量，相反，政府的元治理角色功能的发挥将有利于为其他多元治理主体提供稳定的制度环境，在治理网络中承担起平衡网络运作、维护公共精神、实现民主价值的责任。因此，政府在治理过程中的主导作用及其权威优势被重新提上议事日程，绝不可与传统意义上的"全能主义政府"一概而论。

文化治理具有综合性和整体性，文化治理的对象包括文化体制机制、文化产业、公共文化服务和日常文化生活等文化形态。[1] 公共文化服务领域具有较强的可治理性，涉及文化资源配置、多元主体互动、政府机构职能转变以及社会价值引领等，这些要素均属于文化治理的范畴。但显然学者们在将治理引入公共文化服务之后，缺乏学理性反思。文化治理理论已经影响到欧美诸多发达国家文化政策的设计和执行，但由于中国有着不同的政治经济制度与人文环境，直接照搬文化治理理论势必会遭遇诸多困境。在批判性汲取西方文化治理理论资源的基础上，总结提炼公共文化服务领域的治理实践，将有助于推动文化治理理论创新。因此，本书以文化治理理论为视角，结合国家公共文化政策导向，以公共文化服务治理为核心主旨，探索西部农村公共文化服务的治理之道，以期为西部农村公共文化服务高质量发展提供有益思路与理论支撑。

第三节 治理视域下的公共文化服务

受国家宏观政策和文化战略的影响，在公共文化服务领域，国家与社会关系呈现不同的阶段形态。在国家与社会关系的变化过程中，公共文化服务始终保有核心的价值取向，这种内在规定性决定了公共文化服务之于社会发展的特殊意义。不同时期的公共文化服务呈现不同的话语表达形式，但不同的话语表达形式之间并不存在绝对的边界，而是基于"国家—社会"关系变化的文化战略调整，实则反映了公共文化服务的多面性。公共文化服务治理话语的兴起，恰是顺应了正确把脉公共文化服务体系建设中政府、市场与社会之间的关系的趋势。

---

① 王前：《理解"文化治理"：理论渊源与概念流变》，《云南行政学院学报》2015 年第 6 期。

一　"国家—社会"关系框架下公共文化服务的嬗变

国家与社会关系是社会科学研究中的经典命题，由此产生了众多论断与研究取向。在近代西方政治思想中，西方学术界围绕个人权利实现过程中国家与社会二者地位孰轻孰重的问题形成了"国家中心论"与"社会中心论"两派截然对立的观点，并由此衍生出"强国家—弱社会"、"弱国家—强社会"及"强国家—强社会"的关系模式。① 不过，近年来，西方学界已逐渐摆脱"国家与社会孰强孰弱"的抽象争论。一方面是因为宏观上的国家与社会互动原则在西方国家已经基本确立，另一方面是因为国家与社会的互动具有历史性，在不同历史和社会情境下会呈现不同的面向。在现实行动中，国家与社会均具有自主性，都是具有自我利益取向的独立行为主体。

在中国学术界，国家与社会关系也成为研究中国社会变迁的一个主导性视角，学者们围绕各自的领域开展了丰富的研究。虽然具体的研究进路或研究方法各有偏好，但也逐渐达成一个共识，即在运用国家与社会关系的理论分析视角时，要避免对国家和社会认识的规范化、抽象化及程式化，而应使之更为具象化。这无疑对我们运用国家与社会关系分析公共文化服务具有很好的启迪作用。将公共文化服务置于"国家—社会"关系框架下予以探讨，能够分别得到基于国家、社会以及二者关系变迁等不同立场的学术发现，有助于提升公共文化服务研究的系统性和全面性。

新中国成立以来，国家与社会关系处于不断演化变迁之中，可概括为由总体性社会向领域分离的社会转变，国家的全能控制逐渐减弱，社会发育空间得到拓展，社会活力日益增强，国家更加注重社会的呼声和反馈，正如米格代尔所言，国家是社会中的国家，社会是国家中的社会②，国家与社会相互作用、互嵌互构。在公共文化服务领域，伴随国家与社会关系的演进，公共文化服务亦由政治驱动、经济驱动逐渐转变为兼顾政治、经济和文化的综合驱动逻辑，国家与社会关系互动发展的同时，公共文化服务

---

① 王妮丽：《国家与社会关系视角下我国社区治理模式思考》，《云南师范大学学报》（哲学社会科学版）2019年第1期。

② 〔美〕乔尔·S.米格代尔：《社会中的国家：国家与社会如何相互改变与相互构成》，李杨、郭一聪译，江苏人民出版社，2013，第32页。

的"公共性"与"文化性"不断增强。现阶段中国公共文化服务更加强调市场作用和社会参与，一个国家主导、市场与社会多元协同的现代公共文化服务体系正在形成。

（一）政治驱动的文化重塑

新中国成立初期，实行计划经济，确立了以合作化、集体化为特征的集体所有制经济体系，形成了一元化的社会治理结构及价值体系，集体主义、爱国主义成为主流价值标准，社会主义伦理道德新格局逐步形成，但"乡土中国"的特征未得到有效改变，乡村道德观念尚处于"乡土伦理"的范畴之中，[①] 大多数农村居民也依然遵循着传统的道德规范。从供给机制来看，经过互助组、初级社的转变，高级农业生产合作社成为农村公共产品与服务供给的法定责任主体，农村公共文化服务供给主要依托农村集体经济或村民的成本分担机制进行，[②] 未纳入政府的财政预算，其实质是一种"制度外供给"机制。[③]

20世纪50年代，中国逐步建立了比较完备的国家文化事业体系，包括文化艺术系统、文物系统、广播电视电影系统、新闻出版系统等，在国家宏观层面上形成了一种以"同权分割"为组织原则、以"树结构"为基本形态的事业体制，这种事业体制一直延续到21世纪初期。[④] 受计划经济体制的影响，这一时期的农村文化事业体系是在"行政型政府"建设背景下，主要由人民公社和生产队开展以主流文化和普及大众科学文化知识为核心的公共文化服务工作，旨在通过公共文化的舆论引导及教化功能，加强文化领导与管理，树立正确的意识形态。农村地区的广播报纸、文化馆等承担了政治宣传、识字教育、组织文艺活动、普及科学知识等文化职能，成

---

① 陈文胜：《城镇化进程中乡村文化观念的变迁》，《湘潭大学学报》（哲学社会科学版）2019年第4期。

② 段小虎等：《西部贫困县图书馆"跨越式"发展的财政保障研究》，《图书馆论坛》2016年第1期。

③ "制度外供给"是指财政制度之外的公共物品供给形式，包括公共物品的制度外财政供给（乡镇企业上缴利润、管理费；乡镇统筹；各种集资、捐款收入；各种罚没收入）和民间供给（民间的捐款、集资、摊派等）。

④ 傅才武：《中国文化管理体制：性质变迁与政策意义》，《武汉大学学报》（人文科学版）2013年第1期。

为新中国成立初期国家在农村地区开展政治治理的重要文化阵地。[①]

总体而言，计划经济时期的公共文化服务是置于国家"全能主义"政权建设的背景之下进行的，为了巩固国家政权，适应"政社合一"的政治体制，国家增强了对民众的动员能力，并在乡村逐渐培育起社会主义、马克思主义和唯物主义价值观，乡村文化得到了重塑。显然，这一时期的农村公共文化体现出极强的政治属性，是国家经由公共文化达成政治治理的实践过程。

（二）经济驱动的文化建设

随着改革开放政策的实施和市场经济体制的逐步确立，具有高度整合性的"总体性社会"走向瓦解，形成了相对独立和日益扩展的市场、社会领域。伴随这种产权制度和社会条件的深刻变化，文化建设开始突出经济导向，"文化搭台，经济唱戏"就是这一时期政策导向的形象描述。改革开放初期，由于国家对农村公共文化服务关注度下降，导致"城市形成了以财政分级包干为主的公共文化供给机制，即一级政府负责建设和管理本级公共文化设施；而农村却因为家庭联产承包责任制的推行，削弱了原有的集体经济保障基础"[②]，农村公共文化服务供给缺乏体系化制度保障，供给内容比较单一，"制度外供给"仍然是较长时期内农村公共文化供给的主要经济来源。

20世纪90年代初期，国家逐渐开始通过公共财政并以专项建设方式增加农村公共文化服务供给，先后实施了文化扶贫战略、"三下乡"活动。为帮助农村贫困地区发展经济，这一时期的公共文化服务工作与农村经济发展紧密地联系起来，肇始于1993年的文化扶贫战略涵盖了"万村书库"工程、"手拉手"工程、电视扶贫工程、为农村儿童送戏工程等多个项目，其主要目的在于提升贫困地区农村居民的科技文化素养以带动经济发展。而后，1997年国家又启动了文化科技卫生三下乡活动，意在推进公共文化建设，改善社会风气，其在促进农村经济发展方面发挥了积极作用。自此，公共文化治理的"制度外供给"问题尽管有了转变的迹象，

---

① 赵军义：《元治理视角下的乡村公共文化治理：回顾与前瞻》，《图书馆》2022年第2期。

② 段小虎等：《西部贫困县图书馆"跨越式"发展的财政保障研究》，《图书馆论坛》2016年第1期。

但并未对公共文化生态构成实质性改善，国家总体上悬浮于乡村社会之上。

从社会层面来看，市场经济的发展催生了乡镇企业，"工业化的技术要求，培养了具有现代市场意识和经济理性的农民企业家，也使越来越多的农村工人实现了身份转换"①，农民工群体的出现使得现代价值观念与文化生活意识流入乡村，虽然增强了乡村公共文化的开放性，但同时滋生了个人主义、拜金主义、伦理失序等不良文化风气，产生"人格衰退、精神衰退、道德衰退"② 等不良社会现象。

（三）综合驱动的文化服务

改革开放时期，中国经济发展水平取得了长足的进步，农村居民的物质生活水平有了很大提升，但其公共文化生活并不"富裕"。与此同时，加速推进的城镇化促使中国乡村社会经历了价值观念从一元向多元交织演变、道德观念从"乡土伦理"向市场伦理演变、习俗观念从"乡土本色"向现代性多元演变的过程。农村劳动力特别是有文化、懂技术的文化人才的转移，使得农村缺少文化精英，造成农村"文化空心化"。③ 为解决全国人民尤其是农村居民物质生活与精神生活不同步的问题，国家于 20 世纪末先后实施了一系列"文化惠民工程"④，用以满足农村居民基本公共文化服务需求，保障其基本文化权益。与前一阶段经济治理不同的是，现阶段的农村公共文化服务为化解"最后一公里"难题，"文化惠民工程"重点向村一级下沉延伸，农村公共文化服务中的国家与社会关系演变为保障与合作的状态。

从国家层面来看，2005 年 10 月，党的十六届五中全会审议并通过了《中共中央关于制定国民经济和社会发展第十一个五年规划的建议》，正式提出"加大政府对文化事业的投入，逐步形成覆盖全社会的比较完备的公

---

① 周军：《当代中国乡村文化变迁的因素分析及路径选择》，《中央民族大学学报》2011 年第 2 期。

② 陈波：《二十年来中国农村文化变迁：表征、影响与思考——来自全国 25 省（市、区）118 村的调查》，《中国软科学》2015 年第 8 期。

③ 陈波、耿达：《城镇化加速期我国农村文化建设：空心化、格式化与动力机制——来自 27 省（市、区）147 个行政村的调查》，《中国软科学》2014 年第 7 期。

④ "文化惠民工程"包括送戏下乡工程、广播电视村村通工程、农村电影放映工程、全国文化信息资源共享工程、农家书屋工程等。

共文化服务体系",由此,公共文化服务体系建设成为国家文化战略部署并开始启动。① 2013 年,财政部、文化部共同出台文件②,要求按照"公共文化领域中央与地方财政事权和支出责任划分原则,地方各级财政应当落实支出责任,保障本地区免费开放'三馆一站'③ 日常运转所需经费"。2015年,国务院办公厅出台文件④要求依照"向城乡群众提供基本公共文化服务、整合各级各类面向基层的公共文化资源、开展基层党员教育工作、配合做好其他公共服务"的功能定位,推进基层综合性文化服务中心建设。此后,国家相继出台了《中华人民共和国公共文化服务保障法》《中华人民共和国公共图书馆法》,农村公共文化服务供给被纳入国家制度保障,农村公共文化服务在这一时期才具备真正意义上的"公共属性"与"服务属性",长期以来农村公共文化服务过程中的"制度外供给"难题得以解决,"制度内供给"成为助推农村公共文化服务事业发展的财力保障,为文化强国建设以及乡村文化振兴战略实施提供了制度支持。总体而言,这一时期国家为农村公共文化服务发展提供了强大的制度与资源保障,不断通过制度建设与资源输入提升农村公共文化服务水平。

从社会层面来看,随着农村公共文化服务体系的不断完善,农村社会的公共性培育工作取得了新的进展,农村居民的文化权益意识不断增强,参与公共文化活动的积极性有所提升,逐渐营造出浓厚的公共文化氛围。在相关政策支持下,民间文化社团组织不断发展壮大,在农村社会中的影响力日益增强,部分民间文化社团经由基层政府的组织吸纳机制获取了更多的演出机会,不但是政府与社会组织合作供给公共文化服务过程中的重要合作对象,而且成为提升农村居民对公共文化服务满意度的重要力量。与此同时,农村社会优秀的传统文化资源不断被国家发掘、整理与保护,通过实施非遗名录整理与非遗传承人认定制度,这些优秀传统文化资源不

---

① 李少惠、赵军义:《公共文化服务研究的热点主题与演化路径分析》,《图书与情报》2017年第 4 期。
② 2013 年 6 月 7 日,财政部、文化部印发《中央补助地方美术馆、公共图书馆、文化馆(站)免费开放专项资金管理暂行办法》。
③ "三馆一站"为美术馆、公共图书馆、文化馆及乡镇综合文化站。
④ 2015 年 10 月 2 日,国务院办公厅印发《国务院办公厅关于推进基层综合性文化服务中心建设的指导意见》(国办发〔2015〕74 号)。

仅得到了科学的保护和管理，还实现了合理利用，由此催生了农村社会的文化自觉。

总之，当代公共文化服务一定程度上体现了国家与社会的良性互动关系，既有国家基于公权力与公共资源的保障行为，又不乏其与社会的良性合作趋势，总体上呈现保障与合作的关系。与计划经济和市场经济时期公共文化服务过程中所呈现的单一面向不同，现阶段的公共文化服务糅合了政治、经济与文化三重面向，更加注重发挥公共文化的复合治理功能。一方面，中国公共文化服务坚持以社会主义核心价值观引领公共文化建设，通过一以贯之地运用"意识形态前置和共识凝聚"工具，提升民众整体文化素养、道德认知等价值感知水准①，体现出极强的政治面向；另一方面，近年来脱贫攻坚工作成为基层治理工作的重中之重，文化扶贫被再次纳入新时期基层扶贫的策略体系，通过精神扶贫和文化产业扶贫为扶贫工作注入了新的活力，公共文化又具备了极强的经济面向。故进入文化强国建设时期，公共文化服务的政治面向、经济面向与文化面向皆呈现强化态势并发挥了重要作用，体现了农村公共文化服务治理实践中"政治治理"、"经济治理"与"文化治理"三种治理样态的融合。

二　公共文化服务的功能定位

公共文化服务体系建设是社会主义国家的重要文化战略之一，具有鲜明的价值导向性和广泛的社会功能。公共文化服务关系着人类社会公平正义等基本价值理念的守护和认同，是对现代公共秩序的价值支撑，也关系到公民文化素养水平的提升、文化价值观念的塑造与公共精神的培育，要求以多元而开放的文化体制和文化价值观念作为公共文化生活的基本原则。

新时代，提升国家文化软实力已成为中国文化发展的核心战略目标，这不仅关系到中国能否将自身的优秀传统文化发扬光大，还关乎中国在世界政治经济舞台上的话语权问题。公共文化服务体系建设是满足公民基本文化需求，保障和实现公民基本文化权益，提高公民修养、培育公共精神和坚定文化自信的重要举措，与提高国家软实力有着共同的目标。因此，正确把握公共文化服

①　李少惠、赵军义：《乡村文化振兴的角色演进及其实践转向——基于中央一号文件的内容分析》，《甘肃社会科学》2019 年第 5 期。

务的功能定位是治理视域下发挥公共文化服务治理效能的前提和基础。

（一）培养公民素质，提升公民修养

18 世纪德国古典哲学家把文化引入"精神自由"的领域，它专指精神成就、人的内在人格和自我完善的意向，是具有较高公民素养的重要组成部分。公民素质是指公民作为社会政治生活的主体，为参与政治和社会生活所应具备的价值理念和行为能力，其实质是公民资格的问题。[①] 公民素质和公民修养所要讨论的是作为合格公民在参与政治和社会生活的过程中，应当具备的基本品格、道德、观念和能力等。文化以文化人的本质功能决定了公共文化服务首先要承担起提高公民道德修养和文化素质的使命。公共文化服务的独特方式在于它是以喜闻乐见的文化艺术形式融入社会公众日常生活中，在满足公众精神文化追求、丰富文化生活的同时也涵养了道德情操，内化了核心价值，进而提升自我创造、自我表现、自我服务的能力。公共文化服务的独特价值，就在于它向社会公众提供的是不间断的社会教育和培训的机会，与教育一起发挥着互补功能。社会成员通过对公共文化产品的消费，以终身学习的方式，获得精神文化娱乐享受以及知识培养所形成的能力，并促使其做出有利于自身和社会发展的恰当选择与行为。这将有助于改变社会公众的整体精神面貌，提升其在社会生活中的主体地位，最终建构起社会生活的意义。

培育公民社会，扩大政治参与，发展不同类型的社会组织被认为是提升公民素质与修养最为有效的探索路径。在公民社会中，"身份和利益各不相同的社会单元，由于对国家保持独立性，不仅能够限制统治者的武断专横行为，而且也可以有助于造就更好的公民：他们对别人的偏好有更深的了解，对他们自己的行为更加自信，在为了公共福祉而情愿奉献方面更加具有文明的心灵"[②]。公民社会的推进很大程度上依赖社会组织的培育，"民间组织对社会政治参与的程度要远远高于普通的公民，特别是在农村和城市的基层"[③]，而且对提升民众的权利意识、平等意识、宽容意识、公共责

---

① 王春英：《和谐社会视阈中的公民素质》，《社会主义研究》2010 年第 1 期。
② 〔美〕菲利普·施米特、〔美〕特丽·林恩·卡尔：《民主是什么，不是什么？》，载刘军宁编《民主与民主化》，商务印书馆，1999，第 48 页。
③ 俞可平等：《中国公民社会的兴起与治理的变迁》，社会科学文献出版社，2002，第 5 页。

任意识，以及社会参与技能具有正向效应。① 因此，公共文化服务在遵从培养公民素质、提高公民修养的价值取向时，也应当注重发挥社会组织供给公共文化服务的独特优势和潜力，缓解政府作为公共文化服务"责任人"的供给压力，丰富公共文化服务供给内容的层次和水平。同时，应在公共文化服务决策过程中纳入民众及社会组织的意愿和诉求，构建民众参与文化决策乃至政策制定的有效机制。

（二）培育公共精神，滋养社会理性

公共性是现代服务型政府的根本属性，也是公共文化服务体系存在和发展的前提条件。公共性指涉个体基于理性与法律规范参与公共生活、维护公共利益和价值取向的精神。如果说理性化是现代生活的基本逻辑，以利益格局为着眼点来调适行为以达成更高收益，那么，公共性的坚守可以使理性化不至于陷入刻板的科层化的"铁笼"，有助于防范人们受工具理性驱动走向各逐其利的"公地悲剧"。因此说，公共性构成了文化治理现代化所需的公共精神之基。而公共文化服务体系建设的价值内核在于培育公共精神，滋养公民理性。公共精神内在地蕴含着民主、平等、公正、参与、责任等一系列最基本的公共范畴，是现代国家所吁求的治理资源，它的现代生长不仅为国家治理提供精神动力，还为国家治理奠定共识基础。在这个意义上，公共文化服务是通过一系列标准化、均等化的公共产品和服务，潜移默化地影响人们的思维方式和行为实践，进而以公共文化浸润现代生活，培植社会公共性，发挥公共文化服务的社会治理效应。

中国正面临急遽的社会转型时期，在市场化、城市化、信息化等现代性力量的冲击下，人们生产生活的行为逻辑日益原子化和功利化，精致利己的市场理性逐渐取代守望相助的文化传统，公共秩序的文化支撑正遭受着空间挤压和价值消解。另外，以家族为本位和家国同构的文化传统既限制了民众公共生活空间的合理扩展，又使社会之公共性和公共精神受到家与国的双重挤压而无以生发，最终阻碍了现代化的发展进程。这客观上要求我们在当代公共文化事业发展中必须紧紧围绕公共性的瓦解与重塑来进行，通过不断创新传统文化、改革组织机构、整合文化资源，弥补文化缺

---

① 潘修华：《社会组织发挥公民素质提升功能的现状与改善》，《理论探讨》2017 年第 4 期。

失，培育公共精神。公共文化服务是培养公民价值理性和社会政治意识的文化形态，为政府治理能力和民众参与能力提升奠定广泛基础，促使公民意识得到良好发展，而对各种问题的理性探讨与互动交流，不同主张的表达与传递也促进了公民政治参与的实现。通过对公民角色和公共精神的培育，可以提升民族品质，塑造自尊自信、理性平和、积极向上的社会心态，规范人们的利益诉求，形成共同的价值认同，建立良善的社会秩序。总之，公共文化服务就是要通过对公共精神和民主权利的追求，促进公民意识的觉醒和个体人格的健全，从整体上提升公民素质。

（三）塑造文化认同，坚定文化自信

文化认同是内化于个人的文化认知和主观体验中，是个人对一种群体文化的倾向性共识与认可，并由此形成支配人们行为的思想准则与价值取向。在全球化时代，激烈的国家竞争赋予文化以特殊的政治意味，塑造文化认同，提升文化软实力成为国家文化发展战略的重要目标。政府主导推进的公共文化服务体系建设为文化认同的塑造奠定了制度基础，在公共文化服务体系建设的整体框架中，传统文化继承、大众文化引导以及现代文化创新是文化认同塑造的实现形式，设施网络完善、文化资源整合、服务机制创新是文化认同塑造的重要手段。而政府作为文化职能履行的核心主体，是文化认同的主要建构者和塑造者，通过激发广泛的社会参与，形成多元主体结构，进而在公共文化活动组织与开展中培育文化认同，这是构成文化自信的基本前提和落脚点。

文化自信是指一个国家、民族、人民对自己的理想、信念、学说以及优秀文化传统有一种发自内心的尊敬、信任和珍惜，对当代核心价值体系的尊奉坚守。[①] 文化自信对内有助于凝聚文化认同而不至于陷入文化自卑与价值虚无的精神状态；对外有助于保持文化定力而不至于产生精神困惑与战略迷茫。同时，它也敢于同其他文化发生交流碰撞并善于在与其他文化的摩擦、竞争、角力中海纳百川、兼收并蓄、与时俱进、不断创新，始终保持长久的生命力。公共文化服务的发展就在于通过满足群众的文化需求，实现、维护和发展群众的文化权益，这是塑造文化认同、培养文化自信的

---

① 张梧：《文化自信的理论透视与当代建构》，《贵州师范大学学报》（社会科学版）2021 年第 5 期。

基本途径。以文化自信的角度审视公共文化服务实践，就是要明确公共文化服务所应当承载的价值使命，认清公共文化服务发展中存在的优势与不足、机遇和挑战，以开阔的视野对待多元文化的殊异性，从根本上对本民族文化予以肯定和认可。建立在文化认同基础上的文化自信，就是要以其为引领，克服文化独尊、盲目文化自傲以及文化自卑和文化盲从①，紧密结合公共文化服务体系建设在当代中国特色社会主义文化发展中的战略定位，充分发挥公共文化服务的文化传播功能，将文化自信以内化的方式融入公共文化服务实践中，坚持中国特色社会主义文化发展道路，传播中华优秀传统文化、革命文化和社会主义先进文化，激发全民族文化创新创造活力，逐步实现全民的文化自省、文化自觉、文化自信，推动社会主义文化繁荣兴盛，建设社会主义文化强国，构建新时代文化生态体系，为广大人民群众提供以文化自信为引领的高质量的公共文化服务。

三　公共文化服务的话语表达

在当代中国公共行政和公共政策的研究领域，公共文化服务是一个价值正在建构和内容日渐丰富的词语。如同一个概念黑洞，"公共文化服务"在学术领域，除了来自"新公共服务"理论的衍生外，就其内容而言还对文化政治、文化经济、文化政策等的伦理价值和政策导向进行了吸纳，由此呈现"政治说"、"福利说"、"权利说"以及"治理说"等四种话语逻辑（见表1-1），究其实质也是基于公共文化服务不同属性的考量而做出的学术阐释。"政治说"主要立足国家意识形态层面，更多地依托权威控制阐释公共文化服务的价值，发挥其对社会的形塑功能；"福利说"更多体现出政府充当公共文化服务的供给者甚至"包办者"角色；"权利说"立足民众的权利保障层面，将公共文化服务看作公民应当享有的基本文化权利，但在实践中依然摆脱不了由政府主导整个服务环节的路径依赖，难免陷入"福利说"的窠臼；"治理说"则倡导公共文化服务的多元参与及有效互动，以社会公共性塑造为终极目标。

公共文化服务所具有的公益性决定了其社会实践的重点在于维护公共

---

① 邱柏生：《论文化自觉、文化自信需要对待的若干问题》，《思想理论教育》2012年第1期。

利益，传播社会主义核心价值观念，将国家的宏观战略和制度设计透过具体的公共文化服务实践付诸公众，消解社会中的消极意识形态，达到社会主义主流价值传播之目的，即符合公共文化服务的政治身份；公共文化服务的非排他性决定了社会公众皆可享受其服务内容，也更加凸显政府在公共文化服务过程中的主体责任，公众能否切实享有公共文化服务成为政府工作绩效考核的重要指标之一。在科层管理体制考核任务导向之下，公共文化服务化作政府必须为公众提供的文化福利，政府能否为民众提供基本的公共文化服务，满足民众基本的文化需求，成为政府绩效评价的重要内容。公共文化服务实践活动也因此得以快速推广，在短时期内实现了全国大多数地区的基本公共文化服务供给，体现了政府供给公共文化服务的能力和优势。然而，福利思维容易导致公共文化服务的内容和形式单纯取决于政府部门的政策设计与权威意志，而很难兼顾公众的文化诉求，由此造成公共文化服务供需错位等问题；与"福利说"相似的是，公共文化服务也被认为是保障公众文化权益，进而实现公众文化权利的有效途径。"权利说"旗帜鲜明地将逻辑基点设置于公众的基本权利层面，同时将公共文化服务对象纳入文化政策考虑范围，由此确立政府基本的文化政策理念，即以维护公民文化权利作为指导文化政策制定的核心价值观和基本原则，不但在实践层面极大地拓展了基本公共文化服务均等化供给的覆盖面，而且为公民文化权利的实现提供了切实的保障。但我们也不能否认权利说的限度，其如果仍然局限于政府部门一家独大地供给公共文化服务方面，且对公众文化权利的保障建立在规则缺失的状态下，就容易产生公共性消解的不良后果。基于文化治理理论框架下的"治理说"的提出弥合了政府、市场和社会割裂的实践鸿沟，一定程度上搭建起多元力量共建共享公共文化服务的网络体系，能够发挥各主体在公共文化服务建设过程中的优势，实现多元力量协作效用的最大化。

表 1-1　公共文化服务的四种话语逻辑

维度	"政治说"	"福利说"	"权利说"	"治理说"
主要立场	国家	公民	公民	多元
政府角色	管控者	主导者	主导者	协商者

续表

维度	"政治说"	"福利说"	"权利说"	"治理说"
实现途径	价值传播	政府包揽	重视权利	多元参与
结果形式	精神文明	职责履行	权利实现	公共性塑造

（一）"政治说"：公共文化服务的主流价值传播

"政治说"逻辑是超越公共文化服务物质或载体层面的"小服务"进而上升至国家战略层面的"大服务"的话语表达，公共文化服务的深层政治意蕴已不再局限于一般意义上的公共服务范畴。[①]

首先，其体现了维护国家安全和提升民族凝聚力的战略要求。全球化时代文化霸权与政治格局失衡等危机不断凸显[②]，公共文化服务的平台载体功能上升为提升国家文化软实力[③]、抵御外来文化冲击以及增强民族凝聚力的战略载体。政府通过为民众提供大体均等的公共文化产品和服务，提升民众的文化素养，逐步培养民众的公共意识与公共精神，能够潜移默化地增强中华民族的凝聚力和自信心，从而在社会层面形成一种健康向上、积极自信的文化底色，有益于中国主流意识形态的建设。

其次，其体现了确保政府执政合法性的时代呼唤。政府执政合法性与政治信任密切相关，也与公共文化服务绩效高度契合，公众享受到高效便捷的公共文化服务能够提升对政府工作的满意度，进而增强政府执政的合法性基础。当前民众政治信任的主要来源从最早的"意识形态合法性"转变为"经济绩效合法性"，并进一步转变为"公共服务绩效合法性"[④]，公共文化服务作为公共服务的有机组成部分，同样是影响公众对政治信任的重要因素。为此，政府一方面不遗余力地加大公共文化服务投入力度，不断完善公共文化服务基础设施，并搭载科层体制将中央部署的文化资源输入基层场域；另一方面，低效能的公共文化服务效果让政府部门不得不重新思考僵化的公共文化服务路径依赖惯性的合理性，调整公共文化服务策

---

① 张波：《我国公共文化服务的政治意蕴及其供给逻辑》，《理论探讨》2015 年第 2 期。

② 毛少莹：《全球化中的文化》，《特区实践与理论》2006 年第 1 期。

③ 祁述裕：《提高国家文化软实力"三题"》，《人民公仆》2014 年第 2 期。

④ 卢春龙、张华：《公共文化服务与农村居民对基层政府的政治信任——来自"农村公共文化服务现状调查"的发现》，《政法论坛》2014 年第 4 期。

略成为增强公众政治信任进而助力于政府执政合法性的必然要求。

最后，其体现了建设文化强国的现实要求。公共文化服务不仅承担着满足民众文化需求、培育社会合格公民的职能，还是建设社会主义核心价值体系、保护和发掘传统文化资源、传承创新中华民族优秀传统文化的重要保障。由此，运转良好的公共文化服务体系同样构成了文化强国战略的诉求。文化强国是一个具有包容性的文化发展阶段，其内在规定性不仅决定了社会主义文化的多样性，而且注重多元文化的兼容并蓄、百花齐放。公共文化服务在推动建设社会主义文化强国的过程中，需要传承和弘扬优秀传统文化、倡导社会主义主流文化、纠正社会生活中的低俗文化，营造多元文化生态良性发展的氛围。

（二）"福利说"：公共文化服务的政府职责履行

"文化福利属于社会福利的一部分。"[①] "文化福利观"认为公共文化服务实施细则为公共文化福利的获得过程，比如有学者认为"公共文化服务是政府公共服务职能在社会文化领域的必然体现与客观要求"[②]，"公共文化服务是政府履行公共服务职能的重要内容，是政府职能改革在文化服务领域的深入和发展"[③]。依照此逻辑，近年来陆续实施的一系列文化惠民（民生）工程都不乏政府主导乃至"独揽"的痕迹，很容易将公共文化服务定位为政府一家独大的"包办"职能，进而导致供需错位、民众离散性参与[④]等困境。诚然，这种主要依托政府组织单方面发力的文化供给思路难以避免"工具去功能化"的体制功能障碍[⑤]，政府在公共文化服务供给过程中的参与程度，通常要结合不同阶段的文化发展状况予以调整，政府的主导作用应更多介入到基本公共文化服务的环节中来。[⑥]

对于东部地区而言，区域经济发展水平高，居民整体文化水平和文化

---

① 周弘：《分解福利——福利国家研究的角度》，《欧洲》1997 年第 4 期。
② 许建业：《公共文化服务体系建构中的图书馆发展路向——兼论新公共服务理论对图书馆事业改革的启示》，《国家图书馆学刊》2006 年第 3 期。
③ 张波、郝玲玲：《公共财政视角下政府公共文化服务职能创新》，《学术交流》2010 年第 6 期。
④ 颜玉凡、叶南客：《政府主导下的居民离散性参与：类型、策略与特征——基于对 N 市 JY 区公共文化服务实践的考察》，《社会科学》2017 年第 4 期。
⑤ 王列生：《"权力操控"与"契约运行"的属性级差及其转换途径——关于现代公共文化服务体系建设中工具激活的思考之二》，《艺术百家》2015 年第 3 期。
⑥ 李国新：《强化公共文化服务政府责任的思考》，《图书馆杂志》2016 年第 4 期。

需求较高，单纯依靠政府提供的文化福利很难满足公众的文化需求，虽然政府仍是公共文化服务供给的"责任人"，但其同时充当了多元力量参与公共文化服务供给的组织者和协调者，更加侧重于发挥其管理和调控职能。相比而言，中国中西部地区由于区域经济发展水平相对落后，居民整体文化水平偏低，公共文化服务消费意愿和能力不足，公共文化活动较为匮乏。政府应当扮演公共文化服务供给链条的主要"责任人"，负责前期公共文化服务基础设施建设以及中期文化资源和经费投入，运用国家力量集中统一部署公共文化服务工作，提高公共文化服务的供给效率。

（三）"权利说"：公共文化服务的公民权利保障

"文化权利"源于人权观念的基本内涵，中国学者大多根据 1966 年联合国大会通过的《经济、社会及文化权利国际公约》中的文化权利概念对公共文化服务进行解读，并将文化权利上升为与其他人权同等重要的法律地位，成为政府应当承担的法律责任。文化权利的核心在于文化资源的获取以及服务享用的公平性，集中表现在公共文化服务均等化的实践过程中①，主要涉及实现均等化的价值理念和手段方式等内容，尤以均等化的相对性和动态性概念解读最为关键。尊重和保障公民的基本文化权利是公共文化服务的逻辑基点，也是最终实现目标。实践中，各级政府将实现广大人民群众依法享有进行文化选择、享受文化成果、参与文化活动、开展文化创造等方面的权利视为文化建设的重要内容。公共文化服务体系的建立也正是通过文化活动的举办、民间特色文化产品的提供来满足公民的公共文化需求，同时调动公民进入公共领域的积极性，借此实现公民参与公共文化事务管理的权利。

正如"文化福利观"中的政府"包办"与供需错位缺陷难逃干系一样，"文化权利观"被认为在缺乏一定的公共意识和公共精神的规约前提下，文化权利的工具性使用会成为一种公共性的消解力量，淹没了积极性文化权利的功能发挥，从而与通过公共文化服务建设文明健康的公共文化生活的主旨相背离。② 权利话语关注到了公共文化服务作为公众的权利属性，却忽略了权利与义务的对等关系，享受权利的同时必然伴有一定的责任和义务。

---

① 唐亚林、朱春：《当代中国公共文化服务均等化的发展之道》，《学术界》2012 年第 5 期。
② 吴理财：《把治理引入公共文化服务》，《探索与争鸣》2012 年第 6 期。

"政治说"和"福利说"都说明了公共文化服务对于国家繁荣富强与民生福祉的重要意义，是实现文化强国的重要途径。公众在享有文化权利的同时，必然其有为文化强国建设共同努力的义务。具体到公共文化服务领域，包括自觉传承民族优秀传统文化，坚定拥护社会主义主流文化，坚决摒弃与社会主义核心价值观背道而驰的低俗文化等。总之，公民文化权利的实现仍然局限于基本性、兜底性的保障层次，基于文化权利与义务相结合的公共精神塑造的公共文化服务尚任重道远。

（四）"治理说"：公共文化服务的多元主体互动

文化治理作为国家治理体系和治理能力现代化进程中的新命题，体现了政府文化职能从传统管理向现代治理的根本转变。现代公共文化服务体系的提出其实意味着要将传统的文化管理模式进行制度性重构，实现服务型的公共文化治理模式。[①] 因而，随着"国家治理现代化"实践的不断推进，政府在公共文化服务过程中逐渐克服了包揽服务的体制弊端，开始建立起政府与社会力量合作的互动网络，也越发重视民众的文化需求反馈和满意度评价，公共文化服务的治理话语不断涌现。这从相关公共文化政策文本所涉及的体制机制改革、参与主体多元、服务机制优化、财政保障、绩效评估等内容中即可看出公共文化服务的治理转向，业已凸显了国家进行"公共文化服务治理"的战略意图。而究竟如何构建政府主导与社会化发展相统一的协同治理框架，建立多元治理主体间的长效互动机制，是实现公共文化服务治理效能的关键。在实践过程中，基于"党委领导、政府负责、社会协同、公众参与"的"四位一体"的治理结构，有效促进了包括党政部门在内的多元治理主体共同参与公共文化服务，这为公共文化服务治理实践提供了基本的指导框架，也为实现公共文化服务治理过程中多元主体间的互动提供了制度性保障。

"治理说"不仅对优化文化管理体制机制、提升公共文化服务效能具有重要意义，同时，文化治理作为国家治理体系的重要组成部分，在推进国家治理现代化进程中发挥着"软实力"作用。如前所述，文化治理中的"文化"兼具治理"工具"与"对象"的双重属性，使得"治理文化"与

---

① 李少惠：《转型期中国政府公共文化治理研究》，《学术论坛》2013 年第 1 期。

"文化治理"形成辩证的统一体。对中国文化领域的治理性优化，是发挥文化要素促进经济治理与社会治理乃至国家治理体系和治理能力现代化长足发展的重要内动力，既可使文化在国家治理过程中的正外部效益得以彰显，又能依据实践所需反作用于"治理文化"链条，进而优化文化生态，从而实现"治理文化"与"文化治理"的协同共进。

在国家与社会关系的变化过程中，公共文化服务作为政府部门的重要职能，其自身的功能定位尚处于不断变化发展中，不同时期的公共文化服务呈现不同的话语表达体系，反映了国家部署公共文化的策略和意图。每一种话语表达体系皆有其独到和可取之处。"政治说"的大局意识进一步将维护公民公平、平等的文化权利提上日程，而这一重要的文化战略需要政府组织首先担当起"开拓者"和"领头羊"角色，开展一系列文化福利工程。随着政府唱独角戏包揽公共文化服务的弱点逐渐显现，容许并鼓励政府以外的力量加入公共文化服务队伍并形成良性合作网络格局势在必行，"治理说"由此登场并获得一致认可。需要注意的是，四种话语逻辑皆有各自值得警惕和弥补之处。"政治说"虽以国家文化安全的宏观战略背景作为出发点审视公共文化服务，但倘若对外来文化的利弊判断欠妥，就可能与公共文化服务的战略初衷背道而驰，难以对公共文化服务实践产生实质性推动；"福利说"过于看重政府在公共文化服务过程中的职责和功能，不利于营造公共文化精准服务的良性生态；"权利说"若不能得到公共精神的涵化及社会公共性的鞭策，公共文化服务最终达成的结果将只是私性权利的体现，难以与现代社会所倡导的公共利益相契合；"治理说"适逢国家治理话语与民众"在场"诉求的时代呼唤，虽然极力主张构建多元主体互动合作的服务格局，但基于模糊边界的服务框架，伴随多主体参与的往往是权责的不对等和模糊性。与此同时，如果过于强调弱化政府在公共文化服务过程中的地位，对外则需警惕强国和跨国公司干涉别国内政，推行国际霸权政策的行为①，对内则需关注因其他主体发育不足而带来的治理悬浮化或失灵的弊端。

---

① 俞可平：《治理和善治：一种新的政治分析框架》，《南京社会科学》2001 年第 9 期。

第二章　公共文化服务政策分析

公共文化服务政策作为一种彰显国家文化建设战略的话语体系，是国家治理体系和治理能力建设的主要内容与表现形态，是中国现代化发展的重要领域。公共文化服务政策是最重要的治理手段和治理工具，没有现代公共文化服务政策建设，就没有国家文化治理体系和治理能力的现代化。因此，对公共文化服务政策的分析是基于理论视角检视公共文化服务在国家治理话语体系中的变迁历程与优化路径，其价值不仅是为满足人民群众的公共文化需求、保障人民群众公共文化权利的社会实践提供指导，更重要的是可由此丰富公共文化服务治理与政策创新扩散的学理阐释，最终落实到公共文化服务顶层设计与各地实际的平衡与协同上。

第一节　公共文化服务政策的量化统计

公共文化服务政策是政府履行职责的基本工具，通常是指政府为了协调并保障人民群众公平地享有基础性公共文化服务而制定的与公共文化服务供给及公共文化服务体系建设相关的法律法规和计划措施。[①] 从2005年初公共文化服务作为全新概念出现在官方文本中到《中华人民共和国公共文化服务保障法》与《中华人民共和国公共图书馆法》的陆续出台并落地实施，十多年间，中国公共文化服务体系建设的目标更

---

① 胡税根、李倩：《我国公共文化服务政策发展研究》，《华中师范大学学报》（人文社会科学版）2015 年第 2 期。

加明确，体系日趋完善，步伐越发稳健，这与不同发展阶段出台的不同
内容和侧重点的支持性政策密不可分。围绕公共文化服务政策，现有研
究从价值定位①②、发展阶段③、政策工具④、政策走向⑤及政策执行⑥视角
进行了有益的探索。本节采用文献计量法通过对政策文本外显特征的统计
和内隐信息的挖掘系统梳理其发展脉络，进一步探究公共文化服务政策的
具体内容、颁布主体、作用领域等问题。

一　样本与方法

（一）文本选择

本书以 2000～2020 年的公共文化服务政策为研究样本。政策文本主
要从文化和旅游部等中央部委官方网站和全球法规网、北大法宝—中国法
律检索系统等比较权威的法律政策网站搜集。由于涉及公共文化服务的政
策文本数量众多，且关联度不一，为保证政策选取的代表性和准确性，提
高本研究的信度，笔者按照以下原则进行整理和筛选：一是权威性原则，
发文单位为中央政府（国务院及其直属机构、中央各部委）；二是关联性
原则，政策内容与公共文化服务密切相关，不包括国民经济和社会发展
规划以及政府工作报告等宏观文件；三是公开性原则，所有政策文本皆
可以通过政府门户网站、权威媒体及纸质媒介等渠道获取；四是针对性
原则，政策类型以法律法规、规划、意见、办法、通知、公告等体现政
府政策的文件，领导人讲话、批复、附属目录及清单、服务标准等文件
不计入本研究构建的政策数据库。在此基础上，将某个具体的政策文本
与万方的法律法规数据库交叉核对，最终纳入研究范畴的有效政策样本
为 252 份。

---

① 傅才武：《国家公共文化服务体系建设的价值评估及政策定位》，《江汉学术》2010 年第 6 期。
② 郎冬雨：《我国公共文化服务政策的价值特征与演进逻辑》，《天水行政学院学报》2017 年
　第 6 期。
③ 傅才武：《国家公共文化服务体系建设的价值评估及政策定位》，《江汉学术》2010 年第 6 期。
④ 汪圣、刘旭青：《政策工具视角下我国公共文化服务政策研究》，《图书馆工作与研究》
　2018 年第 2 期。
⑤ 巫志南：《构建现代公共文化服务体系的政策走向分析》，《上海文化》2013 年第 12 期。
⑥ 李少惠、王婷：《多元主体参与公共文化服务的行动逻辑和行为策略——基于创建国家公
　共文化服务体系示范区的政策执行考察》，《上海行政学院学报》2018 年第 5 期。

（二）研究方法

公共文化服务政策文本是政府颁布的表面化、静态型的文件总和。采用文献计量和内容分析相结合的方法，对 2000～2020 年遴选的 252 份公共文化服务政策文本进行多维度的独立和交互分析，透过政策文本的表象形态把握公共文化服务政策的重点内容和演进方向。政策文献计量是一种量化分析政策文献的结构性研究方法[①]，作为公共政策研究的新方向[②]，目前已广泛应用于科技政策[③④]、风能政策[⑤]、产业政策[⑥]甚至是更微观领域的研究。本研究从公共文化服务政策出台时间及颁发主体两个外部特征出发考察政策的年度数量变化趋势及政策主体构成情况。此外，为深入挖掘政策文本的内隐信息和丰富内涵，采用内容分析方法确定政策主题。

二　文本数量

奥卡西奥于 20 世纪 90 年代末期提出注意力基础观理论，之后被广泛应用于组织行为、战略管理等研究中。它强调决策行为产生与决策者注意力聚焦、配置之间的强烈关系。[⑦] 在公共管理领域，不同的注意力也会引导政策制定者无意识地关注"注意力"相关的基本问题、重点议题，从而做出有倾向性的政策选择。因此，从时间序列维度考察文本数量在一定程度上可以反映政策主体对公共文化服务的关注和重视程度。由图 2 - 1 可以看出，在 21 世纪的第一个十年颁布的公共文化服务政策文本在个位数徘徊。2005

---

①　李江等：《用文献计量研究重塑政策文本数据分析——政策文献计量的起源、迁移与方法创新》，《公共管理学报》2015 年第 2 期。

②　黄萃、任弢、张剑：《政策文献量化研究：公共政策研究的新方向》，《公共管理学报》2015 年第 2 期。

③　黄萃、赵培强、李江：《基于共词分析的中国科技创新政策变迁量化分析》，《中国行政管理》2015 年第 9 期；

④　唐五湘、饶彩霞、程桂枝：《北京市科技金融政策文本量化分析》，《科技进步与对策》2013 年第 18 期。

⑤　黄萃等：《政策工具视角的中国风能政策文本量化研究》，《科学学研究》2011 年第 6 期。

⑥　叶选挺、李明华：《中国产业政策差异的文献量化研究——以半导体照明产业为例》，《公共管理学报》2015 年第 2 期。

⑦　文宏：《中国政府推进基本公共服务的注意力测量——基于中央政府工作报告（1954—2013）的文本分析》，《吉林大学社会科学学报》2014 年第 2 期。

年，中央政策中明确提出"公共文化服务"的概念，在此之前，公共文化服务在文化事业中处于萌芽状态，政策的专业性、系统性均较弱；之后，进入初步发展阶段的公共文化服务作为全新的概念出现在政治议题及公众生活中，中共中央办公厅、国务院办公厅联合颁布了《关于加强公共文化服务体系建设的若干意见》，文化和旅游部作为主管部门，连续性出台了包括文化信息资源共享、乡镇综合文化站建设、农家书屋工程、文化遗产保护开发、广播电视村村通、公益性文化机构免费开放以及农村文化队伍培训等在内的一系列支持性政策。总体来看，这一阶段政府颁布的政策文本数量与中国公共文化服务所处的发展状态基本吻合。从 2010 年开始，专业性的公共文化服务政策出现爆炸式增长，既有高大上的纲领性规划，也有接地气的操作性意见。随着现代公共文化服务体系的提出和两部专业性法律的出台，2016 年公共文化服务政策文本数量再次出现明显增长，公共文化服务迎来法治化保障的春天。

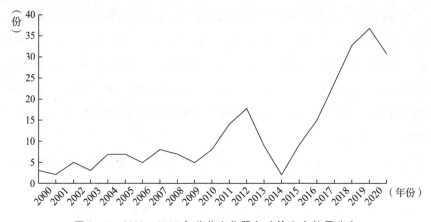

图 2 - 1　2000 ~ 2020 年公共文化服务政策文本数量分布

三　政策主体

政策主体是负责制定和发布政策的权威机构或部门。按照中国现行的行政管理体制，文化部作为主管文化建设的部门之一，推进公共文化服务，指导公共文化建设是其基本职责。但是实现既定的公共文化服务目标，还需其他部门的协作。

表 2-1 公共文化服务政策颁布机构及文本数量统计①

单位：份

机构	政策文本数量		机构	政策文本数量	
	独立颁布	联合发布		独立颁布	联合发布
中共中央	2	19	自然资源部	0	3
文化和旅游部	85	47	全国妇女联和会	0	2
国务院	7	19	中国科学技术协会	0	2
全国人大常委会	4	0	中共中央组织部	0	2
国务院办公厅	4 (4)	8	国家体育总局	0	2
财政部	2	26	中华全国总工会	0	2
中央宣传部	0	11	国务院扶贫办	0	2
国家文物局	1	9	国家卫生健康委员会	0	1
国家发展改革委	0	9	中央军委政治工作部	0	1
中共中央办公厅	0	8	共青团中央	0	1
中央文明办	0	9	农业农村部	0	1
教育部	0	6	商务部	0	1
科学技术部	0	5	国家知识产权局	0	1
民政部	0	5	中国残疾人联合会	0	1
人力资源和社会保障部	0	6	中国银行保险监督管理委员会	0	1
国家税务总局	0	5	中国证券监督管理委员会	0	1
住房和城乡建设部	0	4	生态环境部	0	1
国家广播电视总局	1	4	国家民族事务委员会	0	1
中央机构编制委员会办公室	0	3	工业和信息化部	0	1
国家市场监督管理总局	0	3			

从表 2-1 可以直观看出，2000~2020 年中国公共文化服务政策的出台共涉及 39 个机构，其中独立颁布政策的机构有 8 个，其余 31 个机构以联合颁布方式参与公共文化服务政策的制定和发布。虽然独立颁布政策的主体

---

① 需加以说明的是，由于 2000~2020 年共进行了四次政府机构改革，所以统计政策数量时，将由原部门颁布的政策统计到其合并或重组之后的部门中。如文化和旅游部包括原文化部、国家旅游局的文件；国家广播电视总局包括原国家新闻出版总署、国家广播电影电视总局、国家新闻出版广电总局的文件；人力资源和社会保障部包括原人事部的文件；住房和城乡建设部包括原建设部的文件。

只有 8 个，但颁布了 110 份政策文本（包括国务院办公厅转发的 4 份），占政策文本总量的 43.7%。其中，文化和旅游部每年出台的相关政策最多，一方面是认真履行公共文化服务职责的重要体现，另一方面也是积极回应公共文化服务的现实需求；国务院（包括国务院办公厅）、全国人大常委会、中共中央的单独发文数量次之。中国共产党作为执政党，处于领导核心地位，全国人大是最高国家权力机关，国务院作为最高国家行政机关执行权力机关的决策，可以说，这三个部门颁布的文件具有高权威性、强规划性等特点，而且从 2010 年开始出台的政策比较密集，这说明了国家对人民美好生活的精神食粮之重视和关心。联合发布政策的主体分布比较广泛。公共文化服务既是处于公共服务领域的文化，又是隶属于文化领域的公共服务。① 其涵盖内容广、辐射范围大、关联主体多，这一方面决定了公共文化服务政策的丰富性，另一方面也表明公共文化服务政策制定和实施必然是多元主体参与协作的过程。

四　政策主题

政策主题是对政策文本核心内容、基本要旨及实现目标的高度概括和凝练，它反映了政策主体对公共文化服务政策的注意力配置和价值性选择。本研究运用 ROST4.6 分词软件与人工标注相结合的方式进行高频关键词的筛选，在此基础上合并同义词，剔除无意义词，梳理归纳提炼出 14 个政策主题，分别是：宏观规划、公平配置资源、群众文艺发展、文化惠民（包括文化扶贫）、文化设施建设、文化遗产保护、文化人才队伍、传统文化传承、文化体制改革、文化机构管理、文化科技与创新、公共文化服务、社会力量参与和经费保障。

以颁布时间为 X 轴，政策主体为 Y 轴，政策主题为 Z 轴，建立基于政策主题的公共文化服务政策三维分析框架（见图 2-2）。以期更加透彻地剖析不同时间段内各个职能部门在公共文化服务政策文本制定中的职能及关注点。X 轴表示 2000~2020 年，Y 轴出于统计便利和分析科学的考虑，将独立颁发或联合发布或二者之和超过 5 份（包括 5 份）的主体作为重点研

---

① 胡税根、李倩：《我国公共文化服务政策发展研究》，《华中师范大学学报》（人文社会科学版）2005 年第 2 期。

究对象，虽然全国人民代表大会常务委员会仅仅颁布了 4 份政策，但囿于所颁布政策的效力级别之高、影响力之大，所以也纳入研究范围，因此，Y 轴从 1 到 17 分别代表中共中央、文化和旅游部、国务院、全国人大常委会、国务院办公厅、财政部、中央宣传部、国家文物局、国家发展改革委、中共中央办公厅、中央文明办、教育部、科学技术部、民政部、人力资源和社会保障部、国家税务总局、国家广播电视总局 17 个政策主体。Z 轴从 A 至 N 依次表示宏观规划、公平配置资源、群众文艺发展、文化惠民（包括文化扶贫）、文化设施建设、文化遗产保护、文化人才队伍、传统文化传承、文化体制改革、文化机构管理、文化科技创新、公共文化服务、社会力量参与、经费保障 14 个政策主题。

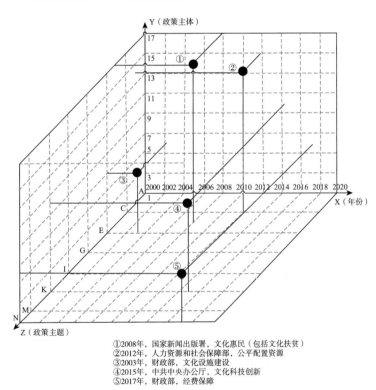

①2008年，国家新闻出版署，文化惠民（包括文化扶贫）
②2012年，人力资源和社会保障部，公平配置资源
③2003年，财政部，文化设施建设
④2015年，中共中央办公厅，文化科技创新
⑤2017年，财政部，经费保障

图 2－2　公共文化服务政策三维分析框架

公共文化服务政策体系是在一定时间段内由不同政策主体、各类政策主题所组成的多维度、多层面、多视角的政策空间。赵筱媛和苏竣在对公共科技政策的分析中构建了基本政策工具、科技活动类型、科技活动领域三维分

析框架，并具体考察了其中点－线－面－体的政策含义。[1] 本研究以此为参考，立足政策主题的基本视角，兼顾政策颁发主体及时间综合分析框架中由 Z 轴和 X 轴、Y 轴组成的截面数据，进一步概括公共文化服务政策的发展脉络和演进特征。表2－2 显示了 Z 轴和 X 轴构成的政策主题与颁布时间分析截面。

表 2－2　2000～2020 年公共文化服务政策主题与颁布时间分布

单位：份

颁布年份	宏观规划	公平配置资源	群众文艺发展	文化惠民（包括文化扶贫）	文化设施建设	文化遗产保护	文化人才队伍	传统文化传承	文化体制改革	文化机构管理	文化科技创新	公共文化服务	社会力量参与	经费保障
2000	2	1												
2001	1	1							1					
2002	1		1	2	1	1								
2003	1		1		1	1								
2004	2	11			9	1	1							
2005	3	2				1		7		1			4	
2006	4			1										
2007	2			7		1		1		2		2		
2008	1	4		1		1	1	7	1	4				
2009	1	1							1	2			1	
2010	1			2			3	5		5			4	
2011	3	4		1			2		2	7	4		2	1
2012	6	8		3	3		6	1		3	8		4	3
2013	4			1				1	5	8		1	2	2
2014	1								2					
2015	2		1	1				1		2		3	1	1
2016	2	1		1			6	1		4	3	3	5	
2017	14	3	1				2	1	16	9	4		2	
2018	4	2	3	5			4	1	5	2				1
2019	3	1		1			3	2		1				
2020	3	2					3	1	1	1				

① 赵筱媛、苏竣：《基于政策工具的公共科技政策分析框架研究》，《科学学研究》2007 年第 1 期。

从政策主题维度来看，宏观规划、文化遗产保护、文化机构管理、公平配置资源、文化惠民（包括文化扶贫）是所有政策文本中几乎每年都关注的政策主题。传统文化传承和社会力量参与从2005年开始逐渐进入政策议题之中。近年来国家层面对优秀传统文化的创造性转化和创新性发展愈加重视，而"活用""用活"传统文化资源，提供接地气的公共文化服务离不开社会力量的参与，因此，各职能部门独立或联合出台了多份实现优秀传统文化进校园、进社区等支持性政策。

从时间序列维度来看，2005年之前颁发的政策文本聚焦主题比较单一，重点围绕公益性文化事业建设、公共文化资源共享及文化设施建设与管理等内容进行了整体部署，勾勒出了公共文化服务的基本雏形。2005年公共文化服务的概念正式进入国家政策议题之后，与之相关的政策体系内容更加丰富，逐渐覆盖传统文化传承、社会力量参与、文化机构管理及文化体制改革等主题。2011年，党的十七届六中全会通过的《中共中央关于深化文化体制改革 推动社会主义文化大发展大繁荣若干重大问题的决定》强有力地推动了公共文化服务政策体系的发展和完善。如文化科技创新作为新的政策主题受到普遍重视。同时，我们也看到2011~2015年这个阶段的公共文化服务政策种类齐全、覆盖面广、层次明晰、实际操作性强，初步构建起了较为完整的公共文化服务政策体系。2016年，随着公共文化服务从行政维护到法律保障的跨越，中国公共文化服务政策网络更加完善，公共文化服务体系建设的制度支持愈加强大。2018年，国家机构改革，文化和旅游部的组建为公共文化服务的创新升级、多元发展提供了制度基础和组织保障，公共文化服务政策体系日渐成为彰显文化自信、释放制度活力的强大引擎。

表2-3显示了Z轴和Y轴构成截面所涉及的政策主题与主体数量分布。从纵向统计来看，公平配置资源、传统文化传承、文化机构管理三个政策主题关联的主体最多，这表明公共图书馆、文化馆（站）、博物馆、乡镇综合文化服务中心等作为中国公共文化服务体系的"骨干"[1]，其自身的规范建设与管理是公共文化服务政策所重点关注的议题。整合传统文化资源，实现公共文化服务均等化供给也是新时期各文化职能部门对丰富人民

① 吴理财、贾晓芬、刘磊：《以文化治理理念引导社会力量参与公共文化服务》，《江西师范大学学报》（哲学社会科学版）2015年第6期。

群众精神文化生活、满足人民群众对美好生活向往的积极回应。宏观规划、文化惠民（包括文化扶贫）、文化遗产保护和公共文化服务类的政策主体主要为中共中央、文化和旅游部、国务院办公厅、中共中央办公厅等。在中国，公共政策在一定程度上可以被视为执政党的政策[1]，而公共文化服务又具有明显的"意识形态前置"特征[2]，这必然决定中共中央对公共文化服务领域的宏观把握和战略指导。与此同时，文化部作为主管文化建设的核心部门之一，实施文化惠民工程、进行文化遗产保护、推进公共文化服务是其基本职责。国务院办公厅、中共中央办公厅则主要通过转发各部委的重要文件实现对现代化公共文化服务体系建设的督导。

表 2－3 公共文化服务政策主题与主体分布数量

单位：个

政策主体	宏观规划	公平配置资源	群众文艺发展	文化惠民（包括文化扶贫）	文化设施建设	文化遗产保护	文化人才队伍	传统文化传承	文化体制改革	文化机构管理	文化科技创新	公共文化服务	社会力量参与	经费保障
中共中央	21													
文化和旅游部	25	14	5	21	6	17	8	15	9	20	11	3	16	6
国务院	19	1			1	2		1		2				
全国人大常委会						2				1		1		
国务院办公厅	6	1		2		3		2		1			2	1
财政部		6		3	2		3	6		9	3	3		4
中央宣传部	1	3					1	4	2	4	2			
文物局	1	3			3	3	1			3		1		
国家发展改革委		2		1	2	1	1		1	2				

---

① 〔美〕詹姆斯·E. 安德森：《公共政策制定》，谢明等译，中国人民大学出版社，2009，第 25 页。

② 王列生：《论构建公共文化服务体系的意识形态前置》，《文艺理论与批评》2007 年第 2 期。

政策主体	宏观规划	公平配置资源	群众文艺发展	文化惠民(包括文化扶贫)	文化设施建设	文化遗产保护	文化人才队伍	传统文化传承	文化体制改革	文化机构管理	文化科技创新	公共文化服务	社会力量参与	经费保障
中共中央办公厅	4	1						1		1			2	
中央文明办			1				4	1					4	
教育部		1			2			4						
科学技术部	1	1		1	1	1					3	1		
民政部		2		1	1			1		1				1
人力资源和社会保障部		2				1	1		1	2				1
国家税务总局		1							1	1				2
国家广播电视总局		1		2						1	2	1		

从横向统计结果来看,文化和旅游部参与颁发的政策文本涵盖了全部政策主题,这与其所承担的拟定文化事业发展规划、推进文化领域机构改革、指导公共文化产品生产、组织文化遗产保护和民族传统文化传承普及工作等职责相吻合。财政部作为关注主题仅次于文化部的主体部门,所颁发政策高度集中于公平配置资源、传统文化传承、文化机构管理、文化科技创新与经费保障等主题。这是因为:一方面,支持公共文化事业是公共财政的应尽职责,公共文化领域也是财政预算重点支持的对象之一;另一方面,宪法赋予了每个公民平等享受基本公共文化服务的权利,但目前中国公共文化服务水平区域、城乡差距依然明显,因此,推进基本公共文化服务标准化、均等化离不开公共财政支持。从中央部委及其颁发的文本主题来看,政策主题皆与自身职能职责密切相关。如中央文明办更多地关注农村文化志愿服务、文化志愿者、购买公共文化服务等主题;科技部则围绕文化科技创新的政策文本最多;教育部颁发的政策重点强调对传统文化

的传承与发展这一主题。

第二节　公共文化服务政策的演进脉络

正如戴维·伊斯顿所言，公共政策是对全社会价值所做的权威性分配。[①] 公共文化服务政策是在服务于群众文化生活实践活动中探索规范化、程序化的路线和方针，通过制度化的手段固定下来[②]，以此为工具指导公共文化服务体系建设和完善。超越表面化的文本记忆，厘清隐藏于文本背后的演进脉络、结构特征及逻辑起点是本节的主要研究目的。

一　公共文化服务政策的阶段演进及基本特征

（一）2000～2004 年为早期探索阶段：公共文化服务政策聚焦主题单一化

进入 21 世纪，中国社会主义市场经济制度已经确立，文化体制改革提上政府工作日程。在科学发展观与构建和谐社会等思想的指导下，彰显公共文化服务内涵的文化事业建设成为实现全面建设小康社会战略目标的重要举措。文化部联合相关部委连续出台的《关于实施西部大开发战略加强西部文化建设的意见》、《关于"十五"期间加强基层公共文化设施建设的通知》以及《关于深化文化事业单位改革的若干意见》正是对解放文化生产力、实现文化大发展大繁荣的积极回应。这一阶段绝大多数政策着眼于"西部文化事业发展""少数民族文化工作""农村文化建设""农村文化活跃""未成年人""农民工""文化设施"等关键词，相应的主题集中于宏观规划、公平配置资源、文化设施建设三方面。

（二）2005～2010 年为逐步完善阶段：公共文化服务政策覆盖内容丰富

2005 年 10 月 11 日，党的十六届五中全会通过的《中共中央关于制定国民经济和社会发展第十一个五年规划的建议》中明确提出"加大政府对文化事业的投入，逐步形成覆盖全社会的比较完备的公共文化服务体系"的战略规划。至此，公共文化服务作为中国文化事业发展的热点和服务型

---

① 〔美〕戴维·伊斯顿：《政治体系——政治学状况研究》，马清槐译，商务印书馆，1993，第 56 页。

② 徐家良：《政府购买社会组织公共服务制度化建设若干问题研究》，《国家行政学院学报》2016 年第 1 期。

政府建设的亮点进入政策议题领域。2006 年 9 月 13 日发布的《国家"十一五"时期文化发展规划纲要》中对"公共文化服务"专辟一章进行详尽的部署规划。2007 年中共中央办公厅、国务院办公厅印发了更加专业性的政策——《关于加强公共文化服务体系建设的若干意见》——来明确公共文化服务体系建设的内容和任务。公共文化服务政策覆盖内容从文化事业发展向健全公共文化服务网络、创新公共文化服务方式、完善公共文化服务运行机制等方面拓展。该阶段政策主体涉及文化部、财政部、国务院、国家发展改革委、国家文物局等 16 个部门，关注于传统文化传承、文化机构管理、文化惠民工程、社会力量参与、公平配置资源以及文化队伍建设等主题。

（三）2011～2015 年为全面深化阶段：公共文化服务政策辐射范围广泛化

2011 年文化部、财政部先后联合发布了《关于进一步加强公共数字文化建设的指导意见》与《关于实施"数字图书馆推广工程"的通知》，拉开了公共文化与数字科技"联姻"的序幕。在全球化、信息化、数字化的时代背景下，吸纳现代科学技术手段创新公共文化服务方式，延伸公共文化服务领域是时代发展的必然要求和战略选择。《文化部"十二五"时期公共文化服务体系建设实施纲要》鼓励和引导基于主流移动通信平台的资源服务系统开发，通过手机、便携式计算机等移动终端提供公共文化服务，探索基于地理位置信息的公共文化服务供给新模式，提高针对性、便捷性和时效性。可以说，数字科技让公共文化服务"结网生根"。这一时期不同的政策主体都比较关注文化科技创新、文化机构管理、公平配置资源、社会力量参与、文化遗产保护、经费保障等政策主题。

（四）2016～2020 年为法制保障阶段：公共文化服务政策制定方向法治化

"十三五"以来，《中华人民共和国公共文化服务保障法》与《中华人民共和国公共图书馆法》两部法律的先后出台及落地实施表明了国家开始通过法律的权威和约束力来保障公共文化设施的建设与管理，支持公共文化活动的举办与开展，对接公共文化服务的供给与需求。公共文化服务自身概念的交叉融合性及实现过程的多元协作性迫切需要一部具有"四梁八柱"性质的综合性法律，而已有的《中华人民共和国文物保护法》和《中华人民共和国非物质文化遗产法》是对公共文化服务某一部分的规定和调整，在此背景下《中华人民共和国公共文化服务保障法》应运而生，标志着中国公共文化服务制度体系的进一步完善和文化法治建设的跨越式发展。这几年内出台了多份公共文化服务政策，将法人治理结构、文化馆图书馆总分馆制、文化志愿服务、文化领域行业组织建设、戏曲进校园进乡村等政策议题作为公共文化服务体系建设与完善的重要工作。

二　公共文化服务政策的演进逻辑

（一）以实现文化权益保障为立足点

文化权益在西方的话语体系中表达为文化权利，中国为突出"公益"弱化"自利"①，在党和国家的系列文件和官方表述中采用文化权益来表征国家和政府对最低限度的文化需求所必须承担的服务职责。保障人民群众的文化权益是公共文化服务政策的核心要旨和底线要求，对政府而言，将其上升为国家文化建设战略的重要组成部分，纳入各届政府工作的重点内容，是时代发展的必然。对普通群众来说，文化权益是基于公民身份建构起来的法律话语②，中国法律规定了人民群众作为国家公民所拥有的各项基本文化权利，赋予了他们在社会文化生活中享有神圣不可侵犯的自由和利益。

早期探索阶段，扎根于公益性文化事业建设中的公共文化服务初露端倪，各政策主体立足区域、城乡及群体差距，文化部联合各部委颁布了《关于进一步加强少数民族文化工作的意见》《关于公益性文化设施向未成年人免费开放的实施意见》等针对性的引导和鼓励政策来切实保障农村、边远和民族地区的人民群众参加文化生活，享受文化成果的权利。随着推进基本公共服务均等化战略构想的提出，在逐步完善及全面深化阶段，实现基本公共文化服务的标准化、均等化的目标和追求在不同的政策文本中均有所体现，2010 年开展的创建国家公共文化服务体系示范区工作正是通过对公共文化服务体系建设中存在的历史欠账多、发展差距大等问题的研究和解决进而探索一种可持续发展的长效保障机制并为同类地区提供借鉴和示范，以此来促进基本公共文化服务均等化，推动公共文化服务向广覆盖、

---

① 吴理财：《文化权利概念及其论争》，《中共天津市委党校学报》2015 年第 1 期。
② 吴理财、洪明星、刘建：《基本文化权益保障：内涵、经验与建议》，《桂海论丛》2015 年第 2 期。

高效能转变。2015 年出台的《关于加快构建现代公共文化服务体系的意见》更加明确要求根据城镇化发展趋势和城乡常住人口结构均衡配置公共文化资源，并将实现城乡基本公共文化服务均等化纳入国民经济和社会发展总体规划及城乡规划，这恰恰反映了政府在公共文化服务中对城乡差距的直面重视和对民生需求的认真回应，也体现了政府对公平正义取向的客观彰显和对公民文化权益的基本保障。进入法制保障阶段以来，依靠法律的权威对公共文化服务的内容、种类、数量和水平进行规范并确立了基本公共文化服务标准制度，政府在实现公共文化服务普遍均等、惠及全民的目标中为文化权益的保障做出了"兜底线"的法律承诺。各政策主体在不同的发展阶段通过制定权威性的政策确保不同主体平等地享有参与文化活动、利用文化设施、塑造文化空间的机会正是对保障公民基本文化权益的诚意交代与责任担当。

（二）以实施资源整合共享为切入点

公共文化服务从资源、权力等要素的投入到公共文化产品和服务的输出，其本质上涉及资源的合理配置问题。共享文化发展成果是公民文化权益的重要内容，实现公共文化资源的整合共享也是公共文化服务的核心任务。[1] 囿于中国文化资源稀缺与文化需求多样之间的突出矛盾和公共文化服务项目与机构存在重复建设、资源分散的现实问题，实现文化资源的联动开发和规模保护是推动公共文化服务建设的当务之急。可以说，公共文化资源整合共享是提升供给主体效益、满足服务对象需求的一种创新。

自 2006 年《国务院办公厅关于进一步做好新时期广播电视村村通工作的通知》印发以来，乡镇综合文化站建设、农家书屋推广、文化信息资源共享等文化惠民工程如雨后春笋般出现在农村公共文化服务实践中。依托文化惠民工程，抢救昆曲艺术、扶持京剧院团、保护非物质文化遗产以及弘扬民族优秀传统文化等政策的落实获得了坚实的平台基础和广阔的发展空间。同时针对文艺表演团体改革意见的出台及博物馆管理办法、民办博物馆发展意见的颁布促进了公共文化服务的娱乐性消遣和学习型消费，激发了社会力量的参与热情。2016 年出台的《关于推进县级文化馆图书馆总分

---

① 罗云川、李彤：《公共文化资源共享治理策略探析》，《图书馆工作与研究》2016 年第 4 期。

馆制建设的指导意见》着力破解县级文化馆图书馆服务资源分散、服务效能不强等顽疾。通过建立上下联通、服务优质、有效覆盖的县级文化馆、图书馆总分馆制，统筹县域内的群众文化艺术资源和公共阅读资源，为农村群众提供内容丰富、途径便捷、品质保障的公共文化服务。基于资源整合共享主线，促进公共文化服务主体互动耦合与公共文化服务项目供需对接，将抽象的文化符号、模糊的文化记忆、残缺的文化遗址等资源转化为人民群众喜闻乐见、直接感知或观看的"文化"产品或服务是实现新时代人民群众享受更便捷丰富、更个性智慧的公共文化服务的必由之路。

（三）以落实数字文化服务为突破点

互联网的普及和自媒体的发展使我们逐渐迈入数字化点播时代，公众"一站式"获取公共文化资源、"订单式"享受公共文化产品的需求日益强烈，公共文化服务同数字科技的融合是大势所趋。尤其对于农村偏远地区来说，通过文艺表演团体开展流动共享服务，依托物理化的服务场所提供展览作品、图书杂志、文艺讲座等传统化的方式耗时费力，成本高昂。数字化的文化服务方式突破地域和时间限制，既提高了文化的传播效率，又满足了不同主体多层次多样化的文化需求。2011年"公共数字文化建设"的明确提出表明政府对公共文化服务内容的全面丰富和供给方式的系统创新提出了新要求。依托数字科技将彰显地方特色的文化活动和服务资源整合于网络共享平台，通过地方政府门户网站或官方微博、微信公众号等终端及时推送，一方面促进了本土文化、民俗文化的创造性转换和创新性发展，另一方面拓展了公共文化服务能力和传播范围。数字文化服务凸显了信息时代公共文化服务的特质，是新时代公共文化服务的创新升级。2013年颁布的《文化部"十二五"时期公共文化服务体系建设实施纲要》明确将促进公共文化服务领域文化和科技融合发展，强化公共文化服务的技术支撑作为各级文化部门和公共文化服务单位推行公共文化服务的重点内容。2020年新冠肺炎疫情的突袭而至催生了更为普遍化的数字公共文化服务生产、供给与消费，文化和旅游部率先通过门户网站推出"在线博物馆""在线剧院"等专题，各地及时启动"触网可及"的公益培训、慕课学习以及艺术普及等活动，这些均不同程度地满足了居家防疫时期人民群众多样化的精神文化需求。

当然，基于人民群众文化体验和实体文化场馆效能的考虑，线下公共文化服务依然不可偏废，目前绝大多数公共文化服务都在线下，唯有将线下的公共文化活动与线上相融合，依托媒介物的数字化为人民群众提供丰富多彩、别有风味的文化盛宴。此外，推动公共文化内容的数字化供给以国家财政为支撑进行整体上的合理规划和指导，防范出现多头交叉和重复建设的问题，投射到公共文化服务政策文本库中，以经费保障为主题的政策在全面深化阶段出台的最多，充分说明国家对数字文化服务的支持力度之大。党的十九大报告提出的督促电信运营商提速降费的举措为公共文化服务数字化消费开辟了新市场，切实解决了公共文化服务数字化消费的"最后一公里"问题。

（四）以推进文化治理现代化为着力点

政府行政管理实践中长期存在着政府、市场、社会三者作用边界模糊的问题，在文化领域内直接导致宏观文化体制空转①和微观文化主体边缘化的现状。伴随着政府职能转变和简政放权改革，在文化生产和消费实现过程中将多元文化建设作为目标，丰富社会公众文化选择的选项，尊重群众文化生产创造和文化消费分享的自主性，推动文化资源投入、文化服务购买、供给主体格局的社会化转型。文化治理作为一种新的治理形式与治理场域②，恰恰强调政府运用文化政策合理配置文化资源，引导和鼓励社会、企业和公民参与文化生活。③它既包括对多元主体能动性的充分发挥，也涵盖对文化体制创新的积极推进，还涉及文化功能的重新定位。公共文化服务政策体系包含了对传统文化管理理念、制度、内容、方式等方面的完善与创新。在不同的发展时期，政府以文化治理为先导来解决和回应公共文化建设中的突出问题和现实需求。

2006年，《国家"十一五"时期文化发展规划纲要》中提及"要支持民办公益性文化机构的发展，鼓励民间开办博物馆、图书馆等，积极引导社会力量提供公共文化服务"。这是官方文本对于公共文化服务主体多元化的明确肯定与鼓励。2009年，《文化部关于促进民营文艺表演团体发展的若干意见》的出台对重塑民间社会的文化服务主体意义重大。2010年，《关于

---

① 王列生：《警惕文化体制空转与工具去功能化》，《探索与争鸣》2014年第5期。
② 王前：《理解"文化治理"：理论渊源与概念流变》，《云南行政学院学报》2015年第6期。
③ 王啸：《文化治理的历史演进逻辑》，华中师范大学硕士学位论文，2013。

开展国家公共文化服务体系示范区（项目）创建工作的通知》中明确提出，"各地文化、财政部门要密切配合，加强领导，把示范区（项目）创建工作与当地经济社会发展紧密结合，加大投入力度，引导和动员广大群众和社会力量积极参与，确保创建工作取得实效"。这些政策无一例外地体现着政府在培育多元主体参与弹性文化治理中的努力。党的十八届三中全会将推进国家治理体系和治理能力现代化作为全面深化改革的总目标。国家文化治理能力的提高和治理体系的完善是实现国家治理体系和治理能力现代化的重要组成部分，《关于深入推进公共文化机构法人治理结构改革的实施方案》的出台是一项事关公共文化服务方式转变的政策创举，同时也是与国家治理体系和治理能力现代化相适应的体制改革。公共文化服务实质上既是文化治理的一种形式，也是文化治理的部分内容①，核心问题是如何最大限度地激活和发挥人民群众的主体性，在文化的创造活动中参与国家文化治理。传统文化、民俗文化作为公共文化的根基和源泉②，对人民群众来说是更接地气、更具亲和力、更有认同感的文化资源，重视对传统文化资源的挖掘、保护、传承和发展可以充分调动社会力量特别是民间艺人、文化能人以及文化志愿者的参与积极性。近年来密集颁布的加强戏曲教育工作、鼓励戏曲进乡村进校园以及实施中华优秀传统文化传承发展工程等彰显优秀传统文化价值取向的一系列政策正是从实践层面推进文化治理的落地生根，真正实现文化治理成为当代中国文化政策发展的新空间。③ 2018 年文化和旅游部的设立是政府推进文化治理现代化的创新之举，体现了国家统筹整合管理职责、推动文化事业、文化产业和旅游业融合发展的战略高度，对于提高文化软实力、提升文化自信具有重要的现实意义。未来促进文化旅游的深度融合是重要的政策议题方向。事实上，公共文化服务与文化产业密不可分，统筹规划文化事业、文化产业、旅游业发展，深入实施文化惠民工程，全面盘活文物资源、旅游资源，提供创新型、特色化、场景式的公共文化服务与文化旅游体验是深化文化供给侧改革，完善公共文化服

① 吴理财：《把治理引入公共文化服务》，《探索与争鸣》2012 年第 6 期。
② 李少惠：《民族传统文化与公共文化建设的互动机理——基于甘南藏区的分析》，《西南民族大学学报》（人文社会科学版）2013 年第 9 期。
③ 胡惠林：《文化治理中国：当代中国文化政策的空间》，《上海文化》2015 年第 2 期。

务体系的必然选择。为此，以文物遗迹、民俗文化、乡土文化等公共文化资源充实旅游内容，将凸显地域特色的传统工艺产品作为旅游消费的吸引力和增长点。同时，在旅游宣传中积极推广当地特色文化，实现"旅游＋"和"文化＋"的耦合互动，将从整体上提升文化治理能力，完善文化治理体系。

第三节 现代公共文化服务政策的创新扩散

现代公共文化服务政策是全面推进国家治理体系和治理能力现代化的总目标下针对文化领域的具体制度安排，已上升为国家文化战略的重要组成部分。2015 年 1 月 14 日，中共中央办公厅、国务院办公厅联合出台《关于加快构建现代公共文化服务体系的意见》。此后，各省相继颁布实施《关于加快构建现代公共文化服务体系的实施意见》，这也就为中国持续开展的公共文化服务工作提供了重要的政策导向。这种"上下匹配式"的政策制定及实施行为，在指导各地现代公共文化服务体系建设的同时，也掀起了现代公共文化服务政策扩散的热潮。政策扩散作为公共政策研究的重要内容，不仅包含创新想法的引入，还包含创新想法的具体实施。现有研究多聚焦政策扩散的影响因素及结果，而对政策引入之后的具体过程关注不够，事实上，政策采纳之后进入实施过程是政策扩散的重要阶段，并对其扩散绩效有着直接的影响。由此，当中国现代公共文化服务体系建设的预期目标并非只是实现"自上而下"的全局性政策设计，那么，现代公共文化服务政策扩散的内在过程如何，其扩散的表现形式和载体都有哪些，如何在保持中国现代公共文化服务政策扩散持续性的基础上提升扩散的绩效？本研究试图基于政策扩散理论，分析中国现代公共文化服务政策自实施之后的整个扩散过程，研究其内在的动态性和复杂性。

一 政策扩散理论的引入

政策扩散是公共政策研究的重要内容。所谓政策扩散，是指某项政策在空间上转移，或者被其他主体采纳的过程。[①] 自美国学者沃克尔（Jack

---

① 周志仁、李倩：《政策扩散中的变异及其发生机理研究——基于北京市东城区和 S 市 J 区网格化管理的比较》，《上海行政学院学报》2014 年第 3 期。

Walker）于 1969 年发表《美国各州的创新扩散》一文以来，政策扩散成为政策科学领域中持续关注的内容。西方学者围绕创新扩散的内涵、特征、影响因素、动力、机制和模式等内容展开了大量的研究。格雷（Gray）、罗杰斯（Roger），特别是贝瑞（Berry）夫妇等采用事件史分析方法，考察了财政收入[①]、产业结构、人口结构和官员选举制度[②]等内在的因素对创新扩散的决定作用，发现传播渠道、政府间学习[③]、竞争、强制和模仿等外在机制对创新扩散有着重要的影响，进而归纳建构了"全国互动""区域传播""领导跟进""垂直影响"等多种政策扩散模型。国内学者在为经典的政策扩散理论提供中国注解过程中亦基本遵循了西方政策扩散的研究路径，以描述政策扩散的特征和分析政策扩散的影响因素为主。国内外政策扩散的主流研究往往从政策扩散发生的视角揭示影响政府政策扩散的因素与机制，或是从宏观上总结政策扩散的模型与趋势[④]，多为结果导向下对政策扩散发生与否及扩散速度的共同影响因素和规律的探寻，对政策扩散过程，尤其是扩散过程的动态性以及复杂性关注不够。通常来讲，当一项政策被采纳之后即意味着政策扩散的开始，然而完整的政策扩散，从阶段划分上来看，可分为创新政策的引入和创新政策的实施（两个阶段），且这两个阶段分别表现为扩散前和扩散后的创新采纳活动。因此，政策扩散一般也包含两个阶段：一是创新想法的引入；二是创新想法的具体实施。[⑤] 创新政策的实施作为以解决特定问题、改进政府绩效的政府创新[⑥]，如果没有得到实施则算不上被采纳。[⑦] 它

① Gray, V., "Expenditures and Innovation as Dimensions of Progressivism: A Note on the America States", *American Journal of Political Science* 18 (4), 1974, pp. 693 – 699.

② Berry, F. S., Berry, W. D., "State Lottery Adoptions as Policy Innovations: An Event History Analysis", *American Political Science Review* 84 (2), 1990, pp. 395 – 415.

③ Berry, W. D., Baybeck, B., "Using Geographic Information Systems to Study Interstate Competition", *American Political Science Review* 99 (4), 2005, pp. 505 – 519.

④ 王法硕：《制度设计、治理能力与自我更新：地方政府创新扩散效果研究——以城市公共自行车项目为例》，《中国行政管理》2016 年第 6 期。

⑤ Damanpour, F., Schneider, M., "Characteristics of Innovation and Innovation Doption in Public Organizations: Assessing the Role of Managers", *Journal of Public Administration Research and Theory*19 (3), 2009, pp. 495 – 522.

⑥ 杨雪冬：《后市场化改革与公共管理创新——过去十多年来中国的经验》，《管理世界》2008 年第 12 期。

⑦ 吴建南、张攀、刘张立：《"效能建设"十年扩散：面向中国省份的事件史分析》，《中国行政管理》2014 年第 1 期。

既是政策扩散最终采纳的重要标志，也是政策扩散的重要内容。虽然有学者已经从政策扩散的持续性①、绩效②以及结果③等角度关注这一过程，但更多还是从效果和效率两个层面对影响政策扩散的因素进行提炼，缺乏对政策扩散实施过程的整体研究。由此看来，政策扩散除了研究某项政策是否被采纳之外，把握某项政策扩散过程也必将成为其重要的议题。

政策创新扩散机制是政策创新扩散原因与结果之间的中介步骤。2000年以来，学者们加强了对这一问题的研究，依据一定的标准，一些学者也对扩散机制进行了分类：格拉哈姆（Graham）、什潘（Shipan）和沃尔登发现既有研究已提出了 104 个关于政策扩散机制的术语。④ 依据贝瑞夫妇（Berry）提出的政策创新扩散的四种机制——竞争、学习、垂直强制和公共压力⑤，结合中国公共政策创新扩散的制度环境，从地方政府理性选择中的服从机制、竞争机制和学习机制以及部门理性选择中的惯性机制和共谋机制对地方政府现代公共文化服务创新扩散的特征进行比较分析，以此探析省级层面现代公共文化服务体系建设的基本态势与未来走向。

二 现代公共文化服务体系建设的政策呈现

（一）文本选取

2015 年 1 月，中共中央办公厅、国务院办公厅印发《关于加快构建现代公共文化服务体系的意见》（以下简称《意见》）后，与执行中央政策一致，全国陆续掀起了现代公共文化服务体系建设的浪潮，各地的专项规划、实施意见和相关政策集中出台。截至目前，我们检索了全国 23 个省、4 个直辖市和 5 个自治区，已经全部颁布和实施了现代公共文化服务体系建设的实施意见。各省制定的《关于加快构建现代公共文化服务体系的实施意见》（以下简称《实施意见》），作为各级政府现代公共文化服务体系建设的正式文本，是中国各级政府对公共文化服务发展与公共文化服务职能认识程度

① 刘伟：《社会嵌入与地方政府创新之可持续性——公共服务创新的比较案例分析》，《南京社会科学》2014 年第 1 期。

② 吴建南、马亮、杨宇谦：《中国地方政府创新的动因、特征与绩效——基于"中国地方政府创新奖"的多案例文本分析》，《管理世界》2007 年第 8 期。

③ 杨雪冬：《简论中国地方政府创新研究的十个问题》，《公共管理学报》2008 年第 1 期。

④ 杨代福：《西方政策创新扩散研究的最新进展》，《国家行政学院学报》2016 年第 1 期。

⑤ Berry, F. S., Berry, W. D., *Theories of the Policy Process*（Abingdon：Routledge, 2018）.

的反映。本部分选取东部、中部和西部的 6 个省份以省委和省政府名义公开发布的《关于加快构建现代公共文化服务体系的实施意见》等文本，从主要目标、建设举措、保障措施以及整体特征四个方面梳理总结省级层面现代公共文化服务体系建设的状况。具体样本和数据来源见表 2-4。

表 2-4　样本选取和数据来源

区域	省份	起始时间	政府文件
东部	山东	2015 年 6 月 5 日	《关于加快构建现代公共文化服务体系的实施意见》
	浙江	2015 年 7 月 10 日	《关于加快构建现代公共文化服务体系的实施意见》
西部	甘肃	2015 年 8 月 17 日	《关于加快构建现代公共文化服务体系的实施意见》
	广西	2015 年 9 月 27 日	《关于加快构建现代公共文化服务体系的实施意见》
中部	湖南	2015 年 9 月 29 日	《关于加快构建现代公共文化服务体系的实施意见》
	河北	2015 年 11 月 2 日	《关于加快构建现代公共文化服务体系的实施意见》

（二）主要目标

构建中国特色现代公共文化服务体系，是保障和改善民生的重要举措，是全面深化文化体制改革、促进文化事业发展繁荣的必然要求，也是弘扬社会主义核心价值观、建设社会主义文化强国的重大任务，对提高全民族文化素质、增强民族凝聚力、实现中华民族伟大复兴具有重要意义。在这一宏观背景下，各省级政府制定了现代公共文化服务体系建设的总体目标（见表 2-5）。另外，一些省份也根据自身资源禀赋状况设置了具体化的目标。甘肃提出"到 2017 年，实现全省农村（指行政村，下同）综合文化服务中心（'乡村舞台'）、广播电视全覆盖，人民群众读书看报、收听广播、观看电视电影、观赏文艺演出、参观展览、参加文体活动等基本文化权益得到更好保障。到 2020 年，村农民体育健身工程基本覆盖，有线广播电视入户率达到 60% 以上，'三馆一站'（公共图书馆、文化馆、博物馆、乡镇综合文化站）覆盖率达到 100%，实现省、市（州）、县（市、区）、乡（镇、街道）、村（社区）五级公共文化设施标准化，城乡和区域公共文化服务项目均等化，各级文化服务机构编制规范化，基本建成覆盖城乡、便捷高效、保基本、促公平，与全面小康社会要求相适应的现代公共文化服务体系"。湖南提出"到 2017 年，全省要以县为单位达到基本公共文化服务实施标准要求，同时，以县为单位开展创建省级现代公共文化服务体系示范区活动，到 2020 年，全省要全面达到构建现代公共文化服务体系的总体目标"。

表 2 – 5 现代公共文化服务体系建设的总体目标

类别	共性目标
现代公共文化服务体系	到 2020 年，基本建成覆盖城乡、便捷高效、保基本、促公平的现代公共文化服务体系
公共文化服务设施网络	全面覆盖、互联互通、标准化、均等化
公共文化服务内容和手段	服务内容更加丰富，服务质量日益提升
公共文化服务机制	进一步完善
公共文化服务模式	以需求为导向
公共文化服务能力	明显增强
公共文化服务供给服务	政府主导、多元参与、协同发展

总体而言，各省份现代公共文化服务体系建设的共性目标要多于具体化的目标，定量化的目标较少，更多地强调公共文化设施的完善、公共财政投入加大等政府主导性目标，而对群众在现代公共文化服务体系建设中的地位和作用较多停留在权利保障层面的界定。尽管各省份在总体目标制定中考虑到了地方实际情形，但这些目标能否契合民众的真实文化需求，成为各省实施现代公共文化服务体系建设以及该体系能否可持续发展的关键。另外，各省在推进目标实现过程中以群众基本文化需求为导向，围绕看电视、听广播、读书看报、参加群众性公共文化活动等内容制定了标准化指标，明确了政府公共文化责任的保障底线，但是各省份的指标大多是固定的，与经济社会的快速发展相比带有明显的滞后性，尚未建立有效的动态调整方式和内容，在面对瞬息万变的外在环境时，这些相对固定化的标准往往容易成为"僵化"的指标。

（三）建设举措

党的十八届三中全会将"构建现代公共文化服务体系"作为全面深化改革的重要任务之一，明确提出要"建立公共文化服务体系建设协调机制，促进基本公共文化服务标准化、均等化"。为完成这一任务，各省份重点要求促进基本公共文化服务标准化、均等化，增强公共文化服务发展动力，加强公共文化服务供给，以确保现代公共文化服务体系建设系列目标任务的实现。经过分析发现，各省份在现代公共文化服务体系建设中共性战略举措具体可划分为6大类（见表2-6），部分省份也提出了极具地方特色的个性举措。如广西要扩大文化交流合作，充分发挥广西与东盟国家陆海相邻的独特优势，形成国家21世纪海上丝绸之路和丝绸之路经济带有机衔接的重要门户。甘肃省要提高公共文化设施使用率，鼓励全省党政机关、国有企事业单位文体设施向社会开放，提高现有剧场等设施的使用率；开展文化服务"一卡通"、公共文化巡演巡展巡讲等服务。河北则提出要营造良好文化生态。

由此可见，各省份建设现代公共文化服务体系的共性举措较多。通过对每项具体举措的分析，我们发现，除了创新公共文化管理体制和运行机制外，其他如推进公共文化服务均衡发展、增强公共文化服务发展动力等举措,皆需要各级政府的财政投入，呈现明显的"政府保障和财政投入"的导向。

表2-6　现代公共文化服务体系建设的举措

类别	共性举措
推进公共文化服务均衡发展	公共文化服务均等化；推动革命老区、民族地区、边疆地区、贫困地区文化发展；保障特殊群体文化权益；建立基本公共文化服务标准体系；提升公共文化设施建设、管理和服务水平
增强公共文化服务发展动力	培育和促进文化消费；鼓励和引导社会力量参与；培育和规范文化类社会组织；大力推进文化志愿服务
加强公共文化产品和服务供给	提升公共文化服务效能；丰富优秀公共文化产品供给；活跃群众文化生活
推进公共文化服务与科技融合发展	加大文化科技创新力度；加快推进公共文化服务数字化建设；提升公共文化服务现代传播能力
创新公共文化管理体制和运行机制	建立公共文化服务体系建设协调机制；加大公益性文化事业单位改革力度；创新农村公共文化管理机制；完善公共文化服务评价工作机制
加大公共文化服务保障力度	加强组织领导；加大财税支持力度；加强农村文化队伍建设；建立健全公共文化服务法律体系

（四）保障条件

各省份在现代公共文化服务体系实施中分别从组织领导、财政税收、人才队伍建设以及法律体系四个方面提出了明确的保障要求（见表2-7），很多省份也结合自身实际情况制定了个性化的保障条件，如湖南鼓励社会资金建立乡镇（街道）、村（社区）文化活动基金，进一步拓宽资金来源渠道，加大政府性基金与一般性公共资金的统筹力度，落实从城市住房开发资金中提取1%用于社区公共文化设施建设的规定。河北将现代公共文化服务体系建设纳入各级党政干部培训内容，形成常态化培训机制；在人才队伍培训中依托行业协会、学会人才优势与专业优势，加大省级文化人才培训基地建设。甘肃则提出要探索开展专业技术评定，支持文艺院团人才培养，探索实行乡镇综合文化站（中心）从业人员准入机制。通过对比分析发现，各省份在实施现代公共文化服务体系建设中的个性化保障条件要远远少于共性化保障条件，呈现趋同化特征，同时还体现出"虚"与"实"以及硬性条件与软性条件相结合的特征。

表 2-7　现代公共文化服务体系建设的保障条件

类别	共性条件
加强组织领导	纳入本地区国民经济和社会发展总体规划
加大财税支持力度	公共文化服务财政保障机制；完善转移支付体制；拓展资金来源渠道；创新公共文化服务投入方式；落实捐赠公益性文化事业所得税税前扣除政策规定；加强绩效评价
加强农村文化队伍建设	完善选人用人机制；制定公共文化机构人员编制标准；合理增加公益性机构编制；增加乡镇综合文化站人员配备；加强农村公共文化服务专业人才培养；加强农村乡土文化人才建设；发展社会体育指导员
建立健全公共文化服务法律体系	制定《中华人民共和国公共文化服务保障法》等相关法律法规；文化立法与文化体制改革的重大政策相衔接；制定地方性法律

（五）整体特征

从选取的东部、中部和西部6个省份现代公共文化服务体系建设的主要目标、建设举措以及保障措施的分析来看，其整体表现出相似性远高于差异性的特征。一方面，这说明自国家层面制定《关于加快构建现代公共文化服务体系的意见》以来，各省份基本领会了现代公共文化服务体系建设的核心要求：到2020年，基本建成覆盖城乡、便捷高效、保基本、促公平的现代公共文化服务体系。虽然国家层面要求各地结合自身实际进行有效的探索，但趋同的现象依然大量存在，不能排除各省份之间相互借鉴参考的"动机"。另一方面，本部分选取的6个省份在发展阶段和资源禀赋等方面存在明显的差异，但在建设举措方面高度相似，主要表现为在组织领导方面以文化管理部门牵头，以国家公共文化服务体系建设协调机构为平台，充分发挥各部门职能作用和资源优势，这种临时性的组织使得其他部门的作用难以有效发挥，最终使得文化管理部门在推动现代公共文化服务体系建设的一系列举措中"牵头"作用大打折扣。另外，在财税支持方面更多表现为以公共财政投入为主导的一系列惠民性公共文化项目，市场机制切实作用的发挥还缺乏实质性突破，较多强调政府供给的投入驱动。

三 政策创新扩散视角下现代公共文化服务政策特征

鉴于选取的东、中、西部 6 个省份在现代公共文化服务体系建设中呈现"趋同"特征，借助政策创新扩散机制的相关理论，本部分从地方政府和文化管理部门的理性选择的视角出发深入分析造成这种现象的内在影响机制。从公共政策的执行来看，地方政府作为具有集体理性的组织或机构，对中央层面决策的有效执行是其理性决策的重要依据。在中国中央集权制的行政层级体制下，中央政府和地方政府间以及各地方政府之间存在着横向与纵向的互动决策执行考虑，各省份之间在现代公共文化服务体系建设中的整体特征与其存在着密切的联系，也是造成这一整体特征的重要影响因素。

（一）地方政府的理性选择

1. 地方政府对中央政府的服从机制

上级的垂直控制和政治规范是推动政策和创新实践扩散的重要因素。[1]党的十八届三中全会将"构建现代公共文化服务体系"作为全面深化改革的重要任务之一，明确提出要"建立公共文化服务体系建设协调机制，促进基本公共文化服务标准化、均等化"。国家层面制定了《关于加快构建现代公共文化服务体系的意见》，可以说这对加快构建现代公共文化服务体系，推进基本公共文化服务标准化、均等化，保障群众基本文化权益做出了全面部署，同时也在一定程度上推动了各省份现代公共文化服务体系建设的步伐。中央集权的威力使得地方政府在执行中要与国家政策保持一致。一方面，这个国家层面的文件使得地方政府在现代公共文化服务体系建设中能够"有法可依"；另一方面，国家层面文件具有"宏观指导性"的特点，在某种程度上限

---

[1] Berry, F. S., Berry, W. D., *Theories of the Policy Process* (Abingdon: Routledge, 2018).

制了地方政府实施策略的多样化，致使各省份在实施中呈现"趋同"特征，虽然在主要目标、建设举措以及保障条件有少量的个性化措施，但更多是对国家"宏观指导性"的直接或间接的被动性反应，缺乏积极的主动性调整和制度安排，与国家层面的指导意见相比并无较大创新性体现。这也反映出中国的威权体制使得地方政府官员出于自身政治晋升的考虑更加倾向于满足上级政府的要求①，从而导致中央政府（或者有关部委机构）制定的政策指令在不同地区或部门贯彻落实有着相当程度的一致性。②

2. 地方政府间的竞争机制

从西方政策创新扩散竞争机制的运行来看，地方政府在执行国家政策过程中往往会从自身利益考虑，对上级的制度供给意愿进行"修正"和"曲解"，并且在利益博弈的过程中与其他层级的政府展开竞争。中国公共政策活动广泛存在"相互看齐"的竞争机制，这也是推动中国各地经济社会发展的重要动力机制之一。特别是在"政治锦标赛"模式下，出于角逐晋升机会和晋升名额的考虑，地方政府倾向于将竞争对手作为自己行为的标杆，紧盯对手的政策动向，从而导致政策创新扩散或政策趋同。当然，这种竞争机制并不是西方式的政党选举竞争，而是政府在地区或者部门之间的绩效竞争。近年来，随着公共文化服务体系建设已成为重要的民生服务，中央和各级政府不断加大公共文化服务的投入力度，努力创新公共文化产品和服务，以满足群众公共文化需求。作为政策创新扩散主体的地方政府之间，处于建设现代公共文化服务体系竞争压力之下，这种状况客观上产生了强烈的地方政府政策竞争效应，有意识地选择其他同级政府构建现代公共文化服务体系的实施意见，并将其作为参考标准就成为可能。

3. 地方政府间的政策学习机制

地方政府间通常会相互学习并模仿其他地方政府的成功案例以减少额外的创新成本和创新风险。③ 在现代公共文化服务体系建设大潮中，尚未开

① Li, H., Zhou, L. A., "Political Turnover and Economic Performance: The Incentive Role of Personnel Control in China", *Journal of Public Economics* 89 (9 - 10), 2005, pp. 1743 - 1762.

② 周雪光：《基层政府间的"共谋现象"——一个政府行为的制度逻辑》，《社会学研究》2008 年第 6 期。

③ Walker, R. M., Avellaneda, C. N., Berry, F. S., "Exploring the Diffusion of Innovation Among High and Low Innovative Localities", *Public Management Review* 13 (1), 2011, pp. 95 - 125.

展行动的省份的政府官员可能出于政绩、竞争晋升等利益的驱使，在建设目标、建设举措模糊的情况下，采取到邻近和条件相类似的省份进行参观、学习，而先行建设现代公共文化服务体系省份的战略规划也要与"中央文件保持一致"，这样各省份既顺应了国家层面现代公共文化服务体系建设的大趋势，保证与国家层面的指导精神相一致，也迎合了中央政府的要求，凸显了政绩，又降低了建设过程中可能存在的风险，使得许多地方政府乐于效仿，最终出现了各省份之间行为趋同的现象。①

（二）部门的理性选择

从 6 省份文件来看，现代公共文化服务体系建设主要由文化部门牵头，文化部门实际上也是战略制定的"操盘手"，他们是具有集体理性并能做出理性选择的组织，但同时也要与上下级政府及其相关部门进行沟通和互动，在执行过程存在与其他执行者互动过程中的共谋行为和"路径依赖"现象。② Page 研究发现报酬递增、自我强化、正反馈和锁定效应的存在是形成路径依赖的主要原因。③

1. 文化管理部门的惯性机制

改革开放的成功已经形成了新的体制惯性，并产生了各种依附于这些体制惯性的既得利益集团。④ 不可否认，在公共文化服务体系建设中，文化部门承担着无法替代的作用，但这也给未来现代公共文化服务体系建设带来了潜在的挑战，即在此过程中很容易造成文化部门的惯性依赖，渗透着国家权力单边带动的管理思维，而这种惯性依赖，往往就变成旧体制在新形势下的"合理"延续，也会继承旧体制的种种"诟病"：效率低下、活力缺失或诱发腐败等问题，从而使现代公共文化服务体系建设的公共性受到损害。⑤ 各省在现代公共文化服务体系实施中的诸多举措可以解释为文化管

---

① 吴建南、刘焕、阎波：《创新型省份建设的多案例分析》，《中国科技论坛》2015 年第 9 期。
② Li, H., Zhou, L. A., "Political Turnover and Economic Performance: The Incentive Role of Personnel Control in China", *Journal of Public Economics* 89 (9 - 10), 2005, pp. 1743 - 1762.
③ Page, S. E., "Path Dependence", *Quarterly Journal of Political Science* 1 (1), 2006, pp. 87 - 115.
④ 薛澜、陈玲：《制度惯性与政策扭曲：实践科学发展观面临的制度转轨挑战》，《中国行政管理》2010 年第 8 期。
⑤ 李少惠：《互动与整合：甘南藏区农村公共文化服务发展研究》，中国社会科学出版社，2014，第 110 ~ 113 页。

理部门沿袭传统管理方式的一种"自我强化"，为了巩固部门的权威和利益权衡之后的"最优决策"，致使各省现代公共文化服务体系建设的举措较为相似。

2. 相关部门的共谋机制

各省现代公共文化服务体系建设"涉及诸多领域的利益相关者，而这些分散的利益相关者无法形成强有力的政策联盟，从而未能对政府的决策过程施加影响"①。利益相关者之间并不是零和博弈的均衡状态，存在由于报酬递增带来的"路径依赖"现象②，投入越多，既得利益者收益就会更多，导致一些从事文化产品供给的中小企业与普通公众的利益受损和话语权的缺失，造成公众的参与机会和社会力量的发育空间的压制，从而导致对公众能力与权利的剥夺。地方政府工作人员受主流社会文化和共同观念的束缚，加上政府内部"智囊"的政策传播作用，共同诱致了现代公共文化服务体系建设理念的趋同。地方政府的理性选择行为在长期与各级地方政府的互动中不断地被改变和重塑，这使得文化管理部门认为各省现代公共文化服务体系建设的总体目标和建设举措与国家现代公共文化服务体系建设的总体目标和举措保持一致是很自然的政策选择，与其他省份的步调保持一致，是一种较为符合社会价值范畴的行为选择，在一定程度上能够降低风险和增加实现收益的机会。③

四　现代公共文化服务政策扩散的三维审视与内在张力

公共文化服务政策扩散的实践表现为国家和政府依照相关的政策和法规所进行的各种公共文化服务活动及其结果，重点通过具体的行动策略提高保障公民的基本公共文化权益，满足公民的基本文化需求，主要涉及的是文化体制的改革以及各地开展的公共文化服务活动。其制度表现为现代公共文化服务政策扩散中从中央到地方建构并规范现代公共文化服务的法律法规和规章制度等，既包括与现代公共文化服务相关的法律，也包括党和政府制定的相关条例和规章等。无论是中国现代公共文化服务政策扩散

---

① 陈强、余伟：《英国创新驱动发展的路径与特征分析》，《中国科技论坛》2013年第12期。
② 吴建南、刘焕、阎波：《创新型省份建设的多案例分析》，《中国科技论坛》2015年第9期。
③ 吴建南等：《创新型省份建设的多案例分析》，《中国科技论坛》2015年第9期。

的实践还是制度，都以一系列关于现代公共文化服务的价值理念为前提。这些价值理念广泛存在于政治意识形态、社会的公共观念当中，并通过各种话语表达出来。① 由于价值理念具有难以被确切记录和精确分析的特点，本书将主要以党和政府出台的意见的话语及概念为依据，来呈现中国现代公共文化服务政策扩散中理念形态的演变过程。然而，仔细分析现代公共文化服务政策扩散过程，可以发现，实践、理念和制度作为一个有机联系的整体，共同承担了中国现代公共文化服务政策扩散的任务，但是，三者之间虽然相互联系，但由于各自有着不同的扩散轨迹，其扩散过程并非正向的促进关系，而是存在内在的张力：实践层面与制度层面的错位、理念层面与制度层面的梳理以及实践层面与理念层面的断裂。由此可能弱化中国现代公共文化服务政策扩散的持续性和绩效。

（一）现代公共文化服务政策扩散的三维审视

1. 实践层面的推进和创新

中国作为单一制国家，具有明显的层级化和集权化的特点，公共政策"自上而下"的层级性扩散也是中国目前较为常见的模式，具有典型的行政权力命令和服从的特征。② 从中国现代公共文化服务政策扩散的实践活动来看，表现出"从中央到地方"全面铺开的扩散路径并使扩散呈现"自上而下"政策落实和政策执行的特点。为实现"到 2020 年，基本建成覆盖城乡、便捷高效、保基本、促公平的现代公共文化服务体系"的目标，各级政府努力促进基本公共文化服务标准化、均等化，不断创新公共文化管理体制和运行机制，增强公共文化服务发展动力，加强农村公共文化服务供给，这成为中国现代公共文化服务政策在实践层面扩散的重点。③ 探析其内在的成因，除了上级的垂直控制和政治规范，各地政府结合当地实际有效的政策创新也是一个重要因素。如在公共文化服务标准化建设方面，浙江按照国家标准确定的原则和范围，建立了省级基本标准、行业服务标准和

---

① 韩志明：《实践、制度与理念之间的互动及其张力——基于中国行政问责十年历程的理论思考》，《政治学研究》2013 年第 1 期。
② 王浦劬、赖先进：《中国公共政策扩散的模式与机制分析》，《北京大学学报》（哲学社会科学版）2013 年第 6 期。
③ 李少惠、崔吉磊：《中国地方政府现代公共文化服务体系建设的文本分析——政策创新扩散机制视角》，《中国文化产业评论》2017 年第 7 期。

项目技术标准等基本公共文化服务标准体系；山东划分并建立了保障标准体系、技术标准体系和评价标准体系"三位一体"的现代公共文化服务标准体系。在农村文化基础设施建设方面，甘肃按照"345"工程①的要求，通过整合各方面的资源，逐步建设和完善多功能村级综合文化服务中心；浙江积极推进以"农村文化礼堂"为代表的农村综合性文化服务中心建设。在政府向社会力量购买公共文化服务方面，各省份都已制定了实施意见指导目录，一些地区还设立了专项资金保障购买的实现。在创新公共文化服务管理机制方面，广东、河北等地相继在公共图书馆、文化馆等公共文化单位和机构组建理事会，探索法人治理结构的实现路径。在贫困地区公共文化建设方面，广西实施了"左右江革命老区公共文化服务工程"；甘肃将文化扶贫作为全省精准扶贫的重要手段，重点开展贫困乡村文化场所的建设。另外，在推动统筹发展、健全评价机制及共建共享等方面各地在探索和实施中也取得了良好的效果。

2. 制度层面的设计和拓展

所谓制度，是指一系列被制定出来的规则、守法程序和行为的道德伦理规范。② 分析中国现代公共文化服务政策制度层面的扩散，其特征主要表现为"自上而下"与国家保持一致的制度体系，即以国家宏观指导性意见为制度规范基础，各级地方政府制定相应的政策制度及配套政策措施以便使地方政府在现代公共文化服务体系建设中能够"有法可依"。这一过程从本质上是保证现代公共文化服务从价值理念走向制度设计，并从"硬性"和"刚性"消除各种阻碍因素，逐步将中国现代公共文化服务体系建设纳入制度化的轨道。如各地对照《意见》起草了本省（区、市）《实施意见》，并配套颁布了《基本公共文化服务标准（2015－2020年）》。截至目前，全国各省（区、市）已全部印发实施，为现代公共文化服务体系建设提供了制度支持。同时，为保证《意见》有效实施，在国家层面相继制定和出台了《关于做好政府向社会力量购买公共文化服务工作意见的通知》、

① 让农民群众在"自我表现、自我教育、自我服务"中，享受公共文化的"公益性、基本性、均等性、便利性"，做到"有组织、有队伍、有场地、有设施、有活动"，简称为甘肃的"345工程"。

② 沈东、杜玉华：《"社会治理"的三维向度及其当代实践——基于价值理念、制度设计与行动策略的分析》，《湖南师范大学社会科学学报》2016年第1期。

《关于推进基层综合性文化服务中心建设的指导意见》以及《"十三五"时期贫困地区现代公共文化服务体系建设规划纲要》等专项政策法规。

另外，各级地方政府通过一系列的制度化设计，促使现代公共文化服务制度不断深化和拓展：（1）对应《意见》"加强法治化建设"的要求，各地开始从整体上探索现代公共文化服务体系的制度设计，如 2016 年 3 月 1 日，《江苏省公共文化服务促进条例》正式实施，成为省级层面出台的第一部关于公共文化服务体系建设的法规；（2）不断强化现代公共文化服务制度与文化体制改革的有效衔接，推进文化体制的制度化改革，如宁夏银川市通过制度设计，初步形成了社会民间文艺团队建设的管理意见、星级团队评定办法等制度成果，力求创新民间文艺团体建设机制；（3）不断完善与现代公共文化服务体系建设相配套的法律法规，如《无锡市推动公共文化服务社会化发展的指导意见》等。

透析中国现代公共文化服务政策在制度层面扩散过程，国家层面制度一般具有"宏观指导性"的特点，在某种程度上往往会限制地方政府实施策略的多样化，致使各地在实施中呈现"制度趋同"现象，虽然各地在制度设计的主要目标、建设举措以及保障条件等方面有少量的个性化措施，但更多是对国家"宏观指导性"的直接或间接的被动性反应，缺乏积极的主动性调整和制度安排，与国家层面的制度相比并无较大创新性体现，特别是在一些发展阶段和资源禀赋等方面存在明显差异的地方。这也反映出中国的威权体制导致中央政府制定的政策指令在不同地区或部门贯彻落实有着相当程度的一致性。[①]

3. 理念层面的建构和传播

中国现代公共文化服务政策作为一种"价值理念"形态的扩散，体现在自《意见》印发后，建设现代公共文化服务体系的施政理念逐渐进入各级地方政府的官方话语体系中，在某种程度上已经成为"时髦"的文化建设话语。[②] 随着"中国梦""软实力""文化民生"等理念的传播，文化建

---

① 李少惠、崔吉磊：《中国地方政府现代公共文化服务体系建设的文本分析——政策创新扩散机制视角》，《中国文化产业评论》2017 年第 7 期。

② 韩志明：《实践、制度与理念之间的互动及其张力——基于中国行政问责十年历程的理论思考》，《政治学研究》2013 年第 2 期。

设日益成为社会各界关注的焦点，加快构建现代公共文化服务体系的理念也成为影响中国社会主义文化建设的情境性因素，并逐步传导到"制度设计"和"实践层面"维度。作为社会各界对中国公共文化服务体系建设经验的总结与未来发展方向的共识，《意见》的印发标志着公共文化服务体系建设从"传统"走向"现代"，政策扩散在此阶段呈现明显的"引领型"特征，如除了坚持政府主导，还要坚持社会参与，引入市场机制，形成各类社会主体共同参与现代公共文化服务体系建设的氛围，最终实现共建共享。可见，相较于传统的公共文化服务，现代公共文化服务更加强调主体的多元性、过程的统筹性以及结果的共享性，是国家全面深化文化体制改革、促进文化事业繁荣的重要体现。"公共文化权利"、"公共文化民生"以及"公共文化治理"等理念开始不断呈现出来。另外，现代公共文化服务体系建设作为国家文化战略的重要组成部分，关系着国家文化安全和综合国力中文化软实力的打造，这也成为现代公共文化服务在理念层面的重要创新与突破。

从中国现代公共文化服务政策理念层面扩散过程来看，加强对其传播与宣传是这个阶段的主要工作。如《意见》颁发后，为形成全社会关心、支持和参与现代公共文化服务体系建设的氛围，国务院新闻办通过召开新闻发布会介绍现代公共文化服务体系等方面情况，各省制定的《实施意见》和《实施标准》也采取新闻发布会的形式向社会予以公布，极大促进了现代公共文化服务理念的传播。同时，各级政府和文化部门还通过举办专题培训班集中学习、邀请专家专门辅导以及召开主题会议进行集中讨论等形式加强对《意见》精神的把握。此外，诸多专家学者也对《意见》中蕴含的现代公共文化服务理念做了多角度的解读，为现代公共文化服务理念的传播及形成对理念的共识也带来了积极的效果。

总之，审视中国公共文化服务政策自颁布到实施扩散过程，包含着实践层面的推进和创新、制度层面的设计和拓展以及理念层面的建构和传播，三者之间既有区别又有联系，有着各自的扩散轨迹和扩散态势，并在扩散动力上表现为相互贯通和促进：实践层面主要是政府的行动策略，体现为对政策的层层落实与创新性执行，现代公共文化服务体系建设已然成为各级政府的重要工作；制度层面是不断创新文化管理体制机制，解决实际工作中存在的问题，并对实践进行有效的指导；理念层面主要是政府的话语表达，表现为国家对现代公共文化服务的重视，并通过文件层层下达，成为各级政府的共识。由此，实践层面、制度层面和理念层面互为连接的三维建构与同步推进，共同组成了中国现代公共文化服务政策自颁布到实施阶段的整体图景。

（二）中国现代公共文化服务政策扩散的内在张力

"现代公共文化服务体系"一经提出，便得到了社会各界的广泛关注。仔细分析中国现代公共文化服务政策扩散过程，可以发现实践、理念和制度作为一个有机联系的整体，共同承载了中国现代公共文化服务政策扩散的任务，但是，如前所述，三者之间虽然相互联系，但由于各自有着不同的扩散轨迹，其扩散过程并非正向的促进关系，而是存在内在的张力：实践层面与制度层面的错位、理念层面与制度层面的疏离以及实践层面与理念层面的断裂。由此可能弱化中国现代公共文化服务政策扩散的持续性和绩效。

1. 实践层面与制度层面之间的错位

中国现代公共文化服务政策的制定和实施，在动机设置上已显现出国家通过制度建设实现文化治理的努力方向。但由于围绕中国现代公共文化服务体系建设的法律法规以及制度等多属于纲领性文件，同时相关制度大多是一些部门的行政条例以及地方性行政文件，主要停留在灵活的政策层面，没有上升到法律的"刚性"的常规层面，由此导致实践中大多存在着选择性规范的倾向，但选择性规范，其同时也就意味着存在选择性不规范[①]。因此，在现代公共文化服务建设实践中，起支配作用的往往不是现代公共文化服务制度规定中所要求的诸如"明确责任""按需供给""增加效能""实现公平""五大建设同步""保障基本公共文化权利"等制度性要求，而多依附于"领导意志""政绩追求""形象工程"。

现代公共文化服务制度设定的功能预期是有效规范具体实践，如果对实践起重要作用的是一些"劣性"的非制度化行为，那就势必造成实践层面与制度层面之间的错位，需要在实际运行中进行纠偏。另外，实践与制

---

① 韩志明：《实践、制度与理念之间的互动及其张力——基于中国行政问责十年历程的理论思考》，《政治学研究》2013 年第 2 期。

度之间的错位也来自现代公共文化服务制度本身内在的缺陷。以各地颁布的《实施意见》为例，普遍存在着责任主体确定较为模糊，实施过程不明晰、问责方式缺失等问题，并且一些宏观的规定也使得现代公共文化服务体系建设充满了不确定性，缺乏较为详细的配套细则。现代公共文化服务体系要解决好供给和需求匹配问题、管理体制与社会发展的对接问题，这些内容虽在《实施意见》中有所体现，但往往语焉不详，表述不清晰兼之实际操作性不强也制约了现代公共文化服务制度的适用性。

应该看到，当前现代公共文化服务体系建设尚未形成完整的法规体系，虽然 2016 年 12 月已颁布实施《中华人民共和国公共文化服务保障法》，里面涉及的多项制度，如公共文化服务设施征求公众意见制度、地方公共文化服务目录制度、考核评价制度、公共文化设施资产统计报告制度、年报制度等，但这些内容需要在程序、方法等方面进一步细化并配套实施。① 此外，各地现代公共文化服务相关法规规章制度的缺失也使得这一法律缺少有效实施的支撑。

因此，在中国现代公共文化服务体系建设中要将公共文化建设上升为国家意志，将各部门公共文化服务职责上升为法定职责，将全社会参与公共文化上升为法律责任，需以《中华人民共和国公共文化服务保障法》为核心，以公共文化服务基本法律、专门法律和行政法规为基础，以地方性法规和行政规章为补充的现代公共文化服务法律体系，使公共文化服务工作更加规范化和制度化。

2. 理念层面与制度层面之间的疏离

新制度经济学认为，价值观念是影响制度变迁的重要变量，同时制度变迁也会影响价值理念的演化和发展。随着现代公共文化服务体系建设的推进，现代公共文化服务理念层面的内容为制度建设提供了重要的价值资源，但由于中国公共文化建设探索实践较短，相关理论积累还较少。虽然在文化体制改革创新、社会化以及文化资源统筹安排等方面形成了初步共识，但理念的制度化形态仍不乐观，"无从着手"也就成为各地现代公共文化服务制度设计的困惑。由此可以肯定，如果理念还仅仅停留在非制度化

① 王晨：《大力推动公共文化服务保障法的深入宣传和贯彻实施——在宣传贯彻公共文化服务保障法座谈会上的讲话》，《中国人大》2017 年第 2 期。

的自建水平，那么现代化公共文化服务体系建设的目标，无论通过什么行政手段或者管理方式都将难以实现。

从制度规范建设来看，现代公共文化服务体系建设作为对应国家治理体系和治理能力现代化而主动进行的制度变革，如果其建立及适用基本上还是在"传统管制型政府"的"权力控制"之下，那么其带来的消极后果必然是"文化建设的政府自转"，现代公共文化服务建设中程序的非规范性、决策的非民主化、绩效考核的缺失及社会反馈渠道的阻塞就会成为常态，甚至导致一些地方政府在现代公共文化服务制度制定中照抄照搬、内容笼统、不符合实际，制度在实践中无法发挥作用，最终只能沦为标榜文化民生的摆设。

现代公共文化服务理念的扩散是多元主体参与认知和践履的过程，表现出突破困境寻求超越的发展姿态。但当公众依据更尊重群众文化权利、更强调现代化的治理理念来批判和反思公共文化服务制度时，制度现实运行的缺陷化同价值理念的理想化就产生了内在的冲突，这不仅会消解现代公共文化服务制度的正当性，也将损害其权威性和公信力。

3. 实践层面与理念层面之间的断裂

基于中国国情和体制与西方不同，加之幅员辽阔、区域差异大的现实，建设具有中国特色的现代公共文化服务体系，国外尚无可借鉴的成熟经验，国内某些地方实践也缺乏一定的延伸性，但现代公共文化服务体系建设事关文化民生和民族复兴，倒逼在现代公共文化服务体系建设中一定要探索出符合中国特色的发展模式。①

自《意见》印发后，各地在农村综合性文化服务中心建设、基本公共文化服务标准化、均等化和社会化以及提升公共文化服务效能等方面取得了良好的效果，这也从根本上刺激和强化了社会各界对现代公共文化服务理念的认同，特别是一些理念已经成为各级政府现代公共文化服务体系建设的重要战略目标和实施原则，如现代公共文化服务体系建设中要充分发挥政府的主导作用，保障群众的基本文化权益，促进社会公平；统筹城乡文化资源，实现基本公共文化服务的均等化；坚持社会参与和共建共享，增强现代公共文化服务发展活力；不断加强文化体制和机制的改革创新，

---

① 刘洋、唐任伍、隋吉林：《国家公共文化服务体系示范区研究》，《中国名城》2014 年第 1 期。

为现代公共文化服务体系建设提供动力；采用"互联网＋"思维，不断促进"公共文化服务＋科技"融合发展等。但其中也存在着诸多不容回避的问题，如现代公共文化服务建设以公益性为主，在实践中很难在短期内产生直接经济效益，政府公共财政投入是主要的方式，尤其是在缺乏稳定投入的刚性约束条件下，将现代公共文化服务放在战略性的高度以及维持高投入都将遭遇难以克服的瓶颈。

政策扩散中理念层面扩散往往是超前的，亦具有"理想化"的气质，而实践层面则是现实的，往往也不是根据理念所期待和预设的逻辑来进行。尤其是在实践中，由于缺乏相应的长效激励和约束机制，现代公共文化服务体系所倡导的许多理念往往"浮于政策"，难以真正落实到现实层面，实践与理念之间不同程度面临着断裂的尴尬。从当前各地现代公共文化服务体系建设的实践来看，由于存在多方力量的相互博弈，其结果往往导致困扰农村公共文化服务多年的一些疑难问题依然存在，如公共文化机构运行低效，供需不对接、农村文化人才欠缺、公共文化服务财政投入不足，公共文化设施落后以及公共文化资源统筹困难等，尚未得到根本性解决。

现代公共文化服务政策实施阶段存在的"实践变形""制度误解""理念困境"等问题影响着政策扩散的向度、持续性和绩效，未来需要夯实实践层面的行动策略、强化制度层面的统筹设计以及突出理念层面的建设引导。将政府施政话语体系中"现代公共文化服务体系建设"转变为一种社会的共识性判断，按照制度框架的设计要求，在现代公共文化服务体系建设中，从工具理性层面不断探索建立现代公共文化服务治理结构，正确界定政府职能，有效处理政府、市场和社会之间的关系，保障多元主体参与公共文化服务建设，多向度提升公共文化服务效能，进而从价值理性层面实现对公共文化服务的责任担当和文化权利的保障，促进公民意识的觉醒和公民素养的提升，培育公共精神，建构精神文化家园等就成为发挥理念层面建设性作用的重点和努力的方向。

五　现代公共文化服务政策扩散的优化策略

通过对中国现代公共文化服务政策实施阶段政策扩散的内在张力进行分析，可以发现，理念、实践和制度三者之间的扩散并不表现出内在的一致性和明确性，"实践变形""制度误解""理念困境"在政策扩散中也能够发生。显然，这将大大影响未来保持现代公共文化服务政策扩散的向度、持续性和绩效，需要夯实实践层面的行动策略、强化制度层面的统筹设计以及突出理念层面的建设引导。

（一）优化现代公共文化服务实践层面的行动策略

现代公共文化服务政策扩散在实践层面的行动策略表现为在发挥政府主导作用的同时，不断改革和创新文化管理体制机制，充分调动市场与社会的力量，实现供需对接，不断满足群众日益增长的公共文化服务需求。具体来说，即在现代公共文化服务体系建设中有效处理政府、市场和社会三者之间的权责边界，从过去"直线式"和"包办式"的权力思维向"多向式"和"共享式"的治理思维转变，使"现代公共文化服务体系"转变为一种社会共识性的判断，并将多元化、均等化、标准化等价值理念融入制度框架设计中，不断丰富中国现代公共文化服务体系建设的内涵。因此，中国未来推进现代公共文化服务体系建设，必须从"权力推进""动员式推进"向"常态化建设"和"制度化建设"转变。应当看到，现代公共文化服务实践层面的快速推进与制度的滞后性之间的矛盾不可避免，甚至与现存的制度也存在冲突，绝不能简单地用"缺乏制度支持""制度不健全"等措辞放缓或停滞现代公共文化服务实践的步伐。目前，中国公共文化服务体系建设面临着现代化发展的关键时期，如能解决好制约其发展的瓶颈问题，就可能大幅度提升现代公共文化服务体系建设水平，否则就可能停滞不前，这也成为现代公共文化服务实践功能的重要定位，而实现这一功能关键就在于不断提升现代公共文化服务政策在实践层面的行动策略。

（二）强化现代公共文化服务制度层面的统筹设计

现代公共文化服务政策扩散的制度设计，不仅是规范现代公共文化服务体系建设的迫切要求，更是对价值理念的积极回应。以制度层面设计为中介，现代公共文化服务政策扩散能够实现双向互动：一方面，实践层面激活了现有的制度设计；另一方面，通过价值理念的引领，变革和更新了制度设计。[①]《意见》作为指导现代公共文化服务建设的纲领性文件需要加

---

① 沈东、杜玉华：《"社会治理"的三维向度及其当代实践——基于价值理念、制度设计与行动策略的分析》，《湖南师范大学社会科学学报》2016 年第 1 期。

强制度统筹设计以保证其有效实施,通过法律形式将现代公共文化服务的各种制度与程序安排确定下来,从"硬性"和"刚性"层面消除阻碍现代公共文化服务体系建设的各种因素,将现代公共文化服务体系建设纳入制度化的轨道。第一,以《中华人民共和国公共文化服务保障法》作为制度引领,逐步配套出台演出法、出版法、电影法、新闻法、图书馆法、博物馆法等相关制度,形成完善的现代公共文化服务制度体系;第二,建立健全现代公共文化服务制度有效运行的考核机制、问责机制、协调机制等,实现公共文化服务制度的操作性、有效性、针对性;第三,从文化权益的保障和文化发展的角度,不断优化现代公共文化服务制度与其他法律之间的衔接和对应,逐步提升现代公共文化服务制度的整体效力。

当然,相较于其他领域的法律的制定而言,制定统一而有效的现代公共文化服务制度更具复杂性和艰巨性。另外,相对现代公共文化服务丰富的实践及"美好"的价值理念,就现代公共文化服务制度建设而言总会显得滞后和欠缺,这种"缺陷"是由制度本身的特点所决定的,重要的是能否在现代公共文化服务制度建设中实现良性制度变迁,不断促使现代公共文化服务理念走向制度设计,保障现代公共文化服务实践的有效进行。

(三)突出现代公共文化服务理念层面的引导性作用

相对于制度的规范性作用以及实践的执行性特征,理念在现代公共文化服务体系建设中更多体现为原则的遵循与目标的设置。现代公共文化服务体系建设启动并进入实施阶段后,理念层面的普及已经发挥了价值规范和目标导向的作用。随着现代公共文化服务体系建设的持续推进及全面深化文化体制改革的深入,进一步发挥理念在现代公共文化服务体系建设中的引导作用已迫在眉睫。当前,社会各界已经认识到,现代公共文化服务体系建设在体制上需构建政府与市场良性互动关系,在内容上应建立需求导向的服务提供机制,在主体选择上要引入市场和社会组织,在手段上要实现公共文化服务与科技的有效融合,在运行上要健全公共文化服务评价机制的重要性,但真正落实这些价值理念还有很多工作要做。如果这种理念与现实之间的张力处理不好,缺乏对其"现代化"的理解与把握,不但会给各地文化部门和农村文化工作者下一步的工作带来挑战,而且还会损害公众参与现代公共文化服务体系建设的热情,甚至在极端的情况下还会产生对政府的不信任。

现代公共文化服务体系是新时期国家治理体系和治理能力现代化的文化阐释，必须清醒地认识到，作为价值层面的现代公共文化服务不仅仅是国家对"文化"运作机制和制度安排的认知，也是对政府、社会及市场结构关系的重新设定。未来要突出现代公共文化服务理念的建设性作用。一是凸显权利性。文化权利是文化发展的核心理念，而公民文化权利则是现代公共文化服务体系建设的理论基点和终极目标。二是立足开放性。以多元化、社会化和竞争化的理念重构公共文化服务相关主体的关系模式。三是回归服务性。提升服务效能，实现供需对接是现代公共文化服务体系建设的内在要求。

为此，未来将政府施政话语体系中"现代公共文化服务体系建设"转变为一种社会的共识性判断，按照制度框架的设计要求，在现代公共文化服务体系建设中，从工具理性层面不断探索建立现代公共文化服务治理结构，正确界定政府职能，有效处理政府、市场和社会之间的关系，保障多元主体参与公共文化服务建设，多向度提升公共文化服务效能，进而从价值理性层面实现对公共文化服务的责任担当和文化权利的保障，促进公民意识的觉醒和公民素养的提升，培育公共精神，建构精神文化家园等就成为发挥理念层面建设性作用的重点和努力的方向。

第三章　公共文化服务治理的话语体系

中国"服务型政府"建设要求政府坚持以人为本、依法行政的基本理念，从全能型、管制型向管理型、服务型和法制型转变，逐步建设结构合理、服务高效、人民满意的服务型政府。政府在开展公共文化服务的过程中，主要致力于从政府责任、保障基本以及管理文化等方面寻求突破，对于推动公共文化服务发展的确起到积极的作用，但是随着社会历史条件的变化，公共文化服务的供需矛盾日益凸显。因此，在国家治理体系与治理能力现代化背景下，公共文化服务治理成为公共文化服务发展的新选择。公共文化服务的治理转向不仅在价值导向和构成要素方面产生重要的变化，而且形成了多元合作网络结构与治理模式，以及作为运行与保障的治理机制。公共文化服务治理是区别于传统政府文化管理模式的一种新型文化治理模式。

第一节　公共文化服务治理的价值内核

尽管"公共文化服务"这一概念产生于中国服务型政府建设背景下，但在具体的实践过程中，公共文化服务更多反映了政府部门的行政逻辑和管理导向，与服务型政府的理念并不一致，而公共文化服务的治理转型就是要以治理思维弥补公共文化服务实践中存在的不足，这重点体现在公共文化服务治理的价值导向与核心要素变化上。由管理到治理，实质上反映了政府体系内部的治理性变革以及政社合作网络的达成，是一个渐进发展的过程。

一　公共文化服务治理的价值导向

公共文化服务治理的价值导向意在阐明其在实践过程中的价值定位和

基本方向，这不仅决定了公共文化服务治理的重点内容，而且对其治理成效产生重要的影响。

（一）公共文化服务治理是实现公共文化权益的有效途径

公共文化服务治理是以"文化善治"为目标，实现公共文化利益最大化的治理过程，反映了政府与利益相关者在公共文化利益及其分配问题上所达成的共识，代表了大多数人的共同选择和追求。首先，公共文化服务治理的首要任务在于坚守社会主义核心价值观，弘扬新时期中国特色社会主义的主流价值，是维护公共文化权益的内在要求。社会主义核心价值观作为新时期中国社会发展的思想基础，是公共文化服务治理的重要精神养料，也应当成为公共文化权益的核心内容。其次，公共文化服务治理是由政府、市场、社会、公众等多元主体基于协商的利益共享过程，不仅包括政府与社会组织之间在公共文化事务管理上的利益共享，而且包括社会组织之间的利益共享。多元主体协同共治，能够多方面汇集民众的公共文化需求和活动参与意愿，提升公共文化服务治理的回应性和精准性，从而有效增强公共文化服务治理效度和民众满意度，从内容层面有效保障民众的公共文化权益。最后，公共文化服务治理的过程也是经由文化功能实现政治、经济、文化与社会整体优化的善治过程，文化既是治理的手段，又是治理的对象。公共文化服务治理的目标在于更大范围的善治，而不限于文化领域，其不仅可以维护民众的公共文化权益，而且能够从整体上保障民众的公共利益。

（二）公共文化服务治理要以现代公共文化服务体系为支撑

党的十八届三中全会将"推进国家治理体系和治理能力现代化"作为新时期全面深化改革的总目标，同时提出了"构建现代公共文化服务体系"的重要任务。国家治理现代化的推进，不仅对中国文化治理体系和治理能力建设提出了新要求，而且对构建现代公共文化服务体系意义深远，公共文化服务治理与现代公共文化服务体系本质上具有高度的契合性。首先，保障并实现公民文化权利，既是现代公共文化服务体系建设的价值取向，又是公共文化服务治理的重要前提。公民文化权利意识的高涨要求现代公共文化服务体系建设关注民众真实的文化需求，拓宽民众参与公共文化服务决策、生产、分配及评价诸多链条环节的空间，保障其参与公共文化服务治理、享受公共文化服务治理果实的权利。其次，从"小文化"向"大文化"转变①，既是现代公共文化服务体系建设的方向，也是公共文化服务治理的基本要求。在国家治理现代化背景下，不仅政府与市场、社会等多元主体联系紧密，而且文化本身与政治、经济、社会等领域高度融合，现代公共文化服务体系建设就是要突破传统的"小文化"范围，转向文化领域之外的"大文化"环境，经由文化功能实现公共文化服务治理所追求的国家治理能力的整体优化。最后，处理好文化需求中的共性与个性关系问题，既是把握现代公共文化服务体系建设规律的关键，又是公共文化服务治理的重要原则。满足共性需求就是要通过公共文化服务标准化、均等化建设，确保公共文化设施建设、管理、运作与公共文化服务机制的标准化，以及公共文化服务数量和质量的均等化；满足个性需求就是要通过政府购买、委托生产等方式，发挥市场和社会力量的作用机制，提供多样化的公共文化服务。② 文化治理现代化需要以现代公共文化服务体系建设为支撑，充分发挥公共文化服务治理的正外部效应。

（三）公共文化服务治理应遵循工具理性与价值理性相统一

工具理性和价值理性是人类理性行为的两种基本形式，也可以作为划分公共文化服务实践价值取向的不同维度。公共文化服务作为一项"人的社会行为"，其实践过程饱含着行动者的工具理性与价值理性。马克斯·韦伯最早在其社会学研究中将人的理性划分为工具理性和价值理性两种类型。③ 所谓工具理性，是指以外界因素作为手段或条件，实现自己合乎理性之目的。工具理性信奉者主张"技术至上"，是技术理想主义、技术乐观主义或技术决定论的集中表现，并不在意行为本身的价值，而是在乎其所采取的手段是否有效，属于"目的合理性思维"。价值理性则是指行动者对于行为本身固有价值的纯粹信仰，主张"价值至上"，其思想源于对技术理性追求效率而无视价值和公平的反思和批判，强调基于纯正的动机和正确的手段实现自己意欲达到的目的，并不在乎手段和后果，属于"价值合理性行为"。工具理性下的价值趋向会导致公共文化服务实践的异化、加重利益

---

① 李媛媛：《国家文化治理视域下的现代公共文化服务体系发展趋势研究》，《中国社会科学院研究生院学报》2017 年第 4 期。

② 祁述裕、曹伟：《构建现代公共文化服务体系应处理好的若干关系》，《国家行政学院学报》2015 年第 2 期。

③ 〔德〕马克斯·韦伯：《经济与社会》，林荣远译，商务印书馆，1997，第 163 页。

分配的不平衡、加剧主体间竞争、阻碍沟通以及价值合作的过程。因此，公共文化服务治理实践要将制度优势转化为治理效能，关键在于实现工具理性和价值理性的平衡和统一。

公共文化服务治理既是一个隐含价值判断的工具问题，也是一个需要工具支持的价值实现问题。治理体制和治理行为主要体现国家的工具理性，治理行为的技术性因素要重于其价值性因素。[①] 但同时，公共文化服务治理与其他治理最显著的区别就在于它的"软治理"，在治理过程中更看重治理效果的价值性，而不仅仅是"治理"所体现出的工具性。公共文化服务治理应当恪守的价值追求在于经由服务供给满足民众的文化需求，保障其文化权益，并以此培养社会成员的文化自觉和公共精神。但在公共文化服务体系建设实践中，其往往陷入工具理性张扬与价值理性迷失的误区，价值冲突现象也屡见不鲜。如公共文化服务作为政府的服务职能之一，是衡量其工作成效的重要指标，但政府部门在很长一段时间内注重可操作和可量化的"管理业绩"，片面追求公共文化服务"量"的达标，将服务重点局限于场馆建设等硬件方面，忽视服务对象的内在精神实质，虽然有效提升了文化场馆设施的覆盖率，却因供需错位等问题导致公共文化服务治理效能低下，"内卷化"现象严重，服务效果并不理想。可见，公共文化服务体系建设中工具理性和价值理性的张力问题不容忽视。

为此，公共文化服务治理实践应当遵循工具理性与价值理性相统一的原则，在工具理性的基础上，兼顾价值理性，不仅要注重服务效率，还要注重服务内容和公平性；不仅要坚持政府主导，还要坚持民众导向和满意度；不仅要重视显性政绩，还要重视服务结果。公共文化服务治理只有实现工具理性与价值理性的深度契合，治理功能才能得到更有效的发挥。[②] 公共文化服务治理的目的就在于更好地探求文化发展的价值功用与发展机理，最大限度地用公共文化服务治理所体现的"价值性"来带动社会文明发展，引导公共文化服务治理主体的自觉发展。[③] 通过公共文化服务治理主体的能

---

① 俞可平：《论国家治理现代化》，社会科学文献出版社，2014，第 6 页。
② 胡惠林：《国家文化治理：中国文化产业发展战略论》，上海人民出版社，2012，第 28 页。
③ 蔡文成、赵洪良：《结构·价值·路径：文化治理的内在逻辑与实践选择》，《长白学刊》2016 年第 4 期。

动性塑造，养成多元主体的文化自觉意识，增强文化"软实力"；通过提供丰富多彩的公共文化生活，培育公民的公共理性或公共精神，建构合理的精神生活秩序，这也是坚持公共文化服务核心价值取向的必然选择。

（四）公共文化服务治理关注公民公共文化生活的实质改善

良好的公共治理需要评估公共政策的实际效果。随着社会经济发展水平的提高，人们的文化需求日益多样化，越来越渴望且乐于参与到公共文化服务的过程中来，政府也需要将人们这一新增的文化诉求纳入政策考虑，开始关注公共文化服务的社会面向。而随着公共文化服务治理的推进，包含社会治理层面的多元主体参与并不能构成公共文化服务治理的全部内容，其更加强调公共文化政策的实际效果。与公共文化服务相比，公共文化服务治理更为关注的公共文化政策的效果主要体现在：公民所感受到的公共文化场馆设施的可及性，而不仅仅是文化场馆设施的数量和面积；公民所感受到的图书、报刊、电影内容的丰富性、多样性和获取的便利性，而不仅仅是图书、报刊、电影的投入费用；公民对自己想要获取的公共文化政策的知晓度、参与公共文化活动的满意度以及在希望从事的文化工作中提升竞争能力的可行性，而不仅仅是政府提供教育和培训的一系列数字；文化类社会组织、企业所感受到的公共文化服务治理体系的结构性保障，而不仅仅是政府治理主体出台的支持社会力量参与公共文化服务供给的政策性文件数量；人们所感受到的经由公共文化服务所带来的邻里关系、文化氛围、精神面貌的实质性变化，而不仅仅是政府出台的公共文化政策数量、提供的公共文化服务种类以及由此承担的公共文化服务费用。

二　公共文化服务治理的核心要素变化

随着公共文化服务治理话语的兴起，公共文化服务的治理转型便成为实现公共文化服务的价值目标、化解公共文化服务效能低下等顽疾的新思路。从服务到治理，公共文化服务的理念、主体、机制、效能都将产生重要的变化。

（一）理念：从管理文化到文化治理

作为"晚发外生型"现代化国家，政府部门在现代化建设进程中的角色转变不及时，导致中国公共文化服务事业在很长时期处于管制型政府建设的背景之下，遵循管理文化的思维模式，出现了政府既办文化又管文化，既当"裁判员"又当"运动员"的"管办不分"乱象，严重抑制了文化领域的创造力和活力，也因政府在文化领域的投入过大而难以为继。① 与之相对，公共文化服务治理恰好是政府文化体制改革进程中服务型政府建设的产物，其注重由单纯办文化向管文化转变，进而主张多元主体共同治理文化，强调放权于市场和社会主体，侧重从宏观层面优化文化市场秩序。公共文化服务治理包含了对于管理文化的以下三个层面的超越。首先，公共文化服务治理既注重对文化行为加以制度化、规范化的刚性约束，又强调柔性引导，更关注人的主体性的确立。其次，公共文化服务治理的对象不仅包括处理公共文化事务、进行公共文化决策、配置文化资源与权力等文化行为，还包括整体文化环境和文化生态的改善。最后，公共文化服务治理的目标既要实现对文化系统本身的调整和优化，促进公共文化服务体制机制创新，又要基于公共文化功能的发挥实现社会整合，即推动政治领域、经济领域、社会领域和文化领域的整体优化，由公共文化和以公共文化为场域达致更大范围的国家与社会治理。可见，公共文化服务治理不仅是一种技术手段、运作机制，而且意味着一种权力（权利）结构安排，更意味着一种基本理念、一种价值取向。不同于传统公共文化服务主要受自上而下的行政力量驱动，尊奉"行政的逻辑"，公共文化服务治理则遵循治理的逻辑，寻求各利益相关方对公共文化服务的共同治理。应该说，公共文化服务治理是更为广泛意义上的文化管理，本质上是文化管理体制的创新，其核心要义已经发生了变化。

（二）主体：从政府包揽到多元参与

公共文化服务本质上属于一种公共物品，其消费具有很强的非竞争性和非排他性等公益属性，单纯依赖于市场机制提供公共文化服务往往会因为"搭便车"问题导致"市场失灵"，并不能保障公共文化服务的有效供给。由此，公共文化服务供给的重任主要由政府部门承担，依托政府公共财政开展公共文化服务的决策、生产、分配以及运行等各项工作，这虽然在一定程度上满足了公众的基本公共文化服务需求，但也因此出现了供需

---

① 张森：《文化治理：理论演进、西方路径与中国模式》，中国政法大学出版社，2017，第128 页。

失衡、弱参与等悬浮化问题。① 一方面，政府提供的公共文化服务并不完全与公众的文化需求相符，导致"供需错位"；另一方面，区域差异导致公共文化资源分配严重不均，出现了"供给无效"的问题。实践证明，政府包揽下的公共文化服务效能不佳，亟须寻求突破。而治理理念下的公共文化服务不再局限于政府责任，而是政府主导下的企业、社会组织、个人等社会力量的协同参与，能够有效提升公共文化服务供给能力。从政府包揽到多元参与，不仅预示着政府公共文化服务理念的转换，还反映了政府以外的社会力量逐渐觉醒的服务意识和文化自觉。尽管公共文化服务多元参与格局及其实践成效尚不理想，存在政府重政绩、社会强依赖、民众弱参与等问题，但政府主导下的多元主体合作势必是未来中国公共文化服务的重要方向。

（三）机制：从科层管理到多维互动

中国公共文化服务在很长时期内单纯遵循着科层管理的机制，由此导致了政府公共文化服务的"唯上不唯下"的行为选择，公共文化服务更多是地方政府完成上级政府考核的行政任务，而没有被地方政府纳入本级公共服务职能范畴，遑论提供民众需要的公共文化服务了。在这一过程中，基层政府通常迫于行政压力强度选择性开展公共文化服务；文化部门基于自身的利益考虑，通常会积极作为以获得地方政府与上一级文化部门的"关照"；地方官员由于压力型体制的束缚表现出很强的政绩取向，在文化工作中主要涉足容易体现其政绩的服务内容。② 科层管理机制下的公共文化服务不仅效率低下，而且容易导致公共文化服务演化为地方政府向上负责的行政性事务，弱化其本应承担的服务性职能。科层制自上而下的供给体系，不能与群众的需求相结合，容易造成资源的浪费。自国家层面确立社会治理与公共事务管理"党委领导、政府负责、社会协同、公众参与"的社会管理格局，进而又根据社会发展规律的认知调整为社会治理，强调了政府主导下的社会与公众协同参与的重要意义，也由此确立了中国公共文化服务的基本结构，表明国家的文化管理手段除了行政手段以外，更多强

---

① 李少惠、赵军义：《农村居民公共文化服务弱参与的行动逻辑——基于经典扎根理论的探索性研究》，《图书与情报》2019 年第 4 期。
② 吴理财：《公共文化服务的运作逻辑及后果》，《江淮论坛》2011 年第 4 期。

调的是多元主体间的自愿平等合作。这种新型的治理机制发挥着计划性政府干预机制、竞争性市场调节机制、自治性社区参与机制的互补性制度优势①，是政府主导下多元主体多维互动的良性机制，其形塑的网络关系包括协商、谈判、合作等各个环节，是中国公共文化服务治理转向的必然趋势。

（四）效能：从保障基本到需求回应

公共文化服务作为一项由政府承担主要责任的公共产品，主要是以保障公众的基本公共文化服务需求为目标的，其内容包括读书看报、收听广播、观看电视、观赏电影、送地方戏和设施开放等，是与政府现有文化资源以及服务能力相匹配的公共文化服务选择。基本公共文化服务作为基本公共服务的一部分，决定了其主要任务是保障大多数人文化需求中的共性部分，具有基础性和均等性特征，本质上是针对社会成员的迫切公共文化需求、基本公共文化权益、必要公共文化消费，以免费或优惠方式提供的一般性或普遍性公共利益。② 然而，基于保障基本取向的公共文化服务供给往往囿于政府自身的财力和能力因素，以及公共文化服务体系建设中对于公众文化需求识别、满意度测量等软性指标的忽略，容易导致公共文化服务供需不匹配等问题，不仅难以有效满足公众的基本公共文化服务需求，而且容易造成公共文化资源的极大浪费，降低政府公信力。公共文化服务治理的提出，其中一个重要的理念在于增强"回应性"，通过建立政府购买、委托生产、公益创投等政府与多元主体合作供给网络，提供内容丰富、形式多样的非基本公共文化服务，有效回应民众真实的文化诉求，提升民众满意度。

第二节　公共文化服务治理的模式构成

公共文化服务治理涉及政府、市场与社会的关系及政府职能转变，特别强调多元参与主体之间在合作、信任和协商的理念下，科学定位各主体的角色和功能，打造多元主体协同共治的公共文化服务治理平台，以治理

---

① 李少惠：《转型期中国政府公共文化治理研究》，《学术论坛》2013 年第 1 期。
② 马雪松、张贤明：《公共文化服务体系建设：功能预期、价值取向与路径选择》，《探索》2012 年第 6 期。

合力推动公共文化服务的效能提升，实现政府一元主导向政府、市场、社会、公众多元主体参与转变，最终形成政府、市场和社会等主体间良性互动的多元合作网络及治理模式。

一　公共文化服务治理的基础性要素

公共文化服务治理的基础性要素包括文化规划、文化资源、基础设施、资金投入、人才培育以及文化生态环境等基本构件，如果说核心要素主要关涉治理过程的话，基础性要素则是推动公共文化服务治理网络结构优化、构建治理模式的重要支点和有效媒介。

（一）文化规划

文化规划是指通过解读文化现状，挖掘文化资源，依托不同尺度的文化空间有针对性地整合文化资源、策划文化活动、营造文化氛围、指导文化战略实施的过程。文化规划对一个国家的文化治理具有能动的导向作用。在公共文化服务治理过程中，需要运用科学方法，借助精准切实的数据，制定比较全面长远的发展规划，设计未来公共文化服务治理整套行动的方案。文化规划可以使行动目标更加清晰，使公共文化服务治理方案更具可行性，使机制运作更具可控性以及效益合理性。文化规划具有综合性、系统性、战略性、规范性等特点，与文化政策相比，公共文化服务规划更多是提供宏观层面的战略指导方向，其目标需要通过文化政策来完成。文化政策则是国家或政党为实现一定时期的目标而制定的行动方案，从微观层面上指明了未来的行动准则，是公共文化服务规划的实施途径之一。公共文化服务规划，一方面，要注重顶层设计，从"五位一体"的全局观出发将文化建设与政治、经济、社会、生态发展进行统筹考虑，基于整体观念和长期视角对特定区域的文化资源进行战略性安排，着重阐明文化领域未来发展方向与重点任务，指导着国家和地方文化政策的出台和调整；另一方面，要统筹协调各级文化规划。文化规划具有国家、区域、城乡以及社区等不同的空间层次，不同空间层次的文化规划需相互配合、统一衔接，以形成完整的文化规划体系。国家层面的公共文化服务规划强调宏观指导和明确方向，针对的是中国公共文化服务治理中存在的共性问题，而区域、社区层面的文化规划则是为国家层面的文化规划提供支撑与地方特色化发展方向引领。两者共同为公共文化服务发展提供方向指引，推动着文化治理体系和治理能力现代化的实践进程。

公共文化服务规划作为文化规划的重要组成部分，开启于"十一五"建设时期，《国家"十一五"时期文化发展规划纲要》对公共文化服务进行了专门阐述。"十一五"之后，公共文化服务规划成为国家文化规划的常规有机组成部分，地方政府也开始制定发布专门的公共文化服务规划。① 国家公共文化服务规划在"十一五"时期的重点内容是通过四大惠民工程抓好基层文化建设；"十二五"时期，公共文化服务规划重点内容是推动公共文化服务网络全覆盖；"十三五"时期是促进公共文化服务标准化与均等化发展；"十四五"时期为推动公共文化服务高质量发展。可以看到，从"十一五"到"十四五"，国家公共文化服务规划与时俱进，从最初对量的增长要求逐渐实现向质的提升，表明其已进入公共文化服务高质量发展的新阶段。

（二）文化资源

文化资源是凝结了人类所有智慧进而作用到其无差别劳动成果的物质产品或活动②，同时也是经过千百年的实践创造的物质成果及其转化。③ "资源"一词，最初是指能够开发利用并带来社会效益与经济效益的资产，文化资源具有文化和资源的双重属性，具备精神性和可开发性。文化资源是指那些具有精神内涵，能够对其投资并可开发利用的，最终获得直接的社会效益与经济效益的生产性资本。文化资源蕴含着深厚的文化价值，只有经过人们的开发利用，才具有转化为文化资本的现实性，进而创造出巨大的价值，带来直接效益和间接效益，如红色文化资源、旅游文化资源、数字文化资源等。文化资源的生命力要在一定的情景中或者相当的环境资源条件支撑下才会发生。民族的大众的文化对文化的传承和交流提供了丰富的适应情景，也因之广泛的影响力为文化资源注入了新生的力量源泉。因此，在公共文化服务治理框架下，要求我们合理地利用和开发文化资源，不断提高公共文化服务治理的有效性，增强群众的文化自觉与文化自信。

---

① 耿达、田欣：《公共文化服务规划的理论建构与实践逻辑》，《图书馆》2021年第11期。

② 申维辰主编《评价文化：文化资源评估与文化产业评价研究》，山西教育出版社，2005，第74~85页。

③ 吕庆华：《文化资源的产业开发》，经济日报出版社，2006，第55~76页。

（三）基础设施

公共文化基础设施是公共文化服务治理得以运作的前提条件，它既属于文化资源，又专指其中为满足民众文化需求和开展各项公共文化服务活动而建造的硬件设施，主要是指由政府投资建设并维护管理的用于提供公共文化服务的建筑物、场地和设备，具有显著的公益性目标。从社会文化系统角度及不同基础设施所承载的社会文化功能来看，基础设施一般包括图书馆、博物馆、文化馆（站）、美术馆、科技馆、纪念馆、体育场馆、工人文化宫、青少年宫、妇女儿童活动中心、老年人活动中心、乡镇（街道）和村（社区）基层综合性文化服务中心、农家（职工）书屋、公共阅报栏（屏）、广播电视播出传输覆盖设施、公共数字文化服务点等。从基础设施的投资主体与事业性质看，可分为公益性文化设施和非公益性文化设施。从管理特征看，其可分为经营型文化设施、事业管理型文化设施、两者兼备型文化设施。从地域分类看，其可分为区域文化设施与跨区域文化设施、国家文化设施与地方文化设施，城市文化设施、农村文化设施及少数民族文化设施等。[1] 文化基础设施建设是保障群众基本文化享受权、参与权、创造权、展示权的基本要件，故基础设施的建设与维护是公共文化服务体系建设的关键。近年来，国家对公共文化服务越来越重视，不断完善公共文化设施网络，根据群众需求变化推进各级公共文化设施提档升级，进一步提高设施覆盖率、提升设施服务效能、加快各类设施功能融合，为公共文化服务治理奠定了良好基础。

（四）资金投入

资金投入是保障公共文化服务体系建设顺利推进的条件和基础，也是公共文化服务创新发展的主要动力。公共文化服务体系建设资金主要有以下几个来源。一是公共财政，这是当前公共文化建设最为主要的资金来源，在一定程度上是公共文化服务建设最为关键的保障。需要强调的是，一方面，包括县一级在内的地方政府应将公共文化服务建设纳入本级国民经济和社会发展规划中，按照公益性、基本性、均等性、便利性的要求，不断提高服务质量；另一方面，公共财政必须根据经济社会发展状况、财政收

---

[1]　谭平：《文化设施配置优化问题研究》，《科学学研究》2010 年第 2 期。

入水平等因素，按照一定比例投入公共文化建设，并以法律制度的形式，保证财政投入的合理增长。二是社会资本，主要来源于企业、家庭和个人的捐助，以及各种非营利组织的捐赠等。这些资金作为公共文化服务体系建设资金投入的重要补充，在基础设施建设、文化项目支持以及公益活动举办等方面发挥了关键性作用。因此，国家应通过公共财政的奖补政策撬动社会资本，拓宽资金来源渠道，逐步形成以公共财政投入为主、社会资本投入为辅的公共文化服务多元投入机制，确保公共文化服务资金充足。

（五）人才培育

文化人才队伍既是先进文化的传承者和传播者，也是公共文化服务体系建设的核心力量。其规模、结构、素养、能力等直接关系着中国公共文化服务体系建设的进程，可以说，建立一支规模合理、结构均衡、活力充足的复合型人才队伍是推动现代公共文化服务体系建设的基本保证，也是公共文化服务可持续发展的有力保障。根据公共文化服务的职能定位、治理目标以及业务内容，可以将公共文化服务人才分为管理人才、专业骨干以及文化业余爱好者三大类。其中，管理人才既包括党政领导干部，也包括专业的经营管理者，前者为公共文化服务体系建设指明政治方向，后者是促进公共文化服务体系内各要素科学配置的关键力量。专业骨干是指具体的艺术和技艺型人才，作为文化活动开展的主要组织者，直接面对公共文化服务受众，因此，他们的素质和能力将会在相当程度上影响广大受众对公共文化服务的满意度评价。文化业余爱好者由文艺社团、乡土文化能人以及文化志愿者构成，在主体意识越来越强烈、文化需求越来越旺盛的多元社会中，他们作为公共文化服务事业发展的有生力量，依托地方特色文化资源，自发组织群众文化活动，丰富农民公共文化生活，推动着农村传统文化的传承发展与现代转型。

（六）文化生态环境

文化生态是将生态学的理念和思维引入文化领域的研究创新。将文化视为一个具有系统性、层次性、适应性的生态整体，其所包含的自然环境和社会环境的不同向度、不同内容的要素交互作用能够为公共文化服务治理提供沃土，创造成长条件。文化作为人类认识、适应、利用和改造自然的独特创造，它依托于特定的自然环境和人文环境，不同的环境形塑了多样性、差异化的文化形式和生态格局。文化生态环境作为公共文化服务治理的重要影响因素，不仅包括主流文化、大众文化、精英文化等具体的文化形态，还包括富有地域特色的生产生活方式和社会关系结构，它们共同推动了文化生态系统的变迁与演化。其中，主流文化与国家的顶层设计和政府的发展理念密切相关，以公共文化服务的形式嵌入社会，在文化建设实践中发挥着引领作用。大众文化内生于乡土社会，既衔接地方秩序，又契合地域特色，是当前文化生态环境中具有深厚群众基础的文化形态，它对地方社会秩序的整合和精神力量的凝聚起到了重要作用，在实现现代转型的文化发展战略中，大众文化需在多种文化争鸣中完成自主选择、自我调节和自身优化。精英文化是地方文化生态中具有代表性的特色文化类型，经由国家认定、产业规划、旅游开发等方式实现其经济价值和社会效益，从而为大众文化的跃迁提供发展方向。当然，文化作为生态整体，还与不同区域的物质生产生活方式紧密联系，并处于特定的社会结构中，群众的主体意识、文化认知、社会的民风习俗、关系网络、生活秩序等都深刻影响着文化生态系统的稳定与发展。因此，在国家推进公共文化服务治理的实践中，要重视文化生态系统各个要素的价值，通过统筹规划，建立健全文化生态体系，保障文化生态系统的总体平衡和有序运行，促进公共文化服务的全面协调发展。

二 公共文化服务治理的结构形态

公共文化服务治理是关涉主体结构、表现形式、治理过程等内容的创新实践，其中主体结构可谓公共文化服务治理的根本内核，探明公共文化服务治理的结构形态，把握多元网络主体及其关系是追寻公共文化服务治理互动与平衡、互补与共享的关键。

（一）多元主体网络构成

治理指向的是一种由共同目标支持的活动，这些管理活动的主体未必是政府，也并非依靠国家的强制力量来实现。① 因此，治理理论中包括互相依赖的多个主体，各主体间通过网络化的交互机制不间断进行协调互动，并在此机制下确定共同目标。与"总体性社会"时期的政社关系不同的是，

---

① Rosenau, J. N., Czempiel, E. O., Smith, S., *Governance without Government: Order and Change in World Politics* (Cambridge, England: Cambridge University Press, 1992).

政府的地位已经发生一系列变化。在公共文化服务治理中，将政府看作唯一主体的传统观点已被突破，学者们大都认为不仅有一直承担重要角色的政府，也包括作为治理结构中不可或缺的市场组织和社会组织以及社会公众，从而构建起以政府为主导的多元合作网络治理结构，以替代政府单一治理结构，促进政府对公共文化服务的管理由单中心的"善政"向多元化"善治"的治理转型。

1. 政府部门：公共文化服务治理的主导力量

公共文化服务体系建设作为当前一项重大的政策体系与制度安排，核心任务与目标在于维护公民文化权利和实现文化治理现代化。正是由于公共文化服务的投入属于公共产品，具有较强的外部性和溢出效应，因而政府承担着义不容辞的主体责任，在公共文化服务多元治理框架中扮演着关键枢纽角色，但已完全不同于之前的"全能型政府"。随着公众民主与权利意识的觉醒，政府作为唯一的、权威的、不可替代的管理主体理念在不断消解，公众对于政府的认识也从传统的绝对依赖逐步走向理性选择，而市场化、社会化和民主化进程的推进，又给公众提供了更多选择的空间，政府权威的弱化要求通过新的治理模式重新巩固自身的合法性地位。于是，政府通过转变职能，还权于社会，在对政府与社会、市场之间的关系进行调整的同时，实现政府、市场和社会相互赋能，形成以政府为主导的、市场和社会多元主体协同的网络化结构。在这一结构中，政府既非一枝独秀，亦非泯然于众人之中的无关紧要的角色，政府及其文化行政部门必须明确自身作为公共文化服务体系建设责任主体的职能定位，扮演好公共文化服务治理的"责任人"角色，加强顶层设计。

实际上，政府作为公共文化服务治理的主导力量和主要责任者，在推动公共文化发展方面有着得天独厚的优势，扮演着政策法规制定者、服务供给者、环境创造者、行为监管者、平台搭建者等角色。第一，政府是公共文化服务政策法规的制定者。政府要为公共文化服务发展制定中长期规划，制定有关法律法规，对于文化治理中需要宏观引导或规范约束的事项，制定完善的政策。第二，政府是公共文化服务供给者。政府需要通过与公众的充分互动来了解群众的文化需求，从公共文化服务基础设施建设、公共财政制度完善、文化人才培养等方面保障公众的基本权利，实现基本公共文化服务均等化发展目标。第三，政府是文化环境创造者。在文化环境的营造过程中，政府不仅要划分各级政府在公共文化服务体系建设中的职责，明晰各治理主体的责权边界，还要负责制定和实施公共文化服务的规则和标准，规范文化类企业与社会组织等准入和退出机制，维护公共文化服务的秩序，不仅要借助相应的政策工具与制度安排吸引和鼓励各主体加入合作网络之中，还要培育和提升市场主体与社会组织参与公共文化服务的能力，承担起"孵化器"的责任。第四，政府扮演着监管者的角色。政府负责组织和监管公共文化产品与服务的投资、生产、供给、消费全过程，应对公共文化服务治理主体的参与资质、免税资格以及财政补贴支持等进行考核和监管，并定期考察各主体提供服务的质量、价格、成本效益等，对市场力量进行合理规制，保证多元主体之间依法有序地开展合作，并确保公共文化服务的公共性及价值导向不发生偏离。第五，政府是公共文化服务发展平台的搭建者。公共文化服务发展平台主要包括公共文化服务决策规划、实施管理和监督评价制度平台，各治理主体利益表达与平等对话的平台，公共文化项目招投标、投融资及其他相关信息的交流平台等。平台建设是公共文化服务机制良好运行的基础，也是政府职能现代化的重要体现。政府通过搭建各种平台，引导社会力量参与其中，共同推动完善公共文化服务的治理。

政府作为公共文化服务治理的主导力量，其重要载体是各级公共文化机构。以图书馆（室）、博物馆、文化馆（站）、美术馆、展览馆、纪念馆、非物质文化遗产展示馆等为代表的公益性文化事业单位，承担着公共文化产品与服务的生产和供给职能，是代表各级政府履行公共文化责任的执行与实施主体。作为文化资源的掌控者，是文化产品和服务的主要生产者和提供者，既影响或引领着文化的发展方向，也因其与其他社会行动者关系的符号化生产而形塑或创造着文化。长期以来，公共文化机构在贯彻落实国家公共文化服务政策中起到关键的作用，同时又承担着指导基层政府公共文化服务工作的重任。当前，新的社会发展阶段对公共文化机构的功能、职责、绩效等都提出了新的要求，其管理体制、运行机制、资源配置方式等已滞后于社会发展及群众对公共文化的需求。因此，为改变这一现状，中国积极推动公共图书馆、博物馆、文化馆、科技馆、美术馆等公共文化机构建立以理事会为主要形式的法人治理结构，以管办分离、政事分开、转变职能、分类实施为原则，明确理事会的组织形式以及相关方（包括行政主管部门、理事会、管理层）的职责，制定机构章程以及规范管理运行，并从落实人事管理自主权、扩大收入分配自主权、加强民主管理和社会参与、创新服务内容和方式等方面配套落实法人治理结构改革。① 作为文化体制改革的又一重要内容，此次改革从试点探索走向制度确立，将有助于公共文化机构克服组织人事管理行政化、资源配置计划化等弊端，从而真正转型为自我管理、自我发展、自我约束的现代文化事业组织。

2. 市场组织：公共文化服务治理的重要力量

市场组织介入公共文化服务，适应市场经济发展需要，对于提高公共文化服务供给效率和供给质量具有重要而独特的作用。在公共文化服务治理中，市场主体可以通过价格机制促进文化资源的自主流通和高效配置，实现文化服务信息的高速传递，其所具有的供给效率优势是政府、文化事业单位及社会组织所无法取代的。市场还可以采用排他性付费方式，依据公众独特的要求，精准对接公众文化需求，为公众提供个性化服务，以弥补政府供给覆盖的不足。当前，市场主体协同参与公共文化服务治理的主要途径集中在政府采购、委托生产和项目外包等方面。其中，政府采购是指政府委托专业化的公共机构，面向社会公开发布采购标书；委托生产是指政府和公共文化机构根据公众需求，通过制定行业和产品标准规范，委托有资质、有信誉的社会机构生产和提供政府规划指定的公共文化产品；公共文化项目外包是指由政府或公共文化机构设立运营目标，并给予相应的财政经费补贴，将公共文化项目整体或部分对外承包，以从市场上招聘项目负责人等多种市场化的方式来搞活经营管理，提高运营效率。市场力量以其专业性、效率性优势逐渐成为公共文化服务治理链条中的中坚力量，其优越性越来越多地体现在政府部门无暇顾及、社会力量无力参与的公共文化服务领域，日益得到社会的认可和青睐，成为不可或缺的重要力量。

但市场的"逐利性"决定了其在公共文化服务治理中存在局限性。市场通常以追求自身利益最大化为目标，根据自身利益抉择项目，逃避收益

---

① 余雁舟：《文化事业单位法人治理结构改革的基础、难点与路径分析》，《行政科学论坛》2021 年第 8 期。

较低的项目，这与公共文化服务的"公益性"相悖。同时，由于市场的逐利性，往往会产生道德风险问题，如偷工减料、虚报项目成本等，损害公众利益。综合市场的效用性以及效用的有限性，其在公共文化服务治理中具有如下定位。首先，市场是公共文化服务项目的出资者。市场组织通过参与政府招标活动，获得公共文化项目的主办权，在获得经济效益的同时，也提升了社会声誉和知名度。其次，市场是公共文化建设的主要融资者。政府的财政投入相对于庞大的公共文化需求是有限的。政府通过合理方式引入市场力量，将市场作为重要的融资者，发挥其资本优势。再次，市场是供给质量提升的推动者。市场组织在竞争机制作用下，选择最大限度地提高供给效率和供给质量，在实现利润最大化的同时，也使文化资源得到优化配置，满足群众公共文化多元化需求。最后，市场是公共文化产品的生产者和服务的供给者。市场组织借助政策引导，依托其产业优势和资源优势，通过扶持、赞助等方式践行社会责任，参与公共文化产品和服务的生产与供给，有效弥补了以政府为主的单一供给主体导致公共文化产品和服务出现的"结构性短缺"问题。

　　3. 社会组织：公共文化服务治理的基础力量

　　公共文化服务治理中的社会参与主体主要由社会组织、社区组织、文化自组织以及文化志愿者构成。这些主体逐步进入公共文化服务领域，通过多种形式参与公共文化服务治理工作。社会组织作为公共文化服务的主要供给者，一般以公益为目标，所提供的文化产品和服务具有明显的公益性或互益性。由于社会组织分布范围广，其活动领域具有广泛性、灵活性的特点，拥有丰富的社会资源和多样化的信息渠道，贴近基层和群众，能够利用自身在资源动员、活动实施、运营管理等方面的专业优势满足社会公众不同层次的公共文化需求。与此同时，社会组织秉承志愿和慈善精神填补了公共文化服务中政府失灵的真空地带，在辅助政府使公民享有更好的基本公共文化服务和努力满足群众多元文化需求方面发挥着独特优势。在承担公共文化服务职能方面，社会组织与政府形成一种资源互补的关系，是政府以市场化、社会化机制提供公共文化服务的主要依靠力量。

　　社区作为人们的生活场域和聚落空间，在公共文化服务治理中的作用日益凸显。由于社区是一个小范围、多分散的居民聚集区，社区组织在公共文化服务供给中侧重以居民文化需求征集方式及理事会票决公示制度来确定合理的产品与服务，具有较强的供给针对性，如根据政府提供的菜单进行点单式服务，往往是以该社区居民最普遍的文化需求为参考，提供针对性的公共文化服务，可以避免供给与需求之间的偏差。但似乎还可更进一步，如果换个角度来看，社区居民构成的复杂性、诉求多样性等特性决定了政府任务配送式的有限供给服务依然难以满足社区居民多样化需求。法国学者弗雷德里克·马特尔指出："从文化的角度看，社区的核心思想是自主和拒绝任何由外部强加的标准。"① "社区应当将文化供给实体日常经营权归还给社区居民，在条件成熟的社区鼓励社区精英开展自组织化指向性分项分责运作，推动实体经办理事会依规依法实施民主决策治理。"② 如此方能真正体现社区组织在公共文化服务治理中低内耗、强适应性的特点，从而保证公共文化服务的适切性和便捷性。

在社会参与主体的构成类型中，文化自组织是组织和动员社区居民开展文化活动、参与社区文化建设的载体和平台，文化自组织产生于社区居民内在的精神文化需求，因其民间内生性和天然亲近性，拥有较为牢固的群众基础和强大的发展活力，也就自然成为社区文化建设的骨干力量。社区居民积极参与文化自组织，是提升公共文化服务水平的重要方式。当下比较流行的广场舞即是"自组织"的典型代表，它由居民自发组织、独立运行，各具规模，遍布全国城乡的社区街道。在广场舞近20年来以自组织形式发展的过程中，它一边引发"扰民困扰和审美冲突"，另一边又向社会积极展示其丰富的组织成果，对丰富社会生活、维系社会秩序，特别是在现代社会的"碰撞"中，信息不对称的公民行动主体的社会关系再连接、公共行动的产生与再生产的作用不容忽视。③ 这些文化自组织其实已成为整合社区文化资本的有效载体。

这些社会参与主体无论是组织抑或个体以直接从事公共文化活动、支持文化基础设施建设、开展文化研究或培育文化人才、自发组织文化公益

---

① 〔法〕弗雷德里克·马特尔：《论美国的文化》，周莽译，商务印书馆，2013，第489~510页。
② 徐清泉：《我国文化治理关键短板及破解方略探讨》，《中国文化产业评论》2017年第1期。
③ 刘辉：《文化治理的逻辑：广场舞中的碰撞、文化链接与公共行动》，《民族艺术》2019年第6期。

活动等形式参与公共文化服务供给，为公共文化服务可持续发展贡献多元力量，是公共文化服务治理中必不可少的重要主体。

总的来看，在公共文化服务治理架构下，社会参与主体凭借其独特的伦理使命和专业优势，既能为社会大众提供贴切的服务，又能承接政府转移出来的职能，为政府松绑，促进政府顺利转型，已化身为公共文化服务治理的后起之秀。

4. 普通公民：公共文化服务治理的内生力量

公民参与是治理现代化的重要内容，亦成为社会大众的重要权利保障和实现路径。公共文化服务治理的重要起点是要保障公众基本文化权益，满足群众精神文化需求。然而，在传统文化管理模式下，公民在公共文化服务事业发展中更多的是被动的接受者，处于"集体失语"状态，有效参与严重不足。事实上，公民的有效参与是公共文化服务发展程度的重要标志，也是衡量公共文化服务体系建设有效与否的重要标准。

在人们更加注重自我表达、体现自身价值的现代社会，公民已不再甘于被动接受服务。作为公共文化服务终端的城乡居民既有获得公共文化服务的权利，也有监督公共文化服务供给过程及其行为的权利，同时更可以发挥"自我治理"的功能，实现自我供给、自我服务。因此在公共文化服务治理结构中，公民已构成重要的一环，成为公共文化服务治理的重要主体和内生力量。当前基层公共文化服务重建的一个方向，就是致力于激发民众的主体能动性，引导其自主参与公共文化服务治理中，如公民可通过加入志愿者协会等社会组织进入公共文化服务体系中，亦可通过网络平台等渠道参与公共文化服务活动，身体力行推动公共文化服务发展。这时他们既是公共文化服务的受益者，也是公共文化服务的提供者。公民作为公共文化服务治理的反馈者，在对公共文化服务供给内容和过程熟知的基础上，根据个人偏好充分表达公共文化服务需求，主动、理性地向制度制定者（政府）和服务供给者（文化服务机构）反馈其真实需求和感受，为政策制度的制定与调整、文化项目及其实施方式的决策提供准确依据，并与政府及其他社会力量建立平等互信关系，互动配合，协力开展公共文化活动。而政府也越发重视公民的文化需求反馈和满意度评价，并以立法形式对公民文化参与和文化自主权利给予充分保障。此外，随着互联网信息技术的发展，开放的信息支撑平台日益完善和参与路径不断扩展，网络时代下公民参与的"组织化"趋势已不容小觑。公民作为个体虽不具备组织属性，但是网络时代赋予公民个体就某一个热点问题或因某一观点相同而迅速组成"联盟"，形成一个具有强大影响力的"临时组织"，此时，公民团体将成为公共文化服务治理结构中非常重要的因素。

（二）公共文化服务治理主体间的内在联系

公共文化服务由尊奉传统的科层制管理模式逐渐演变为政府主导、多元参与的治理模式，各治理主体间的关系构成将直接影响公共文化服务治理目标的达成。公共文化服务治理遵循合作共治的逻辑，特别强调多元参与主体之间在合作、信任和协商的理念下，科学定位各主体的角色和功能，打造公共文化服务多元合作网络治理平台，各治理主体间可由此形成一核多元、互为嵌构、良性互动、协同合作的内在联系。

鉴于政府、企业、社会组织以及普通民众等公共文化服务治理主体的目标导向、行动逻辑、利益驱动各有不同，他们参与公共文化服务并不意味着彼此之间一定会紧密合作①，也有可能产生导向分散、各自为政的局面，反而会削弱治理绩效，只有促成公共文化服务多元治理主体之间的有效互动、协同行动才能够规避多中心造成的不利局面，达到资源共享、优势互补的效果。政府的责任担当就显得尤为重要，政府应当也必须承担起"元治理"的角色功能，在设置治理规则、规范主体行为、化解治理冲突、维护公共利益、优化治理网络、提升组织能力等方面履行管理与服务的职责，为社会力量参与公共文化产品的生产与供给提供基础秩序与优良环境，促进多元主体合作治理机制的形成。社会组织和市场组织作为公共文化服务的治理主体和重要力量，也同样需要转换角色，重新寻找自己的定位。如果说，传统型文化管控模式下的市场组织和社会组织通常表现出很强的"依附性"，囿于政府部门的层级管控惯习以及传统行政理念，市场组织和社会组织的文化参与行为始终服务于政府的"强控制逻辑"，其自主性和自治性并未得到有效释放，且独立性受到严重限制，那么，在公共文化服务治理框架下，政府通过职能转变，赋权于社会，为社会松绑，以此激发社

---

① 罗云川、阮平：《公共文化服务网络治理：主体、关系与模式》，《图书馆建设》2016 年第1 期。

会组织等微观主体参与公共文化服务，是实现协同共治的先决条件，也是维系公共文化服务治理结构互动与平衡、互补与共享的关键。而市场组织和社会组织可依据国家提出的"政企分开"和"政社分离"等治理目标，合理表达自身的文化意愿和现实诉求，以法治化、制度化的管道推动行业自治与协同共治，如通过政府购买公共文化服务等方式建立协同治理的机制，依凭创新性、常态化的服务机制成为政府的合作伙伴，由此，政府、社会组织、市场主体间的强连接和高信任关系，以及相对稳定而又互为嵌构的公共文化服务合作网络逐渐形成。普通民众作为松散的个体，组织化程度较弱，但受个人爱好、意愿、价值等因素的影响，以志愿者协会、文艺团体、群众自发组织等为媒介平台积极参与公共文化服务体系建设，是公共文化服务合作网络中最具活力、潜力与影响力的增量资源，亦能够在与其他治理主体的互动合作中为公共文化服务高质量发展贡献个人价值。正是通过治理主体的拓展，以共治共建共享为基本原则，聚合多维力量形成治理网络，并不断促进多元主体的权利耦合与价值共识，将政府内部循环转换为政府、市场、社会、民众联结的多元循环机制，最终形成信息互通、资源互惠、权利互享、情感互融、行动互补的治理共同体。

公共文化服务治理主体间良性互动是构建公共文化服务治理新格局、实现文化治理现代化的重要保障。以合作共治为主要特征的公共文化服务多元主体内在关系本质上是对国家、政府、社会和公民文化诉求的现实回应。公共文化服务治理主体之间的合作共治，为破解公共文化服务领域存在的要素流失、社会公众主体缺位、内生能力不足以及政府或资本单边主导引致公共文化领域利益失衡的困境提供了新思路与发展动能。

三 公共文化服务治理的模式

探讨公共文化服务的治理转向，并非要否定公共文化服务的理论与实践，而是在合理吸收公共文化服务体系建设中关于政府文化职能、公共文化服务的功能定位、公民文化权益保障的价值取向及实现路径等一系列本质规定性的基础上，对既有公共文化服务体系的重塑和优化，这意味着需要在文化宏观管理体制和微观运行机制上不断创新，构建公共文化服务"合作治理"模式。公共文化服务治理模式是一个对传统公共文化服务体系在体制机制、组织结构、模式等方面的转换与重构过程。这一新的治理模式代表着中国公共文化服务发展的现实选择和未来方向。

（一）公共文化服务治理模式的图景

公共治理理论从本质上来说是一种合作治理，用社会参与和网络方法克服传统官僚方式的理论范式，倡导政府、企业、公众等多元主体合作来共同治理区域公共事务，是当今各国有效处置经济社会等公共事务的主流制度安排。中国社会伴随着政府职能的转变和企业社会职能的剥离、政府与社会组织间分工协作关系的初步确立，大量与民众相关的社会公共事务也逐渐由各种社会组织来共同承担。同样，在公共文化服务领域，公共文化服务体系建设也正在从传统的科层制管理模式走向多元合作的治理模式。结合公共文化服务体系建设的制度设计和实践进程，我们提出公共文化服务治理是区别于传统政府文化管理模式的一种新型公共文化服务治理模式，是对既有公共文化服务体系的重塑和优化。本书从公共文化服务治理模式与传统模式进行比较的角度对公共文化服务治理模式做简要概括。

在主体构成上，公共文化服务由政府及其所辖的公共文化机构的单一主体结构转变为政府、企业、社会组织和公民协同参与的多元主体格局。传统的公共文化服务体制是在政府主导的单向度行动逻辑之下形成的，不仅不能有效满足群众的文化需求，还造成了组织方式的僵化与落后，导致公共文化服务效能低下。公共文化服务治理模式要求打破政府包办文化服务这种一元化文化管理体制，克服传统的科层制管理模式的缺陷，就要对权力进行重新配置，改变原有权力主客体地位，重新确立公共文化服务中市场组织和社会组织以及公众的主体地位，将他们纳入公共文化服务体系建设这一权力机制中，形成多元权力中心，使其同样成为权力机制的平等实施者，由此建立相对稳定的公共文化服务治理网络化结构。

在权力运作方式上，传统公共文化服务管理模式下政府的文化职能部门在权力配置上表现为政府单独掌有文化管理的权力，实行统一化管理。政府代表大众行使公共权力，使得文化权力具有超越个人权力、凌驾于社会之上的地位，由此也就形成了文化管理中权力的单向性、强制性的特点。在公共文化服务治理模式下，权力的强制性、权力流向的单向性、权力关系的僵化等权力运作的特点得以改变，文化权力的强制性转变为交换性，形成一种多元、合作、互动的权力运作方式。在公共文化服务中市场组织和社会组织以及公众的主体地位得到重新确立之后，通过提高公共文化服务的参与度以赢得他们对公共文化建设的支持和信赖，并不断强化他们的权利、合作意识，将原有的权力强制关系转变为权利交换关系，从而也就在制度上保障了平等合作伙伴关系的建立。

在职能行使方式上，政府及其文化机构的职能及其行使方式将重新调整。在传统的公共文化服务管理模式中，政府文化部门承担着主体责任，全面包揽公共文化产品和服务的生产与供给。一切公益性文化的要素和资源都高度集中在政府部门，管理权和经营权合一，政府充当了文化事业的所有者、举办者、管理者、经营者的多重角色，其自身管理职能界限模糊，从而造成政府文化职能缺位、越位和错位严重。但是在公共文化服务治理模式下，政府由管微观向管宏观转变，由传统的管文化向与市场、社会、公众等多元主体共同治理文化转变，管、办、养合一的直接生产方式向政府主导、多元参与的供给方式转变，实现了政府生产职能与供给职能的分化，政府主要是发挥制度设计、组织引导、关系协调以及服务监督的角色功能，且更多运用政策工具和市场调节手段等加以引导和调控。公共文化服务是在一种水平式的民主参与和角色分工相适应的适当分权的治理方式下开展的。与此相关，柔性化和弹性化的管理方式代替了以往垂直型和刚性化的管理方式。

在治理机制上，传统公共文化服务管理模式过于依赖单一向度的自上而下的行政主导机制，这使得政府在提供公共文化服务时，遵循的是"唯上不唯下"逻辑。而在公共文化服务治理模式下，政府能够正确处理公共文化公益性与市场化的关系，从制度上更好地发挥市场在资源配置上的积极作用，公共文化服务既强调政府文化部门的方向引导与规划设计，也关注社会组织的资本优势、市场主体的客户导向以及普通民众的价值偏好，从而充分释放这些多元主体在现代公共文化服务体系建设中的动能，逐步形成政府、市场、社会组织及其公众共同参与、协商和对话的"交互理性"的制度框架。①

---

① 李少惠：《转型期中国政府公共文化治理研究》，《学术论坛》2013 年第 1 期。

在沟通方式上，在传统公共文化服务管理模式下，公共文化服务体系在科层组织体系内部进行封闭式运营，主要依靠单向度的自上而下的命令发布、任务指派、绩效考核进行沟通，基本上能够实现纵向到底的监督与管治。公共文化服务治理话语则摆脱了只有命令与服从、等级与权威的对话谱系，将多元主体间的沟通建立在平等协商、交互行动基础上，塑造双向互动的伙伴式沟通网络。在这个多元化网络结构中，政府依然居于核心位置指导公共文化服务体系建设，有所不同的是，政府在整合体系内部资源之余，设定统一的行动规则，不断加强与社会和市场的横向连接，以纵向到底、横向到边为辐射范围，通过决策参与、服务购买、平台搭建等方式汲取多主体能量，共同致力于公共文化服务事业可持续发展。

概而言之，公共文化服务治理模式是在公共文化服务场域中以政府主导、社会协同为基本架构，政府、市场、社会组织及公众多元主体之间运用合作、协商等多种方式共同治理公共文化事务的新型治理模式。这一模式的重要特征在于合作治理，是通过对传统政府单一化文化管理模式进行制度重构，以网络化的结构替代传统的等级制结构，由此构成多元开放平等协商的交互机制。鉴于公共文化服务作为实现"公共性"价值的制度设计以及意识形态前置的政治功能，公共文化服务治理模式既坚持政府主导，发挥政府"元治理"角色作用，又强调社会力量协同共治，凸显公众主体地位，在"坚持政府主导和鼓励社会力量有序参与""发挥有效市场配置资源的积极作用与有为政府的积极作用"的基础上，促进政府与社会力量之间合作互动，功能互补，优势叠加，政府的职能和作用不断优化，社会力量参与能力和治理能力不断增强，从而最大限度地维护和增进公共文化利益。

基于中国国情探索建立的公共文化服务治理模式既不同于中国全能主义政府管控型的文化管理体制和传统公共文化服务管理模式，又有别于西方主流的公共文化治理语境下的多元主义，西方多元主义所指称的完全独立于国家的公民社会归根结底只是一种"理想类型"，在中国社会势必因水土不服而走向悬置化与空泛化，需结合中国治理情境在汲取西方治理理论精华与价值追求的同时更加重视它的具体适应性，挖掘提炼公共文化服务治理实践层面鲜活的治理性要素，实现理论的本土化。

（二）公共文化服务治理模式的类型

所谓模式是指"一定机体内各构成要素之间相互联系、相互作用的制约关系及其功能"。从管理学意义上来说，不同的治理主体结构形式作用于治理客体形成了不同的治理模式。因此学界提出政府、市场、社会三种治理模式说①，有人也称为政府科层治理、企业市场治理和社会网络治理等治理模式②，还有学者从供给角度提出将公共文化服务供给模式分为权威型供给、商业型供给和志愿型供给三种模式，这也是当前具有代表性的观点。③本书在借鉴总结学者观点的基础上④，基于对公共文化服务治理实践中不同主体力量实现形式的现实考量，以政府参与度或权力依存度作为区分，将公共文化服务治理模式的类型分为政府主导型、协同合作型和自组织型三种类型，具体如表 3－1 所示。

1. 政府主导型

政府主导型的公共文化服务治理模式，区别于传统的基于政府全能主义导向所形成的以"政府—文化单位"为中心的文化事业内向型管理体系，突破了文化资源体制内循环的制度局限，在公共文化服务领域主张由政府、社会组织和市场组织、公民等多元主体组成主体结构，相互间构成平等合作的伙伴关系，但强调政府在其中担任主导角色，借助相应的治理制度和工具对其他治理主体进行整合，促成参与主体的合作。

政府主导型的公共文化服务治理模式表现为：政府的参与程度高，结构特征是以政府为治理核心，政府的作用主要是组织、协调、控制、监督等，治理形成的基础取决于政府的权威与影响力，治理的方式依赖于政府的行政命令和协调。在此类型中，政府组织作为核心主体，居于全面统筹协调的主导地位，通过制度安排和机制设计，有效调整不同治理结构之间

---

① 李剑：《地方政府创新中的"治理"与"元治理"》，《厦门大学学报》（哲学社会科学版）2015 年第 3 期。

② 熊节春、陶学荣：《公共事务管理中政府"元治理"的内涵及其启示》，《江西社会科学》2011 年第 8 期。

③ 周晓丽、毛寿龙：《论我国公共文化服务及其模式选择》，《江苏社会科学》2008 年第 1 期。

④ 罗云川、阮平：《公共文化服务网络治理：主体、关系与模式》，《图书馆建设》2016 年第 1 期。

的张力，同时因势利导激活其他组织的内生能力和自治能力，拓展微观社会主体的成长空间，推动市场组织和市场化机制的恰当运用以及社会公众的实质性参与。

2. 协同合作型

协同合作型的公共文化服务治理模式是多元主体通过协商谈判达成合作共识，并以契约形式加以明确，进而建立起有效的合作关系。在此类型中，多元主体中的企业或社会组织任何一方皆有可能依托各自的优势成为引领者，但更强调多元主体之间协同发展，建立平等合作的伙伴关系，因而较之其他类型，协同合作型会更关注各治理主体的责任落实，彼此间的相互依赖、互嵌互动更为深入频繁。

协同合作型与政府主导型相比，二者虽然都强调政府的作用，但协同合作型要求政府实现从主导到引导的转变。政府主要利用其自身影响力，协调并维护治理共同体的合作关系，故而政府引导具有行动主体性、战略规划性以及灵活适应性等特点。相比于其他类型，协同合作型表现为：政府的参与程度居中，结构特征是多元主体共治，但政府与其他主体之间不再是简单直接的主次关系，政府的作用主要是协调、跟进和支持，治理形成的基础是平等合作与支持，治理方式依赖于政府和其他主体之间的利益协调。简言之，协同合作型主要是围绕"共建共享"理念，通过流程再造和有效的协同机制，推进异质性多元主体间的责任框定，构筑互动尽责的协同创新支撑保障，形成基于公共精神价值重塑与成果共享的互相依赖、统筹兼顾、利益共享、协同创新的动态多元网络系统。

3. 自组织型

自组织型的公共文化服务治理模式，是基于广大人民群众日益增长的文化需求及文化权利意识的普遍觉醒与广泛提升所产生的一种模式类型，是由基层群众自发组织、自主供给的。自组织类型依托开放的信息支撑平台使社会大众自主参与的意愿和动机转化为自愿行动机制，向自我和社会公众提供具有公益性、非排他性、非竞争性的文化活动或服务，并能快速响应在地需求，从而成为社会公众文化权益保障的又一实现路径。政府在其中不做过多干预，保持"一臂之距"，通过提供政策支持、资源支持和影响力支持等形式，与这些自组织类型的主体建立起弱连接，并加以规范和引导，使自组织及其服务活动在公共文化服务总体目标和规制下得以健康发展。

相较于政府主导型和协同合作型，自组织型表现为：政府的参与程度较低，结构特征以基层民众为核心，政府的作用主要是引导和保障，治理的基础来源于不同主体的信任和政府的支持力，治理方式依赖于自组织利益共同体的打造以及和不同主体的有效互动。公共文化服务治理模式的自组织型作为社会化供给的一个分支，在实践表现形态上其实就是集体性的公民参与，有利于公共文化服务多元供给模式的纵向发展，不仅可以缓减供需错位的张力，还能有效降低政府与市场的供给成本，通过"公共合作"促进社会公共领域的形成。

表 3 - 1　公共文化服务治理模式的类型

维度	政府主导型	协同合作型	自组织型
政府参与程度	高	中	低
结构特征	政府为治理的核心	多元主体共治	以基层民众为核心
政府作用	组织、协调、控制、监督等	协调、跟进、支持	引导和保障
治理基础	政府的权威与影响力	平等合作与支持	不同主体的信任、政府的支持力
治理方式	行政命令、协调	利益协调	利益共同体的打造、不同主体的有效互动

以上三种类型之间是一种互相补充、互相合作、相互转换的关系，不同的公共文化产品与服务可基于不同主体的权力关系和治理制度采取不同的模式类型。但重要的是无论哪种类型的公共文化服务治理模式，都应注重厘清公共文化服务治理的主体、对象、载体和内容，以整体性视角构建公共文化服务治理模式，统筹公共文化服务治理模式所肩负的政府职能转变、社会力量培育、公共文化生产和服务、公共性建构、社会主义核心价值培育和国家认同等多重使命。

第三节　公共文化服务治理的运行机制

公共文化服务治理的运行机制是保证公共文化服务有效开展和有序运行的重要制度安排，对于提高公共文化服务的质量与效能，构建现代公共文化服务体系具有十分重要的意义。公共文化服务治理应根据供给主体的多元性、需求的回应性、空间的形塑性、治理的数字化和评估性的不同形成多种运行机制，以满足不同情境下公共文化服务治理的需要。

一 公共文化服务治理的协同供给机制

建立政府—市场—社会多元治理体系是现代社会发展的必然要求和趋势，也是中国推进国家治理体系和治理能力现代化的重要举措。公共文化服务治理视域下，要实现跨领域、跨部门合作目标及效益，应着力构建协同供给机制，以解决公共文化服务供给普遍存在的跨领域部门合作缺失、协调不力等窘况，通过多元主体间的互动和协作实现公共文化服务供给的高效化、精细化和动态化。在此着重阐述协同供给机制中的政社合作机制与政企合作机制。

（一）政社合作机制

所谓政社合作，是指政府与社会组织基于实现共同认可的公共目标而建立和维护的相互依赖关系。① 在中国公共文化服务治理实践中，政府与社会组织的互动表现出政府主导与社会组织参与的结构特征，这与中国"国家主导下的社会治理"理念相契合。② 公共文化服务治理过程中，政府通过服务外包、购买、委托等方式，采取竞争或非竞争的手段，将公共文化服务的生产权交予社会组织，社会组织凭借其灵活性、服务成本低以及贴近群众的优势，在服务的内容、供给的具体方式以及文化的生产等方面参与公共文化服务生产与供给，对形塑健康向上的公共文化生活发挥着有益的补充作用，同时政府在社会大众要求不断提高服务水平的趋势倒逼下也逐渐认可并实施社会组织参与公共文化服务供给的制度变迁。

鉴于政府向社会力量购买公共文化服务是公共文化服务协同治理中政社合作机制所普遍应用的治理工具，能够集中体现协同治理的制度规范与制度绩效，在此特别加以论述。政府购买公共文化服务是在政府职能转变

---

① 敬乂嘉：《从购买服务到合作治理——政社合作的形态与发展》，《中国行政管理》2014 年第 7 期。

② 李少惠、崔吉磊：《中国现代公共文化服务政策扩散的内在张力与优化策略》，《思想战线》2017 年第 6 期。

以及市场化改革的推动下，为回应日益广泛且多元的公共文化需求将适合
采取市场化方式提供且社会力量能够承担的公共文化服务事项，按照"政
府出资、定向购买、契约管理、评估兑现"的方式提供。[①] 在政府购买公共
文化服务中，政府以民众的文化需求为导向，以保障质量为优先，结合公
共文化服务的具体内容、特点和地方实际，选择合适的购买方式与合作伙
伴，并根据所购买公共文化服务特点，分类制定内容明确、操作性强、便
于考核的公共文化服务标准，以供承接主体正确掌握和购买主体进行监管。
政府通过购买公共文化服务，实现了由直接提供者（生产者）到间接监管
者的转变，社会组织则负责具体公共文化服务供给，能够有效平衡政府服
务与社会需求之间的张力，提高公共文化服务的质量和效能。

因此，未来应进一步完善政社合作机制，更好地挖掘制度红利，应继
续深化文化体制机制改革，理顺政社合作关系，厘清政府与社会组织的职
责边界，充分发挥政府部门和社会组织各自的比较优势，并尽可能保证社
会组织的独立性地位以及可替代性，维护公开有序的竞争生态。社会组织
也需借助政府释放出的制度空间加强能力建设，提升其治理能力和服务水
平。在政府与社会组织合作过程中，为了确保政府预期目标的实现，避免
社会组织在参与过程中走偏，保障政府与社会组织互动的有效运行，政府
对社会组织进行监管和规范成为重要的环节。政府需建立法律监督、行政
监督、社会监督、自我监督相结合的多层次监管体系，对公共文化服务生
产与供给项目全过程进行有效的监督。政府还可以根据项目目标和跟踪项
目评估结果确定是否保持合作关系，实现公共文化服务生产与供给活动的
动态化管理。

（二）政企合作机制

推动公共文化服务市场化发展，其中重要的环节即是政府和企业之间
通过合同协议方式采购和提供公共文化服务，构建企业充分参与公共文化
服务的市场化供给机制，即政企合作。政企合作机制的关键在于发挥市场
竞争机制作用，形成市场化的公平竞争格局，使公共文化服务供给的效率
与质量在市场竞争中不断得到提升。该机制主要包含以下三个方面。一是

---

① 赵立波：《完善政府购买服务机制推进民间组织发展》，《行政论坛》2009 年第 2 期。

明确政企合作形式，制订政企合作方案。企业参与公共文化服务供给的方式包括定向委托、项目招标、特许经营、合作供给等。政府与企业合作前应确定合作的内容，并选取与企业合作的方式，通过契约的形式将合作内容以制度化方式呈现，明确双方职责，建立起"利益共享、风险共担、全程合作"的共同体关系，实现优势互补、合作共赢。同时，为了形成政府与企业的长效合作关系，在作为公共服务出资者和供给者的政府与作为生产者的企业之间，要注重构建理性的社会信用体系，以降低合作成本，提升运行效率，从而为进一步建立更加深远持久的合作关系奠定基础。二是搭建政企共建共享平台，加强信息互通。企业参与公共文化服务供给离不开政府的支持与保护，政府部门应该营造和谐宽松的发展环境，建立政府与企业之间的信息资源共享联系机制。政府通过与企业合作建立大数据交互平台，进行数据信息的整合互通，实现信息的无缝对接与共享。① 政企之间信息互通，资源共享，思想共融，有利于加深双方之间的交流与合作，促进公共文化服务质量的提升。三是政府参与运行，完善监管制度。为保障政企合作中精准嵌入目标的实现，需要进一步完善合作程序监督机制，避免合作过程的信息失真与方向偏离等问题，主要从以下三个方面加以监督，即上级政府部门对下级政府部门与企业合作行为的监督、合作主体的政府一方对合作企业行为的监督和群众对合作过程与结果的监督。政企合作机制运行中只有通过相应的制度建设，才能保障政府与企业在每个合作程序中监督的及时性、操作性、全面性和有效性。②

在政企合作机制的实际运作中，政府常常通过 PPP 方式与企业建立利益共享、风险共担及长期合作关系③，以此增强产品和服务供给能力，提高供给效率。PPP 模式的发展轨迹及应用与其理论演进路径密不可分，公共选择理论和新公共管理理论为 PPP 模式形成与发展奠定了理论基石。公共选择理论认为，摆脱公共物品供给失灵困境的最好出路是打破政府垄断地位，并促进公私机构之间竞争；在萨瓦斯看来，新公共管理的核心就是

---

① 李敏：《论政企合作的重要性——基于空姐"滴滴打车"遇害事件的分析》，《中国管理信息化》2018 年第 5 期。

② 王昶、王三秀：《精准互嵌型政企扶贫合作模式之构建》，《中州学刊》2019 年第 9 期。

③ 吴微、万超：《政府与社会资本合作（PPP）及其在云南的应用》，《时代金融》2015 年第 6 期。

公私合作，即通过政府、市场与社会之间的有效合作打破传统的"割裂"治理方式。[①] 在公共文化服务领域，采用 PPP 模式的主要范围包括公共文化服务基础设施、公共文化产品的生产、制作与传播以及公共文化服务活动组织与推广等。根据 PPP 模式的基本要求，确定购买主体为公共文化产品供给机构，承接单位为那些认同公共文化服务理念、经营管理能力强的企业作为合作方，基于公共文化产品以非营利性为导向，提供有限竞争和排他性的服务。运用 PPP 模式吸引社会资本参与公共文化服务领域项目建设，不仅能有效缓解地方政府的财政压力，而且有利于简政放权，更好地实现政府职能转变，激发社会活力与能量，助推公共文化服务治理的现代化。一方面，PPP 模式可以缓解公共文化产品供给部门受运营体制的制约，使政府从公共产品的直接"提供者"转变为社会资本的"合作者"以及 PPP 项目的"监管者"，提供更加符合公众需求的公共文化服务。另一方面，可以降低政府短期债务，减轻政府财政负担，为民间资本提供释放渠道，促进投资主体多元化，还可优化风险分配、降低风险发生概率，提高经营和维护管理的效率，激发社会资本投入、运营的动力，提高项目自身收益水平。

整体来看，无论是政社合作还是政企合作皆应是政府基于特定情境理性选择的结果，不存在优劣之分。各个治理主体的专业优势、资源优势、技术优势不尽相同，政府需要综合考量不同的治理情境，集中力量做好政策制定、发展规划、市场监管和指导服务，选择适当的合作方式，并构建相应的运作机制，提高协同治理的稳定性和长效性，以增强公共文化产品和服务的有效供给。

二　公共文化服务治理的供需对接机制

以需求为导向的供给机制的确立，对于提高公众的公共文化服务满意度至关重要。基于公共文化服务需求的多样性和复杂性，公共文化服务供给的内容、方式与途径也需要不断丰富和创新。公共文化服务供需对接机制、对接方式和平台的建设，有力地推动了公共文化服务从单向服务向互

---

① 〔美〕萨瓦斯：《民营化与公私部门的伙伴关系》，周志忍译，中国人民大学出版社，2002，第 35 页。

动服务转变，从短期运动式服务向常态化服务转变，一定程度上打破了公共文化服务资源稀缺与供需脱节共存的尴尬局面，实现公共文化服务资源由盲目配置向按需供给的转变，逐步形成经常化、可持续的制度化供给体系。① 群众文化需求意愿表达渠道的畅通与否关系着供需机制能否有序运转，对此，政府可以通过设置公共文化意见箱、定期走访、指定专人收集群众的文化需求。在"互联网＋"信息飞速增长的时代，供给主体利用现代化的数字化技术，可以精确挖掘公共数字文化服务的相关海量数据资源，拓宽公共文化服务网络平台，利用现代互联网和通信技术拓展群众公共文化需求的表达途径。如基于公众使用"云平台"和线下终端的浏览痕迹元数据信息，精准预测公众的文化需求，动态掌握公共文化服务的多样化需求，为公共文化服务的精准化供给提供质量保障。②

在供需对接机制的运转过程中，供需双方及利益相关者之间的沟通至关重要。一般而言，沟通渠道包含正式沟通与非正式沟通。正式的沟通渠道往往是自上而下的遵循权力系统的垂直型网络，非正式沟通渠道则不受权力等级的限制，可以灵活地获取来自各方面的信息，将正式的与非正式的沟通渠道相结合，为群众提供良好的信息来源与有效的反馈，有助于提升公共文化服务供给的有效性。畅通群众文化需求意愿的表达渠道，不仅是出于收集群众公共文化服务需求考虑，还是为了识别群众的公共文化服务需求，以便向志愿团体、企业、自组织等服务生产者传递信息，生产出群众喜闻乐见的公共文化产品和服务。同时群众及时表达自己的意见和需求，也能使政府在制定文化服务政策时充分考虑群众的实际需求，减少公共文化服务供给的无效和浪费。③ 供需对接机制的有序运行也离不开监督与激励机制等一系列保障，如通过建立科学的考核和激励制度，吸引专业人才进入公共文化服务领域，建立志愿者服务长效机制，提升志愿服务的质量。

① 周京：《供需对接机制在志愿服务制度化中的支点作用探讨》，《商业经济研究》2015 年第 35 期。
② 姜雯昱、曹俊文：《以数字化促进公共文化服务精准化供给：实践、困境与对策》，《求实》2018 年第 6 期。
③ 闫瑞娟：《铜川市公共文化服务供需失衡问题研究》，西北大学硕士学位论文，2018。

三　公共文化服务治理的空间形塑机制

文化的发展离不开相应的空间场域。在学界对空间的研究发生了"空间转向"之后，空间不再仅仅指代一种物质性载体，还是社会关系的功能性建构过程，是一种秩序、观念、价值的空间化。空间既是生产的原因，也是生产的结果。将空间视为一种新的社会生产方式，它在构建社会秩序、传递价值观念、营造文化氛围、推进国家治理方面扮演着重要角色。公共文化空间作为公众日常文化生活的载体，由公共文化设施、公共文化活动以及依附于其上的一套文化价值观念和文化治理体系①所组成，包含物质空间和精神空间双维空间体系，一方面，物质空间包含物理空间和物质维度两个部分。物理空间包括政府主导规划建设的文化馆、博物馆、图书馆、乡镇综合文化站、农家书屋、文化广场、文化舞台以及文化长廊等场所设施；物质维度包含在公共文化服务的物理空间中所开展的各类公共文化活动，如读书看报、技能培训、文艺演出等。另一方面，精神空间是指在物理性的空间建设和文化活动开展的基础上所营造的公共文化氛围、产生的公共文化秩序、构建的公共价值理念，它们共同构成了公共文化空间的精神维度。在这一场域中，多元主体进行文化参与的互动实践，实现自我提升和空间营造。

（一）公共文化空间形塑的要素

列斐伏尔提出了"空间三元辩证法"，即空间是由"空间的表征"、"表征的空间"以及"空间实践"组成的辩证统一的概念。② 这为我们更好地认识公共文化空间的形成与公共文化空间形塑机制提供了一个清晰的理论分析框架。

在公共文化空间的生产和形塑中，主要有社区引导、场所设施、多样性人群、文化价值观念，以及开展的一系列文化实践活动等诸种要素，其中，政府的行政规划、资源供给以及公众的社会参与等发挥着不可代替的作用。公共文化空间的形塑不仅是政府行政规划起主导作用的"空间的表

---

① 耿达：《乡村公共文化空间的生成机制与发展路径——基于扎根理论的云南和顺图书馆的案例研究》，《中国农村观察》2019 年第 5 期。
② 〔法〕亨利·列斐伏尔：《空间的生产》，刘怀玉等译，商务印书馆，2021，第 79 页。

征"，也是村民日常生活中切身体会到的"表征的空间"，在基层政府与公众文化参与的互动过程中，"空间实践"将二者进行了统一，并赋予其空间的意义，由此形成公共文化空间。公共文化空间中政府、公众、城乡精英等成为合作治理的主体，在协调互动中进行公共文化参与。在这一动态过程中，实现了互动的增加、社会资本的创造、权力结构的平衡以及公共文化服务效能的提升。公共文化空间也是在多元主体文化参与实践的互动过程中生成与发展的。

（二）公共文化空间形塑机制的形成

在公共文化空间的生成与发展中，国家政策与资源供给是外源支持，社会自身的文化参与实践构成内源动力。基层政府以行政主导的方式强势进入场域，对公共文化空间施加外部刺激；城乡精英作为城乡各阶层的内生性权威，在公共文化的参与中以双重嵌入的身份向公共文化空间提供内生动力；公众在文化生活中采取合作依附策略进行公共文化活动的选择参与，在公共文化空间的形塑过程中，也成为主要的内部力量来源。但是，基层政府、城乡精英、公众三者之间并不是相互独立的，在文化参与的实践中，他们不可避免地在这一空间场域中发生互动，三者之间相互作用、交织缠绕，构成了具有交互性的多重联结关系，彼此互构、相互支撑。因此，公共文化空间的塑造需置于政府、城乡精英以及公众的互动关系中加以全面审视，方能呈现公共文化空间生成与发展的全面图景。

在这一过程中，政府通过公共文化服务对公共文化空间加以规划打造，普通公众则在空间中开展自己的公共文化生活，通过文化参与的行动表达着自身诉求，既会展现出积极的认同和接受，也有可能表现出消极的反馈与回应。政府与公众之间形成了"规划服务""接受回应"的相互关系。这时，城乡精英的出现能够有效弥补公共文化建设中纵向治理不足、横向参与缺失的问题，他们能够作为政府与公众互动的中介，以双重嵌入的身份参与公共文化空间的建设。政府对此有着清醒的认知，自然持欢迎态度并给予城乡精英相应支持，通过相关政策支持与资金补贴动员城乡精英参与到公共文化服务体系建设中来，并对其行为加以引导，使之更符合公共文化发展的需要，由此激发社会的内部活力。城乡精英在这一过程中，积极配合政府文化建设的相关行动，并根据自身关于文化建设发展的体悟，为政府的外部治理提供相应的反馈意见。政府与城乡精英之间可就此形成"支持引导""配合反馈"的互动关系。同时，城乡精英作为内生性权威，他们是各行各业的带头人，能够更好地融入公众之中，通过潜移默化的影响起到示范引领的作用，更好地带动公众参与公共文化建设。在公共文化服务治理的实践中，公众更容易对城乡精英产生认同和信任，响应其号召，因此，公众与城乡精英之间形成"示范融入""认同响应"的互动关系。由政府、城乡精英、公众构成的公共文化空间形塑机制如图 3 - 1 所示。

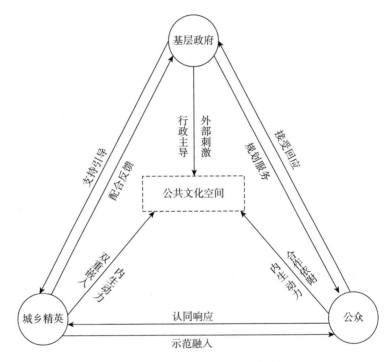

图 3 - 1　公共文化空间形塑机制

四　公共文化服务治理的数字化机制

当前，数字化技术渗透到社会的各个领域，尤其在公共服务方面，通过数字化技术的服务开展与服务提供，带来了服务模式的转变，不断开发投入使用的服务终端、App 等大大降低了人们在公共服务中消耗的时间成本，提高了政府在公共服务供给方面的办事效率，减少了大量的人力投入。

数字化机制为公共文化服务治理提供了新的思路。数字时代催生了多媒体传播介质日益普及，文化产品及文化体验也日渐丰富，社会公众参与文化活动的途径日益多元。公共文化服务治理的数字化机制能够突破时间和空间的限制，在数字化平台上实现社交、工作和休闲娱乐等多元活动需求①，形成人人创造、人人享受的文化生产样态，为公共文化服务由实体空间向网络平台拓展提供了可能。

公共文化服务治理的数字化机制是依托于数字技术，利用网络信息在传递信息过程中的巨大优势，结合公共文化服务自身的特点通过对公共文化服务供给内容进行评价与反馈，促进供给主体与公众之间的互动，完善对供给主体的激励与监督，实现公共文化服务从内容到绩效再到监督全面优化的一整套运作过程，其本质是运用数字化技术，以数字化、网络化和智能化技术为平台、途径、方式，实现文化资源的功能，以更为便利的方式满足社会公众文化需求的公共服务。其具体包括：利用数字技术实现公共文化服务内容的提升，服务渠道与表现形式的创新；利用网络信息传递的快捷性、便利性与开放性，实现公共文化服务供给主体与公众之间信息的有效传递，通过信息共享平台信息发布激励措施与约束条件，公众对服务进行及时、公开的评价反馈，以便供给主体对公众需求有深入的了解，促进公共文化服务供给主体与公众之间的有效互动，提供更符合公众需求的公共文化服务；利用信息共享平台中的公众满意度、投诉举报等信息汇集综合评价公共文化服务水平，实现有效的公共文化服务绩效评价与监督。

公共文化服务与数字技术的结合打破了传统公共文化服务在供给中受到的物理空间限制，为社会公众提供了数字化、虚拟化的文化空间。人们不仅可以进入电子阅览室进行数字文化资源的利用，同时可借助网上课堂等虚拟的教育和交流空间丰富文化生活。通过建立标准化和开放性的数字文化服务系统，打造基于新媒体的数字文化服务业态，促进各级公共数字资源的整合与共享，提供"互联网＋借阅""互联网＋信息服务"，形成面向移动终端、贯通线上线下的公共数字文化服务新格局。

---

① 何盼盼、陈雅：《文化治理视角下图书馆公共文化空间建设模式选择研究》，《图书馆建设》2019年第2期。

五　公共文化服务治理的绩效评估机制

绩效评估是指按照一定的标准和程序，运用数理统计、运筹学等原理和特定的指标体系，对被评估对象在一定期间的经营或服务业绩做出综合评价。[①] 随着中国行政管理体制改革的不断深化，公共部门绩效评估作为政府管理制度创新和有效的治理工具，受到广泛重视。人们普遍运用"绩效"来概括衡量公共服务活动的效果，通过建立和完善绩效评价机制以促进公共服务竞争，提高公共服务质量与服务效能。合理的绩效评估机制是检验公共文化服务治理的成本与效率、服务效果与质量的有效手段，也是评判、引导和预测公共文化服务体系建设成效的重要方式。

公共文化服务治理的绩效评估机制是指围绕公共文化服务治理的各项目标运用目标管理等手段进行绩效管理，强化公共文化服务中的政府责任，实行成本核算，加强财务控制，不断完善信息反馈，实行以绩效为基础的预算制度与奖惩激励制度，以此提高公共文化服务质量与效能，促进公共文化服务体系建设科学性和有效性的一种制度设计。在公共文化服务的绩效评估中，要坚持工具理性和价值理性平衡的原则，促进公共文化服务绩效评价的结构转向，主要体现为评价主体"公众本位"、评价指标"过程导向"和评价重心"获得导向"，让公共文化服务绩效评价发挥出"价值—工具"的双重效应。[②]

推进公共文化服务高质量发展，必须做好公共文化服务治理的绩效评估工作，充分发挥绩效评估的导向和约束作用。公共文化服务治理的绩效评估机制意在从协同参与、信息管理、激励约束等方面着手，保障公共文化服务治理绩效评估的有序开展。首先，将专家学者、公民、企业和非政府组织纳入公共文化服务治理的绩效评估决策中，以保证决策的科学性及各层次人员对评估的理解和支持。其次，完善公共文化服务的绩效评估信息公开与共享机制。将各部门、各层级的相关信息整合、归集并及时上传

---

① 胡税根：《公共部门绩效管理——迎接效能革命的挑战》，浙江大学出版社，2005，第307～323页。

② 刘大伟、于树贵：《新时代公共文化服务绩效评价的结构转向》，《江西师范大学学报》（哲学社会科学版）2019年第6期。

至公共文化服务云平台，促进信息的互联互通，避免基础设施的重复建设与信息的重复收集。再次，研究制定相应的法律法规，明确评估主体、客体的权力、责任和义务，对评估原则、评估程序、评估过程、评估结果的运用等内容通过法律的形式确定下来，避免评估的随意性。最后，要构建多元化的评估监督主体体系。建立由政府职能部门、基层政府、第三方评估、专家学者、群众组织等组成的多元化的监督体系，整合各主体的监督功能，明确各监督主体的地位、职责、权限以及监督行为的范围、方式和程序，形成一个全方位、多层次、强有力的监督网络。[①]公共文化服务治理绩效评估是一个系统工程，需要政策法规的规范、现代信息技术的保障、先进理念的指引，更需要政府各部门之间的协调运作和社会系统的支持与配合。[②]

[①]　唐斌、彭国甫：《地方政府生态文明建设绩效评估机制创新研究》，《中国行政管理》2017年第 5 期。

[②]　翟小会：《基于文化治理理论的"三维"公共文化服务绩效评估框架构建研究》，《领导科学》2020 年第 22 期。

第四章　公共文化服务治理的制度探索

在公共文化服务发展的实践过程中，由于历史文化传统、政治制度、意识形态等因素的差异，世界各国形成了各具特色的公共文化服务制度和模式。西方发达国家文化管理体制与服务模式较为成熟，在提供公共文化服务、改善公共文化产品质量和推动行政改革的实践中积累了宝贵的经验，并形成了广泛、积极的示范效应。随着现代公共文化服务体系建设进入快车道，中国也呈现治理转向，全国各地因地施策，依据自身实际情况和文化改革发展的需要，推进公共文化服务治理创新。本书整理了国内外公共文化服务治理的基本模式与代表性案例，可以为西部农村公共文化服务的治理转型提供经验借鉴与思维启迪。在此基础之上，本书提出西部农村公共文化服务治理的战略构想，以期更好地实现西部农村地区公共文化服务高质量发展。

第一节　国外公共文化服务治理的制度实践

西方国家在公共行政与文化管理体制的改革中确立起公共文化服务的理念，依据政府、市场、社会三大社会结构主体在公共文化服务发展过程中的地位差异和不同的合作方式，可以将西方发达国家的实践经验总结为以下三种模式。一是政府在公共文化服务中起主导作用，一般称为"中央集权模式"，也叫"政府主导模式"，以法国和日本等国家为代表。二是充分发挥市场和社会组织在公共文化服务中的作用，一般称为"市场分散模式"或"民间主导式模式"，主要的代表国家是美国、加拿大和瑞士等。三是以英国、澳大利亚等国家为代表的政府和民间共建的"分权化治理模式"。这三种模式分别蕴含着不同程度的治理色彩。

一 法国：多层次、多中心的协同治理模式

法国公共文化服务虽然一切皆由政府统筹安排，主要表现为"政府主导模式"，但政府主导之下的公共文化服务其实在理念上已呈现一系列具有"治理"属性的价值诉求，在实践中也表现出多层次、多中心的协同治理。[①]

在公共文化服务治理理念方面，法国的主要表现有以下几点。第一，强调国家责任和公共介入。在法国民众的心中，国家是集体利益的监护者和保障者，对于公共文化服务等涉及集体利益的事务，民众要求国家承担更多的责任，这就奠定了国家与政府参与公共文化服务的合法性基础，即一种责任使然，而非突出国家的权力或权威的存在，这是现代治理体系的结构性规训。有了责任使命的国家和政府，在公共文化建设过程中，自然而然会将焦点放在民众身上，而非部门利益之上。因而法国政府十分关注文化平等，希望有不同出生背景与社会境遇的民众拥有同等参与和享受文化的权利。为达到此目的，国家便采取公共介入的方式让更多的人参与，扫除了公民文化参与的诸多障碍。第二，行政管理去中心化与地方分权思想。在治理理论兴起之前，法国类似的公共文化服务改革思路已经先行一步了，主张市场和社会等多元主体参与公共事务，这一思想正是现代治理理念的核心。[②] 第三，开展多维度的公民教育。所谓多维度，是指法国公共文化服务中的公民教育涵盖的内容层次比较多，既有公民意识培育的内容，又涉及知识习得和人格培养的内容，这些显然极为有利于培育民众的公共意识和公共精神，能够促使政府与民众相互间快速达成共识，从而提高公共文化服务治理效率。第四，借助契约管理促进多领域协作。契约管理的思想是法国公共文化服务形成多层次、多中心协同治理的第一推动力，也促成了法国国家框架下社会的自我组织与自我管理的延续。第五，推动社会的自我治理，尽管民众对法国政府的"元治理"角色期望较高，但是法国政府并没有把自身当作现代治理体系协调与运转的唯一权威，而是努力推动社会的自我治理。

---

① 张金岭：《社会治理视域下的法国公共文化服务》，《学术论坛》2016 年第 11 期。

② 田凯、黄金：《国外治理理论研究：进程与争鸣》，《政治学理论》2015 年第 6 期。

在公共文化服务实践方面，公共文化服务在上述理念的引导下形成了多层次、多中心的协同治理模式。该模式中，社会契约制度成为法国政府在公共文化服务实践中带动多方主体协作和公民参与的核心机制，其最具代表性的制度框架是公共津贴（subvention）制度。通过津贴制度，政府与相关文化机构形成了公共文化服务的契约协作机制，其运作流程是：首先，政府或相关公共部门就公共文化服务的具体目标与公立或私立文化机构、社会组织等主体协商；其次，根据协商结果签订合作协议或委托、自主合同等契约；再次，签订协议的主体根据目标责任书开展具体的文化活动；最后，政府依据契约关系，运用目标管理方式对公共文化服务进行监管。除公共津贴制度外，中央政府与地方政府之间还建有以地方文化发展协议为纽带的契约管理制度，地方结合实际情况，制定行动方案，规划相关项目，落实国家的文化政策与目标，国家则给予相应的人力、技术与财政支持。此外，法国中央和地方的关系在行政管理去中心化与地方分权改革后有了极大改善。"去中心化"改革后，中央政府会向散布在全国各地的重要的文化机构派驻专业技术人员，他们在机构合作（包括社团组织）方面拥有较大的决定权，所以法国的公共文化服务依然存在着"中央集权"特征；而地方分权改革后，社区承接了许多因地制宜的公共文化服务政策，使社区成为公共文化服务的重要主体。我们通过图 4-1 可以清晰地了解法国公共文化服务在实践中各主体通过契约关系形成了较为稳固的治理力量。在此模式下，新型的、更为平等

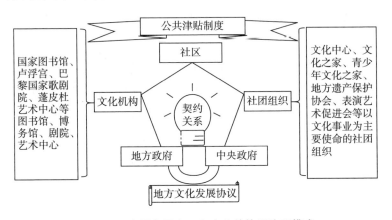

图 4-1　法国多层次、多中心的协同治理模式

的合作关系取代了自上而下的监管关系，微观的社区、中观的文化机构及社团组织、宏观的国家和政府，都成为公共文化服务的治理主体，促成了协同治理网络的形成。

二　美国：社区文化治理模式

美国是公共文化服务"民间主导模式"的代表，这种模式下，各文化团体以及社会组织机构是市场中文化服务的主体，政府退居二线，主要扮演"提供便利者"角色，采取间接治理方式，通过法律法规和政策工具引导规范文化组织与文化活动，民间文化团体在此制度框架内自主发展，提供文化服务。在民间主导的公共文化服务发展之中，社区文化治理具有十分显著的治理色彩。美国的社区文化治理具有较长的历史，以 20 世纪美国社区改良运动（Settlement Movement）作为发展起点，中途受政府政策变迁的影响经历了发展的低谷期和高潮期。总体上看，政策支持与资金投入是社区文化治理的决定性因素。

在社区文化治理的内涵界定上，美国的文化治理更多是与文化政策相关联，因此实践中主要是以"Community Culture Development"（简称 CCD）[①] 代替"Community Culture Governance"，其含义表达与中国社区文化治理类似，即多元主体利用文化共同解决社区公共事务。为了不造成语义上的混淆，本书借用杨楠的译法，也将 CCD 解释为"社区文化治理"。[②]

在资金投入上，美国社区文化治理有着专门的资助体系。由于美国社区文化治理是政府、私人企业、第三部门、个人共同合作的产物，各个实体之间相互联系相互依存，形成了以政府和基金会为主力的社区文化治理资助体系。美国联邦政府虽然没有专门设立文化部门管理文化事业，但独立于联邦政府的国家艺术基金会（The National Endowment for the Arts，NEA）几乎包揽了所有的文化事业。NEA 在 2016 ~ 2018 年的战略规划就是要通过资助社区的各种艺术项目、资助不同区域的艺术形式和改善社区环

[①] Goldbard, A., *New Creative Community：The Art of Cultural Development*（New York：New Village Press，2006）.

[②] 杨楠：《美国社区文化治理及其经验借鉴》，《甘肃行政学院学报》2016 年第 6 期。

境来促进美国社区的发展。为此，NEA 牵头设立"我们的城镇"（Our Town）专门项目，吸引艺术家、设计者、艺术组织、地方官员共同建造社区。在 NEA 的领导下，55 个美国州艺术委员会以及 6 个地区性联盟负责提供地方性的公共产品资源配置，对其辖区内的文化艺术活动进行拨款。近5000 个地方艺术委员会将州艺术委员会的资助与社区文化治理相连。[①] 在融资渠道上，除了 NEA，美国农业部、住房和城市发展部、国防部、地质调查局、国家森林服务中心、国家公园服务中心等部门都有相应的艺术项目支持社区文化治理。以农业部为例，它主要实行低利息的放贷政策，即以较低的放贷利率支持社区设施建设，非营利组织或者地处偏远的社区可以通过此贷款建设社区文化中心、图书馆等文化艺术设施。而基金会、非营利组织等第三部门的介入则将更多的资金投入美国社区文化治理中，贡献度较大的有福特基金会（Ford Foundation）、华莱士基金会（Wallace Foundation）、洛克菲勒基金会（Rockefeller Foundation）等国家型基金会和美国艺术协会（Americans for the Arts）。美国艺术协会是美国社区文化治理的倡导者，该组织将文化艺术作为改变美国社会的重要力量。还有一些区域性、社区性的基金会，他们将资金或直接投入社的小型艺术组织，或间接投放到与其合作的州艺术委员会中，从而帮助解决更多社区文化建设的资金困难。

在社区文化治理组织机构上，社区发展公司（Community Development Corporations）成为社区文化治理的重要组织者。社区发展公司虽名为"公司"，实质上却是非营利组织，在政府和社区居民之间发挥着沟通的桥梁作用。通常情况下，社区发展公司会与社区艺术组织（Community Based-arts Organization）合作，共同完成社区文化项目的组织工作。此外，社区发展公司还负责中低收入家庭保障房建设、职业能力培养及就业训练、商业地产开发、个体商业培育、青少年发展、健康发展、儿童游戏场等社区建设内容。文化艺术具有经济和社会的双重属性，因此具有非营利性质的社区发展公司实际上成了艺术空间的开发商和拥有者。这一双赢的结果刺激了社区发展公司的积极性，大大提升了社区文化治理的社会效益。

---

① 杨楠：《美国社区文化治理的资助体系及对中国的启示》，《同济大学学报》（社会科学版）2018 年第 1 期。

在社区文化治理运行机制上，美国社区文化治理依托文化艺术活动项目而展开，由艺术形式、艺术项目、艺术活动空间/艺术家空间、艺术家、艺术组织五个要素构成。核心主体包括艺术组织、艺术家和社区居民，这些主体在艺术活动空间/艺术家空间一起设计、开展相应的艺术项目。艺术项目根据其类别划分为视觉艺术、文学艺术、表演艺术和多媒体艺术。每个类型之下又划分出许多小类（见图4－2），形成丰富多彩的文化活动。随着文化艺术在社区活动中变得越来越重要，社区文化治理渐次呈现一种良性的生态系统，使得文化不仅仅作为一种工具，其本身的建造与改善功能、培育与治疗功能、教育与告知功能、启迪与动员功能也逐渐得到发挥（见图4－3）。

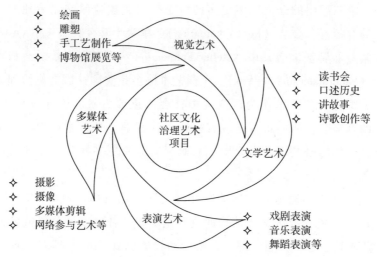

图4－2　美国社区文化治理艺术形式

资料来源：杨楠：《美国社区文化治理及其经验借鉴》，《甘肃行政学院学报》2016年第6期。

在社区文化项目评估上，美国社区所进行的评估既全面又专业。全面性体现在既对社区文化项目的组织单位进行评估，也对单个社区文化项目内容进行评估，还对文化项目实施过程的影响力进行评估，评估结果作为社区文化项目后续申请资金支持的重要参考依据。专业性体现在评估方法采用定量和定性的研究方式进行，而非主观的泛泛而评，NEA通过制定社区文化项目评估指导手册，举办学术研讨交流会等方法，指导地方艺术委员开展相应的评估工作，极大地提高了评估的科学性和可信性。

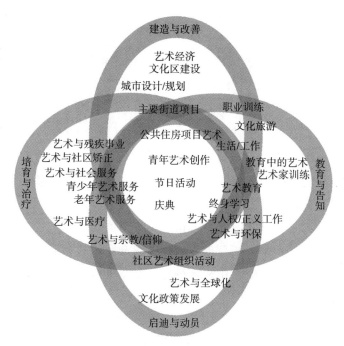

图4-3　美国社区文化治理生态

资料来源：杨楠：《美国社区文化治理及其经验借鉴》，《甘肃行政学院学报》2016年第6期。

三　英国："一臂之距"的分权化治理模式

英国的公共文化服务属于分权化治理模式，即在文化领域的资源配置中，既发挥政府的作用，也发挥市场的作用。在政府层面，英国是世界上最早以政府名义提出文化战略和发展创意产业的国家。为此，英国政府设立了文化主管部门，又先后于1998年和2001年两次发布创意产业纲领性文件（Creative Industries Mapping Document）[①]形成了全球产业架构最完整的文化产业政策，并根据需要适时调整文化主管部门，自觉构建文化治理体系，从早期负责文化领域拨款的财政部到20世纪90年代的国家遗产部，再到后来"创意产业特别工作小组"和文化传媒与体育部的成立，标志着英国政府构建了包括文化艺术、广播、电影、电视出版、体育等在内的"大

[①] 《英国创意产业调研》，中华人民共和国商务部官网，http://gb.mofcom.gov.cn/article/i/201201/20120107932523.shtml，最后访问日期：2022年6月24日。

文化"组织管理体系。这一体系实行三级文化管理，以文化经费的制定、分配和使用为节点。第一级是中央政府，制定相关的文化发展政策，划分和下拨文化经费，目前英国政府每年对文化艺术的拨款占财政总预算的5%，达10亿英镑①；第二级是地方政府和非政府性质的管理机构，负责落实中央的政策，分配文化经费；第三级是基层，主要责任是使用经费，改善当地的文化服务。这三级机构是一个密不可分的整体，却又相互独立。在市场层面，英国通过"一臂之距"的治理机制，达到国家对文化艺术的财政资助进行间接管理的目的。具体做法是：非政府机构作为中介机构介入政府和文化艺术机构之间，负责文化艺术领域资金的分配。这些文化艺术机构包括大英博物馆、国家美术馆、大英图书馆等，它们自负盈亏，独立运作。文化传媒和体育部只负责制定政策和财政拨款，但是由他们拨款给中介机构，而非直接给文化艺术机构，中介机构对文化项目进行专业评估之后再拨款给相应的文化艺术机构（见图4-4）。

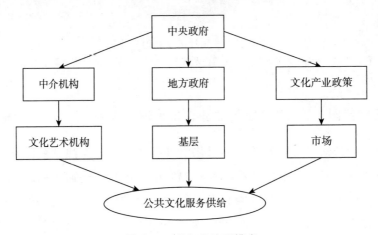

图4-4　分权化治理模式

除了在文化资源配置上采取"一臂之距"的分权化方式外，在文化经费投入上，英国也采取国家与市场相结合的方式，例如，通过发行国家彩票来筹措文化资金，鼓励社会人士和企业参与赞助各类文化建设，这部分的收入也能达到10亿英镑。② 分权化的供给模式降低了政府公共文化事务

---

① 张森：《文化治理理论演进、西方模式与中国路径》，中国政法大学出版社，2017，第59页。
② 金曼蕾：《英美国家艺术筹资构成及其内在机制》，《艺术探索》2012年第4期。

工作的繁杂度，使政府有机会和非政府机构合作，提升公共文化服务的供给效率。但是也存在某种文化服务无法很好地确定由谁供给这一问题，导致出现公共文化服务无效供给或者供给漏洞。由此可见，英国"一臂之距"的分权化的治理模式在供给主体上形成了多元局面，而主体间的协商、对话机制有待完善。

总体来看，国外公共文化服务的治理实践由早期主要聚焦于国家内部社会行为的调控以及公民身份的形成机制到当前关注公共文化服务领域内部治理结构，围绕文化发展和文化政策中的资源配置与组织关系发展成为一种新型的文化管理机制。上述三种模式虽各有不同，但也呈现西方发达国家公共文化服务的共性特点：皆建基于政府、市场和社会三维框架下，公共文化服务成为文化管理体制机制变革的直接产物；从文化政策方面促进文化多样性和创造性，注重社区性文化价值发掘，鼓励文化分权、文化自治和文化参与，将"共同治理模式"作为现代文化管理和发展的普遍模式，以此体现社会文化公共事务的"公共性"，实现公众的文化权利。

当代中国的公共文化服务体系建设是在市场经济体制已基本确立的背景下开展的，在某种程度上契合公共文化事务发展的一般规律。虽然中国与西方国家在现代化程度、政府职能结构、政府与社会关系以及第三部门发展等诸多方面存在着巨大差异，但在行政管理方面的一般规律、政府权威与市场交换的协调互动、公共物品的生产与供给等方面却具有共同性和普适性。① 这些共同要素的存在决定了国外公共文化服务治理模式对中国公共文化行政和公共文化服务具有若干理念和实践上的启迪。

第二节　中国公共文化服务治理的制度实践

随着国内公共文化服务体系建设的大力推进，一批引领农村公共文化服务制度创新的优秀案例涌现出来，从而为探索西部农村地区公共文化服务的治理之道提供了鲜活而宝贵的经验。检视中国各地公共文化服务体系建设过程中的政策设计和制度创新成果，可以发现其中大都隐含着治理的

---

① 王列生、郭中全、肖中：《国家公共文化服务体系论》，文化艺术出版社，2017，第243～260页。

理念和思维，但是各地又表现出很大的殊异性，不仅区域、城乡之间有差异，而且即使同一地区也存在较大差异。

本书分别选取东部、中部、西部具有代表性的案例，总结提炼出具有中国特色公共文化服务治理的典型模式。其中，佛山市在公共文化服务体系示范区创建过程中形成了基层文化治理新机制，浙江基于祠堂文化探索出了双名制治理模式。这两地作为中国东部地区公共文化服务治理较为成功的地方样板，为国家制定相关政策提供了科学依据。中部地区选取周口市作为代表样板，其通过创新公共文化服务方式，使公共文化服务治理呈现鲜明的地方特色，能够为欠发达地区公共文化服务治理提供重要的类比经验。崇州市文化管家模式与大邑县社会组织参与的新方式作为西部地区公共文化服务治理的成功典范，契合了公共文化服务供给侧改革的迫切要求，其创新的政社合作模式具有一定的推广价值。

一 佛山模式：基层文化治理新机制

（一）佛山简介

佛山自古人文荟萃，非常重视文化的传承发展。作为第三批国家公共文化服务体系示范区，佛山多措并举扎实推进文化遗产保护利用，不断完善公共文化服务体系。近年来，佛山重点围绕公共文化设施效能建设、博物馆之城建设和世界功夫之城建设，推动广播电视村村通，有线数字电视整体转换，农村电影数字化放映，文化信息资源共享（含联合图书馆）和农家书屋工程等，全面提升公共文化服务质量。截至 2021 年 8 月，佛山全市公共文化设施室内面积达到近 144 万平方米，万人均公共文化设施室内面积约 1516 平方米，高出全省平均标准近 316 平方米；联合图书馆成员馆发展至 376 家，公共图书馆藏书量 1399.01 万册，人均公共藏书约 1.5 册，高出全省标准 0.3 册。市、区公共图书馆和文化馆 100% 为国家一级馆，镇（街）文化站 100% 为省特级站，村（社区）综合性文化服务中心 100% 全覆盖。其中，佛山市南海区狮山镇作为佛山国家高新技术产业开发区的核心园区，经济较为发达，2017～2019 年连续三年跻身全国综合实力千强镇第二名，同时入选国家新型城镇化综合试点地区、粤桂黔高铁经济带合作试验区（广东园）。以此为依托，狮山镇在农村公共文化服务体系建设中推陈出新，创建了基层文化治理新机制。①

（二）组织模式介绍

在国家公共文化示范区创建过程中，狮山镇健全基层公共文化组织体系，逐渐探索出了独特的"两会"（社区文化发展委员会和社区文化发展基金会）、"两团"（群众艺术团和文体社团）和"两队"（文体辅导队和文体义工队）的基层文化组织体系。该体系起源于罗村务庄社区的实践探索，2012 年 8 月，广东首个社区文化发展委员会正式揭牌②，下设社区文化发展基金会，加上"两团"和"两队"及零散的文体类社团，形成了四级基层公共文化组织架构（见图 4-5）。狮山镇在罗村务庄社区文化发展委员会试点

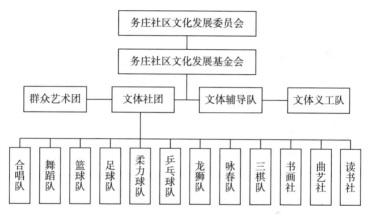

图 4-5 罗村务庄社区文化发展委员会架构

资料来源：张惠梅：《社区文化发展委员会：基层文化治理新机制》，《图书馆论坛》2018 年第 9 期。

成功的基础上将社区文化委员会这一基层治理新机制在全镇加以实施推广。

罗村务庄社区文化发展委员会的经验之所以能够得到推广，主要是因为其探索出了基层文化自治的新机制，并在文化人才培育、社企合作、外来务工人员文化权益维护等方面发挥了积极的作用。在中国，文化事业单位组织编制只到乡镇（街道），村（社区）等地不设文化组织机构，罗村务庄社区文

---

① 《公共文化服务体系评价全省第三！基层公共文化服务成效显著》，百度百家好，https://baijiahao.baidu.com/s? id=1709601439094872581&wfr=spider&for=pc，最后访问日期：2022 年 6 月 22 日。

② 《我省首个村级社区文化发展委员会罗村揭牌》，佛山市人民政府门户网站，http://www.foshan.gov.cn/zwgk/zwdt/jryw/content/post_1887246.html，最后访问日期：2022 年 8 月 22 日。

化发展委员会采取一系列具有治理色彩的措施实行文化自治，从机制上解决了文化进社区的难题，这对于农村公共文化发展具有重要借鉴意义。

（三）运行程序：多重措施保障委员会运作

社区文化发展委员会这一组织内部各主体的职责及运作流程如下。第一，社区文化发展委员会直接领导社区文化发展基金会，将基金的管理、审批、发放和使用监管集于一身。基金的分配采用答辩评审流程，重点扶持地方特色和优质文体活动项目。第二，社区文化发展基金会负责募集资金，资金来源主要是区政府文化项目的补贴、当地委员会的拨款、民间捐款和企业赞助等。第三，物资保障方面，社区文化发展委员会采办的演出服装、道具、灯光音响设备、台椅、展板等物资，可供各社区在开展日常文体活动时免费使用。第四，激励机制方面，以优秀文化活动项目优先安排的方式激励各社区文体社团打造精品文化，出彩的特别是富于原创性的文化活动将有机会代表狮山镇参加全国各级演出活动及对外文化交流活动，从而极大地提升了社区内群众文化自主供给的积极性。第五，文化人才培育方面，社区文化发展委员会重在引导业余文化社团规范化和高质量发展，按照文化社团的实际需求与技能特长对"两团""两体"的文体专干及群众进行培训辅导，建立文艺人才库吸纳全镇的文化人才，从而提高艺术人才的综合素质，有利于形成集群效应。第六，社企合作方面，社区文化发展委员会与企业合作，吸纳企业为成员单位，据统计，截至 2018 年，全镇加入各社区文化发展委员会的企业共计 114 家。[①] 社区与企业合作互利共赢，企业为社区文化发展委员会赞助资金，社区文化发展委员会通过文艺节目辅导书画摄影巡展、文体培训等方式指导企业文化的发展，一方面根据企业需求，为其制定了"菜单式"的文化服务，另一方面帮助企业组建产业工人艺术团、梦工场俱乐部，培养文化活动人才等，让企业文化自主"活"起来。此外，在外来务工人员文化权益维护方面，狮山镇摒弃"排外"思想，引导外来务工人员参与村民自治，与本地居民一道共同维护社区的和谐稳定。包容、创新、富于活力的社区文化消除了外来务工人员和本地居民之间的隔阂，大大增强了外来务工人员的参与感和归属感。[②]

---

① 张惠梅：《社区文化发展委员会：基层文化治理新机制》，《图书馆论坛》2018 年第 9 期。
② 张惠梅：《社区文化发展委员会：基层文化治理新机制》，《图书馆论坛》2018 年第 9 期。

二 浙江模式：祠堂文化的双名制治理模式

浙江在农村公共文化建设中开辟了一种新的模式，即采用双名制将农村祠堂巧妙地改建为文化礼堂，从而使祠堂文化和公共文化得以有机结合。以打造新的公共文化空间为切入点，将祠堂空间的转换利用及传统文化的活化传承与现代公共文化服务体系建设相结合，将祠堂由家族祭祀的场所转变为村民的公共文化活动空间，这种文化治理的艺术性填补了国家与民俗、公共文化的大传统与祠堂文化的小传统、名与实之间的缝隙，推动祠堂文化实现了创造性转化与创新性发展。

（一）祠堂文化简介

祠堂广泛分布于中国乡村，是族人祭祀祖先或先贤的场所，也是传统文化中务本立道、慎终追远、孝悌睦邻、修身齐家等观念的物质载体。祠堂在传统乡村社会占有很高的地位，不仅承担着祭祖修谱、举办宗族仪式等重大宗族活动，还发挥着诗书教化、议事调和、传承家规等诸多功能，是家族内部的公共文化空间。以此为依托的祠堂文化可谓姓氏宗族观念、血缘关系、历史档案、道德情操、精神风貌、文化底蕴、风尚习俗、经济和生活水平的缩影。浙江祠堂大体有宗族祠堂和历史名人纪念祠两大类，其中前者占多数，在全省城乡均有分布，尤其在传统村落中更是普遍。祠堂文化不仅是历史的延续，而且蕴含着极为丰富的现代价值，它的精神传统和人文积淀对增强中华民族的凝聚力具有十分重要的意义。

（二）双名制建构过程

随着时代的发展，祠堂的传统功能逐渐弱化，并呈现出许多与社会发展不相适应的新问题，有些祠堂因人员外迁而闲置、失修以至荒芜破败，有些毫无目的地翻修或新建而带来农村耕地占用、非法集资等问题，有些祠堂甚至成为少数村民聚众赌博、开展糟粕文化活动的场所。浙江省在农村公共文化服务体系建设中采用双名制的治理艺术巧妙地将农村文化礼堂嵌入祠堂，一方面，充分挖掘祠堂文化在凝聚人气、诗书教化、议事调和等方面的重要传统功能，使其在提升家庭与民间社会凝聚力、化解农村矛盾纠纷及发展农村公益事业方面发挥积极作用；另一方面，摒弃祠堂各种新旧陋习，为祠堂文化注入新的内涵和现代公共文化元素，赋予祠堂文化新的使命。浙江省为此确立了以"五有三型"①为建设标准，以"文化礼堂、精神家园"为主题，在文化特色鲜明、经济社会发展较好的历史文化村落建起了一批综合性的农村文化礼堂。据统计，2018年初，浙江省已经有7000多个文化礼堂，其中超过一半是由祠堂转化而来的。截至2020年，浙江省已建成农村文化礼堂1.78万家。②

改建后的祠堂建筑拥有了双重身份，既是代表民俗文化的私人祠堂，又是代表现代公共文化的文化礼堂，实现了祠堂文化与公共文化的互嵌共生，弥合了现代与传统、国家与民俗、国家与社会、大传统与小传统、名与实之间的张力与差异。政府巧妙运用双名制艺术，以祠堂的名称象征建筑的传统性和私域性，以文化礼堂的名称象征建筑的现代性和公共性。祠堂的名称提升了文化礼堂的适应性和融入性，文化礼堂的名称保障了祠堂的合理性与合法性，祠堂活动不再像过去一样被视为封建活动而受到压制，而是被当成现代人的精神寄托得到尊重。公共文化通过渗透到祠堂文化之中，对民众的思想也起到潜移默化的影响，消解了祠堂的私人性和排他性，由此推动祠堂文化这一传统文化实现创造性转化和创新性发展。

（三）双名制治理经验

1. 有利于推进政民互动机制

双名制的实质也是治理思维在文化建设领域的运用。文化礼堂之所以能够顺利在祠堂的基础上改建，是政府、社会和市场三者共同促成的结果。政府提供政策性支持，村民和企业提供资金。运作机制上更多依靠社会与市场力量，让民众自下而上地开展活动，政府不再包办替代。尽管国家引导的公共文化和家族主导的祠堂文化在价值上有一定的分野，但是通过双名制，国家与民众在文化层面得以双向互动，开辟了祠堂文化保护和公共文化推进的新路径。

2. 有利于打造农民精神家园

传统乡村社会以"礼"来规约村民的日常生活，形塑乡村的社会秩序。近代以来，随着传统宗法制的逐渐消亡，诸种外力的进入使乡村社会形态

---

① 即有场所、有展示、有队伍、有活动、有机制，学教型、礼仪型、娱乐型。
② 《2020年浙江省国民经济和社会发展统计公报》，浙江省统计局官网，http://tjj.zj.gov.cn/art/2021/2/28/art_1229129205_4524495.html，最后访问日期：2022年8月20日。

发生了巨大的变革，乡村原有的封闭格局被人口流动冲击，不断消解着乡村旧有的礼治传统，而古老的祠堂文化恰好可以发挥有效的治理作用。在当代农村建构公共礼仪，是文化礼堂之"礼"的意义所在。农村文化礼堂的礼仪活动继承了传统礼仪的有益成分，扬弃了其不合时宜的宗法性与等级性，融入了符合现代文明意识的新型礼仪元素，具有重塑乡村社会秩序与规范的深意。文化礼堂以"精神家园"的定位担负起构建村民公共文化生活空间的重任，积极开展各种民俗、礼仪、文娱、艺术、家风等活动，注重由浅入深、由表及里的方式推进，从唱歌跳舞的文娱活动，到涵养民间生活规范的礼仪活动，逐渐向更高层次充实村民精神世界的方向推进，使得公民意识与公共精神潜移默化地深入人心，文化礼堂日益成为人们的"精神家园"。[1]

3. 有利于重新发现乡土文化的自为价值和内在机制

双名制治理通过对传统宗祠的活化利用，赋予祠堂新的文化功能，很好地实现了与本土文化资源的对接，有效拓展了乡村公共文化空间，为广大农村地区因公共文化设施不足引发文化活动匮乏以及更为严重的对乡土文化的自为价值和内在机制的否定等问题提供了很好的解决思路。通过政府主导与社会力量参与相结合，盘活积淀在乡村的特色资源，整合乡村既有的传统文化资源设施，实现传统民俗文化与现代文明的融合创新，将农村文化礼堂打造成汇聚着村落丰富的文化资源、承载着村落核心文化价值的"文化地标"。双名制治理注重将现代公共文化与本土文化资源对接，修复了乡村内在生产生活机能，由此开发和利用乡土文化资源优势。乡土特色文化承载着农民群众共同的审美趣味和文化记忆，以此为内容要素创新公共文化服务供给符合大众的意愿与偏好，更接地气，有助于提升他们的认同感和归属感，在更深层次上其实体现了对文化的自为价值和内在机制的肯定。[2]

三　周口模式：多元联动的文化治理模式

（一）周口市简介

周口市是河南省的人口大市。周口市共辖 2 个区、7 个县，代管 1 个县级

---

① 靳浩辉：《农村社会治理视阈下祠堂文化与公共文化的互嵌与重构——以浙江省农村文化礼堂为例》，《理论月刊》2018 年第 7 期。

② 吴森：《论农村文化建设的模式选择》，《华中科技大学学报》2007 年第 6 期。

市，总面积 11959 平方千米。截至 2021 年末，周口市共有国有院团 11 家，民营文艺表演团体 82 家，文化馆 12 个，博物馆 22 个，公共图书馆 11 个，广播电台 10 座，电视台 10 座，调频转播台 1 座。① 周口市经济相对落后，在河南排名靠后，是一个较为典型的欠发达地区。但是经济欠发达的周口市却通过"一元剧场"，使群众在周末只花一元钱即能享受到高质量的文艺晚会，这为经济欠发达地区的公共文化服务提供了宝贵的经验。

（二）多元联动模式构建的两个阶段

多元联动的文化治理，重点在于多元主体间的联系与互动。从主体看，周口市所有参与公共文化建设的主体可归类为政府主体、社会主体和群众。"一元剧场"的产生和发展离不开三大主体的联动。"一元剧场"多元主体联动治理模式如图 4 - 6 所示。

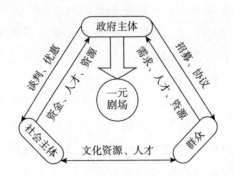

图 4 - 6 "一元剧场"多元主体联动治理模式

在产生阶段，"一元剧场"面临资金匮乏、场地缺失、意愿程度低下等诸多困难，以周口市文化局为代表的政府主体为此进行了不懈努力。首先，与群众主体联动。周口市文化局领导干部在下基层调研与群众沟通中，发现该地区的群众收入不高，无力支付较高的商业演出，现有的文化活动与群众对接程度较差；与文化人才交流时，发现尽管文化资源和文化人才丰富，但因缺少"公益舞台"而使英雄无用武之地。充分了解现实情况后，文化局在市政府支持下于 2007 年 9 月提出了打造"一元剧场"的公益舞台项目，以"公益性质、综艺形式、社会化投入、签约制演出、品牌化发

---

① 《2021 年周口市国民经济和社会发展统计公报》，周口市统计局官网，http://tjj.zhoukou. gov.cn/sitesources/tjj/page_pc/tjfw/zxfbyjd/articlede7d834c4f0f48b5ae935f850101f29f.html，最后访问日期：2022 年 8 月 18 日。

展"为指导思想。很多人对此表示惊奇和质疑，认为文化局一没钱，二没人，想法虽好，实施起来难度很大。其次，与企业主体联动。要启动"一元剧场"的公益舞台，除了需要摸清群众底细外，还需要扫清思想观念、场地设备资金等方面的障碍。文化局内部通过学习公共文化建设方面的相关政策主张，重新认识文化对于欠发达地区发展的重要性，统一了文化局内部对"一元剧场"的认识，之后进一步向社会主体宣传公共文化政策，筹备"一元剧场"的"大走访"和座谈会，经过不断的谈判协商，获得了企业的资金支持、场地支持及演员的公益演出，使得"一元剧场"顺利启动。

在发展阶段，"一元剧场"同样通过发挥多元主体间的联动机制，得以长期坚持下来并发展壮大。第一，文化局的"一元剧场"项目团队与群众联动。该团队通过问卷、场下访谈以及热心观众、文化热心人士等的反馈，发现群众文化需求有大众化需求和小众化需求之分，且不断发生变化，因此将演出分为综合性演出和专场演出，分别满足群众的大众化和小众化需求，并动态监控把握群众的需求变化，做到尽量让节目定期更新不重样。第二，与社会主体（企业和文艺类社团）联动。"一元剧场"是一项公益事业，在启动阶段，政府虽获得了企业的部分资金支持，但很难让企业持续参与，为此文化局与地税部门联合出台《关于鼓励社会力量支持文化事业发展有关事宜的通知》，通过政策税收等优惠，增强了企业做公益的意愿与信心，"一元剧场"从此获得了较为稳定的市场主体的资金支持。第三，在场地支持方面，周口市文化局下属的人民会堂因其座位多（1400座）、格调高雅而成为首选之地，但囿于其自负盈亏的运作机制，"一元剧场"并不能为其带来收益，通过"一元剧场"项目组成员"至真至情"的谈判，最终以较低的租赁价格获得了人民会堂的场地支持。第四，在人才支持方面，由于一场商业演出中演员演出费用占演出成本的60%~90%[1]，如何降低高昂的演出费用，政府想方设法通过积极招募文化志愿者，通过签订《参与公益演出服务约定书》将演员和文艺团体固定下来，使得项目的持续运行有了广泛的人才支撑。第五，在文化资源支

---

[1]　刘辉：《文化治理：公共文化服务建设的欠发达地区经验——以黄淮市"一元剧场"为个案》，《学术论坛》2014年第10期。

撑方面，政府、社会和群众之间联动，挖掘出了周口市杂技、民间艺术等丰厚的民间文化资源，这些文化资源通过政府、各级表演团体以文字、视频、录音等形式一并登记造册，录入电脑，形成文化资源库、文化活动节目库、文艺人才库等资源库，方便"一元剧场"统筹调度。

通过建立政府主导下多元主体间的联动治理模式，"一元剧场"取得了良好的服务效果，其影响力不断扩大，逐渐成为基层公共文化服务治理的典型案例。①

（三）服务效果

通过建立政府主导下多元主体间的联动治理模式，"一元剧场"取得了良好的服务效果，主要体现在两个方面。

首先，在服务内容上，以需求为导向，满足不同群体的差异化需求。以综合性演出满足大众化需求，以专场演出满足"小众化"需求。自 2008年 4 月创办至 2018 年 5 月的十年间，"一元剧场"（现称"周末公益剧场"）先后举办剧场演出 500 余场，下基层演出 100 余场，演出节目 1100 多个，参演人员超过 5 万人次，受惠群众 460 多万人次，辐射周口市 10 县（市、区）②，已成为周口市持续时间最长，节目最多元化、参演人数最多的基层群众文化品牌。

其次，在影响范围上，"一元剧场"文化演出项目坚持走"政府主导、公益性质、签约制演出、品牌化发展"的路子，在周口基本形成市、县两级演出阵地，实现了公共文化服务在空间上的延伸。随着项目影响力的持续扩大，一大批当地文化团体、文化工作者加入"一元剧场"项目之中。"剧场演出"的演出形式虽然是"一元剧场"的特色之一，却也限制了"一元剧场"为更大范围的老百姓提供公共文化服务。对此，"一元剧场"项目组，在保证周五演出时间不变的情况下，组建了周末一元剧场艺术团，赴社区、下城乡慰问演出，达到精品文艺节目人人共享的效果。

---

① 刘辉：《公共文化服务建设的治理效应——基于黄淮市"周末一元剧场"的调查与思考》，《理论与改革》2012 年第 1 期。

② 《周末公益剧场十周年专场文艺晚会举行》，周口市政府网，http://www.zhoukou.gov.cn/page_pc/xwzx/zkyw/article98EC9E817FAE42ADADF35D18A3592B31.html，最后访问日期：2018 年 5 月 21 日。

四　崇州模式：基于文化管家的治理模式

（一）崇州市简介

崇州市位于四川，作为成都市三圈层区（市）县，常住人口 735723 人，辖 15 个乡镇（街道）。在对崇州市文化建设情况的调研中了解到，2010 年崇州按照成都市基本标准完成了新一轮乡镇综合文化站建设，25 个乡镇（街道）综合文化站总建筑面积达 12151 平方米，文化站广场总面积 55376 平方米。各乡镇（街道）除确定 1 名在编人员担任站长外，崇州还通过政府购买人力资源服务的方式，面向社会招聘了 75 名文化专干，统一分配到各乡镇（街道）文化站工作，对推动基层文化工作发挥了重要作用。①

但是，随着人民群众对文化需求的不断提升以及文化专干的快速流动，"专干不专""场地闲置"等问题越来越突出，基层文化阵地建设面临日益严峻的问题和挑战。崇州市为改变公共文化服务效能低下的问题，转变公共文化服务供给方式，积极探索向社会组织购买公共文化服务。通过竞争性方式以每年 250 万元的投入聘请 13 家专业化社会组织入驻乡镇文化院坝（综合文化站），担任"文化管家"，以责任清单的方式对文化院坝的管理、业务等工作进行细化，并借用了"文化 e 管家"平台对文化院坝工作的开展情况进行考核。还推出"公共文化服务包"这一创新举措，"公共文化服务包"即政府向文化院坝提供的公共文化服务内容，分为基本文化服务包和特色文化服务包。基本文化服务包以提供基本公共文化服务为主要内容，包括文化站的日常运行和基本服务，由市政府每年集中进行采购；特色文化服务包是根据群众个性化的需求向社会集中采购的具有特色的公共文化服务，如表演、培训、讲座、展览等。这一清单式以需定供的服务方式赢得了群众支持，盘活了基层文化设施。政府实现了管办分离，逐渐由文化服务的直接提供者转变成为政策制定者、服务购买者、统筹协调者与监督管理者。为保证文化院坝的有效运行，崇州市出台了《崇州市文化院坝建设运行管理办法（试行）》《崇州市文化服务包考核评估暂行办法》《崇州市文化能人选拔和管理暂行办法》等各类评估与考核方式及

---

① 资料来源：团队调研所得。

监管机制，① 并定期开展"文化管家"的轮桩会议，以便对社会组织所提供的服务加以指导监督。

"文化管家"是指政府向资质良好、社会认可的艺术培训学校、公益性社会组织等机构购买服务，签订一定服务期限，面向乡镇（街道）文化站、村（社区）文化活动中心等基层综合性文化服务中心或其他公共文化设施提供公共文化服务的工作机制。社会组织以"文化管家"的形式入驻文化站。"文化管家"不仅搭建了政府与社会合力共建乡镇（街道）文化站的平台，而且"文化管家"等社会组织还往往"自带流量"，能将鲜活、优质的社会资源注入乡镇（街道）文化站中，由此破解了多年来乡镇（街道）文化站"站不起来"、产品质量低下、服务效能不高的难题。

（二）"文化管家"的主要做法

1. 制度性嵌入：丰富供给内容

"制度性嵌入"是社会组织有目的性的行动，意图嵌入真实的、正在运作的社会关系系统之中，这种嵌入是社会组织的行为选择嵌入制度约束之中，主动置身于政府的政策与关系网络中，以获取合法性的权力支撑、源源不断的资金支持、社会环境的认同等，而政府通过对资源的控制以及监督与激励机制的设定保证社会组织的运作规范性。政府购买公共文化服务的制度创新也为社会组织参与公共文化服务提供了可能。② 在崇州市"文化管家"的制度设计中，政府将公共文化服务外包给社会组织，极大地推动了公共文化服务的发展。这一模式的核心特征是将政府主导供给与社会组织参与相结合，充分调动社会组织的积极性，逐步建立多主体供给机制。崇州市的社会组织通过承接政府的公共文化服务外包来入驻文化站，既充实了文化站的供给主体，也丰富了文化站的服务内容。同时还建立了对外包产品与服务的质量监管机制，由代表政府一方的文化站对社会组织活动进行监管，并进行反馈，以保障社会组织活动的有效开展。如成都黄嘟嘟文化传媒有限公司擅长亲子教育、崇州市张豆豆文化传播有限公司擅长传

---

① 《崇州市文化体育旅游局 2015 年上半年特色亮点工作汇报》，成都市人民政府官网，http://gk. chengdu. gov. cn/govInfo/detail. action? id = 72753&tn = 6，最后访问日期：2022 年 8 月 22 日。

② 吉鹏：《政府与社会组织的互动嵌入研究——基于政府购买社会服务的考量》，《长白学刊》2019 年第 1 期。

统文化的保护即是例证。

2. 专业性嵌入：保证服务质量

"专业性嵌入"是利用政府购买公共文化服务的政策实施，社会组织以其专业化优势承接公共文化服务项目，从而逐步形成与政府合作供给公共文化服务。公共文化服务有效供给有赖于得力的组织管理人员和专业技术人才保障，人才是公共文化服务创新的动力源泉。基层文化工作者的工作热情以及专业水平对公共文化服务效能提升具有关键作用。崇州市主要以文化管家的形式嵌入文化站运营管理全过程，文化大管家和小管家对文化工作有着极高的热情，又具有较强的专业能力，在长期扎根基层文化活动中，积累了丰富的工作经验与管理技能，他们不仅很好地弥补了体制内"专干不专"的缺陷，而且有效保障了服务质量。社会组织多以专业的文化培训机构为依托，用专业的知识与技能嵌入文化活动中。文化馆（站）在开展自身不擅长的文化培训时，会聘请专门的老师来进行教学，以提升文化培训的质量。文化馆（站）以专业化为依托，不仅保证了文化活动的质量，也提升了文化站的品牌效应。如崇州市新兴艺术教育中心入驻羊马镇综合文化站，在工作开展中以舞蹈为龙头，平时会组织一些广场舞、瑜伽的培训，同时还会定制一些针对不同年龄段与群体的课程，如果他们的需求不能由文化馆（站）内部来满足，则其会邀请其他文化站或专业机构的人员来做，实现人才以及资源的互换。

3. 服务型嵌入：增强群众参与度

"服务型嵌入"是指社会组织通过嵌入社区，进一步扩大服务范围、增强服务效果，建立与社区、街道、当地政府之间的信任关系，扩大自己的影响力，从而更好地为群众提供精细化的公共文化服务需求。[1] 社会组织满足群众动态需求的优势恰恰在于其在嵌入过程中能够及时、精准地与政府互动，从而为制定具体购买要求、标准、规则提供有益的参考，反过来也将促进社会组织更为准确地理解和把握服务需求。[2] 为了提高文化站基础设施的利用率以及群众参与率，文化管家积极主动深入群众中，通过各种渠

---

① 王名、张雪：《双向嵌入：社会组织参与社区治理自主性的一个分析框架》，《南通大学学报》（社会科学版）2019年第2期。

② 龙翠红：《政府向社会组织购买服务：嵌入性视角中的困境与超越》，《南京社会科学》2018年第8期。

道方式并结合多样态的文化活动，使群众由了解文化站，到主动走入文化站，积极参与文化站的活动。随着群众对文化站的认知度和参与度的不断提升，不仅文化站基础设施的利用率大幅增长，文化站这一文化场域的功能也得到了扩展，人们在活动参与过程中增进了思想沟通与情感交流，也由此增进了社区信任度，促进了文化认同，拉近了政府与群众的距离，充分体现了公共文化服务对公共秩序结构与社会治理的独特贡献。如崇州市体育舞蹈协会，入驻崇阳街道综合文化服务中心，在第一年开展活动时较为困难，群众对其认可程度低。于是他们从举办大型活动入手，让群众通过观看演出来了解社会组织，并且积极与每一个文艺队伍的领队去沟通交流，为群众进行免费指导，且提供场地支持，群众抱着试一试的态度参与其中。在学习的过程中群众的广场舞能力得到了很大的提升，在市级舞蹈比赛中名列前茅，群众逐步接受了社会组织入驻文化站，并且积极参与文化站举办的各项活动。

4. 技术性嵌入：融合数字化建设

"技术性嵌入"是指依托数字时代迅速发展的智能技术，对公共文化服务效能进行监测、预警、研判、应对的一系列治理流程。技术手段的先进性可以保障供需对接的精准性，在"互联网＋"时代，信息飞速增长，利用好大数据开展公共文化服务就显得尤为重要。崇州市社会组织入驻文化站后利用现代化的数字技术，建立起公共文化服务云平台，将公共文化服务的线下传统服务模式拓展为线上线下互联互通的信息化模式，由此探索迈入公共文化服务的"信息化"时代。文化站还充分利用新媒体，如数字一体机、微信小程序等来识别群众需求，通过数字图书馆、数字文化服务等移动终端向群众推荐其所需的文化服务，满足不同群众的需求；同时还利用公共文化服务云平台对公共文化服务的供给情况进行监督。崇州市社会组织通过技术性嵌入公共文化服务过程中，采用了"e管家"作为服务监督平台，在活动开展之前，都需要进行申请与备案，活动开展之后，公共文化活动必须上传图文信息，这样不仅使政府更容易对公共文化活动的开展效果进行监督，还可以对各乡镇文化站的服务情况进行实时排名，根据排名结果进行反馈，以促使文化站改进服务。所有社会组织都需要在"e管家"上更新每个月所做活动，"e管家"会将每月的打分排名列出来，督促社会组织根据自身不足进行改进，如果年底仍然排名靠后，就实行末位淘汰制。

（三）"文化管家"的基本成效

1. 创新公共文化服务供给方式

传统的公共文化服务供给模式是政府直接在体制内配送人、财、物等资源要素。在这种模式下，专业机构、社会组织等社会主体与公共文化机构是"两张皮"，很难介入基层公共文化服务，体制内外资源难以整合。"文化管家"的思路在于：通过购买服务且可控的"管家"来激活和繁荣农村基层公共文化。"文化管家"不仅搭建了政府和社会合力共建乡镇（街道）文化站的平台，而且"文化管家"等社会主体还往往"自带流量"，能将鲜活、优质的社会资源注入乡镇（街道）文化站中，破解了多年乡镇（街道）文化站"站不起来"、产品质量低下、服务效能不高的难题。

2. 激发基层文化设施运行活力

公共文化与文化产业虽各有侧重，但在基层可协调发展、互相促进。一方面，基层在发展文化事业时，需要引入文化产业作为经济支撑，以保证基层有一定"造血"功能。以培训服务项目收费为例，按照《中华人民共和国公共文化服务保障法》第三十一条明确规定，公共文化设施开放或者提供培训服务等收取费用的，应当报经县级以上人民政府有关部门批准；收取的费用，应当用于公共文化设施的维护、管理和事业发展，不得挪作他用，也就是说容许收费，但要符合规定。另一方面，文化产业要想发展起来，离不开公共文化事业的"孵化"。"文化管家"让一批社会主体真正进入公共文化服务领域，丰富了公共文化服务产品体系，初步破解了崇州市当地公共文化服务不均衡不充分的问题，推动了公共文化事业与文化产业的互融、互通、共赢。

3. 创新文化馆总分馆建设模式

"文化管家"有别于通过"人员下派"建设总分馆的传统方式，是以购买服务的方式向基层输送"优质活动"和"优质运营管理"。崇州市政府提供财政资金，2020 年给予 250 万元专项经费购买服务，每个文化站平均 10 万元。①政府运用合同管理的方式，外包给各类市场机构和社会组织。外包不是

① 资料来源：团队调研所得。

"一包了之"，而是对服务活动的方向与质量加以考评：有标准、有准入、有督查、有评价、有考核、有激励、有退出。在此过程中，县级政府是责任主体，设计实施主体是文化行政主管局，执行主体是文化馆，参与主体是乡镇（街道）文化站，运营主体是"大管家""小管家"，督导主体是文广局联合相关部门。"文化管家"机制将各方力量有效调动起来，合力推动崇州市文化馆总分馆建设。

4. 实现基层政府职能转变

"文化管家"实现了"办文化"向"管文化"的职能转变，让政府逐渐由文化产品的直接提供者转变成政策制定者、服务购买者、统筹协调者与监督管理者；通过购买服务培育了承接公共文化服务的专业类社会主体，有利于引导和支持各类文化企业开发公共文化产品和服务，满足人民群众多层次的文化消费需求。"文化管家"使社会、市场与政府之间真正做到了相互补充、相互支持，更好地面向基层服务。

五 大邑模式：社会组织参与的新方式

（一）大邑县介绍

大邑县与崇州市同样，也位于四川省成都市，下辖3个街道、8个镇，常住人口51.6万[①]。为提升居民的阅读素养，养成良好习惯，大邑县以农家书屋为着力点，大力开展阅读推广活动，各级政府加大对农村公共文化服务领域财政投入力度，乡村阅读推广也取得了一定的成效，但在实践中仍存在很多问题。辖区内很多社区和村镇都建有农家书屋，却因为管理不善、书籍无法满足群众需求等原因，出现了群众买书难、借书难、看书难等问题。为改变乡村阅读推广效能低下的问题，大邑县积极转变公共文化服务供给方式，引入"三加二读书荟"参与阅读推广，探索阅读推广的新模式与新路径。

（二）社会组织参与阅读推广模式

大邑县"三加二读书荟"是创办于2012年4月的5A级社会组织，以民

---

① 《大邑县第七次全国人口普查公报》，大邑县人民政府官网，http://www.day.gov.cn/day/c117419/2021-06/30/content_17426a7003174abda327a3583ad8947d.shtml，最后访问日期：2022年8月23。

间公益阅读推广机构和乡村创新服务平台为依托，总部在大邑新场古镇，现有 5 家公益书馆，托管了 15 家农家书屋，有 32 个流动书屋服务点位，有 12 个"为老人读书"服务点，拥有 8 万册藏书，377 名注册志愿者，受益人数已超过 25 万人次。① 大邑县"三加二读书荟"以乡村公益书馆、乡村人才培育、文创项目集成等为核心业务，通过"公益书馆 + 公益项目 + 志愿者 + 读书荟"的实践，开展"温暖乡村推广阅读"的活动，积极探索"公益 + 乡创 + 基地"的可持续发展模式（见图 4-7）。

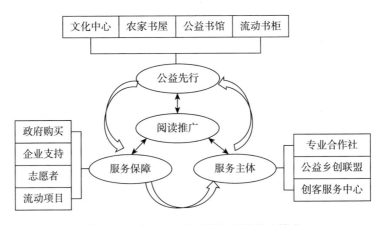

图 4-7 "三加二读书荟"阅读推广模式

首先，读书荟与其他数十家社会组织合作成立了乡创联盟，包含专业合作社、创客服务中心等社会机构，保障了参与主体的多样性。其次，"三加二读书荟"积极与伊顺等企业进行合作，围绕文化中心、农家书屋、公益书馆、流动书柜等开展阅读推广活动，不断扩大辐射范围。再次，读书荟还吸纳了来自全国各地的志愿者，人才得以聚集，同时与政府进行合作，承担政府的部分职能，共同开展服务项目。经过不懈的努力，农家书屋摆脱了农家"锁"屋的困境，来农家书屋看书的人多了起来，图书资源活了起来，农家书屋年开放时间多达 2000 多个小时，半年阅读量达 1500 余人次，外借量达 400 余人次。②

① 《"最后的川西坝子"新场古镇》，搜狐网，https://m.sohu.com/a/300991143_100056398/，最后访问日期：2022 年 8 月 23 日。
② 《行走大邑：在"书香之城"爱上阅读》，成都文明网，http://cd.wenming.cn/wenming-chuangj/201505/t20150506_1713962.shtml，最后访问日期：2022 年 8 月 23 日。

（三）社会组织参与阅读推广的作用机制

阅读推广是专门服务于乡村群众的活动，帮助群众享受基本公共文化服务的福利，这意味着"公益性"是阅读推广工作的一个基本属性。社会组织的公益性特征与阅读推广的公益性特征具有内在的价值契合，因此社会组织能够有效促进阅读推广工作的开展。为改变乡村阅读推广的面貌，"三加二读书荟"结合乡村实际情况以及自身优势，在阅读推广中逐步形成符合地域特征的作用机制。这些机制为乡村阅读推广的全面开展发挥了重要作用，具体体现在以下几个方面。

1. 资源整合机制

资源整合机制就是社会组织通过在不同渠道的社会资源提供方之间发挥中介作用，对阅读推广所需要的社会资源进行整合和协调的过程。农家书屋有来自各界的支持，包含社会捐赠的图书、政府的统一配给、各方资金支持等，虽然资源丰富，但大多呈现碎片化状态，资源配置效率低。"三加二读书荟"参与阅读推广后，采取多方运作的策略，架起资源提供方和资源需求方之间的桥梁，将碎片化的资源变为集中性资源，将无序的个体力量整合形成集体合力，通过多种形式将集中的社会资源精准地供给所需群众，充分发挥政府资源、市场资源以及社会资源等不同渠道的功能，满足群众的阅读需求。"三加二读书荟"资源整合的具体措施如下。首先，整合各项经费。"三加二读书荟"以"减轻财政负担，聚合社会资本，长期造血，多元输血"为目标，形成"公益基金＋民政资金＋社会众筹"的多元资金聚合模式，通过政府购买、社会捐赠、文化项目营收以及现场经营收入来保障资金的持续性。如2021年开展的"四荟一营"活动的资金支持就来自民政局的社会组织扶持专项资金，农家书屋的日常运行经费同样来自政府购买。其次，整合志愿者力量。志愿者力量的整合关系到志愿服务力量能否拧成一股绳。只有将分散的志愿者集中起来，才能够扩大志愿服务的覆盖面。"三加二读书荟"汇集了全国的志愿者，包含各行各业的精英，有退休教师、大学生、机关单位职工等，为开展志愿活动提供了人才保障。再次，整合农家书屋资源，实现农家书屋与本级图书馆互联互通、通借通还。"三加二读书荟"与明月村共建"明月书馆"，为群众借阅提供便利，同时选择学校周边的农家书屋，依托出版社的优质图书资源，建成学校第二课堂，成为校外服务农村儿童阅读的新空间。最后，发挥多主体优势。"三加二读书荟"动员专业合作社、公益乡创联盟、大师工作站、创客服务中心等主体参与阅读推广活动，聚合分散的资源，形成统一的服务能力、创新能力、品牌能力。

2. 专业服务机制

社会组织由具有专业资质或背景的专业人士组成，以专业理念和价值观为基础，利用专业优势为群众提供服务。"三加二读书荟"根据自身专业特质在公共文化服务领域内开展工作，具体服务内容包括阅读需求评估、社会捐助动员、阅读开展等。首先，加强服务人员专业化培训。"三加二读书荟"制定社会组织的人才培训规划，并依托现代的网络技术，采取线上线下相结合的方式对成员进行培训，以增强服务人员的专业性。其次，开展针对性的专业化活动。随着"三加二读书荟"参与阅读推广的时间越来越久，阅读推广活动逐渐走向精细化和专业化，形成了一套完整有序的专业服务机制，通过制订阅读推广计划，开展阅读推广服务。"三加二读书荟"创设了由大邑县民政局扶持社会组织专项资金支持的"四荟一营"品牌项目，包含朗诵荟、手工荟、书画荟、分享荟和阅读成长训练营。此外，还有针对儿童以及老年人开设阅读项目，如"阅读伴成长项目"已服务了6所学校；"第二课堂"已服务了9个乡村（社区）点位。对儿童开展的阅读推广活动有讲座、培训等，将阅读推广扎根于农村，实现了对农村儿童的精准帮扶。而针对老年人的"为老人读书"项目，旨在让老人摆脱孤独，感受温暖，享受阅读带来的乐趣。

3. 供需调节机制

在阅读推广中，社会组织工作经验丰富，能够掌握乡村阅读推广的基本情况，通过与政府的反馈与沟通，使政府及时了解基层阅读推广现状。首先，"三加二读书荟"针对政府在阅读推广中政策落实情况进行反馈，及时发现政策落实过程中出现的新问题等，同时能够监督政府公正、公平、正当使用公共权力，促进阅读推广的政策落实。其次，"三加二读书荟"在开展阅读推广的活动中能及时了解群众需求，并对供需中存在的情况问题与政府进行反馈，打通政府与群众沟通的"最后一公里"，以此弥补政府的缺位，提高阅读推广的效率和质量。最后，在为群众提供阅读服务的过程中，"三加二读书荟"以其扎根于乡村的优势，采用"车辆＋书柜＋展陈＋阅读"的形式，深入阅读服务比较落后的偏远地区，以弥补传统公共文化服务供给难以覆盖到的群体的缺憾，通过发挥资源配置的作用，将有限的资源投入最需要的地方，从而实现资源利用最大化。

4. 制度保障机制

俗话说"没有规矩不成方圆"，制度化、规范化管理是社会组织各项工作正常开展的基础，也是提高工作效率和工作质量的重要保障。

一方面，"三加二读书荟"制定了志愿者准入机制，并完善了《3＋2读书荟志愿者管理章程》等管理细则①，将志愿者参与的流程标准化，有参与意愿的志愿者在经过审批与培训后可参加志愿服务活动，并且志愿服务与借书服务挂钩，通过服务的时间来评定会员等级。为鼓励志愿者参与，实行公开透明的量化考核机制，将志愿服务按照服务时间与次数进行打分，对表现优异的志愿者进行表彰。志愿服务与"道德讲堂"结合，"三加二读书荟"将志愿服务深入农村和景区，在农村开展"金沙讲坛""道德讲堂"等阅读讲座活动，并吸纳了安仁、蒲江、温江、合盛和天府5个社区图书馆，保证了志愿服务的持续性。

另一方面，开展标准化服务项目。流动书屋不仅可以免费借阅，还为每个服务点提供"506411－4320"的标准化服务："50"即每星期一次志愿活动，一年合计50次；"6"即一年提供乡村讲座或小沙龙6场；"4"即一年提供文化展陈4次；"1"即一年提供1场文艺小分队文艺表演；"1"即一年提供1场图书馆风景游；"4"即每年提供三加二创意大报4期。②"三加二读书荟"提供针对老年人的标准化服务"1242"："12"即每年为老人读书读报12次，每次半天（原则上每月一次），内容涉及历史、当下和未来，并配画报和连环画供老人阅读；"4"即每年提供法律知识普及、心理健康保健、健康养生讲座及义诊4次（原则上每季度一次），为老人普及健康养生知识，带来健康的生活方式，并为老人提供义诊；"2"即每年提供

---

① 《3＋2读书荟志愿者管理章程》，3＋2读书荟官网，http://www.32books.cn/plus/view.php?aid＝1，最后访问日期：2022年8月23日。

② 《求解农家书屋开门难》，搜狐网，https://www.sohu.com/na/106306950_219991，最后访问日期：2022年8月23日。

文艺表演 2 次，由"三加二读书荟"文艺志愿者提供包括唱歌、配乐诗朗诵、小品等节目 5~8 个，表演时长约 1 小时。"为老人读书"项目的推广，使得老年人的生活不再孤单，精神生活更加丰富。

总体来看，国内公共文化服务的治理实践主要聚焦于治理机制的创新、传统文化资源的吸纳与整合以及公共文化服务供给中社会组织的嵌入，更加强调对公民文化需求的回应。东部地区作为较早推进公共文化服务治理转型的前沿地带，相对于中西部地区实现了公共文化服务组织体系的革新，而中西部地区亦结合各自的资源条件和地方性知识积极探索公共文化服务社会化路径。上述五种模式在不同层面均凸显了政府主导前提下的多元参与、多维互动以及融合发展等治理方式，是实现中国公共文化服务治理的关键。因此，梳理国内公共文化服务治理代表性案例的实践经验，对进一步推动西部农村地区现代公共文化服务体系建设与公共文化服务治理现代化具有重要的启示意义。

第三节 西部农村公共文化服务治理的战略构想

西方发达国家文化政策的设计与制度安排深受文化治理理论的影响，公共文化服务的治理实践也由早期主要聚焦于国家内部社会行为的调控以及公民身份的形成机制到当前关注公共文化服务领域内部治理结构，围绕文化发展和文化政策中的资源配置与组织关系发展为一种新型的文化管理机制。而中国各地的经济、文化资源条件不一，文化需求和发展基础也不尽相同，但不同模式的涌现也恰恰反映了公共文化服务治理的延展性和包容性，有效促进了公共文化服务的发展。因此，以国内外公共文化服务治理经验为基础，构想中国西部农村公共文化服务治理的战略要点具有重要意义，它关系着西部农村公共文化服务的健康可持续发展，乃至西部农村经济社会的跨越式发展。

一 核心目标：实现文化治理现代化

公共文化服务作为服务型政府职能延展的重要场域，是国家适应市场经济环境对传统文化事业管理体制的创新，其本意在于通过对传统文化行政与文化管理思维的突破，以治理柔性和公民社会的自主性激发社会活力，塑造价值认同，为中国向现代化国家迈进积淀文化力量。作为中国文化治理现代化的重要手段和基本途径，文化体制改革旨在通过文化管理体制变革，转变文化行政部门职能，引导、服务和保障市场文化主体的公平竞争，推进文化资源优化配置，鼓励引导社会多元主体参与文化建设，激活文化生产创作的积极性。公共文化服务治理则是中国文化体制改革进入深化阶段与关键时期的发展目标，是基于治理思维对公共文化服务体系的制度重构，推动着国家文化治理现代化的实践进程。为有效推进公共文化服务从传统的政府管理文化向政府主导下的文化治理转型，需建立由政府、市场和社会以及公民等构成的开放性整体系统，形成多元互动和交互理性的公共文化服务治理格局，并使各主体在平等参与和合作互动中调适多元利益或冲突，从而实现体系内各要素的协同效果。文化事业与文化产业作为中国文化建设的两大领域，其中文化事业是维护公民基本文化权益、满足人民群众基本文化需求的重要保障，也是维护公共文化生活的公平正义、提高社会文明程度的必然要求，而文化产业则是满足群众精神文化需求、保障人民文化权益的重要途径[1][2]，致力于培育、引导和规范市场力量，运用市场机制促进文化生产要素合理流动与优化配置，以新技术、新手段、新模式开发激活文化资源并创新文化业态，满足人民的文化新需要。随着文化体制改革的纵深推进，以文化事业促进文化产业，以文化产业反哺文化事业，推动二者协调发展已成为实现文化治理现代化的另一重要途径。公共文化服务治理既包含了文化事业的建设内容，也包含了文化产业的发展规划，是文化事业与文化产业协调发展、交互促进的衔接点，借助于市场和社会化力量，将文化事业、文化产业贯穿于公共文化服务治理中，健全现代文化产业体系和市场体系，创新公共文化服务供给内容和模式，多措并举促进公共文化产品和服务提质升级，改善文化生态环境，对于提升中国文化软实力与治理现代化具有重要意义。当然，新时代背景下，面对城乡、区域以及人群间基本公共文化服务不平衡、不充分的问题，还要不断完善公共文化服务法治保障，建立更加开放、包容、竞争的制度环境，为人民赋权增能，充分激发全体社

---

① 范周：《推进文化事业和文化产业全面发展》，《红旗文稿》2022 年第 9 期。

② 范周：《推动"十四五"文化产业新发展》，《红旗文稿》2020 年第 21 期。

会成员参与公共文化服务体系建设的内生动力，调动他们的积极性、主动性与创造性，切实发挥主体地位与主力作用，方能真正落实以人民为中心的发展思想，促进人的全面发展。总体来看，公共文化服务治理以文化体制改革为核心，文化事业和文化产业协同发展策略有利于解放和发展文化生产力，保障公众享有均等、多样化的文化产品和服务，为实现文化治理现代化营造了公平正义的文化生态环境，提高了全社会的文化生活质量。

二 思维导向：秉持嵌入性治理理念

嵌入性概念最早由卡尔·波兰尼提出[①]，他立足于突破经济学研究的思想传统，提出个体的理性行动都深嵌于社会关系之中。格兰诺维特进一步发展了波兰尼的嵌入性观点，认为人们的经济行为处在社会关系网络之中并受其限制，社会行动与社会现象嵌入关系、制度、文化场域中。[②] 两位学者均关注到经济行为与社会结构或社会网络的互动关系，由此奠定了嵌入性理论基础。公共文化服务治理是涉及多元主体、各要素及制度资源的深度互动与合作过程，从这个意义上讲，嵌入性思想为分析公共文化服务体系建设中的国家、市场、社会等多元主体关系以及传统与现代、农村与城市的交融互动提供了思维指引，为推进公共文化服务治理实践奠定了理论基础。中国西部农村地区在公共文化服务发展中普遍面临参与主体单一、传统文化式微、服务效能低下等困境，迫切需要树立嵌入性治理理念，从治理主体、文化资源、制度结构等维度入手来纾解当下的公共文化服务发展困境。公共文化服务治理主体是推进公共文化服务治理实践的关键力量，随着公共文化需求的日益广泛多样，无论是政府还是市场和社会，都无法依靠一己之力完成公共文化服务治理任务，多元主体间的有效互动与合理嵌入才是破解公共文化服务制度低效运行的关键锁钥，这就需要国家公共权力注重嵌入时机与作用场域，通过搭建平台、赋权市场与社会、创造支持性政策环境等方式做到政府行政力量与社会力量的合理嵌入。多元主体的相互嵌入对于激活农村内生文化活力，培育农民主体性，实现基层社会

---

① Polanyi, K., *The Great Transformation: The Political and Economic Origins of Our Time* (Boston, MA: Beacon press, 2001).

② Granovetter, M., *The Sociology of Economic Life* (Abingdon: Routledge, 2018).

治理发挥着重要作用。

此外，西部农村公共文化服务效能不尽如人意的根本原因在于农村公共文化服务依靠行政力量主导，忽略了乡村文化主体的培育以及乡土特色文化的挖掘。实际上，乡村本土文化生态是当地居民日常生产生活实践活动的文化积淀，在一定地域范围内具有较大的影响力，将地方特色文化嵌入公共文化服务治理，挖掘独具特色的本土文化内涵，以此为源泉创新公共文化服务内容，符合大众的意愿与偏好，能够增加人民群众的文化获得感，有利于夯实公共文化服务治理的资源基础和信任基石。当然，在公共文化服务治理过程中，文化体制及其管理制度的重要性已成为社会普遍共识，一方面是因为传统文化事业管理体制带来的体制空转、供需错位等多重弊端饱受诟病，文化管理体制的革新势在必行，另一方面是由中国农村地区蕴藏着的丰富的制度性治理资源所决定的，传统节庆、礼仪、民俗等文化事项作为非正式制度在农民的公共文化生活中占据着重要位置，引导和规约着他们的行动实践和道德秩序。因此，推进西部农村公共文化服务治理转型还需注重制度的合理嵌入，充分发挥正式制度和非正式制度在引导人们文化参与中的作用，以公开化的刚性正式制度约束与隐蔽性的柔性非正式制度鼓励相结合的方式实现农村公共文化服务可持续发展。

三 基础框架：一核多元协同性治理

公共文化服务治理作为国家治理现代化的重要组成部分，同样离不开政府、社会、市场等主体的协同与合作，实践中，也正是多元主体的协同互补开创了公共文化服务治理的新局面，实现了由"文化福利"到"文化权利"再到"文化治理"的根本转变，公共文化服务在国家治理中发挥着更为积极的作用。但是，各主体立场定位、利益取向和资源存量的不同导致其在公共文化服务治理实践中既有协同互补，也有对抗冲突，从而直接制约着公共文化服务治理的可持续发展。因此，有必要重申政府在公共文化服务职责履行和不同治理主体利益协调中的关键角色和中轴作用，以元治理理论为指导，构建一核多元的公共文化服务治理主体结构。对于经济欠发达的西部农村地区而言，公共文化服务体系建设中政府应当继续占据主导地位，这是中国西部农村公共文化服务治理的重要前提，也是实现公共文化服务治理现代化的基本保障。这就要求政府在公共文化建设中完善制度供给，制定相应的文化政策和措施引导和规范社会其他组织参与公共文化服务体系建设，同时，通过不断增加公共文化服务的财政投入，为公共文化服务可持续发展提供重要保障，这方面可以借鉴法国的公共津贴制度，引导更多的社会组织和个人参与公共文化建设。政府还应当主动实施分权化改革，为公共文化服务多元主体的培育与合作奠定基石，以改变在农村社会组织发育缓慢、力量弱小的处境下如果没有政府主动让渡公共文化服务的权力空间并发挥孵化器的功能，社会力量就很难与其达成长效的合作机制的窘况。公共文化服务体系建设作为一项长期复杂的系统工程，既是文化工程，也是民生工程与民主建设的载体，不仅需要政府的主导与指导，还需要动员调配社会组织与广大民众的积极参与和协同合作。在本质属性上，公共文化服务最显著的特征是公共性。在治理语境下，唯有社会力量的广泛参与，才能真正建立起社会化、多元化的公共文化服务体系。经过多年实践，社会力量已经逐渐发育成长为公共文化服务体系建设的良性资源与有生力量，文化类企业、社区自组织、文化志愿者等如同一根根毛细血管，帮助政府把公共文化服务的触角延伸到乡村"神经末梢"。社会力量参与公共文化服务体系建设可以有效弥补"政府不到位"和"市场难作为"所带来的一些瓶颈或缺陷，为提升农村公共文化服务效能、推进农村公共文化服务治理提供有益补充。

四　驱动力量：激发制度创新活力

公共文化服务制度是在文化体制改革向纵深推进的背景下对传统文化事业发展的历史延续与现代创新。作为国家文化治理体系的重要组成部分，公共文化服务正在经历由"管理"到"治理"的转型，是国家行政主导的强制性变迁与公民需求引导的诱致性变迁双重作用的结果，为新时代国家回应人民群众美好生活新期待提供重要的制度保障。这就启示我们，西部农村公共文化服务治理的有效推进需重视制度价值理性，充分发挥强制性变迁与诱致性变迁的制度合力，提升公共文化服务治理效能。公共文化服务作为公共服务的重要组成部分，展现着政府的文化担当与发展使命，所以从公共文化服务的宏观战略安排和顶层设计到微观组织创新与机制优化，政府权力中心一直发挥着主导作用。当前，各地在现代公共文化服务体系建设中，基本以中央政府"顶层设计"为指导，在国家权威意识贯彻之下，各地方政府在进行公共文化服务治理实践中的政策制定与制度设计时，要与国家制度的正式约束相一致以获取国家资金、技术、政策等外部性支持，这就体现为行政力量推动下的强制性变迁。同时，面对多层次、差异化的文化偏好与文化需求，我们还要打破惯有的由上到下的改革思路和路径依赖，充分考虑本地区的文化需求和文化资源禀赋等现实情况，以更接地气，更具特色的公共文化服务供给方式回应新需求和新变化，实现由下到上、从局部到整体的探索实践与制度创新。这就要求发挥农村基层群众性自治组织的作用，推动开展公共文化服务参与式治理，推广村民评议等行之有效的做法，健全民意表达和监督机制，引导村民参与公共文化服务项目规划、建设、管理和监督，维护群众的文化选择权、参与权和自主权，充分保障人民群众的文化权益。佛山市狮山镇将社区文化发展委员会作为基层文化治理的新机制，延伸了公共文化服务治理的机构链条，使其能够深入基层帮助群众开展公共文化活动，打通了公共文化服务的"最后一公里"，提升了公共文化服务的内生活力。中国西部农村地区广大农民的文化主体性意识薄弱，社会组织发展弱小，以此倒逼公共文化服务制度革新的力量不足，因此，推进西部农村公共文化服务治理方略的关键在于注意激发制度变迁的诱致性因素，加强各级公共文化机构的文化治理能力建设，提升农民的文化参与热情，促进公共文化服务治理的新组织与空间的生长。

五 实践路径：城乡公共文化服务一体化

农村公共文化服务治理的一个重要方面是促进农村文化的创新发展和农民主体性的持续塑造。在中国农村文化建设中，一直存在的"城市文化是先进的，农村文化是落后的""以城市文化改造农村文化"发展逻辑导致农村文化事业发展长期滞后于城市，也不断消解着农民群体的文化自信与文化自觉。党的十八大提出"城乡一体的新型工农、城乡关系"，这标志着中国城镇化发展中的一个转向，即从"重城轻乡"向"协同发展"的演进。① 虽然城乡一

---

① 张侃：《城乡一体化进程中的乡村治理现代化路径研究》，《农村经济与科技》2022 年第 15 期。

体化战略最早是国家对经济社会发展的总体谋划，但是只有文化领域完成了城乡一体化，才有实质意义上的城乡经济社会发展一体化，而城乡公共文化服务一体化又是城乡文化一体化的重要组成部分。因此，在公共文化服务治理的战略叙事中，要想促进农村公共文化的可持续发展，弥合城乡文化发展鸿沟，实现二者的合理对接，需有效推进城乡公共文化服务一体化实践，为农村社会治理提供强大的精神支撑。目前，城乡公共文化服务在管理体制、供给结构、价值偏好、需求定位等方面存在较大差距，迫切需要完善顶层设计，持续推进公益性文化事业单位改革，优化组织结构，建立由宣传、文旅、财政等部门负责人组成的专门领导机构，依托图书馆、文化馆等公共文化机构的总分馆制，统筹城乡公共文化服务一体化工作，推动优质公共文化资源向农村延伸，促进城乡公共文化服务的协同发展。同时，创新城乡公共文化服务的良性互动机制，盘活现有文化资源，在设施建设、人才培育、服务供给、文化管理等方面融合传统文化与现代文化、大众文化与精英文化、城市文化与农村文化进行规划设计。公共文化空间作为居民参与公共文化生活的主要平台，是满足居民基本文化需求的重要载体，所以，根据辖区人口特征和分布密度合理规划空间布局，打造新型公共文化空间，为城乡公共文化服务的互动交融提供物质媒介。城乡公共文化服务一体化的本质是实现均衡发展，这就需要政府明确公共文化服务标准，以公共文化数字化为手段，注重硬件设施的数字化覆盖和文化资源的数字化转化，促进公共文化资源共建共享，降低居民公共文化参与成本，提升公共文化服务可及性，建立"线上＋线下"公共文化服务一体化平台，满足不同场景、差异表征的公共文化服务需求，为公共文化服务可持续发展提供技术保障。

下　篇

实践样态与治理图景

理论来源于实践又高于实践，公共文化服务治理的话语体系正是对中国多年来开展的公共文化服务治理实践及经验的理论总结，它能够为更好地推动公共文化服务治理迈向高水平阶段提供指导。

　　对于中国西部农村地区而言，农村公共文化服务实践业已表露出鲜明的治理色彩，初步形成了以基层政府为主导，市场、社会力量以及群众共同参与公共文化服务供给的协同治理格局，且取得了一定的治理成效。然而，西部农村公共文化服务治理的实践样态与理想状态下的理论预期仍然有着很大的差距。从整体宏观角度来看，西部农村公共文化服务的供给效率和服务均等化水平相对低下，这两个层面都有着较大的提升空间；从个案微观角度来看，西部农村公共文化服务治理虽然已呈现"多点开花"之势，但治理效能仍然不够理想。

　　下篇以西部农村公共文化服务的实践样态与治理图景为议题，一方面对西部农村公共文化服务的基本样态进行总括性概览，对西部农村公共文化服务治理进行现实省察，阐述西部农村公共文化服务治理的区域特征和主要成效；另一方面选取了甘肃这一西北内陆省份作为典型样本，立足于甘肃历史文化悠久而经济欠发达、文化资源富集而公共文化服务能力不足的客观实际，通过审视西部公共文化服务治理的甘肃实践，从"乡村舞台"建设、民俗文化传承发展、公共文化服务自主供给、农村青年文化反哺、农民文化弱参与等实然的角度，系统分析甘肃以及西部农村公共文化服务治理的实践样态，总结治理过程中所面临的财政投入、行政组织体制、供给机制、人才队伍建设等不同层面的治理困境，并据此提出优化治理效能的路径建议，以此构建西部农村公共文化服务治理图景。

第五章　西部农村公共文化服务治理的现实省察

对西部农村地区社会经济发展情况与文化资源禀赋的总体了解是研究西部农村公共文化服务的基本前提。西部农村地区独特的社会经济条件、人口构成和地域文化等要素形成了独特的文化生态环境，塑造了当下西部农村公共文化服务的现实情境。与此同时，把握好西部农村公共文化服务治理的基本特征和主要成效，是推进西部农村公共文化服务体系建设、实现有效治理的重要基础。

第一节　西部农村社会经济文化基本情况

一　西部农村社会经济发展情况

中国西部地区包括四川、云南、贵州、西藏、重庆、陕西、甘肃、青海、新疆、宁夏、内蒙古和广西 12 个省份，总面积约 681 万平方千米，约占全国总面积的 71%。截至 2020 年底，西部地区总人口约为 3.8 亿，占全国总人口的 27.13%，其中农村人口达 1.64 亿，约占全国农村人口的 1/3。① 西部地区地广人稀、物产丰富，是国家重要的战略基地，在中国国民经济建设中处于十分重要的位置。然而，受要素、结构、功能和其他多种因素影响，西部各省份经济社会发展不平衡，地区差异日益加大，一方面表现

---

① 《2021 年中国统计年鉴》，国家统计局官网，http://www.stats.gov.cn/tjsj/ndsj/2021/index-ch.htm，最后访问日期：2021 年 10 月 2 日。

为西部地区同东部地区、中部地区间的差距，另一方面表现为西部12省份间的差距，而12省份间的差距又表现在地区经济总量和人均可支配收入与人均消费水平的差距上。为改善这种局面，适应经济新生态，各省份也在积极调整产业结构，大力发展社会事业，使广大人民群众能够共享社会经济发展的成果。

（一）居民收入水平稳步增加

2015～2020年，西部12省份农村居民人均可支配收入保持了大约10%的增长态势，多数省份增速高于全国平均增速。但由于基数小，其绝对量皆未达到全国平均水平。其中，重庆和内蒙古两地的农村居民人均可支配收入居西部地区前列，西藏近6年的平均增速更是达到12.11%。而甘肃的农村居民人均可支配收入最低，2020年仅为10344元，尚未达到全国农村居民人均水平的2/3（见表5-1）。在全国范围内，东部地区、中部地区、西部地区及东北地区的农村居民人均可支配收入均稳步提升，但西部地区的农村居民人均可支配收入水平与中部地区、东部地区的农村居民人均可支配收入水平相比还有很大差距（见表5-2）。

表5-1　2015～2020年西部各省份农村居民收入水平

单位：元，%

地区	2015年		2016年		2017年		2018年		2019年		2020年	
	农村居民人均可支配收入	增速	农村居民人均可支配收入	增速	农村居民人均可支配收入	增速	农村居民人均可支配收入	增速	农村居民人均可支配收入	增速	农村居民人均可支配收入	增速
全国	11421.7	8.90	12363.4	8.20	13432.4	8.64	14617.0	8.82	16020.7	9.60	17131.5	6.93
内蒙古	10775.9	8.00	11609.0	7.70	12584.3	8.40	13802.6	9.69	15282.8	10.72	16566.9	8.40
广西	9466.6	9.00	10359.5	9.40	11325.5	9.32	12434.8	9.80	13675.7	9.98	14814.9	8.33
重庆	10504.7	10.70	11548.8	9.90	12637.9	9.43	13781.2	9.04	15133.3	9.81	16361.4	8.12
四川	10247.4	9.60	11203.1	9.30	12226.9	9.14	13331.4	9.03	14670.1	10.04	15929.1	8.58
贵州	7386.9	10.70	8090.3	9.50	8869.1	9.63	9716.1	9.55	10756.3	10.70	11642.3	8.24
云南	8242.1	10.50	9019.8	9.40	9862.2	9.33	10767.9	9.18	11902.4	10.54	12841.9	7.90
西藏	8243.7	12.00	9093.8	10.30	10330.2	13.59	11449.8	10.84	12951.0	13.11	14598.4	12.72
陕西	8688.9	9.50	9396.4	8.10	10264.5	9.24	11212.8	9.24	12325.7	9.93	13316.5	8.04
甘肃	6936.2	10.50	7456.9	7.50	8076.1	8.30	8804.1	9.01	9628.9	9.37	10344.3	7.43

续表

地区	2015 年		2016 年		2017 年		2018 年		2019 年		2020 年	
	农村居民人均可支配收入	增速	农村居民人均可支配收入	增速	农村居民人均可支配收入	增速	农村居民人均可支配收入	增速	农村居民人均可支配收入	增速	农村居民人均可支配收入	增速
青海	7933.4	8.90	8664.4	9.20	9462.3	9.21	10393.3	9.84	11499.4	10.64	12343	7.33
宁夏	9118.7	8.40	9851.6	8.00	10737.9	8.99	11707.6	9.03	12858.4	9.83	13889	8.02
新疆	9425.1	8.00	10183.2	8.00	11045.3	8.47	11974.5	8.41	13121.7	9.58	14056	7.12

资料来源：相关年份《中国统计年鉴》。

表 5 – 2　2015～2020 年农村居民人均可支配收入

单位：元

地区	2015 年	2016 年	2017 年	2018 年	2019 年	2020 年
东部地区	14297.4	15498.3	16822.1	18285.7	19988.6	21286.0
中部地区	10919.0	11794.3	12805.8	13954.1	15290.5	16213.2
西部地区	9093.4	9918.4	10828.6	11831.4	13035.3	14110.8
东北地区	11490.1	12274.6	13115.8	14080.4	15356.7	16581.5

资料来源：相关年份《中国统计年鉴》。

（二）消费水平省区差距明显

根据 2015～2020 年六年间西部各省份农村居民消费水平数据，随着居民可支配收入的增加，农村居民的消费水平也逐年增长，2019 年，广西与西藏农村居民消费水平增速达到了 13%，而增幅最小的宁夏也达到了 6%。但 2020 年受新冠肺炎疫情影响，西部 12 省份的农村居民消费水平有所降低，内蒙古的增速直接降为 -2%，消费水平的绝对值差距依然很大。2020年，居西部地区首位的四川农村居民消费水平达到 14953 元/人，是居末位的西藏的 1.7 倍（见表 5 - 3）。此外，农村居民消费支出中，食品、生活用品、衣着等占总体支出的比重要明显高于教育文化娱乐等消费支出。因此，居民消费水平差距会影响其文化消费的能力，进而导致文化消费水平差距。

表 5 – 3 2015～2020 年西部 12 省份农村居民消费水平及增速

单位：元/人，%

省份	2015 年		2016 年		2017 年		2018 年		2019 年		2020 年	
	消费水平	增速	消费水平	增速	消费水平	增速	消费水平	增速	消费水平	增速	消费水平	增速
内蒙古	10637	7	11463	8	12184	6	12662	4	13816	9	13594	–2
广西	7582	14	8351	10	9437	13	10617	13	12045	13	12431	3
重庆	8938	12	9954	11	10936	10	11977	10	13112	9	14140	8
四川	9251	11	10192	10	11397	12	12723	12	14056	10	14953	6
贵州	6645	11	7533	13	8299	10	9170	10	10222	11	10818	6
云南	6830	13	7331	7	8027	9	9123	14	10260	12	11070	8
西藏	5580	16	6070	9	6692	10	7452	11	8418	13	8917	6
陕西	7901	9	8568	8	9306	9	10071	8	10935	8	11376	4
甘肃	6830	11	7487	10	8030	7	9065	13	9694	7	9923	2
青海	8567	4	9222	8	9903	7	10352	5	11343	10	12134	7
宁夏	8415	10	9138	8	9982	9	10790	8	11465	6	11724	2
新疆	7698	5	8277	8	8713	5	9421	8	10318	10	10778	4

资料来源：相关年份《中国统计年鉴》。

（三）经济结构持续优化

在全面深化供给侧结构性改革、加快推进经济转型升级的过程中，西部 12 省份的产业结构持续优化，第三产业增势较强，到 2020 年仅内蒙古和陕西第三产业增加值占地区生产总值的比重未超过 50%，其余省份均超越了 50%。2015～2020 年，西部各省份第一产业增加值所占比重略有浮动，但浮动程度较小；除西藏外，其他省份第二产业增加值所占比重都呈稳定且略微下降趋势；第三产业所占比重为 40%～60%，大体呈上升趋势（见表 5 – 4）。总体来看，12 个省份的第三产业在各地区生产总值中所占比重日益加大，对经济的贡献率不断提升，在部分省份第三产业已经替代第二产业，成为经济增长的强大主力，四川、内蒙古、青海、广西四省份的第三产业增加值占地区生产总值比重变动尤为明显。随着四川、广西两地服务业的迅速发展，要素向服务业聚集，经济增长的基本动力已经由过去的工业主导转向工业、服务业"双主导"的新阶段；青海主动降低高耗能行业和资源类行业投资，使其生产持续放缓，大力发展旅游产业且使其持续向好；内蒙古则通过积极调整产业结构，转变原先的投资拉动和资源依靠型经济发展模式，大力发展第三产业。

表 5 – 4 2015～2020 年西部 12 省份产业结构变化趋势

省区	2015 年	2016 年	2017 年
内蒙古	9.0∶51.0∶40.0	8.7∶48.7∶42.5	10.2∶39.8∶50.0
广西	15.3∶45.8∶38.9	15.3∶45.1∶39.6	14.3∶45.6∶40.2
重庆	7.3∶45.0∶47.7	7.4∶44.2∶48.4	6.6∶44.2∶49.2
四川	12.2∶47.5∶40.3	12.0∶42.6∶45.4	11.6∶38.7∶49.8
贵州	15.6∶39.5∶44.9	15.7∶39.5∶44.7	14.9∶40.2∶44.9
云南	15.0∶40.0∶45.0	14.8∶39.0∶46.2	14.0∶38.6∶47.4
西藏	9.4∶36.7∶53.9	9.1∶37.4∶53.5	9.4∶39.3∶51.4
陕西	8.9∶50.4∶40.7	8.8∶49.0∶42.2	7.9∶49.8∶42.3
甘肃	14.1∶36.7∶49.2	13.6∶34.8∶51.6	13.9∶33.4∶52.8
青海	8.6∶49.9∶41.4	8.6∶48.6∶42.8	9.0∶44.7；46.3
宁夏	8.2∶47.4∶44.4	7.6∶46.8∶45.5	7.6∶45.8∶46.7
新疆	16.7∶38.6∶44.7	17.1∶37.3∶45.6	15.5∶39.3∶45.2
省份	2018 年	2019 年	2020 年
内蒙古	10.1∶39.4∶50.5	10.8∶39.6∶49.6	11.7∶39.6∶48.8
广西	14.8∶39.7∶45.5	16.0∶33.3∶50.7	20.5∶19.1∶60.4
重庆	6.8∶40.9∶52.3	6.6∶40.2∶53.2	7.2∶40∶52.8
四川	10.9∶37.7∶51.4	10.3∶37.3∶52.4	11.4∶36.2∶52.4
贵州	14.6∶38.9∶46.5	13.6∶36.1∶50.3	14.2∶34.8∶50.9
云南	14.0∶38.9∶47.1	13.1∶34.3∶52.6	14.7∶33.8∶51.5
西藏	8.8∶42.5∶48.7	8.2∶37.4∶54.4	7.9∶42∶50.1
陕西	7.5∶49.8∶42.7	7.7∶46.4∶45.8	8.7∶43.4∶47.9
甘肃	11.2∶33.9∶54.9	12.0∶32.8∶55.1	13.3∶31.6∶55.1
青海	9.4∶43.5∶47.1	10.2∶39.1∶50.7	11.1∶38∶50.8
宁夏	7.6∶44.5∶47.9	7.5∶42.3∶50.3	8.6∶41∶50.3
新疆	13.9∶40.3∶45.8	13.1∶35.3∶51.6	14.4∶34.4∶51.3

资料来源：相关年份《中国统计年鉴》。

（四）社会事业蓬勃发展

西部各省份为了改善民生，提高人民生活幸福指数，有序推进社会事业全面进步，教育质量显著增强，医疗能力全面提升，社会保障扩面提质，体育事业蓬勃发展。其中，在医疗保障方面，顺应城镇化发展趋势，统筹城乡医疗保障，扩大大病保障覆盖人群，提升医疗保障水平，完善分级诊疗制度，加强重大疾病防控，推进异地就医结算。在社会保障方面，建立健全包括基本保险、补充保险、社会救助以及其他保障制度在内的多层次社会保障制度体系；调整最低生活保障标准，提升对退休人员、特困人员、低保对象、建档立卡贫困人口等困难人群的社会保障标准，提升对高龄人群的生活补贴标准，确保其生活质量不断改善；加强城镇棚户区和农村危旧房改造，实施易地扶贫搬迁，推进游牧民定居。在教育方面，加快改善贫困地区义务教育薄弱学校基本办学条件，加强乡村小规模学校、乡镇寄宿制学校建设；在县域义务教育学校学位供需矛盾突出地区有序增加义务教育供给；发展现代职业教育，推进职业教育东西协作；逐步普及高中阶段教育；支持西部地区高校"双一流"建设。在体育事业方面，逐步提高居民对体育运动增进健康的认识与重视程度；坚持符合实际的发展道路，开展传统优势项目，以上举措有效提升了城乡居民生活的幸福感，增进了城乡人民福祉。

（五）民族团结进一步加强

西部各省份立足于多民族、多宗教的区域特点，全面贯彻党的民族政策，坚持和完善民族区域自治制度，丰富和创新民族团结共荣的平台和纽带，推进双语教育，促进各民族友好团结，和睦相处，交流合作，民族团结进一步加强；全面落实党的宗教工作基本方针，依法加强宗教事务管理，保障信教群众宗教信仰自由，深入推进"去极端化"，充分发挥宗教界人士和信教群众在促进经济社会发展中的作用，呈现出民族团结、宗教和顺、社会稳定的良好局面，为改革发展提供了稳定的社会环境。[①]

二 西部地区文化资源禀赋

西部地区海拔 2000～3000 米，是自然地理高地。同时，地处世界四大

[①] 陈伟主编《中国西北发展报告（2020）》，社会科学文献出版社，2020，第 315 页。

古文明的过渡地带，是东西文化的交融点，也是人文地理高地。在古代，中国西部地区通过古丝绸之路成为与其他国家沟通的重要通道，在漫漫历史长河中留下了诸多宝贵的文化财富。其特殊的区域位置和多样的自然环境，为形成丰富多彩的文化提供了特殊的生长条件；悠久的历史文化与多民族的和谐共处，造就了丰富多样的文化生态体系。在独特且相对封闭的地理单元中，西部农村生生不息的文化品格在历史的连贯性与延续性中薪火相传。

（一）璀璨厚重的历史文化

在中国的历史长河中，西部地区曾经取得了辉煌的业绩，西部人民用辛勤的劳动和无穷的智慧为后人留下了丰富的文化遗产。这些构成了西部地区独具特色的历史文化积淀。迄今为止，西部遗存着众多闻名于世的名胜古迹、世界级历史文化遗产、国家级历史文化名镇、历史文化名村以及古遗址等。[①]其中，名胜古迹如云南的大理石林等；世界级的历史文化遗产如敦煌莫高窟、布达拉宫、楼兰古国、西夏王陵、青海塔尔寺、麦积山石窟、大足石刻、丽江古城、西江千户苗寨、秦始皇陵及兵马俑坑等；国家级历史文化名镇如铜川市印台区陈炉镇、宁强县青木川镇等；历史文化名村如韩城市西庄镇党家村、米脂县杨家沟镇杨家沟、青海的郭麻日村、新疆的琼库什台村等；古遗址如阿房宫遗址、蓝天猿人遗址、灞桥遗址、三星堆遗址等。此外，还有如四川莫洛村的女国文化、云南诺邓村的盐井文化等。

（二）丰富多元的民族文化

中国西部自古以来就是多民族聚居的地区，有 50 个少数民族世代居住于西部地区。这些民族在形成和发展过程中造就了包括语言、文字、服饰、文学艺术以及生活习俗等在内的丰富多元的民族文化。例如，在文学方面有"东方荷马史诗"之称的《格萨尔王传》，有记录蒙古民族形成、发展、壮大历程的历史典籍《蒙古秘史》；在音乐舞蹈方面，有流传在甘、青、宁三地的民歌花儿、有包含着丰富藏族文化内涵的锅庄舞；在民俗方面，有以摔跤、赛马、射箭等传统"三项竞技"为核心内容的那达慕会、展示傣家稻作文明和水文化的泼水节。此外，西部少数民族还创造了丰富的建筑艺

---

① 彭岚嘉主编《西北文化资源大典》，民族出版社，2018，第 1 页。

术和民间工艺美术，中国古代的岩画、墓葬壁画、石窟壁画和寺院画主要存迹于西部地区，如充满民族特色的古建筑砖雕、新疆维吾尔族的绣花帽等。

（三）别具特色的宗教文化

西部地区有着深厚的宗教文化底蕴。宗教文化在西部农村有着广泛的影响，呈现多宗教并存的局面，逐渐形成了特色鲜明的宗教文化和宗教规范，留下了诸多举世闻名、历史悠久的寺院、石窟、佛塔以及其他宗教场所，如以精美的壁画和形象的塑像闻名于世的千佛洞莫高窟、素有"高原明珠"美誉的藏传佛教圣地布达拉宫、曾拥有"九庵十八院"的佛教圣地云南曲靖翠峰山及中国道教主流全真派圣地陕西华山。

（四）深厚独特的红色文化

西部广大农村地区曾经是中国共产党领导全国各族人民进行革命战争的大后方，遍布革命者的光辉足迹，流传着中国共产党许多优良传统，革命根据地的建立和建设，为新中国的诞生立下了不可磨灭的功勋。西部农村地区蕴含着丰富的红色文化资源，如甘肃作为中国革命重要的根据地之一，红军长征途经此地，留下了诸如俄界会议、腊子口战役、哈达铺会议、会宁会师等一大批著名的会议、战役、会师遗址。另外，西部地区还有贵州遵义会议遗址、红军长征路等众多见证中国革命历史发展的遗址都成为人们接受和宣传中国革命历史的文化教育基地，正在发挥着越来越大的作用。

三 西部农村地区的文化特质

不同区域的物质生产生活方式和多民族交融等造就了西部农村兼容并存的文化样貌，其文化特质主要体现在以下几点。

（一）差异性与同质性并存

作为与数千年农耕文明史相生相伴的文化符号体系，乡村文化是支撑农村共同体的精神家园，也是相对独立的文化生态系统。受独特的自然条件、农业类型、地理交通位置、生产方式、民风民俗以及区域文化的影响，广袤的西部农村形成了各具特色的文化系统，各文化系统间存在鲜明的文化差异，体现了富有地域特征的历史记忆和世代相传的文化基因。[①] 自国家

---

① 刘志刚、陈安国：《乡村振兴视域下城乡文化的冲突、融合与互哺》，《行政管理改革》2019年第12期。

实施乡村振兴战略以来，西部地区的新农村建设不断加快，使其文化上的个性更加突出，也使其个性在文化格局中的地位和作用更加重要。在许多地区，过去一度淡化了的家族观念、宗教意识，甚至有所恢复和加强。西部农村地区各种文化体系之间虽然在不同历史时期、不同社会背景下存在众多差异，但它们的同质性也颇为明显，都包含着自然观、价值观、伦理观、善恶观等社会观念，是村民之间的处世规则与相守之道。它们通过表演形式或者规范仪式在农村的戏台、民俗节庆活动、乡规民约等特定的空间或者借助其他载体得以再现；抑或通过建筑和服装等艺术形式起到宣传和警示作用；抑或体现在村落规划、建筑形式等方面。

（二）独特性与包容性并存

西部广大农村地区地域文化与农村发展历史、生态、民俗、传统之间存在着紧密的联系，独特性和包容性并存。一方面，共同的文化传承和文化隔离机制的作用，以及地方性语言的使用和宗教信仰的发展，使在各自区域内生活的农民的思维方式和生活方式乃至习俗逐渐趋于固定，形成独有的认知模式和价值体系，并已深深扎根于中华民族的文化基因中，外来文化的传入亦不能完全改变其固有的文化模式；另一方面，从中国五千多年的文明发展史来看，乡村文化与其他文化拥有共同的传统文化纽带、历史文化身份与现实情感归属，既在传承传统文化的精华，保留其独特韵味，也在顺应现代化发展的潮流，吸收各种外来文化的有益成分。

（三）民族性与开放性相结合

民族性是西部农村文化发展最为明显的特征。西部地区是中国少数民族集聚的地区，各民族以各自的文化模式为基础维持着本民族的稳定性，在与其他民族的接触交往中，各民族便以文化模式这一意义系统为依据，区分本民族和他民族，从而保持本民族的独特性。[①] 由于各民族所处的地理环境存在差异，其经济发展呈现区域间和民族间不平衡的特点。同时，现代性的脱域机制，使民族文化在开放中不断突破时空的束缚，重新焕发生命力，使原先较为分散的"地方性文化"以开放的姿态进行多层次接触和交

---

① 彭岚嘉、陈占彪：《中国西部文化发展战略研究》，中国社会科学出版社，2002，第182页。

流，各民族优秀文化得以交织与共生，文化互动成为常态，民族文化逐渐融入乡村文化中[①]，成为乡村文化的重要组成部分。

（四）多样性与脆弱性并存

悠久的历史文化和丰富的民族文化为西部农村积淀了多样化的文化资源，从宅院村落到农业景观，从服饰文化到民间艺术，从祖传家训到乡村礼俗，从古迹遗址到文化景观，这些承载着西部地区生生不息的乡村文化基因，彰显了中华民族的精神智慧和内在追求。[②] 然而，当前西部农村多样性的文化生态系统也面临文化脆弱性的考验。西部农村地区大多人口稀少、交通不便、经济不发达，部分地区自然环境比较恶劣，这就给文化的交流与发展带来了极大的困难。一方面，乡村人口外流较多，使乡村传统文化的传承和维系面临困境；另一方面，城市化、工业化进程的加快，客观上造成了乡村文化的"空心化"，并间接导致了乡村社会的文化断层和秩序失衡，部分乡村出现了文化景观破碎化与"文化孤岛"现象。[③] 此外，经济社会发展特别是在信息化的影响下，乡村文化原来相对封闭和孤立发展状态被打破，多样性文化在融合过程中也出现了矛盾与摩擦，使乡村文化不可避免地进入转型期[④]。

第二节　西部农村公共文化服务治理的区域特征

西部农村欠发达地区受特殊的自然环境和经济发展水平不高的制约，公共文化产品和服务尤为欠缺，城乡间公共文化服务发展严重失衡，面临最为艰巨繁重的公共文化服务体系建设任务。实现公共文化服务的治理，需要正确处理政府、市场和社会的关系，提升公共文化服务的治理能力，实现公共文化服务的体制机制变革等。同时，西部农村地区特殊的文化生态环境决定了政府部门仍然是农村地区公共文化服务治理的核心主体，并

---

① 李伟、李资源：《脱域与嵌入：理解我国少数民族文化开放的两个维度》，《广西社会科学》2021 年第 1 期。
② 黄震方等：《新型城镇化背景下的乡村旅游发展——理论反思与困境突破》，《地理研究》2015 年第 8 期。
③ 刘志刚、陈安国：《乡村振兴视域下城乡文化的冲突、融合与互哺》，《行政管理改革》2019 年第 12 期。
④ 闫小沛、张雪萍：《城镇化进程中的乡村文化转型：文化变迁与文化重构》，《华中师范大学研究生学报》2014 年第 1 期。

且表现出以基本公共文化服务为主要内容的兜底特征、向政府主导下的多元治理迈进的治理结构及建立在对传统文化吸纳基础上的资源整合特征。

一　立足现实：共性治理制度设计下的殊异性

公共文化服务治理的实践探索作为国家治理体系和治理能力现代化进程中的新命题，成为推进公共文化服务高质量发展以及建设社会主义文化强国目标框架下的一项宏观性总体制度安排，其主要特征表现为：坚持政府主导，扩大社会参与，形成开放多元、充满活力的现代公共文化服务体系，但落实到特定的区域范围，由于各地的经济、文化资源条件不一，文化需求和发展基础也不尽相同，公共文化服务治理应体现出与特定现实情境相契合的个性塑造，即公共文化服务治理的实践及其运作需要一定的资源基础、治理场域和相应的制度空间。

西部农村公共文化服务治理实践需要防止共性治理制度的"照搬照套"，在重视其价值追求的同时要重视它的具体适应性，需要根据现实客观环境和治理主体的不同选择相应的行动方式。从西部农村公共文化服务治理的实践来看，在共性的治理制度安排下，政府主导一直是其根本特征，有着无可替代的作用，它有效缓解了区域内基本公共文化服务严重缺乏的现状，构筑起基本公共文化服务的框架体系，但西部农村公共文化服务建设既需要国家的资金、设施、技术等外部性支持，同样也需要推动自我健康发展的内生机制建设和内生力量的培植。西部农村文化生态的殊异性以及民族传统文化资源富集而公共文化服务缺失的矛盾要求公共文化服务体系建设应当因地制宜、寻求契合乡村文化传统与风俗习惯的路径，对城乡之间、区域之间的地域差别、群体差别乃至农民文化需求的差异性等问题给予应有的重视，积极回应西部农村公共文化服务非均衡的现实、文化多样性的维护、优秀传统文化保护与传承的历史使命乃至公共文化服务的可持续发展等诉求。

二　兜底服务：立足基本公共文化服务的治理

公共文化服务作为一项民生事业，重点在基层，难点在农村。特别是在中国西部农村地区，囿于经济发展水平落后、群众文化程度较低等因素影响，农民群众文化消费积极性和消费水平长期处于较低状态，这在很大程度上决定了西部农村公共文化服务治理必须以基本公共文化服务为主要内容，通过为广大农民群众提供读书看报、看电视电影、听广播、送地方戏、组织文化活动等文化服务，满足其基础性的文化需求，使农民群众的基本文化权益得以保障。因此，中国西部农村公共文化服务治理表现出以基本公共文化服务为主要内容的兜底服务特征。

首先，兜底服务是与当前中国西部农村地区经济发展水平相适应的服务形式。经济基础决定上层建筑。尽管当前中国已经全面消除了绝对贫困，进入巩固拓展脱贫攻坚成果与实现乡村振兴有机衔接的全新发展阶段，但不可否认，努力消除相对贫困仍然是中国在大力推进乡村振兴战略进程中不容忽视的重要问题。这不仅关乎农村脱贫攻坚成果能否取得可持续成效，而且对于顺利实现乡村振兴宏伟蓝图具有重要的现实意义。在经济发展水平较低的情况下，由于乡村治理资源极其有限，公共文化服务作为"软实力"，并不构成乡村发展的硬指标，因而便不能获得足够的乡村治理资源，农村公共文化服务治理只能聚焦于基本公共文化服务，通过兜底服务满足农民群体的基础性公共文化需求。

其次，兜底服务是与西部农村居民文化消费能力相统一的服务策略。中国公共文化服务不仅包括读书看报、看电视电影等基本公共文化服务，而且包含部分通过低付费享有的非基本公共文化服务。但对于西部农村地区而言，居民人均收入水平低下，而且城镇化建设导致大量中青年群体离乡进城务工，留守群体的文化消费能力越发不足，并不适合低付费类非基本公共文化服务供给模式，反而更加倾向于参与基本公共文化活动，享用纯公益性的基本公共文化服务。

最后，兜底服务体现了西部农村公共文化服务治理的阶段特征。在公共文化服务治理过程中，兜底服务作为最基本的治理形态，是公共文化服务治理体系建设与完善进程中所要面临的必然阶段，同时也是公共文化服务治理能力不足的必然结果。运行良好的公共文化服务治理模式并不局限于兜底服务，而应当是具备了多种服务内容和服务形式的完整体系，能够满足不同文化消费群体的多元化需求。西部农村公共文化服务治理的兜底逻辑，恰恰反映了该地区公共文化服务治理初期阶段的基本特征。

三　治理结构：向政府主导下的多元治理迈进

公共文化服务是由政府部门承担主要供给责任的文化事业，政府公共财政的投入是确保公共文化服务持续的基本保障。但随着政府包揽模式下公共文化服务供需错位、供给低效等一系列问题的出现，单纯依靠政府部门自上而下的"送文化"模式不断受到质疑。原因在于，在科层制运作逻辑下，公共文化服务供给往往难以兼顾不同农村地区的文化生态，格式化的公共文化产品被统一"打包"配送至各个基层文化场馆，然后依托一线文化工作者负责公共文化服务的"最后一公里"问题。由此，过于注重标准化的公共文化服务容易因地方文化生态的差异性而遭遇冷落，进而导致服务低效。

在这一背景之下，政府主导下的多元主体协同共治模式被认为是公共文化服务亟须采用的新的治理路径选择。在这一模式中，政府部门仍然承担着公共文化服务供给的主要责任，其在治理结构中的积极作用并未消解其他治理形式或力量，相反，政府主导地位的发挥有利于为西部农村公共文化服务多中心治理提供稳定的制度环境。政府要保留自己对治理机制开启、关闭、调整和另行建制的权力，更好地发挥政府在多元治理体系中的主导作用，在治理网络中承担起平衡网络运作、维护公共精神、实现民主价值的责任。但同时将社会力量积极纳入服务供给的合作框架，通过政策优惠激发相关主体的参与积极性，从而提升公共文化服务治理效能。然而，当前西部农村地区并未建立起多元主体有效参与的合作框架，存在政府主导下的多元主体弱参与问题。

在西部农村地区，由于市场环境较为封闭，相关文化企业参与农村公共文化服务供给的积极性不强，农村社会组织、乡贤和农民构成政府部门主要的合作伙伴。以文化自组织为代表的农村社会组织缺乏正式的参与渠道，政府部门尚未建立成熟的行政吸纳制度，此类文化组织主要以自娱自乐为主，难以在政府供给公共文化服务过程中发挥实质性作用；乡贤因其在乡村社会中具有较高的影响力，往往可以在基层政府与农村居民之间起到承上启下的作用，一方面向下传达细化基层政府的惠农政策，帮助农村居民更好地了解政府行为；另一方面，则可以汇集民众声音，向上反映农民群体真实的文化诉求。但目前而言，西部农村地区仍然缺乏相关的制度保障机制，乡贤在农村公共文化服务治理过程中的作用并没有完全展现出来。农民群体作为公共文化服务的直接对象，其有效参与程度是衡量公共文化服务治理成效的关键指标。同样，农村居民的参与积极性并不高，参与意愿也不强烈，对于公共文化服务的认同度有待提升，这是造成农村公共文化服务效能低下的直接原因。因此，当前中国西部农村公共文化服务多元治理格局仍不完善，正在向政府部门主导下的多元治理结构迈进。

四 资源整合：对于地方传统文化资源的吸纳

公共文化资源作为公共文化服务的基础，一般指具有"公共性"的文化资源，是由公共部门提供的用以满足公民文化需求、保障公民文化权益的物质与非物质社会资源的集合。其中，物质层面的公共文化资源包括图书馆、文化馆、博物馆、非遗馆以及各文化场馆中陈列的文化产品等；非物质层面的公共文化资源包括人力、资金、数字化文化产品以及为保障公共文化服务正常运行而制定的相关规章制度等。

从西部农村公共文化资源整合来看，初步实现了基层公共文化资源的整体性治理，特别是在项目下乡背景下，西部农村地区公共文化资源日渐丰富，基本公共文化服务网络趋于完善，基本能够满足农村居民的文化需求。公共文化资源整合更多表现为项目整合、资金整合，而对于体制内为维护各类文化资源建设所投入的行政资源、人力资源、组织资源如何整合以及吸纳体制外相关资源相对缺乏，高投入低产出、社会效益低弱、效率效能低下等问题，需要重点解决文化系统及全社会资源如何有效整合的问题，系统规划设计公共文化资源整合的目标和任务，在实现文化资源存量整合基础之上，不断扩充文化资源的增量。一是树立公共文化资源整合型理念，合理配置资源。推动基层公共文化资源从传统的以"物"为中心向以社会及公众需求为中心转变。以最大限度地利用公共文化资源为目标，以满足需求、方便使用、减少浪费、提高效能为原则，以公共文化资源整合理念引导破除体制、行业和地域等壁垒，建立更大范围的区域统筹资源利用格局。二是不断探索公共文化服务资源整合的各种形式，对文化系统及全社会资源从组织体系、经费机制、资源配置、人员保障等方面进行深度整合，统筹推动跨部门、跨行政层级、跨区域组织体系共建共享、互联互通。三是逐渐建立起对于农村传统文化资源的吸纳整合机制。一方面，基层政府部门探索建立起公共文化资源与农村传统文化资源间的关联性。与政府部门自上而下输入的公共文化服务资源相比，农村居民更加青睐地方传统文化资源，愿意参与乡村集市、庙会等地方传统民俗文化活动，其原因在于，这类传统文化形态是农民社会实践的产物，与农村居民的文化品位高度契合，更易获得较高程度的认同。因而，基层政府部门通过整合两种文化资源，丰富了农村公共文化服务内容，有效回应了农村居民真实的文化诉求，提升了农村居民的参与积极性。另一方面，基层政府部门在公共文化服务过程中，注重将农村乡贤等文化能人吸纳为合作伙伴，据此实现了群众动员。乡贤等群体"生于斯长于斯"，往往具有较强的村社关联能力，同时承担着"会长""总管"等农村社会网络的特殊职能。对乡贤等群体的合理吸纳，能够激活农村传统民俗文化中的符号能量，对周边群众产生稳固的影响力，实现农村公共文化服务治理的有效性。

第三节 西部农村公共文化服务治理的主要成效

随着中国文化体制改革的不断推进和中央及地方政府的大力支持，西部地区的文化事业和文化产业取得了显著的成绩，已基本建成覆盖城乡的公共文化服务体系。西部农村地区在多个大型文化惠民工程中，也完成了基本公共文化服务基础设施建设和相应的人员配备及管理条例制定，公共文化产品供给与服务能力均有较大程度提升，文化事业和文化产业协调发展的态势逐步显现，人民群众的文化生活需求得到了更好的满足。

一 地方政府提供有力政策支持

党的十九大以来，西部各省份积极把握社会主义文化的前进方向，充分发挥文化引领风尚、教育人民、服务社会、推动发展、促进稳定的重要作用，以建设社会主义核心价值体系为根本，制定出台了一系列公共文化扶持政策，逐步健全完善了公共文化政策体系，为繁荣发展西部公共文化事业提供了政策保障。《国家"十三五"时期文化改革发展规划纲要》提出坚持政府主导、社会参与、重心下移、共建共享，坚持缺什么补什么，注重有用、适用、综合、配套，统筹建设、使用与管理，加快构建普惠性、保基本、均等化、可持续的现代公共文化服务体系。进入"十四五"时期，公共文化服务发展在前期"量的增长"的累积下逐渐实现"质的提升"，《"十四五"公共文化服务体系建设规划》和《关于推动公共文化服务高质量发展的意见》出台，指出"十四五"期间的重要任务是实现公共文化服务高质量发展。此后，西部12省份陆续颁布了各省的《"十四五"文化发展规划》，将公共文化发展规划内容融入文化发展规划中，推动了西部各省份公共文化服务的发展。此外，西部各省份还结合国家政策和自身实际情况，颁布了相应的公共文化政策，如内蒙古制定了《推进基层综合性文化服务中心建设的实施意见》《内蒙古自治区基本公共文化服务实施标准(2015—2020年)》《内蒙古自治区公共文化领域自治区与盟市财政事权和支出责任划分改革方案》《内蒙古自治区"十四五"文化和旅游融合发展规划》，广西制定了《关于加快构建现代公共文化服务体系的实施意见》《广西壮族自治区基本公共文化服务实施标准（2015—2020年)》《广西壮族自治区公共文化发展专项资金管理暂行办法》《广西"十四五"文化和旅游发展规划》，贵州出台了《贵州省公共文化服务保障条例》《贵州省"十四五"文化和旅游发展规划》，陕西省出台了《陕西省公共文化服务保障条例》《陕西省公共文化服务领域基层政务公开标准指南》《陕西省"十四五"文化和旅游发展规划》，四川省出台了《四川省"十四五"文化和旅游发展规划》《四川省公共文化服务保障条例》等，为做好公共文化服务工作提供了有力支持。

二 基础设施条件大为改善

公共文化设施是开展公共文化服务的主要阵地和场所，也是公共文化服务治理基础。随着中国国民经济持续快速增长以及公共财政投入不断增加，西部各省区积极稳步推进公共文化基础设施建设，不断夯实公共文化服务体系基础，稳步提升公共文化服务能力，基本实现了"县有图书馆、文化馆，乡有综合文化站"的建设目标，基础设施条件大为改善。

例如，截至 2020 年底，新疆共有艺术表演团体 124 个，艺术表演场馆 24 个，公共图书馆 107 个，文化馆 116 个，博物馆 81 个，广播节目综合人口覆盖率为 98.68%，电视节目综合人口覆盖率为 98.85%[①]；青海全省共有艺术表演团体 12 个，文化馆 45 个，公共图书馆 50 个，博物馆 24 个，档案馆 54 个，基本实现了"县有公共图书馆、文化馆，乡有文化站、村有综合文化服务中心"的建设目标，逐步构建起覆盖省、市（州）、县（区）、乡（镇）、村的五级公共文化服务体系[②]；内蒙古已建成公共图书馆 117 个、文化馆 120 个、博物馆 178 家、美术馆 25 家、苏木乡镇（街道）综合文化站 1086 个、嘎查村（社区）综合性文化活动中心 12522 个，覆盖全区的五级公共文化设施网络基本形成，每万人平均拥有公共图书馆面积和群众文化设施面积均居全国前列[③]；西藏公共文化服务覆盖率达 100%，公共数字文化建设成效显著，数字化服务能力不断提高，建成并通过公共文化数字文化网发布地方特色资源和红色资源总量达 9.33TB，外购资源 2950 余部、20TB，少数民族语言译制数字资源 4169 小时；甘肃全省已建成 104 个公共图书馆、103 个文化馆、1228 个乡镇文化站、1.5 万个行政村"乡村舞台"和 1200 多个社区综合性文化服务中心，全省常住人口人均占有文化场所 0.26 平方米。在省图书馆和 14 个市（州）、甘肃矿区图书馆和 2 个市级少儿图书馆建成了数字图书馆，所有县级图书馆、1300 个乡镇（街道、社区）和部分村文化活动室建成了文化信息共享服务点，电子阅览室覆盖到了 1200 个乡镇和 55% 的街道综合文化站和社区文化中心。[④] 为 4600 多个贫困村综合性文化服务中心配送文化、广播、体育器材等设备，建设了 200 多个

---

① 《2020 年新疆维吾尔自治区国民经济和社会发展统计公报》，新疆维吾尔自治区人民政府网，http://www.xinjiang.gov.cn/xinjiang/tjgb/202106/5037ac528c58479dbaabddce9050a284.shtml，最后访问日期：2021 年 3 月 13 日。
② 《2020 年青海省国民经济和社会发展统计公报》，青海省发展和改革委员会官网，http://fgw.qinghai.gov.cn/sjfb/sjfx/jjxs/202103/t20210302_77082.html，最后访问日期：2021 年 3 月 2 日。
③ 《内蒙古举行"十三五"时期公共文化发展成就新闻发布会》，中华人民共和国国务院新闻办公室官网，http://www.scio.gov.cn/m/xwfbh/gssxwfbh/xwfbh/neimenggu/Document/1696509/1696509.htm，最后访问日期：2020 年 12 月 29 日。
④ 《甘肃省公共文化服务体系建设日臻完善》，甘肃省文化和旅游厅官网，http://wlt.gansu.gov.cn/wlt/c108541/202104/a63170ce10f14004853e890eb9014275.shtml，最后访问日期：2022 年 8 月 26 日。

乡镇数字文化驿站、500 多个村级数字文化服务点，为满足全省人民群众文化需求创造了条件。全省乡镇综合文化站平均每站室内面积达 526 平方米（国家最低标准要求为 300 平方米），行政村综合性文化服务中心（乡村舞台）15455 个，综合性文化中心室内面积达 103 平方米，居民常住人口人均占有文化场所 0.31 平方米。①

2019 年西部 12 省份乡镇文化站组织活动以及相关数据如表 5-5 所示，可以看到，2019 年四川乡镇文化站数量最多，达 4063 个，除藏书量外，其所提供的文化服务活动的次数以及计算机数量也都位于西部地区之首，这与四川省转变经济发展结构、全力打造文化强省不无关联。而西藏、青海和宁夏三省份居末尾，其无论是公共文化服务次数、参加人次，还是藏书量、计算机数量等都与其他省份有显著差距。

总之，随着一座座崭新的文化场馆的建成、一批批各类文化设备的配备到位，辅助以各项保障资金，西部各省份逐步形成了集文化宣传、政策讲解、教育培训、科技指导、信息服务于一体的公共文化服务体系，进一步满足了人民群众的文化需求，促进了文化交流与融合，也成为文化熏陶的良好平台和引领社会主义文化新风尚的坚强阵地。公共文化设施的逐步改善，为公共文化服务体系建设奠定了良好的基础，也为公共文化服务转型升级提供了有利条件。但大多数文化设施建设还存在规划不合理的问题，这导致西部地区公共文化服务供给的管理水平和服务效率整体偏低。

表 5-5　2019 年西部 12 省份乡镇文化站基本情况

省份	机构数（个）	服务次数（次）	惠及人次（万人次）	文艺活动次数（次）	参观人次（万人次）	举办展览个数（个）	参加人次（万人次）	藏书量（万册）	计算机数量（台）
内蒙古	873	15305	323.93	10397	242.07	1609	58.63	308.49	4839
广西	1127	36485	1012.6	27813	874.42	2431	101.9	719.42	9700
重庆	814	34692	917.19	19799	591.08	4769	239.58	486.72	9256

---

① 《2020 年甘肃省国民经济和社会发展统计公报》，《甘肃日报》官网，http://szb.gansudaily.com.cn/gsrb/202103/30/c243350.html，最后访问日期：2021 年 3 月 23 日。

续表

省份	机构数（个）	服务次数（次）	惠及人次（万人次）	文艺活动次数（次）	参观人次（万人次）	举办展览个数（个）	参加人次（万人次）	藏书量（万册）	计算机数量（台）
四川	4063	81035	1898.19	48319	1392.76	9394	403.8	1555.94	32460
贵州	1394	26386	823.49	17125	643.99	2656	140.08	950.92	11574
云南	1301	37305	1220.73	23876	949.5	3808	193.04	8526.54	14039
西藏	684	9577	161.93	7131	142.68	931	13.95	137.89	3516
陕西	1192	29019	741.44	17788	558.79	3805	120.92	416.79	8207
甘肃	1231	24024	524.94	13384	338.33	3578	131.34	454.71	8432
青海	361	5613	95.85	3560	77.61	815	11.56	94.98	1769
宁夏	200	7011	145.11	5265	117.53	454	18.28	132.12	2120
新疆	1009	67926	1198.81	55565	1026.09	3338	108.77	398.75	4983

资料来源：《中国文化文物和旅游统计年鉴（2020）》。

三　财政经费投入力度不断加大

近年来，国家财政不断加大对文化事业的投入。2019 年全国文化事业费达 1065.75 亿元，是 2010 年的 3.3 倍。西部地区县及县以下的文化事业投入更是从 2010 年的 116.41 亿元增加到 2019 年的 548.11 亿元，足见国家对西部尤其是西部县乡文化发展的重视。从城乡文化事业费分配结构来看，西部地区文化事业费投入已经向农村倾斜。自 2016 年起，县及县以下的文化事业费投入已经持续高于县以上的文化事业费投入（见表 5-6）。中央及地方政府财政上的大力支持，有力地促进了西部地区农村公共文化服务治理进程。

表 5-6　2010～2020 年西部地区文化事业费城乡分布情况

单位：亿元，%

指标	地区	2010 年	2015 年	2016 年	2017 年	2018 年	2019 年	2020 年
总量	全国	323.06	686.0	770.69	855.80	928.33	1065.75	1088.3
	县以上	206.65	352.84	371	398.35	424.96	516.91	501.0
	县及县以下	116.41	330.13	399.68	457.45	503.37	548.11	587.3
	西部地区	85.78	193.87	218.17	230.7	242.93	277.97	301.6

续表

指标	地区	2010 年	2015 年	2016 年	2017 年	2018 年	2019 年	2020 年
占比（%）	全国	100.0	100.0	100.0	100.0	100.0	100.0	100.0
	县以上	64.0	51.7	48.1	46.5	45.8	48.5	46.0
	县及县以下	36.0	48.3	51.9	53.5	54.2	51.5	54.0
	西部地区	26.6	28.4	28.3	27.0	26.2	26.1	27.7

资料来源：相关年份《中国文化文物统计年鉴》、《中华人民共和国文化和旅游部 2020 年文化和旅游发展统计公报》。

四　人均教育文化娱乐消费支出有所增加

《国家"十三五"时期文化改革发展规划纲要》中强调要促进和引导文化消费，鼓励为困难群众等提供适当消费补贴，把文化消费嵌入各类消费场所中。2015～2020 年这 6 年间，农村居民人均教育文化娱乐消费支出从 755 元增加至 1309 元，同期农村居民人均消费支出从 7485 元增加至 13594 元。从绝对量上看，2020 年内蒙古的农村居民人均教育文化娱乐消费支出为 1437 元，居于西部地区农村之首，且是西部地区超过全国平均教育文化娱乐消费支出为数不多的省份之一。同期，西藏农村居民人均教育文化娱乐消费支出仅为 380 元（见表 5 - 7）。可见，西部地区各省份间人均教育文化娱乐消费支出差距较大。

表 5 - 7　2015～2020 年西部 12 省份农村居民人均教育文化娱乐消费支出与人均消费支出

单位：元

地区	人均教育文化娱乐消费支出						人均消费支出					
	2015 年	2016 年	2017 年	2018 年	2019 年	2020 年	2015 年	2016 年	2017 年	2018 年	2019 年	2020 年
全国	755	1070	1171	1302	1482	1309	7485	10130	10955	12124	13328	13594
内蒙古	1163	1553	1639	1737	1796	1437	10637	11463	12184	12661	13816	12431
广西	624	1001	1128	1247	1498	1408	7582	8351	9437	10617	12045	14140
重庆	784	1073	1226	1345	1423	1290	8938	9954	10936	11977	13112	14953
四川	532	707	848	934	1065	1107	9251	10192	11397	12723	14056	10818
贵州	599	1063	1183	1161	1336	1378	6645	7533	8299	9170	10222	11069
云南	538	920	1044	1153	1254	1324	6830	7331	8027	9123	10260	8917
西藏	99	193	239	409	480	380	5580	6070	6691	7452	8418	11376
陕西	863	1103	1083	1253	1387	1057	7901	8568	9306	10071	10935	9923
甘肃	666	966	994	1202	1331	1211	6830	7487	8030	9065	9694	12134

续表

地区	人均教育文化娱乐消费支出						人均消费支出					
	2015 年	2016 年	2017 年	2018 年	2019 年	2020 年	2015 年	2016 年	2017 年	2018 年	2019 年	2020 年
青海	528	851	897	945	1033	989	8566	9222	9903	10352	11343	11724
宁夏	735	1078	1212	1296	1379	1179	8415	9138	9982	10790	11465	10778
新疆	577	716	748	1011	1144	1230	7698	8277	8713	9421	10318	13594

资料来源：相关年份《中国统计年鉴》。

从 6 年间的平均消费变化幅度看，西部各省份人均教育文化娱乐消费增长迅速，具有较大潜力，12 省份中有 8 省份的人均教育文化娱乐消费年均增长速度高于全国平均水平（见图 5-1）。随着消费水平的提高，人均教育文化娱乐消费出现趋势相似的变化，但总消费增长幅度不及教育文化娱乐消费增长幅度。

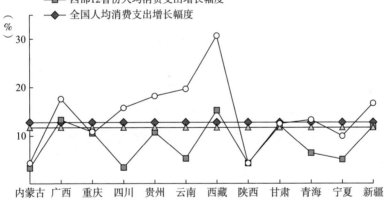

图 5-1　2015～2020 年西部 12 省份农村人均教育文化娱乐消费支出和人均消费支出情况

五　乡村文化振兴工程卓有成效

自党的十九大报告提出实施乡村振兴战略以来，西部各省份皆以乡村文化振兴作为战略的重要组成内容和智力支撑，从加强农村思想道德建设、弘扬中华优秀传统文化、丰富乡村文化生活三个层面整体推进乡村文化振兴建设。西部各省份不仅坚持以基层综合文化服务中心建设为重点，加大对乡村舞台、文化广场、农家书屋等场所的投入，进一步提升服务效能；深入实施各类文化惠民工程，支持鼓励"三农"题材艺术作品创作生产，推进文化科技卫生"三下乡"活动常态化，而且依托乡风文明建设和当地特色文化资源，使得乡村文化振兴建设多点开花、亮点频现。

陕西继承创新优秀传统乡土文化，深入挖掘深厚历史文化中的优秀思想观念、人文精神、道德规范，加大古村落、古建筑、地貌景观、农业遗迹等保护力度，传承好秦腔、信天游、皮影、腰鼓等非物质文化遗产，发挥乡土文化在凝聚人心、教化群众、淳化民风中的作用。此外，不断加强农村文化人才培训，发现培养乡土文化能人、民间文化传承人特别是非物质文化遗产项目代表性传承人。鼓励社会力量参与农村文化建设，活跃农村文化市场，丰富农村文化业态；重庆打造一系列新的乡村公共文化空间，筑牢农民精神家园。其中包括在有条件的乡镇推出家训馆、建设家训墙、打造家训街，展示当地优秀家风家训，并依托农家书屋、文化大院设立"乡贤堂"，解决乡村事务，优化乡村治理。广西重点支持县域和乡村建设，大力发展特色产业，打造"一县一拳头产业"，具体而言，主要是加强特色文化产业重点项目的实施指导；建设特色文化小镇，推动全区县域经济和小城镇发展；支持民族风情演艺产业发展，促进文艺创新性融合，拓展和完善产业链。云南启动"美丽乡村＋文化"试点工作，按照 300 万元至 1000 万元的资金规模，以建设美、经营美、传承美"三美"同步推进为重点，围绕红色文化、民族风俗、历史文化等，展现云南乡村魅力，推进云南乡村文化振兴。

六　文化扶贫成效显著

贫困是人类社会的顽疾，是全社会面临的共同挑战[①]。党的十八大以来，中国共产党带领全国各族人民持续奋斗，打响脱贫攻坚战，攻克贫困难题。2020 年，脱贫攻坚取得了全面胜利，完成了消除绝对贫困的艰巨任务，区域性整体贫困得到解决。但是，在全面建成小康社会后，如何巩固前期脱贫成果、从根本上应对贫困脆弱性问题，既是相对贫困治理的工作重点，又是实现乡村振兴战略的关键。贫困并不只体现为一种经济现象，

---

① 《人类减贫的中国实践》，中华人民共和国中央人民政府网，http://www.gov.cn/zhengce/2021–04/06/content_5597952.htm，最后访问日期：2022 年 8 月 13 日。

也是一种文化现象。中国文化扶贫过程中治穷先治愚、扶贫先扶智的发展逻辑与经验总结亦可佐证公共文化服务可以成为阻断返贫、解决相对贫困的有效机制，公共文化服务是摆脱长期精神贫困的重要决定因素。

近年来，国家对文化扶贫的重视程度不断提高。党的十八届五中全会提出要坚决打赢脱贫攻坚战，引导文化资源向城乡基层倾斜。2015 年 11 月，《中共中央国务院关于打赢脱贫攻坚战的决定》强调，要推动文化投入向贫困地区倾斜，集中实施一批文化惠民扶贫项目。为落实相关部署，2017 年，文化部印发了《"十三五"时期文化扶贫工作实施方案》，进一步明确了文化扶贫的工作目标和主要任务。地方政府也积极响应国家号召，制定了相关的文化扶贫方案。2018 年中共中央、国务院印发的《乡村振兴战略规划（2018—2022 年)》强调健全乡村公共文化服务体系的任务，繁荣发展乡村文化，推动乡村振兴。2021 年《"十四五"文化和旅游发展规划》强调要保持对脱贫县文化帮扶政策稳定，对脱贫县持续给予扶持。

为进一步健全农村和西部贫困地区公共文化服务网络，中央策划多个面向贫困地区的新项目，包括配合中宣部实施了"贫困地区百县万村综合文化服务中心示范工程"和"贫困地区民族自治县、边境县村综合文化服务中心覆盖工程"、贫困地区村文化活动室设备购置项目、流动文化车工程、送戏下乡项目，有效提升了贫困地区公共文化服务能力，缓解了公共文化服务资源的不平衡问题。

流动文化车工程。2013 年和 2014 年文化部、财政部联合实施流动图书车工程，为连片特困地区（六盘山区、秦巴山区、武陵山区、乌蒙山区、滇桂黔石漠化区、滇西边境山区、大兴安岭南麓山区、燕山—太行山区、吕梁山区、大别山区、罗霄山区等区域）和西藏、四省（云南、四川、甘肃、青海）藏区、新疆南疆四地州（喀什地区、和田地区、克孜勒苏柯尔克孜自治州以及阿克苏地区）县级公共图书馆配送 686 辆流动图书车。2015 年将其余的 151 个国家扶贫开发工作重点县，纳入流动图书车配送范围。2018 年，青海省实现了县级文化馆流动文化车的全覆盖①；新疆实现了贫困县及南疆四地州地、

---

① 《青海为 20 个县（市）文化馆配发流动文化车》，中华人民共和国文化和旅游部官网，ht-tps://www.mct.gov.cn/whzx/qgwhxxlb/qh/201808/t20180802_834097.htm，最后访问日期：2022 年 8 月 24 日。

县两级流动图书车全覆盖①；西藏实现了 74 个县流动文化车全覆盖②，西部其他省份陆续都实现了县级及以下全覆盖。2020 年，甘肃省为"两州一县"每县配备流动文化车 1 台，有力解决了贫困地区送文化下乡难题。③

贫困地区村文化活动室设备购置项目。从 2016 年起，文化部争取中央财政实施贫困地区村文化活动室购置项目，分五年为集中连片特困地区、西藏、四省藏区和新疆南疆四地州及上述地区以外的国家扶贫工作重点县的农村文化活动室，按照 2 万元每村的标准，配备音响、乐器等开展基本公共文化活动所需设备。④

"三区"文化人才支持计划。"三区"文化人才支持计划是指国家财政对中国边远贫困地区、边疆民族地区和革命老区的人才培养和支持计划。每年选派 1.9 万名优秀文化工作者到"三区"工作或提供服务，为"三区"每年培养 1500 名急需紧缺文化工作者，充分调动省会城市、中心城市的优秀文化人才资源和培训资源支持基层。⑤

文化扶贫是全面性、彻底性的扶贫，是巩固中国脱贫攻坚成果和防止大面积返贫的根源性举措。⑥ 政府对贫困地区文化财政投入持续增长，既增强了西部农村贫困地区群众的文化获得感，也提高了他们以文化充实头脑增收致富的能力，如广西龙胜"文化 + 旅游"扶贫模式成为利用文化旅游精准扶贫的一个经典样本。通过文化精准扶贫，贫困地区群众享受到了丰富多彩的公共文化服务，群众精神面貌大为改善，物质生活与精神生活得到极大满足和丰富，公共文化服务治理效能再上新台阶。

---

① 《党的十八大以来新疆文化事业发展成就解读》，新疆地情网，http://www.xjtonglan.com/jrxj/wh/1532.shtml，最后访问日期：2022 年 8 月 24 日。

② 《西藏实现县级流动图书车全覆盖》，中华人民共和国文化和旅游部官网，https://www.mct.gov.cn/whzx/qgwhxxlb/xz/201510/t20151010_791714.htm，最后访问日期：2022 年 8 月 24 日。

③ 《文旅助推脱贫 美丽战胜贫困——我省文化旅游产业助推深度贫困地区脱贫攻坚综述》，《甘肃日报》，https://szb.gansudaily.com.cn/gsrb/202009/11/c210947.html，最后访问日期：2020 年 9 月 15 日。

④ 《"十三五"时期文化扶贫工作实施方案》，中华人民共和国文化和旅游部官网，https://www.mct.gov.cn/preview/special/7433/7435/201706/t20170619_522526.html，最后访问日期：2021 年 6 月 18 日。

⑤ 《"十三五"时期文化扶贫工作实施方案》，中华人民共和国文化和旅游部官网，https://www.mct.gov.cn/preview/special/7433/7435/201706/t20170619_522526.html，最后访问日期：2021 年 6 月 18 日。

⑥ 胡守勇：《文化扶贫的理论内涵与减贫机理》，《中州学刊》2022 年第 8 期。

第六章 西部农村公共文化服务发展 程度测量

西部农村在农村公共文化服务发展中不断创新公共文化管理体制和运行机制，努力推进现代公共文化服务体系建设，初步营造了政府、市场、社会共同参与公共文化服务的多元供给模式。而公平和效率作为考量公共文化服务供给是否合意的标准，缺一不可。① 故为从整体上把握西部农村公共文化服务发展程度，进一步厘清公共文化服务治理中存在的问题，本章对西部农村公共文化服务均等化程度和供给效率进行测量，其中基本公共文化服务均等化程度主要用来衡量公平，从西部基本公共文化服务均等化程度和西部城乡基本公共文化服务均等化程度两个层面进行系统测度，公共文化服务供给效率测度主要用来衡量效率，通过对西部农村公共文化服务均等化程度和供给效率的测量，以期为加快西部农村公共文化服务治理现代化进程、提升公共文化服务治理水平提供科学依据。

第一节 西部基本公共文化服务均等化程度测评

推进基本公共文化服务均等化，是保障公民基本文化权益的必然要求，也是公正平等价值理念在公共文化服务领域的延伸和体现，更是加快构建现代公共文化服务体系、促进公共文化服务高质量发展的重要一环。西部地区长期以来就是中国公共文化服务治理的重点和短板，也是构建现代公

---

① 梁立新：《法治化视角下的基本公共文化服务均等化》，《浙江学刊》2019 年第 4 期。

共文化服务体系建设的关键。随着国家对西部地区公共文化服务体系建设的高度重视，广大民众的基本文化权益和精神文化需求得到保障。但不容忽视的是，西部地区公共文化服务在地域之间供给不平衡的结构性问题不断凸显，民众对公共文化服务领域公平正义的需求日益迫切，政府的公共文化服务治理能力还不能完全适应人们对人人平等共享基本公共文化服务的期待，现实与理想的反差，要求我们必须搞清西部基本公共文化服务均等化的发展状况。故本节将对西部各省份基本公共文化服务均等化程度进行测度。

一 基本公共文化服务均等化的学理分析

在现代社会，文化权利与政治、经济和社会权利一样同属国际社会公认的基本人权。公民文化权益在现代人权体系中具有不可替代的地位，且这种权益不受性别、身份、种族、阶层等因素的影响，每个公民都有权以文化创造者的身份参与文化生活。为保障公民享有平等的文化权益，中国陆续制定实施了一系列推进基本公共文化服务均等化的政策制度。根据《国家基本公共文化服务指导标准（2015—2020 年）》，基本公共文化服务包括读书看报、收听广播、观看电视、观赏电影、送地方戏、设施开放、文体活动等基本服务项目[①]，而基本公共文化服务均等化主要是政府部门为公众提供满足其需求的文化产品及服务，将城乡与地区差距控制在合理的范围内，使全体公众享受到大致相同、公平可及的基本公共文化服务。其内涵可以从三个方面来理解：一是相对性，即基本公共文化服务均等化不是绝对平等，是通过制度安排有效实现公众享有公共文化服务的最优状态标准；二是公平性，即全体公民相对公平地和相对平等地获得精神文化生活所需要的各种资源以及文化获得、文化参与、文化享受和文化创造的各种机会，这里的公平和平等，并不等同于社会成员个体拥有、享受精神文化资源和文化发展的能力和机会的绝对平均，而是基于个人文化权利、基于法律和政策保障底线之上的相对均衡[②]；三是动态性，即基本公共文化服

---

① 《国家基本公共文化服务指导标准（2015—2020 年）》，中华人民共和国文化和旅游部官网，https://www.mct.gov.cn/whzx/bnsj/ggwhs/202104/t20210425_923963.html，最后访问日期：2021 年 10 月 9 日。

② 傅才武、高为：《精神生活共同富裕的基本内涵与指标体系》，《山东大学学报》（哲学社会科学版）2022 年第 3 期。

务均等化的范围和标准是随着经济发展水平和政府保障能力的提高而动态变化的。政府部门应结合时代的发展特征及时调整固有的基本公共文化服务，更好地满足公众的多层次文化需求，共享公共文化发展成果。[①]

现代化、城镇化的飞速发展带动大众在社会生活上取得巨大进步，但在精神文化生活水平上的差异越发明显，对基本公共文化服务提出了更高要求。受市场经济环境下经济利益至上的传统观念的影响，在中国"文化权利常被称为人权中的'不发达部门'"，文化权利平等的本质属性并未充分彰显，基本公共文化服务仍存在地区"鸿沟"、城乡"二元"和阶层间"差序"等诸多供给不均等的问题。[②] 因此，推动基本公共文化服务均等化，要强化"底线公平意识"，在确保各级政府与公共文化服务机构不存在偏见、歧视、特殊门槛的前提下，让全体公民无论地域、民族、性别、收入及身份差异都能获得与经济社会发展水平相适应、机会和结果大致均等的最基本的公共文化产品和服务。这既是以人为本、公正平等价值理念在公共文化领域的延伸和体现，也是矫正市场"失灵"的有效手段、构建现代公共文化服务体系的内在要求和实现国家治理体系和治理能力现代化的应然选择。

二　西部基本公共服务均等化测评系数和指标体系构建

当前，对基本公共文化服务均等化的研究颇多，但由于各地区涉及基本公共文化服务的具体政策以及推进基本公共文化服务均等化的实践不尽相同，直接影响了评价指标的客观性以及准确性，需要多角度、多层次对其进行探究。

（一）西部基本公共服务均等化评估模型选取

1. 变异系数

"变异系数"又称"标准差率"，用于衡量统计数据中各观测值的变异程度，记为 C.V，是指总体中单位样本值变异程度的相对数，是绝对差异与平均值之比，用以反映单位均值上的离散程度。变异系数是基本的差异系数，其计算方便，可以剔除由于比较项基数大小不同造成的对差异结果判断所产生的影响。C.V 数值越大表明变量偏离程度越高，不均等化越明显。本章通过对西部各省份基本公共文化服务水平进行测评，计算出变异系数，根据该变异系

---

①　张桂琳：《论我国公共文化服务均等化的基本原则》，《中国政法大学学报》2009 年第 5 期。

②　陈立旭：《推动基本公共文化服务均等化》，《浙江社会科学》2011 年第 12 期。

数的数值大小，初步判断出西部地区基本公共文化服务的（非）均等化程度。

2. 均等化系数

所谓"均等化系数"，就基本公共文化服务而言，是指某一地区在某一历史时期内，内部各子系统（各区域）就统一标准比较其基本公共文化服务供给水平而得到的系数。具体的公式可表示为：$A = B/C$。A 表示均等化系数，B 表示某地区在某历史时期内公共文化服务的供给，C 表示该地区在该历史时期内摒除一切不利因素，实现公共文化服务供给的最大可能。由于 C 表示一个地区理想状态下的公共文化服务输出，难以确定，所以在具体研究中，可以根据实际评估的需要和可行性要求，将 C 赋予可操作的科学标准，例如该地区公共文化服务供给中目前已经实现的最高标准——当然，这种标准的简化只有在特定的环境中才可实行，而且这种标准是动态变化的，其发展要始终朝向理想状态下的供给标准。通常而言，系数在［0，1］的区间。当系数为 1 时，该地区的基本公共文化供给是均等的；系数为 0 时，表示极不均等。以西部地区为例，若要对 12 个省份就某一标准进行区域均等化程度评估，则将 C 确定为某一省份（例如四川）在该标准下的基本公共文化服务供给，因为该区域在该标准下的基本公共文化服务供给质量在目前西部 12 个省份中是最高的。此外，得到均等化系数之后，还可以得到一个该标准下的均等化系数排序，确定在该标准下，系数在区间［0.8，1］，则较为均等，系数在区间［0.6，0.79］，则为一般均等，系数在区间［0.4，0.59］，则为一般不均等，系数在区间［0，0.39］，则较为不均等。[①]

（二）西部基本公共文化服务均等化指标体系的构建

1. 基本公共文化服务评价指标体系构建的原则

对基本公共文化服务均等化进行综合评价与测量时，前提是根据实际现状确定具体的评价目标和任务，在此基础上才能更好地探究均等化评价的核心内容，保证指标体系构建工作顺利开展，从而使得评价结果符合公众诉求、符合发展现状。结合已有研究的阐述，不同学者从多角度阐释相关构建原则。为了更好地测度基本公共文化服务均等化状况，本书认为构建指标体系需要遵循以下几个原则。

---

① 陈彪：《浙江省基本公共文化服务均等化研究》，浙江大学硕士学位论文，2009。

（1）基本性（或称迫切性）。因基本公共文化服务均等化水平受到政府财力、能力和公民社会发育程度以及市场机制运行状况等综合因素的多方面限制，政府不可能对基本公共文化服务包含的所有服务项目全面实施均等化，基本公共文化服务均等化无疑是一个长期分阶段实现的渐进过程。目前中国尚处于基本公共文化服务均等化发展的初级阶段，应优先对公民迫切需要的、基本的公共文化服务需求实现均等化供给。所以，在构建基本公共文化服务均等化指标体系时，应优先选择那些最基础的指标。

（2）代表性。最有效的指标体系往往由最简明的、代表性最强的，同时也是最易获得的、综合信息量大的指标构成，既有的成熟指标体系即是如此，比如生活质量指数、人类发展指数等。面面俱到虽然保证了全面，但操作起来过于复杂，影响指标体系的使用效率，甚至造成指标体系无效化。因此，有效构建基本公共文化服务均等化指标体系的关键在于正确合理地遴选有独立性、代表性、信息量大的指标，避免指标选择过多、过滥。

（3）可行性。所谓可行性就是度量指标体系应尽量简单明了，易于理解，便于操作。构建基本公共文化服务均等化指标体系最直接的目的就是要把这一复杂的系统工程转化为可量化、可计算的数字，用最直观的方式体现比较对象之间的差距，支持基本公共文化服务均等化总体规划和方针政策的制定、实施。为了实现这一操作目的，实现指标体系的实用评价价值，要想保证选取的指标便于收集和计算分析，最重要的是保证在这个指标体系下能够找到相应的统计数据和资料。同时，建构指标体系还应当体现可比性的原则，保证不同比较对象之间确实能够使用这一指标体系进行相互比较。

（4）系统性。基本公共文化服务均等化是一个综合体系，它包括资源投入的均等化和实际产出（即资源使用效率）的均等化。具体而言，资源投入主要体现在政府财政支持力度和基础设施建设规模，产出则主要是指基础设施的使用情况和服务受众的满意程度。当然，基本公共文化服务还包括对非物质文化遗产的保护情况。

（5）前瞻性。所谓前瞻性即对未来事物发展方向的把握。公民对公共文化的需求会随着社会、经济、文化的发展而变化，呈现全民性、多样性、层次性的趋势。随着公民文化需求的发展变动，基本公共文化服务均等化也要经过包括初级、中级、高级三个阶段的长期发展过程。这三个阶段是相互联系、相互影响的整体。因此，基本公共文化服务均等化指标体系不仅要紧密结合均等化初级阶段的现实状况，凸显当前重要指标，还要在科学预测未来一定时间内均等化的发展前景和趋势的基础上，提供具有导向性、超前性的指标，以便更好地实现基本公共文化服务均等化。

2. 基本公共文化服务均等化指标体系构建

要了解西部地区基本公共文化服务均等化现状，需要设立一定的评价标准，以此进行测评、分析。在本书中，尽管受主客观因素的各种限制而难以提出系统、完整的基本公共文化服务均等化指标体系，但是，在初步研究的基础上，本书尝试按照几个类别分别设定一些指标构建成体系，结合通缉测算方法，希望能够在一定程度上检测出西部地区基本公共文化服务（非）均等化的程度，以便进行更深一步的研究探索。指标体系的设计主要从投入—产出两个方面进行评价，将基本公共文化服务水平的评价标准划分为四级（见表6-1）。

表6-1　基本公共文化服务均等化指标体系

一级指标	二级指标	三级指标	四级指标
基本公共文化服务水平	基本公共文化服务投入	政府文化事业的财政投入	公共文化财政拨款额[2]（万元）
			公共文化财政支出占政府财政支出的比重（%）
			人均公共文化服务财政支出额（元）
			文化事业费（万元）
			人均文化事业费（元）
			公共图书馆人均购书费（元）
			公共图书馆购书费占总支出比重（%）
		基本公共文化设施建设［公共图书馆、博物馆、文化馆（站）、群艺馆[1]、广播电视］	公共图书馆数量（个）
			每万人公共图书馆数量（个）
			人均公共图书馆藏书册数（册）
			群众文化事业机构数[3]（个）
			艺术表演团体、艺术表演场馆（事业）机构数（个）
			公共博物馆数量（个）
			中等艺术学校（事业）数量（个）
			平均每万人公共文化事业机构[4]数（个）
			广播电视覆盖率（%）

续表

一级指标	二级指标	三级指标	四级指标
基本公共文化服务水平	基本公共文化服务产出	产出概况	文化事业费总支出（万元）
			实际完成基建投资（万元）
		年人均文化娱乐消费	城镇居民家庭年人均文化娱乐服务支出（元）
			农村居民家庭年人均文化娱乐用品及服务支出（元）
			年人均文化娱乐消费支出（元）
			年人均文化娱乐消费支出占个人消费支出的比重（%）
		公共图书馆利用	公共图书馆总流通人数（人）
			外借册次（万册次）
			公共图书馆年人均借阅图书册数（册）
			为读者举办各种活动⑤数量（次/个）
			各种活动的参与（观）人数（人）
		艺术表演团体、艺术表演场馆演（映）出情况	艺术表演团体（事业）演出次数（千场）
			艺术表演场馆（事业）演（映）出场次合计（千场）
			艺术表演观众人次（千人次）
			年人均观看文艺演出场数（场）
		群艺馆、文化馆（站）活动情况	举办各类活动⑥数量（次）
			培训人次（千人次）
			藏书数量（千册）
			流动舞台车数量（辆）
			计算机数量（台）
			由本馆指导的单位⑦数量（个）
		博物馆产出	博物馆参观人次（人次）
			博物馆基本陈列数量（个）
			博物馆举办展览数量（个）
			博物馆藏品数量（件/套）

注：①本书中群艺馆指的是群众艺术馆；②指文化文物部门所属机构的财政拨款；③包括群众艺术馆、文化馆和文化站；④公共文化事业机构数量用文化文物机构数量来表示，主要包括公共图书馆、群众文化事业机构、艺术表演团体、艺术表演场馆、博物馆等的数量；⑤包括组织各类讲座，举办展览、培训班；⑥包括组织各类理论研讨和讲座、文艺活动，举办展览、培训班；⑦包括馆办文艺团体、馆办老年大学和群众业余文艺团体。

需要说明的是，本评价体系中，囿于相关数据缺乏暂未将服务受众的满意度指标列入，这是因为目前的技术水平尚不能使该指标科学、准确地反映客观状况，更没有足够的组织力量来对广大地区的相关情况进行全面调查统计。

（三）西部基本公共文化服务均等化指标的赋权

1. 指标数据的标准化处理

因指标单位的不同，为有效消除各指标间因数量等级所带来的差异和计算过程中所遇到的极端值，使各指标间能精确地进行比较和计算，本书运用标准差标准化对各指标数据进行标准化处理，把指标的绝对值转化为相对值。

各指标值实现标准差标准化法的计算公式为[①]：

$$X'_{ij} = \frac{X_{ij} - \overline{X}_j}{S_j} \tag{1}$$

式（1）中，$\overline{X}_j$ 为第 j 项指标值的均值，S_j 为第 j 项指标值的标准差。

一般地，X'_{ij} 的范围为 $-5\sim5$，为消除负值，可将坐标平移，令：

$$Z_{ij} = 5 + X'_{ij} \tag{2}$$

经此方法处理后的数据，具有较强的可比性。以熵值法对此数据进行处理，将更具科学性和可操作性。

2. 指标权重的确定——熵值法

本书采用客观赋权法中的熵值法来确定指标权重。熵值法[②]根据各项指标观测值所提供的信息大小来确定指标权重，在一定程度上避免了主观因素所带来的偏差，具有较高的可信度和精确度，计算公式如下。

第一，将各指标同度量化，计算第 j 项指标下第 i 方案指标值的比重 P_{ij}。

$$P_{ij} = \frac{Z_{ij}}{\sum_{i=1}^{n} Z_{ij}} \tag{3}$$

式（3）中，$Z_{ij} = 5 + X'_{ij}$，P_{ij} 为第 i 个指标第 j 年占该项指标的比重，n 为该项样本个数。

---

① 李创新、马耀峰、张颖、魏颖：《1993～2008 年区域入境旅游流优势度时空动态演进模式——基于改进熵值法的实证研究》，《地理研究》2012 年第 2 期。

② 马艳梅、吴玉鸣、吴柏钧：《长三角地区城镇化可持续发展综合评价——基于熵值法和象限图法》，《经济地理》2015 年第 6 期。

第二，求熵值。

$$E_j = -k \sum_{i=1}^{n} P_{ij} \ln P_{ij} \qquad (4)$$

式（4）中，k 为常数，$k = 1/\ln n$。

第三，计算第 j 项指标的差异性系数 D_j

对于给定的 j，X_{ij} 的差异性越小，则 E_j 越大；当 X_{ij} 全部相等时，$E_j = E_{max} = 1$，此时对于方案的比较，指标 X_{ij} 毫无作用；当各方案的指标值相差越大时，E_j 越小，该项指标对于方案比较所起的作用越大。所以，定义差异性系数 D_j 公式如下：

$$D_j = 1 - E_j \qquad (5)$$

式（5）中，D_j 越大，则指标越重要。

第四，计算权重。

$$\lambda_j = \frac{D_j}{\sum_{j=1}^{m} D_j} \qquad (6)$$

由式（6）可得到各指标较合理的权系数向量（λ_1，λ_2，…，λ_n），其中 m 为参评指标种类个数。

为保证指标更能客观和真实地反映基本公共文化服务均等化情况，笔者通过参阅相关论文，咨询公共文化服务领域的相关专家，最终得到了西部各省份基本公共文化服务均等化指标权重（见表 6 – 2）。

表 6 – 2　西部地区基本公共文化服务均等化指标体系和指标权重

一级指标	二级指标	三级指标	四级指标	权重（%）
基本公共文化服务水平	基本公共文化服务投入（38.23%）	政府文化事业的财政投入（43.69%）	公共文化财政拨款额[①]（万元）	14.19
			公共文化财政支出占政府财政支出的比重（%）	14.48
			人均公共文化服务财政支出额（元）	13.24
			文化事业费（万元）	14.43
			人均文化事业费（元）	14.06
			公共图书馆人均购书费（元）	14.32
			公共图书馆购书费占总支出比重（%）	15.30

续表

一级指标	二级指标	三级指标	四级指标	权重（%）
基本公共文化服务水平	基本公共文化服务投入（38.23%）	基本公共文化设施建设［公共图书馆、博物馆、文化馆（站）、群艺馆、广播电视］（56.31%）	公共图书馆数量（个）	11.80
			每万人公共图书馆数量（个）	10.10
			人均公共图书馆藏书册数（册）	10.88
			群众文化事业机构数②（个）	10.26
			艺术表演团体、艺术表演场馆（事业）机构数（个）	10.69
			公共博物馆数量（个）	11.42
			中等艺术学校（事业）数量（个）	10.93
			平均每万人公共文化事业机构③数（个）	10.11
			广播电视覆盖率（%）	13.82
	基本公共文化服务产出（61.77%）	产出概况（7.73%）	文化事业费总支出（万元）	50.26
			实际完成基建投资（万元）	49.74
		年人均文化娱乐消费（18.32%）	城镇居民家庭年人均文化娱乐服务支出（元）	25.86
			农村居民家庭年人均文化娱乐用品及服务支出（元）	23.77
			年人均文化娱乐消费支出（元）	25.70
			年人均文化娱乐消费支出占个人消费支出的比重（%）	24.67
		公共图书馆利用（20.37%）	公共图书馆总流通人数（人）	19.43
			外借册次（万册次）	19.63
			公共图书馆年人均借阅图书册数（册）	19.55
			为读者举办各种活动④数量（次/个）	21.14
			各种活动的参与（观）人数（人）	20.24
		艺术表演团体、艺术表演场馆演（映）出情况（15.38%）	艺术表演团体（事业）演出次数（千场）	24.42
			艺术表演场馆（事业）演（映）出场次合计（千场）	24.93
			艺术表演观众人次（千人次）	25.26
			年人均观看文艺演出场数（场）	25.39
		群艺馆、文化馆（站）活动情况（22.80%）	举办各类活动⑤数量（次）	17.41
			培训人次（千人次）	17.07
			藏书册数（千册）	16.45

续表

一级指标	二级指标	三级指标	四级指标	权重（%）
基本公共文化服务水平	基本公共文化服务产出（61.77%）	群艺馆、文化馆（站）活动情况（22.80%）	流动舞台车数量（辆）	16.04
			计算机数量（台）	16.58
			由本馆指导的单位⑥数量（个）	16.44
		博物馆产出（15.40%）	博物馆参观人次（人次）	24.49
			博物馆基本陈列数量（个）	25.39
			博物馆举办展览数量（个）	25.93
			博物馆藏品数量（件/套）	24.19

注：①指文化文物部门所属机构的财政拨款；②包括群众艺术馆、文化馆和文化站；③公共文化事业机构数量用文化文物机构数量来表示，主要包括公共图书馆、群众文化事业机构、艺术表演团体、艺术表演场馆、博物馆等的数量；④包括组织各类讲座，举办展览、培训班；⑤包括组织各类理论研讨和讲座、文艺活动，举办展览、培训班；⑥包括馆办文艺团体、馆办老年大学和群众业余文艺团体。

三　西部基本公共文化服务均等化水平测量

根据西部地区各省份统计数据，按照所赋予的权重加权求和，进行分等级指标测算。西部各省份基本公共文化服务的投入和产出（二级指标）水平如图6-1、图6-2所示。西部各省份的基本公共文化服务均等化水平（一级指标）测算值如图6-3和表6-3所示。

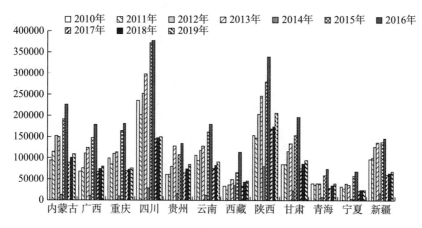

图6-1　2010～2019年西部各省份基本公共文化服务投入

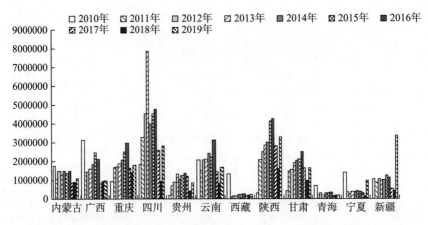

图 6-2 2010~2019 年西部各省份基本公共文化服务产出

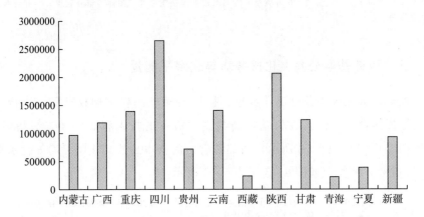

图 6-3 2010~2019 年西部各省份基本公共文化服务均等化水平

表 6-3 2010~2019 年西部各省份基本公共文化服务均等化排名

省份	基本公共文化服务水平系数	西部位次
四川	2648673.823	1
陕西	2068251.353	2
云南	1406091.984	3
重庆	1387948.793	4
甘肃	1230338.405	5
广西	1191952.465	6
内蒙古	964207.4401	7
新疆	939419.2544	8

续表

省份	基本公共文化服务水平系数	西部位次
贵州	715005.3378	9
宁夏	390782.8125	10
西藏	240534.1698	11
青海	223850.1059	12

（一）变异系数测量

根据获得的数据，通过计算得到如下结果（见表6-4、表6-5、表6-6）。

表6-4 2010~2019年西部各省份基本公共文化服务均等化水平一级指标测量结果

一级指标	平均值	标准差	变异系数
西部各省份基本公共文化服务水平	1117254.66	691383.55	0.6188

表6-5 2010~2019年西部各省份基本公共文化服务均等化水平二级指标测量结果

二级指标	平均值	标准差	变异系数
基本公共文化服务投入	104134.59	45221.88	0.4343
基本公共文化服务产出	1502556.10	635126.18	0.4227

表6-6 2010~2019年西部各省份基本公共文化服务均等化水平三级指标测量结果

二级指标	三级指标	平均值	标准差	变异系数
基本公共文化服务投入	政府文化事业的财政投入	246176.24	100632.81	0.4088
	基本公共文化设施建设［公共图书馆、博物馆、文化馆（站）、群艺馆、广播电视］	177.84	38.12	0.2143
基本公共文化服务产出	产出概况	1091505.48	701897.74	0.6431
	年人均文化娱乐消费	685.78	577.76	0.8425
	公共图书馆利用	1086463.92	831826.78	0.7656
	艺术表演团体、艺术表演场馆演（映）出情况	3215842.79	2393518.05	0.7443
	群艺馆、文化馆（站）活动情况	36844.53	23358.00	0.6340
	博物馆产出	2781475.25	1862067.17	0.6695

（二）均等化系数测量

根据获得的数据，通过计算得到如下结果（见表6–7、图6–4、图6–5和图6–6）。

表6–7　2010～2019年西部各省份基本公共文化服务均等化水平系数及排名

省份	基本公共文化服务均等化水平系数	西部位次
四川	1	1
陕西	0.7809	2
云南	0.5309	3
广西	0.5240	4
重庆	0.4645	5
甘肃	0.4500	6
内蒙古	0.3640	7
新疆	0.3547	8
贵州	0.2699	9
宁夏	0.1475	10
青海	0.0908	11
西藏	0.0845	12

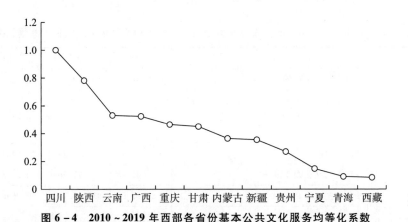

图6–4　2010～2019年西部各省份基本公共文化服务均等化系数

注：该折线图的横轴上的各省份按照排名先后排列，折线的斜率可以粗略反映西部各省份的基本公共文化服务均等化系数的变化趋势和彼此间的差距。

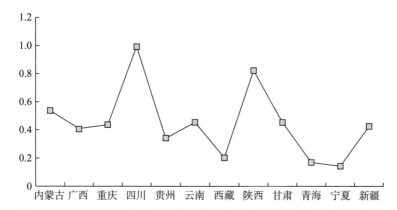

图 6 – 5　2010～2019 年西部各省份基本公共文化服务投入的均等化系数

注：因四川的"一枝独秀"，西部其他各省份基本公共文化服务投入的均等化系数数
值较低。

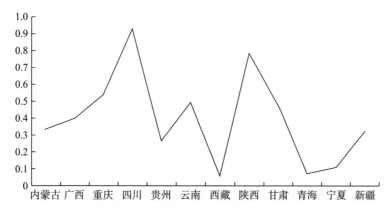

图 6 – 6　2010～2019 年西部各省份基本公共文化服务产出的均等化系数

注：相较于基本公共文化服务投入的均等化系数分布来说，西部各省份的基本公共文
化服务产出的均等化系数分布更加分散，但均等化系数的均值要高一些。

四　西部基本公共文化服务均等化水平测量结论

依据变异系数、均等化系数等测量结果可知，西部地区 12 省份基本公共文化服务水平的非均等化程度属于中等，变异系数为 0.6188。基本公共文化服务均等化水平测算值最高的是四川，测算值最低的是西藏。究其原因，近些年来，四川以品牌化、数字化以及制度化举措来提升公共文化效能，多元化提升公众文化获得感，满足大众化需求，基本公共文化服务稳步前进；而西藏由于经济基础、技术水平以及交通条件等因素，基本公共文化服务发展扶持力度受限，无法很好地赶上其他省份发展脚步，其基本公共文化服务发展具有一定的困难和挑战。

从测算值来看，最末位的三个省份——西藏、青海、宁夏都属于西北地区，该地区只有陕西的测算值比较高，位居第二。这与西北地区经济、财政能力有限相关，也与该地区地广人稀的特点相关，从表6-8中可以看出，西藏、青海、宁夏的人口数量远远低于其他省份，甚至不到直辖市重庆的1/4。除去测算值明显高于其他省份的四川和略低于其他省份的西藏、青海、宁夏，剩余8个省份的基本公共文化服务水平测算值差别不大，也就是说，重庆、贵州、云南、陕西、甘肃、新疆、广西和内蒙古8省份的基本公共文化服务水平的均等化程度高于西部地区整体的均等化程度。

基本公共文化服务投入和产出的均等化水平与服务总体水平的测算情况大体一致，投入（变异系数为0.4343）的非均等化程度比产出（变异系数为0.4227）的非均等化程度略高一点，因为四川的基本公共文化服务投入水平比其他11个省份的投入水平高出许多，而西藏、青海和宁夏的基本公共文化服务投入水平比其他8个省份的投入水平低了不少，使得样本整体的变异系数总体偏低。年人均文化娱乐消费的非均等化程度极高，变异系数高达0.8425；其余各项指标的非均等化程度也较高，变异系数处于0.5~0.8。

从西部各省份基本公共文化服务均等化系数来看，四川的服务水平测算值最高；西藏、青海、宁夏3省份的服务水平测算值最低且均等化系数相近，在0.1左右波动；其余8省份的均等化系数相近，在0.2至0.8之间，连线平滑、倾斜度小，彼此之间的服务水平相近。也就是说，以四川的基本公共文化服务水平为假定的理想值，有4个省份达到或接近其一半的水平，另有3个省份只有其十分之一左右的水平。当然，这种评估的结果与各省份的人口比例是大体一致的——人口少的测评值低，人口多的测评值高。很显然，当把人口因素考虑在内时，西部各省份人均享有的公共文化服务水平的均等化程度要提高许多。

表 6 – 8　2010～2020 年西部各省份人口数量①

单位：万人

省份	2010 年	2011 年	2012 年	2013 年	2014 年	2015 年	2016 年	2017 年	2018 年	2019 年	2020 年
内蒙古	2472	2470	2464	2455	2449	2440	2436	2433	2422	2415	2403
广西	4610	4655	4694	4731	4770	4811	4857	4907	4947	4982	5019
重庆	2885	2944	2975	3011	3043	3070	3110	3144	3163	3188	3209
四川	8045	8064	8085	8109	8139	8196	8251	8289	8321	8351	8371
贵州	3479	3530	3587	3632	3677	3708	3758	3803	3822	3848	3858
云南	4602	4620	4631	4641	4653	4663	4677	4693	4703	4714	4722
西藏	300	309	315	317	325	330	340	349	354	361	366
陕西	3735	3765	3787	3804	3827	3846	3874	3904	3931	3944	3955
甘肃	2560	2552	2550	2537	2531	2523	2520	2522	2515	2509	2501
青海	563	568	571	571	576	577	582	586	587	590	593
宁夏	633	648	659	666	678	684	695	705	710	717	721
新疆	2185	2225	2253	2285	2325	2385	2428	2480	2520	2559	2590

整个西部地区的基本公共文化服务水平处在三个阶梯上：根据西部各省份人口数量（见表 6 – 8），四川的基本公共文化服务水平最高，明显优于其他省份，处于第一阶梯；陕西、云南、广西、重庆、甘肃、内蒙古、新疆和贵州 8 省份的基本公共文化服务水平比四川低，且彼此间较为均衡，处于第二阶梯；西藏、青海、宁夏 3 省份的基本公共文化服务水平测算值最低，处于第三阶梯。总体来说，西部地区基本公共文化服务水平较低、非均等化程度较高。

第二节　西部城乡基本公共文化服务均等化程度测评

"十三五"时期，西部农村地区公共文化服务体系建设取得了极大成就，覆盖城乡的公共文化服务设施网络基本建成，公共文化服务理念和方式不断创新，公共文化服务供给能力不断增强，但同时仍有一系列问题亟待解决。其中最为突出的问题就是公共文化资源配置在城乡之间配置不均衡，基本公共文化服务均等化水平有待提高。因此，提升西部城乡基本公共文化服务均

---

① 《2011～2021 年中国统计年鉴》，国家统计局网，http：//www. stats. gov. cn/tjsj/ndsj/，最后访问日期：2021 年 10 月 2 日。

等化水平，着力解决城乡非均衡发展问题，既是实现城乡统筹发展的重要路径，也是促进社会公平正义的基本要求，对于推进全国范围内基本公共文化服务均等化的实现以及构建现代公共文化服务体系意义重大。

一　西部城乡基本公共文化服务均等化评价指标体系构建

对西部城市和农村基层（县、乡、村）基本公共文化服务水平分别进行测量，然后进行比较，需要先建立适合进行城乡对比的评价指标体系。基本公共文化服务的主要项目包括公共图书和群众文化事业，同时城乡居民家庭人均消费支出能明显地反映出两者占有文化服务资源的差距，在考虑可以得到的统计数据的情况下，将三级评价体系建构如下（见表6-9）。

表6-9　城乡基本公共文化服务均等化指标体系

一级指标	二级指标	三级指标
基本公共文化服务水平	公共图书馆	总藏书量（千册）
		平均每千人藏书量（册）
		总购书费用（千元）
		平均每千人购书费用（元）
		总支出（千元）
		购书费占总支出比重（%）
	居民家庭人均消费支出	教育文化娱乐服务（元）
		文教娱乐支出占消费支出的比重（%）
	群众文化事业	从业人员（人）
		组织各种活动（个/次）
		藏书数量（千册）
		培训人次（千人次）
		计算机数量（台）
		公用房屋建筑面积（平方千米）
		资产合计（千元）
		财政拨款（千元）
		总支出（千元）
		本馆指导的单位（个）

根据测度的内容归类和测度对象对上一级指标的影响程度（如三级指标

对二级指标的影响、二级指标对一级指标的影响），以及根据熵值法为城乡基本公共文化服务均等化测评各级指标赋予权重如下（见表6-10和表6-11）。

表6-10　城市基本公共文化服务均等化指标权重

一级指标	二级指标	三级指标	权重（%）
基本公共文化服务水平	公共图书馆（32.47%）	总藏书量（千册）	16.36
		平均每千人藏书量（册）	15.23
		总购书费用（千元）	17.39
		平均每千人购书费用（元）	16.18
		总支出（千元）	17.09
		购书费占总支出比重（%）	17.75
	居民家庭人均消费支出（14.23%）	教育文化娱乐服务（元）	51.78
		文教娱乐支出占消费支出的比重（%）	48.22
	群众文化事业（53.30%）	从业人员（人）	11.14
		组织各种活动（个/次）	10.44
		藏书数量（千册）	9.66
		培训人次（千人次）	10.16
		计算机数量（台）	9.78
		公用房屋建筑面积（平方千米）	9.81
		资产合计（千元）	9.57
		财政拨款（千元）	9.85
		总支出（千元）	9.94
		本馆指导的单位（个）	9.65

注：群众文化事业的三级指标中，组织各种活动（个/次）、藏书数量（千册）、培训人次（千人次）、计算机数量（台）、公用房屋建筑面积（平方千米）、资产合计（千元）这六个指标反映的都是群众文化事业［主要是群众艺术馆、文化馆（站）］的软、硬件质量。

表6-11　基层基本公共文化服务均等化指标权重

一级指标	二级指标	三级指标	权重（%）
基本公共文化服务水平	公共图书馆（33.36%）	总藏书量（千册）	16.39
		平均每千人藏书量（册）	16.65
		总购书费用（千元）	17.01
		平均每千人购书费用（元）	15.94

续表

一级指标	二级指标	三级指标	权重（％）
基本公共文化服务水平	公共图书馆（33.36％）	总支出（千元）	16.68
		购书费占总支出比重（％）	17.33
	居民家庭人均消费支出（15.42％）	教育文化娱乐服务（元）	46.19
		文教娱乐支出占消费支出的比重（％）	53.81
	群众文化事业（51.22％）	从业人员（人）	11.08
		组织各种活动（个/次）	10.25
		藏书数量（千册）	9.64
		培训人次（千人次）	10.27
		计算机数量（台）	9.77
		公用房屋建筑面积（平方千米）	9.85
		资产合计（千元）	9.44
		财政拨款（千元）	9.85
		总支出（千元）	10.23
		本馆指导的单位（个）	9.61

注：群众文化事业的三级指标中，组织各种活动（个/次）、藏书数量（千册）、培训人次（千人次）、计算机数量（台）、公用房屋建筑面积（平方千米）、资产合计（千元）这六个指标反映的都是群众文化事业〔主要是群众艺术馆、文化馆（站）〕的软、硬件质量。

二　西部城乡基本公共文化服务均等化水平测量

为了保证均等化水平测度的科学合理性，本书基于历年《中国文化文物统计年鉴》①、《中国图书馆年鉴》及各地市 2010～2019 年的统计数据进行分析，在确定各项指标权重的基础上，运用变异系数法和均等化系数法对西部城乡基本公共文化服务均等化水平进行测度，结果见表 6 - 12 至表 6 - 17。

（一）城乡基本公共文化服务均等化水平比较

表 6 - 12　2010～2019 年西部地区城乡基本公共文化服务均等化水平一级指标（总量）平均值

一级指标	西部地区（均值）
城市基本公共文化服务水平	28419.90

---

① 《中国文化文物统计年鉴》于 2019 年变更为《中国文化文物和旅游统计年鉴》。

续表

一级指标	西部地区（均值）
基层基本公共文化服务水平	1057947.24
城市与基层的比值	0.0287

表 6 – 13　2010～2019 年西部地区城乡基本公共文化服务均等化水平
一级指标（人均）平均值

一级指标	西部地区[①]	平均值[②]
城市基本公共文化服务水平（每万人）	8.9324	13.30
基层基本公共文化服务水平（每万人）	332.51	468.93
城市与基层的比值	0.0269	0.0284

注：①指西部地区公共文化服务水平（各省份的服务水平测算值之和）与西部地区总人口的比值；②指各省份每万人享有的公共文化服务水平的平均值。

（二）变异系数、均等化系数测量

表 6 – 14　2010～2019 年西部地区城乡基本公共文化服务均等化水平
一级指标（总量）变异系数

一级指标	平均值	变异系数
城市基本公共文化服务水平	28419.90	0.5892
基层基本公共文化服务水平	1057947.24	0.5241

表 6 – 15　2010～2019 年西部地区城乡基本公共文化服务均等化水平
一级指标（人均）变异系数

一级指标	平均值	变异系数
城市基本公共文化服务水平（每万人）	12.92	0.6774
基层基本公共文化服务水平（每万人）	454.25	0.6241

表 6 – 16　2010～2019 年西部地区城乡基本公共文化服务均等化水平（总量）的城乡
比值及其变异系数

指标	比值的平均值	比值的变异系数
西部地区基本公共文化服务水平的城乡比值	0.0288	0.4099

表 6 - 17　2010～2019 年西部地区城乡基本公共文化服务均等化水平（人均）的城乡比值及其变异系数

指标	比值的平均值	比值的变异系数
西部地区基本公共文化服务水平（每万人）的城乡比值	0.0284	0.4145

三　西部城乡基本公共文化服务均等化测量结论

整体来说，不论是否考虑人口因素，西部城市地区的基本公共文化服务水平与基层差异都并不大。但如果将城市与乡村分别进行各省份间的横向比较，结果却明显不同。若不考虑人口因素，各省份之间的城市基本公共文化服务水平的均等化程度较低，变异系数为 0.5892，基层基本公共文化服务水平的均等化程度也较低，变异系数为 0.5241（见表 6 - 14）；若考虑人口因素，按人均城市基本公共文化服务水平测算，则各省份之间的城市基本公共文化服务水平的非均等化程度（变异系数为 0.6774）比基层基本公共文化服务水平的非均等化程度（变异系数为 0.6241）高出很多（见表 6 - 15），且两者都是不均等的。

就西部地区基本公共文化服务水平的城乡比值来看，如果不考虑人口因素，城乡之间的差距较大，平均比值大约为 0.0288，变异系数相对较大，为 0.4099，说明西部地区的城乡差距水平比较均等（见表 6 - 16）。也就是说，撇开人口，就供给总量来看，西部地区的城乡基本公共文化服务能力水平是比较均等的，差距并不是非常大。若按人均计算，那么城乡差距也相对较小，城市服务水平是基层的 0.0284 倍，城乡比值的变异系数相对较大，为 0.4145（见表 6 - 17）。这说明，当考虑人口数量、将供给量均摊到单个居民身上时，西部地区各省份基本公共文化服务的城乡差距水平较为均等，差距并不是非常大。

当不考虑人口因素时，重庆的基本公共文化服务城乡差别最小，为 0.0113；内蒙古城乡差别最大，比值为 0.0616，青海城乡类别的比值为 0.0396。将人口因素考虑在内，基本公共文化服务水平城乡差距最小的为重庆，比值为 0.0056；内蒙古、甘肃城乡差距明显，比值分别为 0.0356 和 0.0326；西藏的城乡差距最大，比值为 0.0546。

第三节 西部农村公共文化服务供给效率测度[①]

农村公共文化服务的有效供给，对保障农村居民基本公共文化权益、增强农民群众文化获得感和优化农村公共文化资源配置具有重要意义。[②] 与城市相比，广大农村地区还存在依靠公共财政支出来提高公共文化服务供给效率的问题，特别是西部农村地区，由于受经济条件、基础设施、人口规模、资源分布等限制，公共文化服务供给总量不足，供给效率普遍低下，这在一定程度上造成了公共财政资金和公共文化资源的浪费。故本节致力于对西部农村地区公共文化服务的供给效率进行测度与评价，以期为提升西部地区公共文化服务供给水平提供基础性数据和可操作性政策建议，进而为变革传统公共文化服务模式、实现公共文化服务治理模式的转换重构提供经验支撑和实证基础。

一 西部农村公共文化服务供给效率差异分析的理论支撑

本书在 Malmquist 生产指数模型的基础上，运用收敛性理论来分析西部农村的区域异质性。1986 年，经济学家 Baumol 首先在新古典经济增长理论的基础上分析经济增长的收敛现象[③]，随后 Robert 和 Lucas[④]、Romer[⑤]、Williamson[⑥]、Quah[⑦] 等进一步丰富了收敛性理论。收敛性理论所关心的问题是"经济现象是否具有新古典增长理论所主张的'稳态'和'条件收敛'，或

① 李少惠、韩慧：《西部农村公共文化服务供给效率及收敛性分析》，《深圳大学学报》（人文社会科学版）（人文社会科学版）2020 年第 6 期。

② 李少惠、袁硕：《我国公共文化服务效率影响因素研究：一项元分析》，《国家图书馆学刊》2022 年第 2 期。

③ Baumol, W. J., "Productivity Growth, Convergence, and Welfare: What the Long-Run Data Show", *The American Economic Review* 76 (5), 1986, pp. 1072 – 1085.

④ Robert, E., Lucas, J., "On the Mechanics of Economic Development", *Journal of Monetary Economics* 22 (1), 1988, pp. 3 – 42.

⑤ Romer, P. M., "Increasing Returns and Long-Run Growth", *Journal of Political Economy* 94 (5), 1986, pp. 1002 – 1037.

⑥ Williamson, J. G., "Regional Inequality and the Process of National Development: A Description of the Patterns", *Economic Development & Cultural Change* 13 (4), 1965, pp. 1 – 84.

⑦ Quah, D., "Empirics for Growth and Distribution: Polarization, Stratification and Convergence Clubs", *Journal of Economic Growth* 2 (1), 1997, pp. 27 – 59.

内生增长理论所说的那样，即没有'稳态'"①。一般情况下，按照经济收敛的不同特征，可以将其分成以下三类。第一类是 σ 收敛，主要是指各地区间人均产出（收入）的差异随着时间的推移逐步缩小。第二类是相对收敛，也称 β 收敛，指的是具有较低劳动产出或人均收入水平的地区倾向于以更快的速度增长，表明经济水平之间的差距因为增长率差异而缩小了。β 收敛又可以细分为绝对收敛和条件收敛，其中 β 绝对收敛意味着每个地区的收入将达到完全相同的稳态增长率和增长水平；β 条件收敛是指每个地区都在接近各自的稳态水平，这种稳态水平取决于每个地区自身的特征。σ 收敛和 β 收敛最本质的区别在于 σ 收敛是针对产出存量来说的，β 收敛则是基于产出增量而言的。② 第三类是 s 收敛，又称空间收敛，指的是一些在经济上具有空间相关性的地区间的人均产出（收入）水平在长期内存在增长收敛的特征。从研究对象和研究内容来看，本书主要探究的是西部农村公共文化服务供给效率水平层面的差异，并未涉及空间层面的分析，因此这里只选取了 σ 收敛和 β 收敛进行分析。

收敛性理论自提出以来，逐渐被学者们引入经济、卫生、能源、农业、教育等领域，其应用范围不断扩大，日益成为分析区域差异动态演变的重要方法之一。长期以来，由于资源的自由流动，加剧了区域间的贫富差距，同时也加大了城乡之间的发展差异，北京、上海、广东等东部省份一直处于经济和社会发展的前列，而西藏、青海、宁夏等西部省份却远远落后于东部和中部，而收敛性理论的存在恰好可以帮助研究人员更好地分析区域发展差异，识别是否存在贫困地区逐渐收敛于富裕地区的现象。基于此，本书将收敛性理论引入供给效率分析中，以进一步分析西部农村的发展差异，若随着时间的推移，不同地区农村公共文化服务供给效率的差异逐渐缩小，$\sigma_{t+T} < \sigma_t$，则存在 σ 收敛；如果在不考虑如经济发展水平、居民受教育水平、产业结构等影响因素下，西部各省份的农村地区公共文化服务供给效率具有完全相同的稳态增长，则存在 β 绝对收敛；如果在考虑了或者控制了一系列影响因素之后，西部各省份的农村公共文化服务供给效率逐渐收敛到自身稳定状态，则存在 β 条件收敛。

---

① 周娜：《中国省域公共图书馆资源的优化配置——基于发展效率差异及收敛的实证分析》，《图书情报工作》2019 年第 2 期。

② 李谷成：《中国农业生产率增长的地区差距与收敛性分析》，《产业经济研究》2009 年第 2 期。

二　西部农村公共文化服务供给效率评估指标体系的构建与筛选

（一）指标体系构建原则

现有研究大多是基于对公共文化服务绩效评估指标体系的设计，学者们较少细致研究公共文化服务供给效率评估指标体系。在既有研究中，学者们认为公共文化服务绩效评估指标设计应遵循以下原则：一是以人为本、目标性、激励性和有效性原则[①]；二是目标一致性、可比性、可测性原则；三是科学性与操作性相结合、过程性与结果性相结合、定性与定量相结合、整体性与层次性相结合[②]等原则。基于此，本书在对西部农村公共文化服务供给效率进行测度时遵循以下原则。

1. 可衡量性原则

公共文化服务供给效率评估指标应具有可测量性和现实可行性，要尽可能侧重于定量指标的选择。与定性指标相比，定量指标更具有可比性和可衡量性，能够更客观、准确地反映出公共文化服务供给效率的情况，使效率评估结果更令人信服。

2. 数据可获取性原则[③]

指标数据是保证评价结果客观准确的基础和关键。本书主要从政府视角对西部农村公共文化服务供给效率进行分析，要求选择的指标数据必须从官方网站或官方机构获得，保证数据的客观性、有效性、权威性、准确性和连续性。为此，本书从《中国文化文物统计年鉴》《中国统计年鉴》《中国农村统计年鉴》中选取了相应的指标，并在前人研究成果的基础上，建立了一套测算供给效率的评估指标体系，便于分析公共文化服务的供给效率。

3. 代表性原则

一方面，指标的选取要反映指标体系各层级的投入和产出情况，避免指标的交叉混淆；另一方面，指标数量选取要适当，既不能太多，太多会导致指标的重复以及评价对象之间的差距过小，也不能太少，太少就无法全面测量，影响科学性，不利于后续的评价。

---

① 李少惠、余君萍：《公共治理视野下我国农村公共文化服务绩效评估研究》，《图书与情报》2009 年第 6 期。

② 金家厚：《公共文化机构绩效评估及其机制优化》，《重庆社会科学》2011 年第 11 期。

③ 钱勇晨：《地方政府公共文化服务供给效率研究》，浙江大学硕士学位论文，2014。

4. 可行性原则

这一原则有两方面的要求：一是要有针对性，也就是说不同评估对象的特定职能和绩效目标应该有不同的评价指标；二是要符合实际，防止指标设置过高，脱离现实。

5. 导向性原则

通过评估，能够获得有效的评估结果，更好地了解和把握西部农村公共文化服务供给存在的问题，发现差距，从而不断提高供给效率和服务能力，更好地为公众服务。

（二）指标体系构建

效率评估是公共文化服务供给的最后一个环节，也是最重要的一步，有效衡量公共文化服务供给效率有利于明确公共文化服务供给不足并采取相关措施加以改进。当前对公共文化服务供给效率评估指标的研究大致从以下几个方面进行：一是对政府供给公共文化服务能力的评价，选取的指标有政府投入规模与结构、文化服务设施规模、政府举办文化活动次数、文化设施利用状况等[①]；二是对公共文化支出效率的评价，选取的指标有政府文化事业费用总支出、文化部门总产出、文化部门增加值、文化事业费、文化事业机构数及公共图书馆人均拥有藏书册数等[②][③]；三是对公共文化服务政府供给效率的评价，选取的指标主要有文化事业机构数、从业人员数、财政投入、文化活动人次和活动场次等。[④] 学者们在选取公共文化服务供给效率评估指标时，因指标选取依据不同会形成不同的指标体系。在投入指标方面，主要集中于财政投入、设施投入、活动投入和政策投入等；在产出方面，则侧重于机构数量、人员人次及活动场次等。在此基础上，本书认为供给效率评估指标中的投入指标可从人、财、物三个方面来考虑。在公共文化服务中，政府作为唯一责任主体，其主要职责是提供财力支持、建设基础设施和提供专业人才，

[①] 孔进：《我国政府公共文化服务提供能力研究》，《山东社会科学》2010 年第 3 期。

[②] 涂斌、王宋涛：《地方政府公共文化支出效率及影响因素——基于广东 21 个地级市的实证分析》，《经济问题》2012 年第 3 期。

[③] 杨林、许敬轩：《地方财政公共文化服务支出效率评价与影响因素》，《中央财经大学学报》2013 年第 4 期。

[④] 申亮、王玉燕：《我国公共文化服务政府供给效率的测度与检验》，《上海财经大学学报》2017 年第 2 期。

故财政支持、人才保障、设施建设可以有效反映政府对公共文化服务中的投入。对于产出指标来说，目前学界的争议还比较大，本书认为公共文化服务的最终目的是保障人们的基本文化权益，让群众享受到高质量的文化服务和产品，因而在指标选择上，应从广大群众切实感受到的公共文化产品和文化服务中去挑选。基于以上考虑，本书初步将产出指标从公共图书馆产出、艺术业产出、群众文化业产出、文体娱乐业产出等方面进行设计。具体的指标内容如下。

1. 公共文化服务财政投入

政府在当前公共文化服务体系建设中仍占据主导位置，其对公共文化服务的财政投入对于推动公共文化服务体系的发展有着不可或缺的作用。人均文化事业费可直接衡量民众所获得公共财政提供的文化福利的多少，是地方财政支出的重要组成部分，本书用农村居民人均文化事业费来表征。

2. 公共文化服务机构投入

政府的公共文化投入和文化产出主要依托于公共文化机构[1]，在公共文化服务体系中公共文化机构占据着重要地位。公共文化服务机构是"向社会提供公共文化产品和服务的公益性文化单位"，包括众多机构，例如公共图书馆、群众艺术馆等涉及文化类的单位。公共文化机构作为一个普及知识、传播先进文化、提供精神食粮、满足人民群众文化需求、保障人民群众文化权益的公共机构[2]，它的健全与完善对于提高服务质量和实现公益目标——让人民群众共享文化发展的成果至关重要，本书中公共文化服务机构投入主要是指从事公共文化服务机构总数。

3. 公共文化服务人员投入

公共文化服务人员是建设现代公共文化服务体系的中坚力量，公共文化服务人员一般是指致力于生产、提供公共文化产品与服务的人员，涵盖了现有公共文化服务队伍中的所有成员，特别是文化骨干、技术人员、管理人才等人才资源。他们中既有从事文化创作的人才，又有促进文化成果传播的人才，还有从事公共文化事业的管理者与工作人员，等等。公共文化服务人员的数量规模会直接影响公共文化服务的覆盖面与供给效率。本

---

[1] 孙逊主编《2013 年中国公共文化服务发展报告》，商务印书馆，2014，第 45 页。
[2] 王燕平：《公共文化机构应该积极参与非物质文化遗产数据的建设与管理》，《科技情报开发与经济》2009 年第 29 期。

书中公共文化服务人员投入主要是指从事公共文化服务人员总数。

4.公共图书馆产出

公共图书馆不仅能够有效满足人民群众的文化信息需求，还能够有效配置人、财、物等馆内资源，并"最大限度地满足其所服务公众的信息需求程度"[①]，是公共文化服务的重要组成部分。公共图书馆服务质量如何，最终评价者是农民，农家书屋的流通人次、每村拥有的藏书量最能直接反映公共图书馆产出效率，故这里将农家书屋的流通人次、每村拥有的藏书量作为公共图书馆产出指标。

5.艺术业和群众文化业产出

艺术业和群众文化业是中国公共文化服务事业的重要组成部分，推进艺术创作和群众文化建设，有利于满足人民群众日益增长的文化需求，提高国民的文化水平，加快中国公共文化事业的发展，从而提高国家文化软实力，增强国际竞争力。因而艺术业和群众文化业作为产出指标，对评估公共文化服务供给效率具有重要的意义。本书选择艺术表演团体农村演出观众人次、乡镇综合文化站组织文艺活动次数来表征。

6.文体娱乐业产出

文体娱乐业是公共文化服务的重要组成部分，在中国公共文化服务事业中发挥着不可替代的作用。[②]农村居民通过参加村庄所举行的体育健身等活动，一方面可以起到锻炼身体的作用，另一方面可以实现文体娱乐业产出的价值。因此，对于文体娱乐业产出指标，本书选择每村举办体育健身活动数量来表征。

通过问卷调研的方式，发放问卷200份[③]，回收有效问卷168份，回收

---

① 王卫、闫帅：《地区公共图书馆Malmquist指数测度及影响因素分析》，《图书馆理论与实践》2017年第1期。

② 余冬林：《我国东中西部地区公共博物馆投入及其绩效评价》，《宁夏社会科学》2016年第5期。

③ 问卷数据主要来源于2019年6月24日至8月30日的暑期调研以及通过问卷星获得的部分问卷，问卷内容主要根据国家社科基金项目"西部农村地区公共文化服务体系建设的完善"来设计，包括八个部分，即"基本情况"、"服务需求"、"服务供给"、"服务效能"、"满意度"、"服务资源"、"服务质量"及"公共图书馆建设"。本书中所使用的数据主要来自"服务供给"部分，问卷发放对象包括文化工作者和农村居民，调研发放地有四川成都，重庆江津区、高新区、南岸区和江北区，广西南宁，甘肃兰州、定西、庆（转下页注）

率达到84%，在综合考虑投入产出指标的可获取性及各投入变量与产出变量之间必须符合"相关性"和"同向性"的假设条件的后，结合以往学者的研究经验，本着投入和产出指标之和少于决策单元个数的原则，利用 Stata14 进行信度、效度①和相关性分析，剔除掉不符合上述要求的指标，最终选取了公共文化服务财政投入、机构投入和人员投入作为效率测度的投入指标，公共图书馆产出、艺术业产出、群众文化业产出、文体娱乐业产出作为其产出指标，指标数量共计7个，如表6-18所示。

表6-18 西部农村公共文化服务供给效率评估指标体系

指标	指标名称	指标说明	单位
投入指标	公共文化服务财政投入	农村居民人均文化事业费	元
	公共文化服务机构投入	从事公共文化服务机构总数	个
	公共文化服务人员投入	从事公共文化服务人员总数	人
产出指标	公共图书馆产出	农家书屋的流通人次	人
		每村拥有的藏书量	个
	艺术业产出	艺术表演团体农村演出观众人次	人
	群众文化业产出	乡镇综合文化站组织文艺活动次数	次
	文体娱乐业产出	每村举办体育健身活动数量	场/年

三 西部农村公共文化服务供给效率实证分析

本部分将按照上一部分所构建的西部农村公共文化服务供给效率评估指标体系，运用 Malmqusit 指数模型、σ 收敛及 β 收敛检验方法，对2007～2018年西部农村公共文化服务供给效率进行分析。本章中所涉及的投入和产出变量数据来自《中国文化文物统计年鉴》、《中国农村统计年鉴》以及各省份的政府网站和相关统计年鉴；外部环境变量的数据来源于《中国统

（接上页注③）阳、临夏州，宁夏银川，内蒙古包头，陕西西安、榆林，山西运城、忻州，云南昆明、昭通等各市下的农村地区，其余地区则主要通过问卷星的形式进行数据采集。

① 由于篇幅和字数有限，在正文部分对信度和效度等分析结果不做汇报，保留下的各指标 Cronbach's α 系数值都超过 0.7，指标体系的 KMO 为 0.799，p 值为 0.000，通过了 Bartlett 球度检验，说明构建的指标体系是有效的。

计年鉴》、《中国财政年鉴》、《中国农村统计年鉴》、《中国区域经济统计年鉴》和《中国教育经费统计年鉴》。

（一）模型选择

1. Malmquist 指数模型

Malmquist 于 1953 年首先提出 Malmquist 指数；随后，Caves、Diewert 和 Christensen 等发展了 Malmquist 指数的应用范围[①②]；之后，Färe[③] 等建立了可以观察两个不同时段的 TFPch（全要素生产率）指数，以期来测算动态效率的变化，其计算公式如下：

$$
\begin{aligned}
TFPch &= M_0\left(x^t, y^t, x^{t+1}, y^{t+1}\right) \\
&= \left[\frac{D_0^{t+1}\left(x^{t+1}, y^{t+1}\right)}{D_0^{t+1}\left(x^t, y^t\right)} * \frac{D_0^t\left(x^{t+1}, y^{t+1}\right)}{D_0^t\left(x^t, y^t\right)}\right] \\
&= \frac{D_0^{t+1}\left(x^{t+1}, y^{t+1}\right)}{D_0^t\left(x^t, y^t\right)} * \left[\frac{D_0^t\left(x^{t+1}, y^{t+1}\right)}{D_0^{t+1}\left(x^{t+1}, y^{t+1}\right)} * \frac{D_0^t\left(x^t, y^t\right)}{D_0^{t+1}\left(x^t, y^t\right)}\right]^{\frac{1}{2}} \\
&= TEch\left(x^{t+1}, y^{t+1}; x^t, y^t\right) * TPch\left(x^{t+1}, y^{t+1}; x^t, y^t\right)
\end{aligned} \tag{1}
$$

式（1）反映了全要素生产率在 t 期到 $t+1$ 期间的动态变化，它是由技术进步指数 $TPch$ 和技术效率变化指数 $TEch$ 两部分构成的，其中：

$$
TEch = \frac{D_0^{t+1}\left(x^{t+1}, y^{t+1}\right)}{D_0^t\left(x^t, y^t\right)}
$$

$$
TPch = \left[\frac{D_0^t\left(x^{t+1}, y^{t+1}\right)}{D_0^{t+1}\left(x^{t+1}, y^{t+1}\right)} * \frac{D_0^t\left(x^t, y^t\right)}{D_0^{t+1}\left(x^t, y^t\right)}\right]^{\frac{1}{2}} \tag{2}
$$

式（2）中，$TPch$ 用来比较两个相邻时期西部各省份农村地区的技术进步程度或创新程度；$TEch$ 用来衡量在投入产出过程中投入资源是否合理分配以及是否存在浪费。

---

① 戚诱、张明：《基于 Malmquist 指数的江苏创新资源整合共享效率评价》，《中国软科学》2013 年第 5 期。

② 王惠、钱旦敏、李小聪：《基于 DEA 和 SFA 方法的公共图书馆效率测评研究》，《国家图书馆学刊》2014 年第 2 期。

③ Färe, R., Grosskopf, S., Norris, M., Zhang, Z., "Productivity Growth, Technical Progress, and Efficiency Change in Industrialized Countries", *American Economic Review* 84 (1), 1994, pp. 66 – 83.

2. 效率收敛检验模型

（1）σ 收敛

σ 收敛主要通过对区域间变量标准差的分布情况进行分析，进而对其收敛性进行判断。[①] 本书采用潘文卿的标准差法进行测度[②]，具体公式如下：

$$\sigma = \sqrt{\frac{1}{N-1}\sum_{i=1}^{N}(TFP_{i,t} - \overline{TFP_t})^2} \tag{3}$$

其中，N 代表所要分析的样本数量（本书中主要是指省份数量），$TFP_{i,t}$ 代表第 i 个省份在 t 期的农村公共文化服务供给的发展效率，TFP_t 表示西部 12 个省份在 t 期的农村公共文化服务供给的发展效率的均值。如果标准差随着时间的推移而减小，则说明区域间变量的差异越来越小，存在收敛趋势。本书研究的是西部农村公共文化服务供给的发展效率的收敛性问题，因此需要对 Malmquist 生产率指数进行相应的变换来得到发展效率值，本书主要借鉴的是邱斌等的做法[③]：假设 2006 年的发展效率为 1，由于 Malmquist 生产率指数代表相对于上一年的效率增长值，故 2007 年的发展效率＝2007 年 Malmquist 生产率指数×2006 年发展效率，以后各年以此类推即可得到相应的发展效率值。

（2）β 收敛

β 绝对收敛检验主要是用来判断发展效率较低的农村地区随着时间的推移，是否存在向发展效率较高的农村地区靠拢的趋势，实现"落后"对"先进"的赶超。[④] 本书借鉴彭国华[⑤]和李键等[⑥]的研究方法，将绝对收敛模型设定为：

$$\ln(TFP_{i,t+T}/TFP_{i,t})/T = \alpha + \beta\ln TFP_{i,t} + \varepsilon \tag{4}$$

式（4）中，$TFP_{i,t+T}$、$TFP_{i,t}$ 分别为 2018 年与 2007 年第 i 个省份的农村

① 汪晓文、慕一君：《中国省际环境技术效率及收敛性分析》，《统计与决策》2019 年第 8 期。
② 潘文卿：《中国区域经济差异与收敛》，《中国社会科学》2010 年第 1 期。
③ 邱斌、杨帅、辛培江：《FDI 技术溢出渠道与中国制造业生产率增长研究：基于面板数据的分析》，《世界经济》2008 年第 8 期。
④ 景守武、张捷：《我国省际能源环境效率收敛性分析》，《山西财经大学学报》2018 年第 1 期。
⑤ 彭国华：《中国地区收入差距、全要素生产率及其收敛分析》，《经济研究》2005 年第 5 期。
⑥ 李健、卫平、付军明：《中国地区工业生产率增长差异及收敛性研究——基于三投入 DEA 实证分析》，《产业经济研究》2015 年第 5 期。

公共文化服务供给的发展效率，如果 $\beta < 0$ 且通过显著性检验，则表明各农村公共文化服务供给的发展效率的增长差异从长远来看将逐渐消失。当添加其他影响因素后，衡量绝对收敛的指标系数和显著性可能会发生某些变化，这说明 β 绝对收敛需要一定的条件来控制。

考虑到农村公共文化服务供给的发展效率的收敛可能会受其他环境因素影响而发生变化，为了进一步研究在增加影响因素后西部农村公共文化服务供给的发展效率的收敛情况，就需要对农村公共文化服务供给的发展效率进行条件 β 收敛分析。相应的 β 条件收敛检验模型设置为：

$$d(\ln TFP_{it}) = \ln TFP_{i,t} - \ln TFP_{i,t-1} = \alpha + \beta \ln TFP_{i,t-1} + \sum_{j=1}^{k} \varphi_j X_{jit} + \varepsilon_{it} \tag{5}$$

式（5）中，系数 β 为重点关注的指标，若其小于 0 且在统计水平上显著，则说明存在条件收敛，符号 d 表示一阶差分过程，X 代表相关影响因素。

（二）环境变量的选取及数据来源

1. β 条件收敛的影响因素

关于公共文化服务供给效率的影响因素，根据以往研究大体可以分为四类：第一类是经济因素，如人均 GDP[1][2]；第二类是社会因素，如文盲率、受教育水平[3]；第三类是财政因素，如财政分权、财政支出结构；第四类是地理因素，如人口密度、地理位置。基于此，条件收敛中引入稳态的变量如下。①经济因素：一是经济发展水平（$RUCO$），经济发展水平是制约一个地区发展的关键因素，这里主要采用毛雁冰的做法，用农村居民家庭人均纯收入来表示；二是地区产业结构（$\ln t$），属于经济层面的质量指标，是一个地区社会经济体系的重要组成部分，间接反映了该地区的整体社会发展状况，本书采用人均第三产业增量来表示。②社会因素：居民受教育水平（$Educ$），直接影响一个地区的未来发展，本书采用农村地区具有大专及以上学历的人口占比来衡量。③地理因素：选取各省份农村地区的人口密

---

① 孔进：《我国政府公共文化服务提供能力研究》，《山东社会科学》2010 年第 3 期。
② 涂斌、王宋涛：《地方政府公共文化支出效率及影响因素——基于广东 21 个地级市的实证分析》，《经济问题》2012 年第 3 期。
③ 胡税根、莫锦江、李倩：《基于数据包络分析的公共文化科技服务资源配置效率研究》，《行政论坛》2018 年第 5 期。

度（Dop）作为研究指标，因为人口密度在一定程度上反映了一个地区的社会经济发展水平。④政府重视程度：采用政府财政拨款（Dag）来衡量，政府财政拨款可以直接反映该地区政府对农村公共文化服务建设的重视程度。

2. 数据来源

考虑到数据的真实性和可得性，本书选择了 2007～2018 年西部 12 个省份的农村地区作为效率测度的决策单元。书中所涉及的投入和产出变量数据来自《中国文化文物统计年鉴》、《中国农村统计年鉴》以及各省份的政府网站和相关统计年鉴；外部环境变量的数据来源于《中国统计年鉴》、《中国财政年鉴》、《中国农村统计年鉴》、《中国区域经济统计年鉴》和《中国教育经费统计年鉴》。

（三）供给效率评价的结果分析

根据上述所述的方法原理及其样本数据，遵从 Malmqusit 模型、σ 收敛及 β 收敛检验方法，对 2007～2018 年西部农村公共文化服务供给效率进行分析，使用 Deap2.1 和 Stata14 软件辅助计算。具体的计算步骤在此不再赘述，相关结果分析如下。

1. 西部农村公共文化服务供给效率差异性分析

Malmquist 生产指数可以动态反映西部农村公共文化服务供给效率和技术进步在不同时期的变化趋势。利用 Deap2.1 对数据进行动态分析，计算结果如表 6-19 所示。首先，西部农村公共文化服务供给全要素生产率年均值为 0.810，小于 1，说明西部农村公共文化服务供给的全要素生产率的增长仍未摆脱负增长局面，尽管个别年份出现过正增长态势。其次，技术效率变化指数和技术进步指数分别为 0.994 和 0.815，年均增长率分别为 -0.6% 和 -18.5%，技术效率对全要素生产率的贡献大于技术进步，其年均增长率的负向增长小于全要素生产率的负向增长，这说明技术效率在全要素生产率中发挥了有益的作用，技术进步指数平均下降了 18.5%，说明技术进步不明显是阻碍西部农村地区公共文化服务供给效率提升的关键因素。

技术效率变化主要是由纯技术效率变化指数及规模效率变化指数组成的，将技术效率变化指数进一步分解之后可以发现，纯技术效率和规模效率年均增速分别为 -1.2% 和 0.6%，这说明 2007～2018 年，技术效率的提升有赖于农村公共文化服务供给规模的扩大。故本书认为西部农村公共文化服务供给效率提升主要得益于技术效率的提升，即投入资源的有效配置，而非技术进步，这也符合当前西部农村地区的实际情况。

表 6-19　2007～2018 年西部农村地区公共文化服务 Malmquist 全要素生产率
指数时间演变

年份	技术效率变化指数	技术进步指数	纯技术效率变化指数	规模效率变化指数	全要素生产率指数
2007～2008	1.075	1.065	1.041	1.033	1.145
2008～2009	0.954	0.917	0.983	0.971	0.875
2009～2010	1.049	1.076	1.008	1.040	1.128
2010～2011	1.030	1.053	1.001	1.029	1.084
2011～2012	0.974	0.945	0.985	0.988	0.920
2012～2013	1.010	1.003	0.970	1.041	1.013
2013～2014	0.898	1.211	1.002	0.896	1.088
2014～2015	1.090	0.926	1.019	1.070	1.010
2015～2016	0.957	1.083	0.922	1.038	1.036
2016～2017	0.780	0.527	0.998	0.781	0.411
2017～2018	1.173	0.158	0.946	1.240	0.185
平均值	0.994	0.815	0.988	1.006	0.810

　　西部 12 个省份农村公共文化服务供给全要素生产率指数及其分解的描述性统计特征如表 6-20 所示。由此可知，全要素生产率出现正增长的省份为 0 个，其中技术进步指数为正的省份为 0 个，技术效率变化指数为正的省份有 7 个，占全部省份的 58.33%，进一步验证了表 6-19 的结论：当前西部农村公共文化服务供给全要素生产率增长的主要原因是技术效率的提高。此外，同时具备技术进步和技术效率提高特征的省份为 0 个，这说明西部农村地区公共文化服务供给效率整体偏低，提升供给效率依然任重而道远。

表 6-20　西部农村地区公共文化服务供给全要素生产率指数及其分解的描述性统计

单位：%

指标名称	平均值	标准差	最小值	最大值	指数大于 1 的省份数量	有效率的省份占比
技术效率变化指数	0.994	0.026	0.938	1.035	7	58.33
技术进步指数	0.816	0.040	0.765	0.893	0	0
纯技术效率变化指数	0.989	0.035	0.886	1.032	7	58.33

指标名称	平均值	标准差	最小值	最大值	指数大于1的省份数量	有效率的省份占比
规模效率变化指数	1.006	0.022	0.975	1.059	8	66.67
全要素生产率指数	0.812	0.053	0.731	0.921	0	0
技术效率变化指数和技术进步指数					0	0

资料来源：作者计算整理得到。

2. 西部农村地区公共文化服务供给效率收敛性分析

为对西部地区农村公共文化服务供给效率收敛性进行整体把握，本书利用式（3）、式（4）和式（5）对西部农村地区公共文化服务供给效率进行了 σ 收敛检验和 β 收敛检验，同时按照西部地区的划分标准，将研究对象划分为西南农村地区和西北农村地区。[①]

（1） σ 收敛检验与分析

为了更加直观地对比不同区域的收敛趋势，我们绘制了 σ 收敛趋势图（见图6－7）。结合表6－21（ σ 检验结果）和图6－7可以看出： $\sigma_{2015} > \sigma_{2007}$ ，这说明2007～2015年收敛性并不存在，整个西部农村地区和两大区域公共文化服务供给效率均呈现发散趋势，但从2016年开始出现转折， $\sigma_{2018} < \sigma_{2016}$ ，整个西部农村地区和两大区域农村地区公共文化服务供给效率表现出逐渐收敛的趋势。故整个西部农村地区公共文化服务供给效率呈现 σ 收敛趋势；从区域角度来看，公共文化服务供给效率差异也在逐渐缩小，究其原因是，2016年中国进一步提出要建立健全现代公共文化服务体系，提升公共文化服务效能，西部农村地区根据自身的公共文化服务发展现状，按照"十二五"和"十三五"文化发展规划，以完善公共文化服务政策为抓手，加大对公共文化服务发展所需的人、财、物的投入，丰富文化服务活动内容，提升文化产品品质，促进文化资源共享，有效缩小了西部农村公共文化服务发展的地区差距和城乡差距。

---

① 两大区域分别是西南地区和西北地区，其中西南地区包括重庆、四川、贵州、云南、西藏和广西六省份；西北地区包含甘肃、青海、宁夏、新疆、内蒙古和陕西六省份。

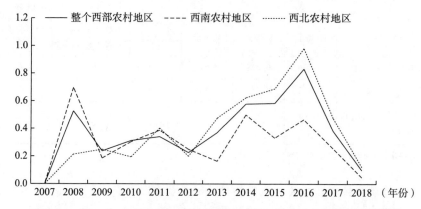

图 6-7　2007~2018 年不同区域农村地区公共文化服务供给效率收敛趋势

表 6-21　2007~2018 年不同区域农村地区公共文化服务供给效率 σ 收敛检验

年份	整个西部农村地区	西南农村地区	西北农村地区
2007	0.0000	0.0000	0.0000
2008	0.5269	0.6968	0.2137
2009	0.2372	0.1856	0.2485
2010	0.3125	0.3039	0.1943
2011	0.3408	0.3871	0.4024
2012	0.2261	0.2499	0.1993
2013	0.3709	0.1640	0.4767
2014	0.5791	0.5008	0.6248
2015	0.5843	0.3320	0.6888
2016	0.8323	0.4663	0.9815
2017	0.3837	0.2570	0.4775
2018	0.0981	0.0471	0.1217

注：由于 2007 年是基期年，其 *TFP* 数值被设定为 1，因此该年 σ 收敛值为 0。

（2）β 绝对收敛检验与分析

本书使用 OLS，按照式（4）对整个西部农村地区及西南农村地区、西北农村地区公共文化服务供给效率进行 β 绝对收敛检验，结果如表 6-22 所示。据此可以看出，整个西部农村地区、西南农村地区和西北农村地区的 ln*TFP* 回归系数在 1% 的水平上显著为正，表明整个西部农村地区及西南农村地区、西北农村地区不存在 β 绝对收敛趋势，即农村间差距并没有缩小，绝对差距仍然存在。

表 6 – 22　不同区域农村地区公共文化服务供给效率 β 绝对收敛

指标	整个西部农村地区	西南农村地区	西北农村地区
lnTFP	0.6801 *** (26.33)	0.7169 *** (19.03)	0.6442 *** (18.18)
常数项	− 0.0262 (− 1.22)	− 0.0151 (− 0.48)	− 0.0352 (− 1.20)
Adj-R^2	0.8287	0.8357	0.8227
AIC	8.5122	8.7714	1.5385
BIC	14.4518	13.3248	6.0918

注：***、** 和 * 分别代表 1%、5% 和 10% 的统计显著性水平；括号内的数字表示 t 的统计量。

（3）β 条件收敛检验与分析

β 条件收敛假定每个区域的经济基础和特征都是不同的，各区域将沿着自身的稳态水平发展，但区域间变量的绝对差异始终存在。从上述分析可知，在各地区经济基础相同的假设前提下，各地区间公共文化服务供给效率不可能达到相同的稳态增长水平，因此，为了得到更为真实的状况，就需要对西部农村地区公共文化服务供给效率进行 β 条件收敛分析。为避免由控制变量和缺少解释变量引起的内生偏差，本书将运用动态面板数据模型进行回归分析。

考虑到差分 GMM 估计存在弱工具变量的问题[①]，这里使用系统 GMM 对西部农村地区公共文化服务供给效率进行 β 条件收敛检验，结果如表 6 – 23 所示。

表 6 – 23　不同区域农村地区公共文化服务供给效率 β 条件收敛检验[②]

变量	整个西部农村地区	西南农村地区	西北农村地区
lnTFP（− 1）	− 0.6281 *** (− 3.34)	− 0.6165 *** (− 3.59)	− 0.7973 *** (− 3.27)
$RUCO$	0.0000221 (0.88)	0.0000199 (0.68)	0.0000697 * (1.71)

① Che, Y., Lu, Y., Tao, Z., Wang, P., "The Impact of Income on Democracy Revisited", *Journal of Comparative Economics* 41 (1), 2013, pp. 159 – 169.

② AR (1) 和 AR (2) 的原假设是扰动项差分不存在一阶和二阶自相关；Sargan 检验的原假设是所有工具变量都有效。

续表

变量	整个西部农村地区	西南农村地区	西北农村地区
$\ln t$	-0.0001165^* (-1.79)	-0.00018^{**} (-2.3)	-0.0001423 (-1.40)
Dop	0.0000933 (1.08)	0.0000258 (0.22)	-0.00021 (-1.64)
$Educ$	-0.1369^{**} (-2.09)	-0.1681^{**} (-2.00)	-0.1807 (-1.3)
Dag	$-3.54e-11$ (-0.22)	$2.04e-10$ (1.61)	$-3.51e-10^{**}$ (-2.21)
AR（1）	0.0308	0.1067	0.0820
AR（2）	0.1438	0.1340	0.3581
Sargan 检验量	0.3101	0.2992	0.2241
样本量	108	54	54

注：***、**和*分别代表1%、5%和10%的统计显著性水平；括号内的数字表示 t 的统计量。

从表6 - 23 中的 AR（2）可知，所有模型都不能显著拒绝"扰动项不存在自相关"的原假设，这说明系统 GMM 的估计量是一致有效的；过度识别检验（Sargan）结果表明，所有工具变量都是有效的。因此，可以进行系统 GMM 估计，根据估计结果可以得出以下结论。

第一，西部农村公共文化服务供给效率的 β 条件收敛是显著的。在引入经济发展水平、地区产业结构、居民受教育水平、人口密度及政府重视程度等变量后，不同区域模型中的 β 系数显著为负，表明西部农村公共文化服务供给效率差距在整个西部农村地区及两大区域农村地区呈现显著缩小的态势，究其原因是近年来中央政府不断加大对西部农村地区公共文化服务发展的各项投入和支持力度。此外，西南、西北两大区域农村公共文化服务供给效率的收敛速度也存在差异，其中西北农村地区供给效率收敛速度要快于西南农村地区。

第二，农村居民家庭人均纯收入的估计系数在西北农村地区显著为正，这表明经济发展水平对缩小西北农村地区公共文化服务供给效率差距起到显著的促进作用。公共文化服务建设是经济发展中一项重要的内容，通常经济发展越快的地区，其公共文化服务供给效率也相对较高。近年来，国家加大对西部农村地区的倾斜力度，尽管西北地区六省份经济发展水平仍落后于西南地区和全国其他区域，但与自身相比，其经济发展水平得到了明显的提升，人们对于公共文化服务的需求也不断扩大，从而进一步提升了整个西部农村地区公共文化服务供给效率。整个西部农村地区和西南农村地区的农村居民家庭人均纯收入系数为正，但未通过显著性检验。这也进一步说明，当前西部农村地区公共文化服务的发展与经济发展水平之间仍未形成良好的互动关系。

第三，人均第三产业增量在整个西部农村地区和西南农村地区的估计系数分别在10%和5%的统计水平上显著为负，即随着人均第三产业增量的增加，公共文化服务供给效率将会降低。这是因为当前西部农村地区的产值贡献仍然主要来自农业，服务业发展相对缓慢。西北六省份农村地区的产业结构的系数为负，但未通过显著性检验。

第四，人口密度在整个西部农村地区及西南、西北农村地区均未通过显著性检验。一般来说，公共文化服务作为公共服务的一部分，存在规模效应，在人口密度较高的地区，政府提供公共文化服务时，将有可能获得规模经济，进而带来供给效率的提升，且较高的人口密度也有利于降低政府公共文化服务供给的管理和监督成本，从而提高政府效率。但规模效应在西部农村地区表现得并不明显，这说明人口规模并不是制约当前西部农村地区公共文化服务供给效率提升的关键因素，这也进一步说明当前西部农村地区的"空心化"现象较为严重，老年人、妇女和儿童并不会真正影响公共文化服务供给效率。

第五，居民受教育水平在整个西部农村地区及西南农村地区的系数显著为负，而在西北农村地区的系数虽为负值，但并未通过显著性检验。这说明从总体上看，居民受教育水平的提升不利于公共文化服务供给效率的提升。根据文化消费理论[1]，与教育相关的文化资本在一定程度上决定了农村居民的文化消费能力，因此受教育水平高的人们会偏向于用自有资金去投资文化产品[2]，减少参与公共文化服务活动的次数，这将不利于公共文化

---

[1]　〔比〕维克托·A. 金斯伯格、〔澳〕戴维·思罗斯比编著《艺术与文化经济学手册》，王家新等译，东北财经大学出版社，2018，第79页。

[2]　吴理财、夏国锋：《农民的文化生活：兴衰与重建——以安徽省为例》，《中国农村观察》2007年第2期。

服务供给效率的提升。

第六，政府财政拨款仅在西北农村地区的估计系数显著为负，没有观测到财政拨款对其他区域公共文化服务供给效率的收敛作用，这表明目前政府财政拨款对西部农村公共文化服务供给效率的促进作用有限，这可能与部分地方政府对农村地区公共文化服务建设还不够重视有关。当前中国政府的资金监管制度和绩效考核制度还不健全，出于经济和社会发展的需要，政府有时会将用于公共文化服务的资金挪作他用，导致服务资金出现短缺，同时在资金使用过程中也存在浪费问题，这势必会影响到公共文化服务的长远发展。

第七章　西部农村公共文化服务治理的甘肃实践

作为国家文化战略的重要组成部分，西部农村公共文化服务治理实践体现为政府主导下的多元主体共同探索适合本地区公共文化服务发展的特色之路。本章聚焦于西部农村公共文化服务治理的具体实践，以甘肃省为例，从公共文化服务治理的制度创新、文化传承、主体参与等视角出发，选取张掖市"乡村舞台"建设、陇南市乞巧节非物质文化遗产保护、定西市青年文化反哺、庆阳市农民公共文化服务弱参与及兰州市基层公共文化服务自主供给五个案例展开分析。

张掖市"乡村舞台"建设以张掖市入选第二批国家公共文化服务体系示范区为契机，探索欠发达地区农村基层公共文化服务的制度创新，政府与社会力量合作共建，平等参与，发挥了多元治理的优势。陇南市乞巧节作为非物质文化遗产的典型代表，它的传承对于弘扬中华文明意义重大，政府在文化遗产保护过程中发挥了主导作用，二者皆属于政府主导型治理。定西市青年文化反哺与庆阳市农民公共文化服务弱参与的案例应属于政府参与型公共文化服务治理。兰州市基层公共文化服务自主供给则发挥了自组织在公共文化服务治理中的独特优势，属于自组织型治理。

西部农村是公共文化服务治理需要重点关注的地区，且随着乡村振兴战略的实施，完善农村公共文化服务体系成为振兴乡村建设的主要任务之一。然而现实中，农民的文化需求并没有获得各级政府的足够重视，致使农村公共文化供给与农民文化需求不匹配，因此有必要将关注焦点下沉至基层，探讨基层多元主体对于公共文化服务的供给与参与问题，这是实现公共文化服务治理的关键。上述典型案例所折射出的实践问题与创新举措，为探索西部农村公共文化服务的治理路径提供了思维启迪。

第一节　国家公共文化服务体系示范区创建的治理实践
——以张掖市"乡村舞台"为例

"乡村舞台"建设既是完善农村公共文化服务网络体系的有益探索，也是实现基本公共文化服务标准化、均等化目标的重要载体，为促进城乡文化一体化发展、推动西部农村基层公共文化服务体系建设发挥了典型示范作用，其建设和运行无不渗透着文化治理的理念与机制，是公共文化服务治理的生动实践。2013 年 10 月，张掖市入选第二批国家公共文化服务体系示范区。张掖市在创建实践中，以国家公共文化服务体系示范区建设为平台，以甘肃华夏文明传承创新区建设为契机，于 2014 年 1 月全面开展了"乡村舞台"建设工作，重点围绕基层文化资源统筹，坚持"整合资源、综合利用、统一管理、服务群众"原则，打造"有主题、有组织、有队伍、有场地、有设施、有活动、有制度"的综合文化服务平台，不断完善公共文化服务网络，探索建立可持续发展的长效保障机制，促进农村基层公共文化服务体系建设。

一　张掖市"乡村舞台"建设的实践探索

（一）张掖市"乡村舞台"建设的基本情况

张掖市位于河西走廊中部，是坐落在祁连山和黑河湿地两个国家级自然保护区之上的绿洲城市，是中国西部重要的生态安全屏障、立体交通枢纽和经济通道。西汉（公元前 111 年）时设郡，因"张国臂掖，以通西域"而得名，史称甘州，享有"塞上江南""金张掖"的美誉。张掖市下辖甘州区、临泽县、高台县、山丹县、民乐县、肃南裕固族自治县一区五县。张掖市多样的生态、富集的资源、特殊的区位、厚重的文化，都是其创建国家公共文化服务体系示范区和实施跨越式发展的比较优势。[①] 但同时，张掖市地处西部

---

① 此处参考《张掖市概况》，张掖市政府官网，http://www.zhangye.gov.cn/zjzy/202204/t2022 0421_832770.html，最后访问日期：2022 年 11 月 26 日。

欠发达地区，受经济发展程度及社会发展水平等因素的影响，公共文化服务水平城乡不均衡，开展"乡村舞台"建设必须把握这一特殊内在情境。

张掖市自 2014 年伊始正式实施"乡村舞台"建设起，就将"乡村舞台"建设纳入全市经济社会发展总体规划，全市精准式扶贫总体规划及市、县（区）党委政府办实事项目。以新农村生产专业化、生活社区化、环境田园化、农民知识化的"四化"建设为着力点，以"一站一室一广场"为阵地，在整合农村现有的资金、项目、场所、设施、人才等资源的基础上，充分利用乡镇综合文化站、村社文化室、党员活动室、农家书屋、乡村体育健身工程等设施，推进"乡村舞台"建设，组建村级民间自办文化社团，实现文化资源重心到村、文化服务到户，有效缓解了当前农村公共文化产品供给总量不足的状况。

（二）张掖市"乡村舞台"建设取得的成效

张掖市"乡村舞台"建设作为贯彻落实中国现代公共文化服务体系建设和甘肃省文化大省建设的重要举措，通过整合基层文化资源，推动创新农村公共文化服务体系建设，在客观上促进了城乡文化一体化发展以及公共文化服务体系建设标准化、均等化。

张掖市"乡村舞台"建设不仅有效整合和统筹利用了资金、资源、人才等基层公共文化资源，激活了全市公共文化服务体系建设能量，提升了基层公共文化设施建设、管理和服务水平，促使公共文化服务实现"六大转变"，即从政府到社会的转变，从小范围到广覆盖的转变，从送文化到种文化的转变，从固定服务到流动服务的转变，从传统服务到数字服务的转变，从单一服务到多元服务的转变，不同程度地实现了文化资源由盆景到风景、由点到面、由乡到村的跨越共享，而且基本解决了基层公共文化设施功能不健全、管理不规范、服务效能低等突出问题，初步打通了公共文化服务的"最后一公里"，整体效益发挥日渐凸显。

1. 项目资源整合取得新成效

按照甘肃"乡村舞台"建设总体部署，张掖市成立了"乡村舞台"建设工作领导小组，印发了"乡村舞台"建设工作方案①，把"乡村舞台"

---

① 此处参考 2016 年在张掖市政府调研时获得的通知文件《关于印发〈全市"乡村舞台"建设方案〉的通知》。

建设与创建国家公共文化服务体系示范区、美丽乡村建设、"双联"工作及为民办实事相结合，在全省"五有"标准的基础上，增加了"有主题""有制度"的标准，形成了"七有"标准。按照全市"乡村舞台"建设"一盘棋"的总体思路，由宣传部门牵头，组织、发改、财政、文化、科技、教育等部门配合，以乡镇综合文化站、村文化室为主阵地，以文化信息资源共享工程、农家书屋、农村电影放映、广播电视村村通、户户通工程等文化惠民工程为主体，整合党员远程教育、农民体育健身、科普惠农兴村等惠农工程，切实把"乡村舞台"打造为综合性基层文化活动中心，为广大群众提供了多渠道、多样化、多层次服务，极大地增强了"乡村舞台"的吸引力。

2. 基础设施建设达到新水平

为进一步夯实公共文化基础建设，张掖市把"乡村舞台"作为推进基层公共文化建设的重点工作来抓，实施了"五建设三统一"工程（建设一个广场、一个舞台、一套设施、一个文化长廊、一支队伍，统一制作标识、统一管理体制、统一活动安排）①，即文体广场硬化面积在 $1000m^2$ 以上，建有 $80m^2$ 左右的演出舞台，配有健身、娱乐、培训、学习等设施，设立宣传社会主义核心价值观的文化长廊或文化墙，组建 10 人以上的文化队伍，统一制作"乡村舞台"标识，制定管理运行制度，安排本年度重点活动，做到制度上墙、活动定期公示。

3. 社会资本参与实现新突破

随着"乡村舞台"建设的深入开展，"乡村舞台"在政策宣传、活动开展、科技普及、卫生保健、聚集人气等方面的品牌影响力不断扩大，吸引了广大致富能人和群众投入 4505 万元参与"乡村舞台"建设，实现了社会资本参与的新突破。如高台县企业家陈振国赞助 3200 万元修建了高台县博物馆；山丹县致富能人刘积旺投资 1160 万元，在清泉镇祁家店村建设集文化演出、民俗展示、农耕体验等为一体的观光体验式"乡村舞台"；国家级非遗项目裕固族服饰传承人柯翠玲投资 600 多万元，在肃南县红湾寺镇建设了裕固族特色村寨；民乐县洪水镇费寨村外出务工能人捐资 68 万元，新建

① 此处参考 2016 年在张掖市文化广播影视新闻出版局调研时获得的文件《张掖市"乡村舞台"建设进展情况汇报》。

了硬化面积为 1.06 万 m² 的活动广场，并配套建设了演出舞台、文化长廊、篮球场等。①

4. 群众文化活动呈现新局面

结合"乡村舞台"建设，张掖市实施了"快乐老乡"群众性引领示范活动，重点开展了周末广场文化活动、文化惠民扶贫活动及文化扶贫典型示范活动、科技宣传教育实践等活动。每年夏秋之际，在市、县（区）中心广场每周安排文化惠民演出活动，集中开展了全市"乡村舞台·快乐老乡"群众文艺展演活动，在全市 65 个精准扶贫村开展了新农村、新农民、新风尚、新形象"四新竞赛"活动，推动群众文化活动由政府提倡向政府与群众共同组织转变，促进群众文化活动与企业公益性活动相结合，形成了群众在文化建设中自我表现、自我教育、自我服务的生动局面。

5. 建设方式方法体现多样化

张掖市在"乡村舞台"建设中，按照生产专业化、生活社区化、环境田园化、农民知识化的新农村建设要求，因地制宜、因势利导，在农村公共文化建设方面探索出了许多好的经验和做法。甘州区在推进文化阵地建设的同时，成立了覆盖乡镇、街道、社区的群众文化活动协会，带动基层文化活动开展；临泽县按照"十有"标准，探索推广了农村文化社区文化大院建设，并实施了"12345"家庭文化示范户项目（1 个书柜、2 份报纸、30 本图书、4 幅字画、读 5 本好书）；高台县以乡村舞台为阵地，夏秋时节每周组织开展"百姓大舞台"演出活动；肃南裕固族自治县发挥少数民族地区优势，挖掘民族地区文化资源，并积极向国家和省里争取建设资金，组建别具特色的文化活动团体。②

6. 制度建设逐步建立健全

为推进国家公共文化服务体系示范区创建工作，张掖市以"乡村舞台"

---

① 此处参考《遇见张掖，乐享非遗——张掖市非物质文化遗产保护工作综述》，张掖市政府官网，http://www.zhangye.gov.cn/dzdt/bmdt/202106/t20210611_657211.html，最后访问日期：2022 年 9 月 15 日；《裕固族传承人揭非遗保护现状 砸 500 万还原寨旧貌》，人民网，http://culture.people.com.cn/n/2015/0829/c87423-27530831.html，最后访问日期：2022 年 9 月 15 日。
② 此处参考 2016 年在张掖市文化广播影视新闻出版局调研时获得的文件《张掖市"乡村舞台"建设进展情况汇报》《高台县"乡村舞台"建设工作调研报告》《肃南裕固族自治县"乡村舞台"建设进展情况汇报》《临泽县"乡村舞台"建设进展情况汇报》。

建设为载体和抓手，及时总结实践中形成的好的经验与做法，探索形成相关政策制度，在前期出台《关于加快文化大市建设的意见》《关于进一步加强乡镇综合文化站农家书屋建设管理的实施意见》等政策的基础上又根据全省"乡村舞台"建设统一要求，制定了《张掖市"乡村舞台"暂行管理办法》《张掖市"乡村舞台"建设管理细则（试行）》《张掖市"乡村舞台"建设考核标准（试行）》《张掖市关于进一步加强全市乡镇综合文化站和农家书屋建设管理的意见》《张掖市吸引社会力量参与公共文化建设的意见》《张掖市基层文化单位、社区（村社）人员配备和资金保障实施意见》《张掖市城乡群众基本文化服务内容及量化指标的规定》等一系列政策文件，全面建立了有关人才引进、活动实施、目标管理和考核、群众自办文化团体建设等的管理机制。[①] 这些政策和机制的制定与实施，为张掖市国家公共文化服务体系示范区建设以及"乡村舞台"建设提供了制度上的保障，也为形成党委领导、政府抓总，社会、市场、群众协同的多元治理格局奠定了良好基础。

（三）张掖市"乡村舞台"运行模式的特色化建设

张掖市在创建国家公共文化服务体系示范区的实践过程中，根据示范区的创建标准，立足当地群众文化需求和区域内文化建设资源状况，努力打造"乡村舞台"这一综合文化服务平台。同时，又根据辖区内自然地理环境、物质生产方式、资源禀赋特征、经济社会发展水平和文化建设基础等要素条件的不同，因地制宜、因势利导，形成了既有共性与交叉又各具特色的"乡村舞台"的运行模式，由此促进了农村公共文化活动内容与功能的富集性与便捷化，是对基层公共文化服务体系运行模式的创造性探索（见表 7-1）。

1. 传统农业地区公共文化服务常态化

地处黑河沿岸的甘州区、临泽县、高台县的 34 个乡镇，所在区域为张掖市农业生产的优质区域，农村经济水平高于全市平均水平，农业人口最

---

① 此处参考《张掖市人民政府办公室转发市文化广播影视新闻出版局等部门关于做好政府向社会力量购买公共文化服务工作的实施意见的通知》，张掖市政府官网，http://www.zhangye.gov.cn/zyszfxxgk/zfwj_5652/gfxwj_5655/202009/t20200929_495944.html，最后访问日期：2022 年 9 月 15 日；《张掖市关于加快构建现代公共文化服务体系的实施意见》，张掖市政府官网，http://www.zhangye.gov.cn/zyszfxxgk/zfwj_5652/gfxwj_5655/202009/t20200929_495945.html，最后访问日期：2022 年 9 月 15 日。其他文件为调研期间获取。

为密集。交通相对便利，农业生产基础条件较好，农村公共文化设施建设较完善，农民整体素质较高，但公共文化服务能力较弱。面对长期以来文化建设方面的"历史欠账"，甘州区、临泽县和高台县把"乡村舞台"建设作为当地文化实现跨越发展的重大机遇和最大的"文化惠民工程"来抓，将其与新农村建设、美丽乡村建设相结合，以改善农村社会文化环境、提高农民整体素质、文化生活质量和农村文明程度为目标，通过理顺管理体制机制、有效整合利用现有农村文化资源和公共空间、培育民间文化社团等措施，补齐短板，扎实推进"乡村舞台"建设，基本实现了设施齐全、制度规范、责任清晰、主体明确、服务有效、活动经常的公共文化服务的常态化。

（1）明确责任，理顺管理体制机制

鉴于"乡村舞台"建设涉及跨部门、跨领域、跨系统的资源整合和优化配置，是在汇集项目、场所、设施、人才等多种资源的基础上加以整合形成的平台，涉及多部门管理事务，故必须明确责任，理顺管理体制机制。张掖市确立了"乡村舞台"的协作机制，即包括文化、财政、民政、城建、法制、体育、科技、教育、妇联、老龄办等相关部门参与的社区公共文化建设协调机制，统一领导，统一规划，统一部署，明确各相关部门的职责范围，夯实责任，使"乡村舞台"建设在政府的统一领导下健康有序地发展，这一协作机制在传统农业地区发挥了积极作用。"乡村舞台"协作机制的建立，冲破了原有文化资源的城乡分割、区域分割、专业分割，通过有效整合，实现了"城乡联动、区域互动和全县齐动"的农村文化工作新局面，既符合区情，又合乎民情，开辟了城乡文化一体化建设的新路子。

与此同时，传统农业地区还努力探索"乡村舞台"的管理运行机制，建立县、乡、村分级负责的良性运行机制，层层签订目标责任书并制定考核奖惩办法；从主体责任、规划建设、智能服务、经费保障、检查考核等方面提出了明确要求，从而使"乡村舞台"建设更加规范化、制度化。

（2）有效整合利用现有农村文化资源和公共空间

在积极整合农村现有的文化活动、文化信息资源共享工程、村级基层服务点建设、宣传教育、文化教育、图书报刊、科学普及、普法教育、农业科技培训等方面的场所、设施、人才等资源的基础上，传统农业地区充分利用乡镇综合文化站、村文化活动室、农家书屋、乡村文化体育广场等阵地，坚持把"乡村舞台"建在人口较为集中、靠近学校、方便农民开展活动的地方，切实搭建群众自娱自乐的综合性文化服务中心，努力形成惠民生、高质量的"乡村舞台"，通过有效整合现有公共文化服务资源，满足了群众多样化的文化需求。

（3）创新载体，培育民间文化社团

坚持"因地制宜、就地取材、突出特色"的原则，以组建村级民间自办文化社团为核心，搭建群众自娱自乐的大舞台，彰显传统优势和特色文化项目。如甘州区以民间自办文化社团为载体，创新形式，积极鼓励支持乡土文化和民间文化健康发展，把"送文化"下乡变为"种文化"在乡，让农民群众从"坐在台下看戏"变成"走上台来演戏"，充分发挥广大农民群众作为公共文化服务体系建设的主体作用。同时，定期或不定期指派区文化馆文艺专业人才下乡进村指导，提升民间剧团自编自导自演的能力，组织开展交流演出、集中展演等活动，使文化真正在基层扎根，让"乡村舞台"成为群众广泛参与的大舞台。

传统农业地区通过公共文化服务的常态化，使农民群众广泛享有了免费的基本公共文化服务，保障了本地区公共文化服务供给的质量和数量。随着"乡村舞台"建设的有序推进，一种越来越大的磁场效应逐步形成。

2. 城郊地区公共文化服务标准化

张掖市地处中心城区、县城及城乡接合部的城郊地区，共涉及9个乡镇，生产方式以进城务工、经商为主，收入水平较高，大多数农民已"上楼"居住，基础设施多为新建，具备建设标准化文化设施的条件。针对城郊地区实际，市、县（区）以标准化为方向，积极推进"乡村舞台"建设。

（1）统一规划标准

在城中村、棚户区改造和小康住宅楼建设过程中，把文化活动室、文体广场、活动设施等纳入建设总体规划，严格落实"从建设住房投资中提取1%，用于社区公共文化设施建设"的要求，加大城市社区文化活动场所建设，有效解决了建设资金不足的问题。

（2）统一建设标准

文化活动室：面积在50m²以上，依托党员远程教育、信息资源共享和农家书屋，拓展建设了培训室、书画室、棋牌室、乒乓球室、日间照料室、儿童活动室等活动场所。文体活动广场：建设地址选在群众集中居住区域，硬化面积在 1000m² 以上，演出舞台在 50m² 以上，舞台照壁设计"乡村舞台"字样和省里统一图案标识，文化长廊 30m² 以上，文化活动公示牌和光荣榜、曝光牌各 1 块，体育健身器材 10 种以上，有条件的可拓展建设篮球场、羽毛球场等室外活动场地。活动设施：移动音箱 1 套，投影仪 1 套，电视机 1 台，演出乐器 10 件以上，演出服装 10 套以上，订购报刊 5 种以上，藏书 1500 册以上。文化展览室：有条件的地方要建设村史馆、乡村记忆博物馆（陈列室）、非物质文化遗产保护传承传习所。美化亮化工作：广场建设绿化带，种植特色花草树木，有固定的照明设施和文化演出活动灯光。①

（3）统一活动标准

按时参加农村党员干部现代远程教育活动，每月组织在村党员集中学习 1 次，每年观看优秀党员教育电影 15 部以上，每年农家书屋借阅流动册数在 200 册以上，开展广场舞等日常文化娱乐活动 100 次以上，举办篮球、乒乓球等体育竞赛 6 次以上，举办联欢会、农民运动会等综合性文化活动 3 次以上，群众参与率超 80%。②

3. 沿山地区公共文化服务时段化

以山丹县、民乐县为主的沿山地区地处祁连山北麓，海拔高，降水少，经济社会发展相对滞后。行政村多由若干个自然村组成，村与村之间相距较远。农村劳动力受教育程度较低，多数以赴新疆、青海、西藏务工为主，劳务输出为农民就业的主要方式，留守老人、儿童居多。针对沿山地区文化基础设施落后、冬闲时节外出务工人员集中返乡、秋冬时节农民喜欢看大戏的实际情况，主要通过时段化服务方式推进"乡村舞台"建设。

（1）依托精准扶贫，建设"乡村舞台"

全市 65 个重点精准扶贫村主要集中在沿山地区。为确保重点贫困村在"乡村舞台"建设中不掉队，采取政府补一点、集体筹一点、群众集一点、

①　此处参考 2016 年在张掖市文化广播影视新闻出版局调研时获得的文件《关于呈报市委市政府为民办实事项目 30 个乡村舞台建设实施方案的报告》《关于印发〈全市"乡村舞台"建设方案〉的通知》。

②　此处参考 2016 年在张掖市文化广播影视新闻出版局调研时获得的文件《关于呈报市委市政府为民办实事项目 30 个乡村舞台建设实施方案的报告》《关于印发〈全市"乡村舞台"建设方案〉的通知》

能人捐一点、开发商垫一点的"五个一点"的方式，筹措"乡村舞台"建设资金2398万元，在65个重点贫困村建成硬化面积在1000m²以上的文体广场65个，80m²以上的演出舞台45个，并配备了健身器材、演出服装、乐器音响等设备。甘州区大满镇李家墩村投资450万元建设了高标准文体广场、演出舞台、文化活动室和民俗文化陈列室。山丹县李桥乡上寨村投资70万元建设了100m²的演出舞台，并将村委会废弃的地毯厂改建为农耕文化展览馆。①

（2）依托文化集市，开展大型文化活动

针对冬闲时节外出务工人员集中返乡的有利时机，依托农村文化集市，积极组织市县（区）文化单位、演出团体赴基层开展"千台大戏送农村"、文化科技卫生"三下乡"、农村电影放映等大型文化惠民活动。同时，将"送文化"与"种文化"相结合，按照文化共享、文明共建、"结对子、种文明、种文化"要求，与民间自办文化社团、农村文化能人结成帮扶对子，积极开展书画、舞蹈、声乐、器乐、化妆及节目创编等专题培训。每年开展各类惠民演出1000多场次，举办文化类培训班200多场次，受训人员达1万多人次。

（3）依托民间社团，开展村级文化活动

按照建设要求，每个"乡村舞台"须成立10人以上的民间自办文化社团。结合地方特色文化，组织民间自办文化社团开展社火表演、歌咏比赛、广场舞比赛、手工艺品展览、读书竞赛等活动，定期举办"百姓舞台·开心广场"舞台艺术才艺大赛，集中展现群众文化活动风采。同时，按照政府向社会力量购买公共文化服务的要求，沿山地区通过政府采购和"以奖代补"的方式，不仅激发了民间社团参与文化活动的积极性，还有效解决了民间社团运营经费紧张的难题。

（4）依托文化阵地，开展宣传教育

加强农村精神文明建设，在巩固"五星文明户"评选成果的同时，开展新农村、新农民、新风尚、新形象"四新竞赛"，争做和评选孝敬父母好儿媳、勤劳致富好家庭、新农村建设带头人、环境卫生模范户、遵纪守法

---

① 此处参考2016年在张掖市调研时获得的材料《张掖市"乡村舞台"建设进展情况汇报》《甘州区"乡村舞台"建设情况自查报告》《山丹县"乡村舞台"建设情况自查报告》。

光荣户、邻里和睦文明户"六争六评"活动。开展"道德讲堂"主题活动，邀请道德模范、致富带头人等典型走上讲堂，让身边人讲身边事、身边事教身边人。组织实施"健康教育进万家"行动、"369"健康咨询、法制科技进户等活动，不断加大基层卫生、科技、法制的宣传教育力度。

4. 草原牧区公共文化服务品牌化

草原牧区是指肃南裕固族自治县所辖区域，这是全国唯一的裕固族自治县，也是国务院确定的22个人口较少民族县份之一。辖区内生活着裕固族、汉族、藏族、蒙古族等16个民族。其中，裕固族是甘肃也是全国独有的少数民族，人口1.02万，区域人口密度为每平方千米1.5人。[①] 经济收入主要来源于畜牧业，各民族在长期的共同生活和相互交流融合中，共同缔造了地域特色浓郁的民族民间文化和民俗形态。针对草原牧区实际，肃南裕固族自治县在"乡村舞台"建设中致力于提升基础设施水平、传承创新民族文化、丰富文化活动载体、打造民族文化品牌，推进文化与旅游的深度融合。

（1）高标准推进文化基础设施建设

肃南县作为"全国文化先进县"，先后新建了一大批重点文化工程。投资21亿元的祁连玉文化产业园、投资6.84亿元的中华裕固族风情走廊、投资2850万元的中国裕固族博物馆、投资660万元的裕固族歌舞传承中心、投资600万元的裕固族游牧文化中心、投资1300万元的肃南县青少年活动中心均已投入使用。截至2016年，全县建成乡镇综合文化站10个、农家书屋101个、"乡村舞台"60个。

（2）挖掘弘扬优秀民族文化

立足裕固族能歌善舞、生态环境良好的实际，邀请国内外专家学者和本地文化传承人员，加大民族特色优秀文化的整理挖掘力度，现有裕固族传统婚俗、裕固族民歌、裕固族服饰进入国家级非物质文化遗产保护名录，裕固族人生礼仪、裕固族刺绣等12项进入省级非物质文化遗产名录，27项进入市级非物质文化遗产名录。[②] 先后整理出版了《山水肃南·裕固家园》

---

① 资料来源：《张掖年鉴（2015）》。

② 此处参考2016年在甘肃省张掖市调研时获得的文件《关于肃南县"乡村舞台"进展情况的自查报告》。

《裕固族传统文化图鉴》《中国裕固族研究》《裕固族服饰》《裕固族民间文学作品选》《肃南文物》《马蹄文殊古刹轶事》《裕固族原生态民歌档案》《汉语西部裕固语对照词典》《悠悠牧草地》《尧熬尔文化》《美丽肃南》《肃南岩画》等书籍和音像制品，不仅为专家学者研究裕固族文化提供了资料依据，而且有效提升了裕固族文化对外影响力和传播力。

（3）举办民族文化活动

结合民族宗教文化传统和生态旅游打造的文殊寺四月八庙会、马蹄藏族乡的"嘉吾拉日"传统文化艺术节、皇城镇的民族文化旅游艺术节暨传统体育运动会等遍及7个乡镇的十多项特色文化节会，极大地调动了当地农牧民群众积极参与的热情。[①] 同时，针对地广人稀、服务范围广的实际状况，创建推广巡回演出和流动演出的服务形式，以满足边远地区农牧民的文化需求，如大河乡组建的"草原风"文艺小分队，通过积极吸纳文化志愿者、非遗传承人、文艺爱好者等各类文艺人才，经常性地深入各农牧村举办巡回文艺演出，为牧区民众表演民歌、原生态歌舞、相声、小品、快板及民族器乐等多种文艺节目，受到了广大农牧民的欢迎。

（4）培育民族文化品牌

创作编排的《天籁·裕固》《裕固族姑娘就是我》《家园》《梦中的西至哈至》《阿尔泰苍狼》《裕固家园》等一批在全省影响力较强的剧目歌曲。肃南县民族歌舞团先后赴北京、上海、广东、青海、内蒙古和香港等20多地开展文化交流活动，同时多次代表国家赴泰国、韩国、波兰、匈牙利等开展对外文化交流演出活动等。民族社团萨尔组合走上央视《星光大道》，赴法国开展中法建交45周年对外文化交流演出活动。

5. 城市社区公共文化服务系列化

以城市、城镇为主体的街道社区，物质文明程度较其他区域要好，不仅经济发展基础好，公共文化设施也比较完备，文化活动开展条件丰富，同时还因聚集了社区所在地的政府机构、企业事业单位、社团组织、大专院校及中小学校等部门的多种资源，体现出社区文化、机关文化、企业文化、校园文化等文化体系的辐射带动作用。但由于存在区域发展不均衡问

---

① 此处参考 2016 年在甘肃省张掖市调研时获得的文件《关于肃南县"乡村舞台"进展情况的自查报告》。

题，也不排除有些城市社区存在"灯下黑"的现象，文化设施缺失、文化活动难开展等公共文化服务盲区亟待消除。针对城市社区居民文化需求层次更高、文化参与意愿更高、文化消费能力更强的优势，通过文化服务系列化推进"乡村舞台"建设。

（1）打造15分钟"文化娱乐圈"

新建市级图书馆、美术馆已投入使用，市级文化馆、博物馆及丝绸之路文化艺术中心为在建项目。按照"大博物馆"建设总体部署，已建成张掖国家城市湿地博物馆、张掖国家丹霞地质博物馆、祁连玉博物馆、摄影博物馆等。高台县新建"八馆"、肃南县新建"一馆三中心"投入使用；民乐县新建"三馆"完成工程主体，山丹县新建"七馆"文化综合体开工建设；临泽县新建"四馆一院一中心"文化综合体已完成项目审批。[①]

（2）创新服务方式

充分利用城市公共文化场馆完善的优势，积极推进图书馆、文化馆总分馆体系建设，推动落实公共文化场馆理事会制度，实现了书籍"通借通还"、技术人才交流服务。同时，为市、县（区）配备24小时图书馆和电子图书借阅机，为城市社区建设数字图书室，加快推进公共文化数字化建设。肃南县红湾寺镇将13个行政村和2个社区划分为26个网格，安排辖区县、乡党代表、人大代表、政协委员及村干部组建若干个联系服务小组和专家服务团，进行"片村户"民情联系和"1＋X"组团服务。高台县积极招募文艺工作者、大学生、个体经营者、医务人员等65名志愿，成立了高台县"背包客"文化志愿服务队，每年开展送文化"进学校、进企业、进社区、进军营"活动50多场次，受到了社会各界的一致认可。

（3）丰富产品供给，开展系列文化活动

着力打造"湿地之夏·金张掖"文化旅游艺术节品牌，连续5年成功举办了艺术节开幕式，为配合市里的活动，临泽县举办了"中国枣乡·魅力临泽"文化旅游艺术节、高台县举办了大湖湾文化旅游艺术节、山丹县

---

① 此处参考2016年在张掖市文化广播影视新闻出版局调研时获得的文件《张掖市"乡村舞台"建设进展情况汇报》《高台县"乡村舞台"建设工作调研报告》《肃南裕固族自治县"乡村舞台"建设进展情况汇报》《临泽县"乡村舞台"建设进展情况汇报》《民乐县"乡村舞台"建设工作调研报告》。

举办了焉支山文化旅游艺术节、民乐县举办了扁都口文化旅游艺术节和全省民歌大赛、肃南县举办了祁连玉文化旅游博览会。积极打造"快乐老乡·乡村舞台"文化品牌，市、县（区）举办春节晚会、元宵灯展、新社火会演、秦腔戏迷大赛、民歌（小调）大赛、龙舟大赛等系列群众文化活动。据统计，每年全市举办各类大型品牌文化活动200多场次，参演群众达1万多人，观众达260多万人次。

表 7 - 1　张掖市"乡村舞台"运行模式基本情况

区域类型	乡镇、街道（个）	行政村、社区（个）	人口（万人）	运行模式	主要特征
传统农业地区	23	424	57.27	常态化	明确责任，理顺管理体制机制； 有效整合利用现有农村文化资源和公共空间； 创新载体，培育民间文化社团
城郊地区	9	103	12.35	标准化	统一规划标准； 统一建设标准； 统一活动标准
沿山地区	18	161	19.77	时段化	依托精准扶贫，建设"乡村舞台"； 依托文化集市，开展大型文化活动； 依托民间社团，开展村级文化活动； 依托文化阵地，开展宣传教育
草原牧区	8	101	3.75	品牌化	高标准推进文化基础设施建设； 挖掘弘扬优秀民族文化； 举办民族文化活动； 培育民族文化品牌
城市社区	7	46	34.94	系列化	打造15分钟"文化娱乐圈"； 创新服务方式； 丰富产品供给，开展系列文化活动

二　张掖市"乡村舞台"建设的示范效应

张掖作为国家级公共文化服务体系建设示范区之一，"乡村舞台"的建设和运行是对国家公共文化服务体系示范区"结合地方特色进行制度创新"精神的贯彻落实，为探索建设农村综合文化服务中心积累了宝贵经验，也为全国特别是经济欠发达地区现代公共文化服务体系建设提供了一个先行先试的具有示范效应的实践样本。

（一）价值目标：与现代公共文化服务体系建设理念契合

价值目标是把握"乡村舞台"运作模式的方向和灵魂。张掖市"乡村舞台"建设与现代公共文化服务体系建设理念紧密契合。在"乡村舞台"运行模式的价值目标追求中，主要涉及效率、公平、民主、均等化、标准化等价值内核。这些价值的选择和配置，影响各参与主体的基本理念，制约各主体的角色定位、行为导向以及合作过程中涉及的制度构建。"乡村舞台"建设通过创新公共文化服务体系建设的思路和方法，以标准化、均等化为主线，以农村和基层为重点，加强对公共文化设施的统筹建设、使用和管理，让农民群众更多更公平地享受公共文化建设成果，保障人民群众的基本文化权益。"乡村舞台"建设是构建现代公共文化服务体系的创新之举。

（二）筹资渠道：多元化的投入方式

在现代社会，享有公共文化服务是公民的基本权利，保障群众的基本文化权益是政府的重要职责。政府既是公共文化服务的主导者又是公共文化服务的提供者，具有不可替代的作用和不可推卸的责任。张掖市在"乡村舞台"建设中采取了"财政支持一点、项目安排一点、社会筹措一点、个人集资一点"的办法，广开渠道筹措资金，将政府力量、社会力量、市场力量和群众力量有机结合起来，实现了多元有机协同。

（三）供给方式：需求导向下的精准式供给

从当前农民群众公共文化服务需求的特点来看，与全国大多数农村地区一样，文化需求偏好随着社会的进步而不断变化，呈现需求新生性、成长性、时代性和多元性等兼容变化的趋势。文化需求从过去少数人兴趣爱好的单纯娱乐变为现在广泛的"求富、求知、求乐、求美"的多元性需求，精神文化需求日趋旺盛。针对群众公共文化需求的新特征，张掖市进行"乡村舞台"建设体现了精准式供给服务理念。

通过全面深入开展调查摸底，掌握基层文化设施现状、群众文化需求和文化场所建设规划等情况。在此基础上实施公共文化服务"精准式供给"，灵活把握公共文化服务需求群体和需求区域特点，顺应基层群众公共文化服务需求日益多样化的现实和不断变化的发展趋势，体现了公共文化服务供给普及性的无缝隙理念，即针对公共文化服务供给中的盲区和死角，为那些因各种客观条件无法及时享受各类公共文化服务的基层群众提供服务，消除公共文化服务供给中的不公平和不均衡，真正做到无缝隙服务。

（四）技术方法：整合基层公共文化资源

资源整合是优化资源配置以获得整体效益最优，具体是指对不同来源、不同层次、不同结构和不同内容的资源进行识别和选择、汲取与配置、激活和有机融合，使其具有条理性、系统性和价值性，并创造出新的资源的一个复杂的动态过程。公共文化资源的整合是指把有限的公共文化资源配置到公共文化产品和服务的生产中去，从而产生最佳的效益，以最大限度地满足社会群体对文化的需求。在考虑优化配置的问题时，就需要考虑资源配置的帕累托效率。公共文化资源整合本身就是一种公共文化服务供给方式上的创新。公共文化资源在配置过程中既满足了需求者的偏好，又未产生多余的被闲置的情况，实现了充分有效的利用。

张掖在"乡村舞台"建设中始终坚持科学规划、统筹城乡、惠及全民、共建共享的原则，通过多部门协调联动和政策配套，实行资源整合和项目支撑，调动全社会力量参与公共文化服务体系建设，实现农村公共文化服务资源的优化配置（见图 7 - 1）。

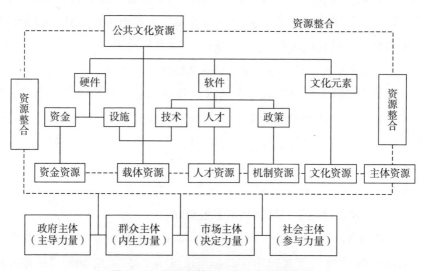

图 7 - 1 张掖市基层公共文化资源整合

（五）制度建设：省、市、县三级制度框架体系

张掖市在"乡村舞台"建设中为保障其有序运行，重点围绕"乡村舞台"运行的相关内容进行建章立制，从省、市、县三级进行制度的设计。"乡村舞台"建设从启动之初，省委宣传部、省文化厅等6部门就联合下发了《全省"乡村舞台"建设方案》。甘肃省文化厅又在试点基础上起草了"乡村舞台"建设实施意见和验收评估办法，对场地设施、活动开展、队伍建设、作用发挥等，分级分类设计了一系列评估考核指标。甘肃各市州领导小组及其办公室结合本地实际，也纷纷出台方案，定规设制，为"乡村舞台"建设保驾护航。

张掖市结合国家公共文化服务体系示范区创建工作，制定了《"乡村舞台"建设暂行管理办法》，从主体责任、规划建设、智能服务、经费保障、检查考核等方面提出了明确要求，使"乡村舞台"建设更加规范化、制度化；临泽县制定了《"乡村舞台"建设标准和管理办法》，从设施建设、队伍建设、活动要求、制度建设四方面提出标准，形成了统一规划和管理的机制；甘州区制定了《"乡村舞台"建设标准（试行）》，设计了统一标识，提出了"一村一特色、一台一品牌"的建设要求。其他各县也结合各自实际，相继出台建设"乡村舞台"的标准、管理办法、实施方案及相关举措。①

三 张掖市"乡村舞台"建设的政社互动

张掖市"乡村舞台"是地方政府优化公共文化服务供给，推进公共文化服务治理的制度创新，其建设过程经历了"乡村舞台"的创建期、运行完成期，现在已进入推进基层综合文化服务中心建设的完善期。在不同发展阶段，各级政府、社会组织、市场力量、社区组织以及公民个体等均不同程度地参与到治理实践中来。这里，我们聚焦张掖市"乡村舞台"建设中的政社互动过程，从微观层面审视中国农村基层公共文化服务多元供给中政府与社会力量互动的现实图景，在坚持政府主导与社会力量参与的实践中厘清不同主体的互动机理，把握政府与社会力量互动的动态演变过程和差异化的互动形态及实现策略。

---

① 此处参考2016年在张掖市文化广播影视新闻出版局调研时获得的文件《张掖市"乡村舞台"建设进展情况汇报》、《临泽县"乡村舞台"建设进展情况汇报》及《张掖市创建第二批国家公共文化服务体系示范区综述》。

（一）促成阶段的政府动员

在中国公共文化服务供给实践中，源于国家层面的顶层设计，政府与社会力量的互动表现出坚持政府主导与社会力量参与的结构特征，这与中国"国家主导下的社会治理"理念相契合。① 国家层面积极推动中国公共文化服务体系建设，政府主导构成了中国公共文化服务体系建设的推动力量。在这种背景下，中国公共文化服务供给中政府与社会力量互动的形成更多是制度和政策形塑的结果，主要的推动力和方式是政府动员与权威推动，其具体的实现机制在于国家政策导向、地方政府行政推动以及基层机构的资源整合。

1. 以中央政府的政策导向为基本导向

党的十八届三中全会提出"要建立健全现代公共文化服务体系"，中央及地方各级政府部门集中出台了一系列促进公共文化服务发展的政策，其中"简政放权"、"政府购买公共文化服务"以及"积极培育和引导群众文化需求"等政策要求和标准成为促进政府与社会力量在公共文化服务供给中实现互动的重要导向。正是在这一导向下，地方政府在推进实施公共文化服务体系建设中明确将政府购买公共文化服务、培育和促进文化消费、减少行政审批项目以及培育和规范文化类组织等促进政府与社会力量互动的内容作为重点工作推进。因此，公共文化服务中政府与社会力量互动关系的形成是对国家政策的直接回应的结果，体现出较强的"政策驱动"色彩。② 张掖市自开展"乡村舞台"建设以来，在文化社团组织方面，通过自发式、输送式等方式共成立了300多家民间艺术团；在社会资本引入方面，国家层面积极推进项目补贴、企业资助以及税收减免等措施，为此张掖市通过财政支持、项目安排、社会筹措以及个人集资的方式，将社会资本引入"乡村舞台"建设。另外，文化志愿者、"乡村舞台"管理人员等社会力量也作为相应的工作要求和考核标准被纳入"乡村舞台"制度建设。可以说，在张掖市"乡村舞台"建设过程中，无论是群众自办文化还是社会资

---

① 关爽、郁建兴：《国家主导的社会治理：当代中国社会治理的发展模式》，《上海行政学院学报》2016年第2期。

② 李少惠、崔吉磊：《中国现代公共文化服务政策扩散的内在张力与优化策略》，《思想战线》2017年第6期。

本引入以及文化志愿者与管理人员的制度规范，这些社会力量参与的主要动因均是国家层面的政策导向和要求的结果。

2. 以地方政府的行政推动为直接因素

在中国基层公共文化服务体系建设中，各地政府积极探索政府与社会力量的互动实践，不论是基于科层制的行政压力还是各地对公共文化服务的补贴和财政支持以及激励举措都能体现出行政推动的特征。为保证该项目顺利实施，张掖市出台了一系列政策文件，做到从上到下标准化和规范化，防止下级政府政策执行"走形""变样"，同时还制定了监督手段，对"乡村舞台"建设具体工作设计了一系列评估考核指标。此外，为使"乡村舞台"建设更加具体化，全市各县区也相应制定了《"乡村舞台"建设标准和管理办法》，严格对接上级所要求的工作标准和内容，形成了统一规划和管理的机制，从而保证从上到下的政策要求皆能得到贯彻执行。在资金投入方面，市、县（区）把"乡村舞台"建设纳入政府为民办实事项目，通过加大政府投入以及确定项目等方式吸引社会力量参与公共文化服务供给。在鼓励和引导社会力量参与方面，通过政策倾斜、资金补助、精神激励以及品牌提升等激励举措提升社会力量参与的积极性。可以说，正是通过地方政府的行政性推动实现了政府与社会力量在"乡村舞台"层面的互动。

3. 以基层机构的资源整合为组织基础

在政府与社会力量互动中，政府自身"条块"结构中的权力划分、职责分配以及运行效率是影响与其他主体互动的重要变量，直接关涉政府与其他主体互动的实现。张掖市"乡村舞台"建设按照省级"乡村舞台"建设管理细则中"以县为责任主体，以乡为实施主体，各相关部门各负其责、各司其职"的总体要求，进一步明确职责，通过建立垂直集中的管理机构和管理服务网络，基本形成了纵向到底、横向到边的责任覆盖的组织结构。一是建设形成了垂直集中的管理机构，进一步协调组织、宣传、科教文卫等相关部门抓好设施、队伍、服务、保障等各项工作，确保分工明确。二是在"乡村舞台"总协调小组的领导下，注重发挥文化部门对"乡村舞台"的综合协调作用，对下级文化部门实行垂直行政管理。考虑到"乡村舞台"建设还有相关部门参与，因此主要采用的是行业监督指导管理。对乡镇综合文化站一级的机构编制和人员编制予以明确，将乡镇综合文化站的人、财、物、事等由县级文化行政主管部门统一协调，加强对乡镇文化设施建设统筹和规划。三是明确县、乡两级党委政府在"乡村舞台"建设中的工作责任。各县级党委政府在省、市"乡村舞台"建设总体要求下提供有效的政策导向，合理统筹县域的资源安排，组织好"乡村舞台"的基础设施建设和文化产品供应；明确各乡镇党委政府是所在辖区内公共文化体系建设的责任主体和实施主体，把"乡村舞台"管理纳入本乡镇党委政府每年文化建设工作的重要议事日程中，并根据自身财力提供部分文化产品，扶植和策划文化活动。张掖市"乡村舞台"建设，正是通过政府自身"条块"层面的一系列治理变革，确立了政府在公共文化服务多元主体互动中的主导地位，明确了政府在公共文化服务中的职责与功能，从而为实现政府与其他社会力量的互动奠定了基础。

（二）运行阶段的合作化供给

张掖市"乡村舞台"建设经过初期的政府动员与权威推动，在运行和实施阶段中政府明确主导和支持地位，社会力量积极参与，承担具体事务，建构起初步的合作关系。政府主要采取项目制的方式，一方面培育引导社会力量参与"乡村舞台"建设，另一方面又通过规范监管保证社会力量在相应的框架内有序参与，政府与社会力量之间各自的资源配置优势逐步实现。

1. 以互补增强为合作基础

在张掖市"乡村舞台"实践中，政府与社会力量之间在日常管理与运营中建构起初步的合作关系。政府通过成立"乡村舞台"运行管理领导小组，统一指导"乡村舞台"运行管理工作。同时，支持和鼓励各乡镇通过文化中心户、业余演出队以及文化协会等积极组建村级民间自办文艺演出社团特别是文化协会，如成立文化产业协会，吸收有根雕、剪纸、珠编、刺绣等特长的人才加入，回应公众的本土文化需求，提升他们的文化获得感，同时也提升了政府的公共文化服务满意度。民间文艺团体、文化协会等社会组织则通过参与"乡村舞台"建设工作获得了体制认可和发展空间，对于组织的规范发展具有重要意义。由此可见，通过引导培育的方式，政府和社会力量之间初步建立了合作关系，实现了不同主体和资源的有效互动，公共文化服务效能不断得到提升。

2. 以项目制运营为互动方式

张掖市"乡村舞台"实践中以项目制的形式进行申报，实行资源整合和项目支撑，采取集中投入的方法，统筹规划项目，严格筛选承接组织，所配备设施均由市级政府统一进行招标、采购、配置。张掖市"乡村舞台"建设正是通过项目制将优质的社会力量引入"乡村舞台"建设，促进了市场组织、社会组织以及群众自发力量的整合，实现了政府与社会力量的互动。

3. 以监督规范为基本保障

张掖市"乡村舞台"建设对社会力量参与进行了有效的监督和管理，采取的主要方式包括法律监督、行政监督、合同监督和社会监督等。同时严格绩效评价，在购买流程、质量控制以及评价机制等方面对社会力量进行考核。在规范社会组织方面，制定并完善社会组织年检制度和信息公开制度，保证对社会组织的依法监管。

（三）深化阶段的协同共治

张掖市将"乡村舞台"建设与国家推动的"基层综合文化服务中心"建设融为一体，随着政府主导力量的结构优化以及社会力量专业化和规范化的发展，在协同合作的策略下，政府与社会力量的互动不断增强。

1. 以优化环境推动社会化发展

公共文化服务社会化是政府简政放权、优化职能的重要体现，是在社会力量的专业化和规范化进一步提升的基础上推动政府与社会力量实现更高层次互动的有效手段。一方面，政府通过清单制、放管服、政府购买等方式的变革，为社会力量参与公共文化服务供给创造了宽松的政策环境；另一方面，政府作为购买者和出资方为社会力量购置硬件设备、组织文化活动以及开展人才队伍培训等提供资金支持。社会力量在获得发展的同时改变以往"依附"的关系，开始转向积极主动地与政府谋求合作。这也就意味着政府与社会力量的互动关系逐步由以往"强控制"开始向"强支持"的策略转变，不断创新公共文化服务内容与形式，推动公共文化服务实现品质化发展，促进公共文化资源的共建共享。张掖市在"乡村舞台"建设实践中，发挥政府主导作用、打破体制壁垒、优化社会力量参与的外部环境和配套措施，通过孵化培育优质的社会服务主体，并对文化类社会组织进行规范，从而保障社会力量有序参与公共文化服务体系建设。在具体路径上包括：一是在规范引导社会力量参与的基础上，不断优化公共文化服务购买目录，在基础设施建设与管理运营以及文化活动开展等方面按照一定的方式和程序向社会力量开放；二是鼓励社会力量参与文化志愿服务，制定志愿者服务标准化制度，建立健全各级各类文化志愿服务组织的招募、管理和激励机制，建立健全文化志愿者与村"结对子、种文化"工作机制，为建成"乡村舞台"的行政村举办知识讲座，开展书画、美术培训等服务活动；三是拓宽社会捐赠途径，鼓励社会力量通过承办、协办等多种方式参与公共文化服务，包括广泛开展特色文化会演、民族传统文化保护和摄影展览等群众文化活动以及其他不以商业营利为目的的文艺活动等；四是在发挥市场配置文化资源灵活性的基础上，建立以市场配置资源的管理体制，营造社会资本进入公共文化服务的良好环境，在市场准入、审批等方面创造宽松的条件，市场企业开始直接参与公共文化服务供给。

2. 以回应需求激发群众自主参与

随着公众主体意识的提高，以往以群体的文化消费代替个体的文化消费，或是以文化的教育、政治和社会功能代替审美和娱乐功能，与公众多元化的公共文化服务需求错位。社区群众在公共文化服务中"用脚投票"的现象大量显现，如农家书屋的"门可罗雀"、群众公共文化服务的被动性参与等，反观一些贴近群众自主化需求的农村剧场、民间艺术团体等却"人满为患"，其重要的原因在于通过社区自主性发展，有效满足了社区群众公共文化服务的需求，带动了政府与社会其他力量的参与，这也是社区公共文化服务持续性发展的基础。张掖市在"乡村舞台"转型升级中，推行公众"参与式"治理模式，建立各利益群体有效的需求表达机制，实现供给过程中的精准式供给。同时，基层社区党组织和居委会的作用不断显现，在公共文化服务设施的运行管理、社区文化活动的开展以及民间文化保护和传承等都方面发挥了积极作用。面对民间自办文化社团松散薄弱的现实，以公众需求为导向组建民间自办文化社团，实现了群众在"乡村舞台"中的"组织化"参与。可以说，正是立足于群众文化需求，社区群众开始从以往的被动接受和弱参与等向积极主动的自我服务和自我管理演变。

中国公共文化服务治理是一个制度转型的过程，同时也是不断创造多元主体的过程。从张掖市"乡村舞台"建设实践来看，政府主导下多元主体互动的公共文化服务治理结构已初具雏形，市场（企业）组织、社会志愿组织、群众自发性组织以及居民个体等参与基层公共文化服务供给，政府与社会力量互动业已具备网络化的结构以及协同合作等关键要素，但政府与社会力量的良性互动并未真正成形。在政府主导之外，其他主体仍然没有很好地融入公共文化服务供给，诸如完善的沟通机制、信任机制和协商机制等机制尚未建立，使得政府与社会力量的有效互动具有"脆弱性"。社区内部公共文化类组织的形成和发展还是更多依赖于对资源的行政化利用，在社区内部缺乏政府组织与市场组织以及其他文化类组织之间更广泛、更高水平的横向与纵向的深度合作。特别是一些文化非营利组织发育不成熟、分类不合理、资源难汲取，与政府、市场主体相比有较大差距，在一定程度上造成了农村基层公共文化服务体系建设的结构性失衡。另外，基层民间文化社团发展动力不足。由于民间文化社团的"草根"性质，民间文化社团缺少探索民间文化良性发展的动力机制。因此，从政府与社会力量互动的发展趋势看，张掖市"乡村舞台"建设如果只是单纯地从外部进行简单的输入与汇聚，"忽视"群众内部内生性和自主性建设①，那么这种发展只能沦为一种组织的扩展或者管制的手段，出现传统公共文化管理部门自身的"社区化"，相应的社区（村）居委会管理运行机制和群众需求表达机制也可能出现"形式化"运作。故未来如何实现政府与社会力量之间的良性互动，进而在"政府主导有效"和"社会力量参与有效"基础上实现"治理有效"，促进公共文化服务体系建设的共建、共治和共享仍有待继续深入研究。

第二节　文化治理视域下非物质文化遗产保护研究
——以陇南乞巧节为例

　　非物质文化遗产作为人类口传心授、世代相承的无形的、活态的文化资产，代表了一个民族古老的生命记忆和文化基因，是其智慧和精神的集

---

① 李少惠、崔吉磊：《论我国农村公共文化服务内生机制的构建》，《经济体制改革》2007年第5期。

中体现。中国有着极其丰富的非物质文化遗产资源，但尚未形成相对完善的保护机制。随着社会结构的变迁和文化的迅速更迭，大量富有民族特色的非物质文化遗产正逐渐丧失本真韵味，甚至趋于消亡。加强非物质文化遗产的保护工作，既关涉到文化多样性的存续和文化价值认同的实现，也关系到传承弘扬中华文明的重大使命，是文化治理现代化的重要内容。

一 陇南乞巧风俗及其文化价值

乞巧风俗由来已久，且广为流传，其最早的文献记载见于东晋葛洪所著的《西京杂记》，在中国古代是许多地方非常盛行的传统民俗。但在中国从传统农业社会向现代社会急剧转型的今天，这一风俗日益式微，目前知名且列入世界非物质文化遗产保护名录的只有甘肃省陇南市西和县、浙江省温岭市西塘镇和广东省广州市天河区珠村[①]三处。与其他两地相比，甘肃陇南乞巧节这一传统风俗保存得相当完整，是集信仰崇拜、诗词歌赋、音乐舞蹈、工艺美术、劳动技能为一体的综合性岁时节令活动，其中以西和乞巧"女儿节"最具代表性。西和被誉为"中国乞巧文化之乡"，它不仅是中国乞巧文化的源头，还因为保存中国规模最大、历时最长、礼仪程序最为古朴完整的七夕乞巧风俗而被称为古代乞巧风俗的"活化石"，于2008年被列入国家首批非物质遗文化遗产保护名录。陇南乞巧风俗历经几千年的历史长途和风雨洗礼，并未随农耕文明的式微而衰落，正是"乞巧"所蕴含的宝贵文化价值的印证。

（一）陇南乞巧节的起源与发展

陇南位于甘肃省南部的西秦岭山区地带，陕甘川三省交界处，素有"秦陇锁钥、巴蜀咽喉、陇上江南"之称，是中华人文始祖伏羲的诞生地、大秦帝国的发祥地。其所管辖的西和县与礼县位于甘肃省东南部，西秦岭南侧，长江流域西汉水的上游。两县相邻，是乞巧风俗的发源地。大量文献和考古文物资料证明，陇南乞巧源自古代秦人星辰崇拜和祖先崇拜的祭祀仪式，是先秦文化的遗产。[②] 传说中秦人始祖女修便是以善织巧手闻名于

---

① 西和县文学艺术界联合会主编《中国（西和）乞巧文化高峰论坛学术论文集》，华夏出版社，2014，第42页。

② 赵逵夫：《西礼两县乞巧风俗》，《文史知识》2006年第8期。

世，也是乞巧核心象征"巧娘娘"的原型。因参与乞巧活动的仅限于少女，故而乞巧节又称"女儿节"。乞巧活动的"巧"在外表现为祈求巧手女红方面，例如纺织、刺绣、农活儿、针线活儿、茶饭手艺等；在内则表达未婚女子渴望婚姻美满、生活幸福的委婉心愿。一年一度的乞巧"女儿节"也是未婚女子学习生活技艺、释放心理压力的途径，逐渐衍化出乞巧风俗，并流传到中原其他地区，成为中国一个重要的民俗节日。

陇南乞巧风俗兴起于汉代，魏晋南北朝时期得到迅速发展，唐宋时已经成为社会盛行的重要节日。随着自南入川道路的开通，甘川官道逐渐衰落，陇南受地形限制，日益闭塞，和外界交流联系渐少，成为"文化孤岛"，从而使古老的民间信仰和祭拜仪式得以完整地保留下来，而相对稳定的农耕文明社会与自给自足的经济形态为乞巧风俗的传承提供了有利的条件。新中国成立后，"破四旧"运动开始，"女儿节"乞巧风俗也被视为封建迷信予以严令禁止，乞巧风俗陷入前所未有的低谷，但大家出于对乞巧难舍的情感，便在晚上进行乞巧活动。她们将"巧娘娘"像藏在柜子里，在心里偷唱乞巧歌，使得乞巧风俗在艰难的环境中得以幸存。改革开放以后，乞巧活动逐步恢复并兴盛起来。[①] 进入 21 世纪，各级政府非物质文化遗产保护意识逐渐提升，保护力度不断加大，陇南市政府致力挖掘、组织、宣传、推广乞巧节的文化内涵和民俗传承，将政府支持与当地民众自发组织相结合，使乞巧风俗焕发出新的生机。

（二）陇南乞巧节的主要特征

陇南乞巧风俗以其历史传承悠久、规模大、参与人数众多、民俗仪式保留完整，构成了陇南乞巧风俗的显著特征。

一是准备充分，历时较长。陇南乞巧"女儿节"持续时间悠长，每年从农历六月三十夜一直延续到七月初七夜里，乞巧仪式长达七天八夜，每个日夜都伴随着各具特色的祭祀歌舞活动。不仅如此，乞巧风俗还有较长的筹备阶段。参加乞巧活动的姑娘们一般提前一两个月就开始准备乞巧事宜，排练乞巧歌舞，生发巧芽，商榷坐巧人家，为即将到来的乞巧做好充分准备。历时较长是陇南乞巧"女儿节"的显著特征。

---

① 李少惠、赵军义、于浩：《文化治理视域下非物质文化遗产保护研究——以中国陇南乞巧节为例》，《西北民族研究》2018 年第 2 期，第 232～243 页。

二是规模盛大，影响较广。从乞巧流传区域来看，陇南乞巧"女儿节"乞巧风俗主要流传在陇南市西和县与礼县两县，覆盖西和县 12 个乡镇和礼县 8 个乡镇，辐射范围几乎涉及整片西汉水上游漾水流域。从参与人数来看，每年西、礼两县参与"女儿节"乞巧活动的人数多达 50 万人以上，该节已成为大型群体性传统民俗活动。对于很多未婚女性而言，乞巧"女儿节"是每年的重头戏，堪比过年时的盛大隆重，足见乞巧活动影响深远和在百姓心目中的地位重要。

三是仪式完整，内容丰富。作为一项流传悠久的传统文化习俗，中国很多地方流传的乞巧习俗传统，大多表现形式单一、过程简单，而陇南乞巧节因融合了自然崇拜和祖先崇拜而具有神秘性，而且繁复严整的祭祀仪式使其内容复杂，自成体系，且更具本真性。乞巧习俗活动可以分为请神、拜神、祈神和送神四个环节，以及坐巧、迎巧、祭巧、拜巧、娱巧、卜巧、送巧七场仪式，每个环节都有严格的仪式要求及相应的歌舞表演。六月三十夜是搭桥迎巧，少女们唱"迎巧歌"，迎接"巧娘娘"到坐巧人家。七月初二、初三，举行热闹的拜巧仪式，同村或邻村互拜巧娘娘，其间进行乞巧歌、乞巧舞对唱对演。七月初七清晨祈神迎水，在"巧头"带领下到临近水源点迎取卜巧所用神水，下午参加乞巧活动的少女们会餐拜巧，自制巧饭，分享劳动成果。到了夜里，将巧芽投入神水中照花瓣卜巧，断定巧拙。卜巧后，少女们抓住最后的欢愉时光，纵情歌唱，尽情舞蹈。到了零点，再次祭拜"巧娘娘"后含泪将其送走，长达七天八夜的乞巧活动才正式告一段落。少女们更是通过乞巧"女儿节"载歌载舞的形式表达对掌握娴熟生产生活技巧、拥有美满婚姻、实现自主生活的热切期盼和美好祈愿。①

（三）陇南乞巧节的价值

节日文化空间不同于物理空间和自然空间，它是一种意义空间，蕴含着丰富的内涵与关系。陇南乞巧风俗作为有着固定场域、固定时间和多样仪式的非物质文化遗产，集中体现着特定区域内人们的生活、信仰和文化，具备文化空间的核心象征、核心价值观、符号、主体和集体记忆与历史记

---

① 此处参考《第七届乞巧女儿节新闻发布会》，陇南市政府网，https://www.longnan.gov.cn/4455693/34535285.html，最后访问日期：2022 年 9 月 15 日。

忆等核心要素。[①]"巧娘娘"是乞巧女儿节文化空间的核心象征，心灵手巧、婚配如愿、生活美满等价值取向便是其核心价值观，乞巧歌、乞巧舞是符号象征，未婚少女等是文化空间的主体。陇南乞巧节不仅是陇南历史文化的传承载体，也是其集体精神和历史记忆的产物，具备自身独特多样的价值。

一是社会价值。文化空间作为人及其文化赖以生存和发展的场所[②]，是群体文化活动的载体，具有鲜明的社会属性，体现出较高的社会价值。首先，乞巧风俗的基本社会功能是对少女生存技能的训练和人格养成的熏陶，即通过长达七天八夜的各项仪式活动，对未婚女性从仪态、技能、审美、生活智慧、为人处世等方面进行全方位的塑造培育，利于其身心的全面发展。其次，陇南乞巧节蕴含着深刻的生活伦理、价值判断与人文关怀。[③] 如对心灵手巧、容颜美丽、生活美满、家庭幸福的祈求与"女儿节"的内涵特色紧密契合，体现了中国女性敬畏自然、勤劳朴实、聪慧灵巧的传统美德。乞巧节还承载着人们长久积蓄的情感需求和价值观念，其中既有对幸福生活的执着追求，也有对真、善、美的热情歌颂与对假、恶、丑的无情鞭挞。此外，陇南乞巧节还具有增强社区团结和地方文化认同的功能。乞巧是村落和社区的集体活动，不同乞巧点的人要互相走访，这实际上是一种沟通交流仪式，在这个过程中人们相互学习借鉴有益的经验知识，同时也实现了情感沟通交流和社会关系的强化，建立起地方归属感，不仅有助于实现地方文化的认同，还有利于维护村落社区的公共秩序。

二是历史价值。陇南乞巧节作为拥有历史性和共识性双重秉性的文化空间，体现出该文化空间场域内的悠久历史延续和深厚文化底蕴。其中西和县、礼县这两县历史悠久、文化积淀深厚，早在新石器时代就有人类居住，如仰韶、寺洼、马家窑、齐家文化等代表性文化遗址。受封闭的地理空间和良好的耕作条件影响，陇南乞巧民俗展现出农耕时期的生产、生活方式，是研究中国古代农耕文明时期社会生活状况的宝贵资料。陇南乞巧节可以说是秦文化在民间传统节日习俗中的集中体现和活态传承，是秦人祭祖仪

---

① 李玉臻：《非物质文化遗产视角下的文化空间研究》，《学术论坛》2008年第9期。
② 苗伟：《文化时间与文化空间：文化环境的本体论维度》，《思想战线》2010年第1期。
③ 陈斐：《绚烂女儿节 千年乞巧情——中国（西和）乞巧文化高峰论坛学术论文集》，华夏出版社，2014，第315页。

式和星辰崇拜发展的历史文化产物。由此，陇南乞巧风俗也被誉为"秦风余响"，对于探究先秦历史和乞巧文化的诞生、发展都具有极高的历史研究价值。

三是文化价值。乞巧"女儿节"以完整的礼俗仪式、鲜明的地域特色体现了丰厚的文化价值。首先，在表现形式上，乞巧风俗集诗歌舞于一体，迄今流传的大量乞巧唱词皆出自未受过多少教育的女性之口，未经刻意雕琢、润色，展现出原汁原味、毫无矫揉造作之姿的本真特色，情感自然真挚，语言生动，生活气息浓郁，文学艺术和审美价值很强。而且，乞巧"女儿节"对于传播汉水上游流域优秀民族文化艺术、展示独特的传统风俗文化有着重要的作用。其次，在精神内涵上，乞巧的诗歌唱词多以反映当地女性面对的社会生活现状为内容，主要通过古今故事、神话传说来表达趋善、求美、求真的情愫，在深层次上折射出智、艺、礼、情、美等中华民族文化的精神内核。最后，从影响上看，在地方政府推动和引导下，乞巧"女儿节"已经演变成当地民众参与公共文化生活的平台，用以满足现代民众的文化需求，丰富其精神文化生活。

四是经济价值。文化空间的活态性、多样性决定了乞巧风俗是蕴藏丰富的文化资源宝库，具备经济开发价值，可为文化产业发展提供资源基础。具体而言，诸多精美的民俗手工艺品（诸如刺绣、根雕、草编、剪纸、麻纸）等成为当地发展文化产业的珍贵资源。陇南乞巧"女儿节"正是依托乞巧风俗，凭借其独具魅力的文化资源大力发展文化旅游业。近年来历届以"乞巧"为主题的中国乞巧旅游文化节，突出了乞巧风俗的文化内涵和多彩的地方特色，注重对当地文化资源的挖掘整理、保护开发、融合，使传统民俗、手工技艺与现代市场经济相融合，塑造以乞巧为核心的文化品牌，展现了其经济价值。

二 陇南乞巧风俗保护评价

作为农耕文明时代的文化遗产，陇南乞巧风俗历经千年而不衰，得益于其深厚的文化底蕴和陇南文化主体（特别是本土民众）的文化自觉意识。同时，结合现代性语境和文化治理的视角，有必要对当前乞巧习俗保护的成效及存在的问题进行客观理性的分析评价，意在提炼和推广陇南非物质文化遗产保护的思想精髓与实践经验，推动乞巧习俗的治理性转化。

（一）陇南乞巧风俗保护路径分析

陇南市以"传承保护、深度挖掘、有序开发、打造品牌"为总体保护思路，积极吸纳社会多方力量参与，通过资源整合，推动乞巧"女儿节"的活态保护，探索出陇南乞巧风俗独具特色的传承与发展之路。

一是依靠政府主导，提供行政支持。从西汉水流域的民风民俗发展到如今声名鹊起，名扬海内外，陇南乞巧风俗的发展与各级政府的支持密不可分。首先，制定了一系列法律法规及政策予以保障。国家层面，先后出台了《中华人民共和国非物质文化遗产法》《国家级非物质文化遗产代表性项目名录》等重要法律及规范性文件，将中国的非物质文化保护工作纳入国家的法治运行轨道，为更好地保护继承优秀的民俗文化提供了保障。地方政府层面，陇南市、县两级政府为推动乞巧"女儿节"的发展制定了一系列政策，先后出台了《西和县民间艺术创作规划》《西和县优秀民间文化作品奖励办法》① 等政策指导性文件，把乞巧文化传承纳入全市社会经济发展的总体规划，基本形成了"政府主导，社会参与，明确职责，全力合作"的文化传承局面。其次，由政府主导在乞巧仪式流传完整、乞巧规模盛大的村子设立乞巧示范点，予以重点保护。自2007年始，举办一年一度的中国乞巧旅游文化节，在北京举办乞巧"女儿节"与妇女发展国际论坛，进行乞巧风俗表演、乞巧民俗展等多项推广活动。再次，推动乞巧"女儿节"申遗。政府部门通过多方搜集文字影像资料，组织学者进行学术研究考证，2005年西和乞巧"女儿节"成为甘肃省非物质文化遗产，2008年6月成为国家级非物质文化遗产，目前正准备申请世界非物质文化遗产。最后，重视乞巧传承人的认定工作，设置县级乞巧专项资金对其进行补贴、奖励等，从政策和资金上扶持乞巧活动的开展，这一系列举措有力推动了乞巧风俗的保护传承与发展。

二是调动社会力量，扩大社会影响。陇南乞巧借力公共文化机构从业者、社会名流等重要主体，整合产、学、研领域的社会资源，不断扩大乞巧风俗的社会影响力。首先，组织科研人员进行资源普查，加强对乞巧风

---

① 高应军：《陇南西和乞巧民俗旅游的深度开发》，《甘肃高师学报》2012年第1期。

俗的保护。不少高校学者也积极投身于乞巧文化的研究，搜集乞巧资料，考证乞巧风俗渊源，形成了一批具有学术研究价值的著作。① 其次，运用新媒体技术进行乞巧"女儿节"的文化品牌推广宣传，成立了乞巧文化研究会，创办了《中国乞巧》杂志，并以乞巧为题材，创作了大型秦腔剧、舞台剧、微电影、动漫片、连环画和主题曲等一批文艺精品，极大地丰富了乞巧风俗的传承载体，提高了陇南乞巧节的知名度。

三是依托乞巧风俗，开发衍生产品。陇南市运用市场机制对乞巧习俗进行有效保护与开发。以乞巧风俗为契机，先后挖掘了说春、陇南影子腔、麻纸生产、草编、柳编、刺绣等44个国家级、省级、县级文化遗产，并将其开发成文化产品；将乞巧习俗的各个环节与旅游相结合，打造陇南乞巧旅游文化带，带动当地文化旅游业的快速发展。同时，在政府扶持下，还成立了40余个村级"乞巧坊"刺绣协会，采取"协会＋农户＋电商"的模式。协会负责发展新会员、培训刺绣技艺、传承乞巧文化、扩大刺绣销量、设计编制绣品、掌握市场信息、对外联系、向政府申请资金等事项，并开办80余家网店，将陇南刺绣推广到全国各地，大力推进文化产业的发展。②

（二）陇南乞巧风俗保护问题诊断

诚然，陇南乞巧风俗的保护传承工作逐步趋于完善，但以文化治理视角审视其保护传承发展之道，需要加强传统乞巧习俗公共空间的多维治理性构建，主要体现在乞巧习俗的物质空间、行为空间、制度空间和精神空间四个层面。

一是物质空间层面。当下随着城镇化的推进和市场经济的快速发展，乞巧风俗以及与之相关的各类要素嬗递变异的速度也在逐步加快，由此带来非物质文化遗产文化生态保护的争论。就陇南乞巧风俗物质空间的保护实践而言，显然还缺少对乞巧习俗进行整体性保护的创新举措，对乞巧传承过程中文化生态环境的修复工作亦不够重视。此外，乞巧习俗的整体性

① 陇南乞巧风俗得到了众多学者的关注和探讨，形成了一批相关著作，其中较有影响力的有赵逵夫撰写的《西和乞巧歌》和《西和乞巧节》，李凤鸣、韩宗坡和王亚红撰写的《西和乞巧民俗研究》，等等。这些著作资料翔实、考证严谨，是研究西和乞巧风俗的重要参考资料。
② 此处参考《甘肃陇南：古老"乞巧"孕育脱贫新路》，中国经济网，http://www.ce.cn/xwzx/gnsz/gdxw/201808/17/t20180817_30060239.shtml，最后问日期：2022年8月29日。

保护工作还应落实到乞巧活动的各个环节，而目前的乞巧习俗更倾向于请巧，忽略了造巧的意义所在，致使乞巧习俗缺乏原生态的物质文化基础；对个别乞巧村落的重点保护应上升到对乞巧习俗整体性保护的层面。

二是行为空间层面。有学者在对陇南乞巧"女儿节"的田野调查中发现，为迎合上级领导视察，接受视察的乞巧点被硬性要求压缩乞巧流程，将长达七天八夜的乞巧活动压缩成半天，一些乞巧仪式也变成"展演"①。显然，政府为实现其宣传目的，往往意图使乞巧活动更加符合现代审美标准，这也容易导致"女儿节"这一传统民俗变"官俗"，失去其原有的内涵和价值，影响乞巧风俗本真性和活态性的可持续发展。此外，从历年陇南市国民经济和社会发展统计公报数据来看，陇南市经济发展位于甘肃省 14 个市州中的中下水平，政府财政并不宽裕，如果在节庆活动中主要依赖公共财政为支撑，则很难保障乞巧"女儿节"此类大规模民间文化活动的健康可持续发展。

三是制度空间层面。就乞巧保护的现实层面而言，陇南市缺乏文化龙头企业，本地市场主体发育不足，而吸引外来文化企业落户的相关激励制度亦有缺失。自 2007 年以来，陇南市连年举办乞巧文化旅游节，着重以乞巧风俗为契机，发展乞巧文化品牌，推动当地文化旅游业和手工艺品的发展。但整体来看，当地文化企业多属于家庭作坊式生产，规模小、资本少、产量低、缺乏品牌知名度，传统乞巧文化和现代商业文明及科技力量的融合发展仍旧任重而道远。制度文化不足成为其保护工作治理性转化的又一阻力。

四是精神空间层面。陇南乞巧习俗所折射出的精神文化集中体现在"智、艺、礼、情、美"等现实层面，其中追求智慧是乞巧最为主要的内容。陇南乞巧的精神传承是该习俗保护传承的核心内容，应防止其遗失于保护传承的活动过程中。同时，面对现代文明的新呼唤，乞巧习俗的传统精神需进行创新性转化，使之与当代社会价值取向与人文精神相契合。以"乞巧歌"为例，当前的歌词仍以传统的乞手巧、乞人好的心理诉求居多，缺少与现代社会价值理念接轨的当代呈现，很难给青年女性群体以获得感并唤起其参与热情。以往侧重个体身心趋美趋善的传统价值诉求也应当在延续传承的过程中提升至乞巧习俗文化空间的公共价值构建层面，致力于

---

① 韩雷、刘宪：《从本真性视阈看甘肃西和乞巧节的传承与展演》，《温州大学学报》（社会科学版）2014 年第 2 期。

消解传统文化空间主体"碎片化"等固有难题。

三 文化治理视角下非物质文化遗产保护的空间重构

以文化治理视角重构非遗保护空间，需要打破政府"一言堂"的文化管理保护模式，着力构建政府主导，市场、社会组织以及公民个体多元参与的互动协商治理网络平台，重视底层声音，以传承和发扬非物质文化遗产的"文化属性"为行动旨归。落实到陇南乞巧"女儿节"习俗的保护工作方面，则应在文化治理理念的引导下，从物质、行为、制度和精神等文化空间要素层面进行治理性转化和空间重构。

（一）物质空间：乞巧习俗保护的载体依赖

非物质文化遗产与表层文化或上层文化的区别在于它是一种生存于生活中，不脱离生活的"生活文化"[1]，对其进行传承与发展应当置于本土生活的质朴情景，立足非物质文化遗产的生活化再现，构筑原生态的物质空间。乞巧习俗的物质空间重构，需要树立整体性保护的传承理念，致力于乞巧习俗保护的生态环境建设。作为活态传承的文化遗产，乞巧习俗的保护不可停留在对个别村落的"特殊关照"上，需要运用整体性的文化保护思维，构建契合非物质文化遗产保护需求的半封闭的生态环境场域。这种半封闭的文化场域并非要"一致排外"，而是意在阻止有可能成为当地遗产"天敌"的某些外来"物种"，或是容易对当地遗产造成生态威胁的外来生态环境。[2]

（二）行为空间：乞巧习俗保护的行为改良

首先，政府要正确定位自身的角色与职责，在政府与社会之间区分合理的边界。政府自身必须破除以往全能政府时代的思想樊篱，避免行政命令主导带来的消极影响，尽量通过民间的力量来促进乞巧习俗的发展创新。而政府的责任是制定政策，扶持和监督保护工作。其次，就乞巧活动的女性主体而言，在心灵手巧、婚配如愿、生活美满等传统价值诉求的基础上，还应进一步提升女性符合时代需要的能力，实现当代女性的主体性建构。在保留传统的祈福、习艺等生活智慧的前提下，"巧"的内容可以拓展到对

---

① 王恬主编《古村落的沉思——中国古村落保护（西塘）国际高峰论坛论文集》，上海辞书出版社，2007，第7～30页。

② 苑利：《文化生态保护区建设需要破解三大难题》，《人民日报》2013年7月13日，第12版。

女性现代生活技能的提升上，为女性群体提供紧跟时代特征的能力提升培训，包括培育当地女性的文化权利意识，从事文化产品化开发的能力以及掌握现代信息、法律知识的能力等，从而实现当代女性的主体性建构。最后，从社会主体的层面来看，应鼓励社会各界（包括当地专家与社会组织、民间传承人及其民众）广泛传播丰富多彩的乞巧传统文化记忆及手工技艺，充分挖掘乞巧习俗的时代精神和现代文化内涵，通过出版图文并茂的乞巧文化史、志、论丛书，加强对陇南乞巧习俗的多学科、全方位的研究，在传承原有习俗精神记忆的同时结合现代女性需求予以创新。

（三）制度空间：乞巧习俗保护的制度保障

如果物质空间是保护传承乞巧习俗的载体基础，行为空间是确保其传承发扬的实践路径，则制度空间是实现前两者的关键性因素。文化治理中的乞巧习俗保护更应注重本地微观主体的能动作用，力图以遵循地方传统为基本原则来构建乞巧习俗的本土制度空间。

首先，在当前中国公民社会发育不完善的情况下，政府仍然是非物质文化遗产保护的主导力量和多元主体合作网络的核心，但在进行非遗"编码"保护的同时要注重民众主体的"解码"能动性，将民众主体的声音融入乞巧习俗的各个环节，如鼓励文化精英与本土文化人才参与非物质文化遗产保护的政策制定等。其次，以税收优惠、招商引资等形式培育本土文化企业，以非物质文化遗产元素为核心，联合新闻出版、广播影视、综合娱乐等行业，发行具备非物质文化遗产文化元素的图书音像、影视剧作品。最后，应着力搭建政府主导，文化企业、文化协会组织及民众主体等多元协作的乞巧习俗保护机制。积极引导和促进企业开展生产性保护，与专家学者建立长期合作机制，为协会组织等社会团体的发展提供理论研究和业务指导，提高陇南乞巧习俗的保护、传承与创新发展的科学性和可持续性。发挥政府财政扶持能力，设立非物质文化遗产财政专项资金，完善非遗传承人评选及奖励制度，夯实非遗保护的制度性保障。

（四）精神空间：乞巧习俗保护的精神归宿

文化空间的核心价值是精神家园的构建。就精神层面而言，"乞巧"意指"乞心通"，即乞求聪明智慧。懵懂女童通过年复一年举办的乞巧节的习染交流，对事物的理解力自然会有质的飞跃。然而，基于文化保护传承发展的大环境，乞巧精神已远不止心通聪慧，还会通过一系列习染交流活动，致力于智、艺、礼、情、美等文化内核的传承与弘扬，最终要培育以"巧"为核心的公共精神空间。

随着社会环境及价值理念的更替，传统的乞巧精神需要融入新的时代内涵中，实现与现代文明的对接。乞巧习俗所映射的物质文化、行为文化以及制度文化都要以精神文化的升华为归宿。为此，应立足乞巧主体的人格培养和生活技能提升，促使广大女性积极参与公共社会生活和公共事务治理，形成维护公共利益、关心他人和社会的自觉意识。

第三节　农村公共文化空间中青年"文化反哺"的治理探索

——以定西市 T 县为例

农村公共文化空间是农村文化生发、传承的载体，既是农民的日常生活实践的物质承载，也是其精神世界外化的表征，对农村文化的可持续发展和社会秩序重建具有重要意义。当前，在中国城镇化加速发展的影响下，乡村人才流失逐渐严重，导致农村公共文化空间萎缩和功能弱化的局面不断加剧，现代科技的高速发展和日益加速的产品迭代，使老一辈村民无法及时跟上时代步伐，理解新生事物。而青年作为农村最有活力和最具潜力的参与主体，通过公共文化空间中的"文化反哺"行动，向长辈传授新的技术手段、行为规范乃至价值观念，使其跟得上时代变化，进而带动农村文化事业的可持续发展，这事实上正是公共文化服务所期待的"种文化"逻辑。农村公共文化空间中青年的"文化反哺"对解决当前公共文化服务低效供给、农村文化事业缺乏内生动力等问题发挥着不可或缺的作用，为农村公共文化服务治理变革与优化提供了一种可能的思路。

一　农村公共文化空间中的文化反哺现象

T 县位于甘肃省定西市，现辖 18 个乡镇，户籍人口 43.86 万人，属于黄土高原地理单元，丘陵沟壑遍布，曾是典型的国家级贫困县，并被列入六盘山区集中连片特困地区，但一直保留传承着耕读文化传统，拥有良好的文化底蕴，素有"中国民间文化艺术之乡""中国书画艺术之乡"等称号。虽然 T 县地方文化资源丰富，但由于地处偏僻、经济欠发达，青年群体多以外出务工为生，近年来随着经济状况的改善和国家政策的扶持出现了较为明显的青年回流现象。青年群体的参与，使得农村公共文化空间发生了微妙的变化，他们成为空间转型潜在的势能，故本研究将 T 县作为农村青年"文化反哺"的典型样本。

近年来，农村"空心化"加剧了公共文化空间的萎缩及其功能的弱化，出现了主体缺位的现象。因而作为公共文化服务治理结构中的生力军，青年群体的在场尤为可贵，他们必将对农村文化建设与文化生态改善发挥独特而重要的作用，从消费意向、审美旨趣、生活方式乃至思想观念等方面不同程度地影响着长辈。青年大学生、青年农民工和青年基层干部等分别通过文化反哺对乡村文化振兴起到启示、示范和引导作用。本节重点围绕青年群体在当地的农村公共文化空间中所扮演的角色及文化反哺方式展开论述。

（一）文化反哺的主体

青年是一个庞大的群体，因其经历、身份的不同，往往会表达出不同的公共文化诉求，选择不同的参与路径，进行水平不一、效果不一、指向不一的文化反哺，这需要在一定程度上对青年群体内部进行细分。本书将文化反哺的青年群体按其在进入公共文化空间时所持主要社会身份为标准进行划分[①]，可分为青年大学生、青年创业者、青年非遗传承人、青年干部、青年文艺工作者五大主体。

第一，青年大学生通过自身努力在贫瘠的环境中实现了大学梦，作为"村里飞出的金凤凰"，在农村地区会受到更大程度的重视，因此由其所进行的文化反哺具备较高的"合法性"，且由于这一群体具有较高的知识水平，所进行的文化反哺多能起到提升当地农村公共文化水平的正向作用。[②]但这一群体在农村生活的时间有限，多为节假日时期，或者是为下一次求学或求职而选择留在乡村进行准备，使得这一反哺行为具有间断性的特质，

[①] 需要说明的是，该划分标准并不能在青年群体内部严格厘清各主体的界限，往往会出现青年大学生同时也是青年干部的情况，但此类具备多重身份的青年在具体的公共文化空间中，往往会偏向某一具体身份。

[②] 黄志辉、陈九如：《乡村人才与组织振兴的青年担纲者——云南省 H 县大学生村官的角色转变》，《社会建设》2019 年第 6 期。

尤其是对于农村公共文化空间中的活动空间这一维度而言，当其在场时，新型的文化活动会被激活，当其离去时这一部分又重归沉寂。不过，每次公共文化空间都会伴随着这一群体的入场与离席发生一定程度的衍化。

第二，较之普通村民，青年创业者具备更多技能特长和资金优势，因商业竞争所需而拥有更广的知识面，对城市文化和信息技术有较多了解。相较于其他的青年群体，他们更具有经济上的优势地位，因此更能从经济角度参与当地的公共文化物理空间建设中。① 这一群体实现文化反哺的方式包括出资建设文化场所、赞助文化活动、响应及助推政府文化扶贫政策执行等方面。作为"新乡贤"，青年创业者以其经济能力受到大家的关注，出于"要为乡亲们多做实事"的朴素情感，这一群体愿意让渡一部分经济利益投入当地的公共文化空间建设。许多乡村舞台的搭建和后续的维护，节目的采选背后都有"新乡贤"的身影，当然，这一行为也不尽然仅有文化上的目的，许多青年创业者也往往处在事业的上升期，迫切需要推广自己的产品或扩大自己的影响力，因此配置文化设施或赞助受村民喜爱的文化活动成为他们"打广告"的绝佳方式。

第三，青年非遗传承人是农村非物质文化遗产原生态传承、创造性转化、活态化运用的重要群体。他们一方面掌握着大部分非遗知识，另一方面能更深切地感知时代动向，具备新技术、新视野，是将非遗创新性传承和公共文化空间建设结合起来的绝佳人选。对非遗传承人的访谈资料显示，青年非遗传承人进行文化反哺的方式主要包括对非物质文化遗产进行的产品创新和在传承教授方式上的创新。他们有着更敏锐的产品意识，能针对市场的反馈做出积极的调适，相较于老一辈人的"固守传统"，他们更能以开放的心态面对变化。原有的非遗文化产品多反映 20 世纪的生活图景，而他们能把新时代的内容与非遗的形式相结合后呈现出来，或者是用现代技艺改进原有的制作流程，将非遗的内核辅用新技术，更高效地出产作品。

第四，青年干部作为政府代言人，往往肩负着一个地区文化建设与发展的主体责任。得益于党的政策，越来越多的知识青年选择走入基层，相比于老一辈的干部，青年干部往往观念更新、思路更活、眼界更广、执行

① 陈婕：《青年创业需要哪些政策红利》，《人民论坛》2018 年第 5 期。

力更强。本书所指的青年干部，涵盖被列入行政事业编制、享受财政支持、从事公共管理事业的各级党政干部和办事员。手握公权力使得他们有制定决策和调配资源的能力，且在行动时具备更高的合法性。可以说，这一群体对当地公共文化空间的形塑起到至关重要的作用。根据我们的调研发现，青年干部在活动策划、政策宣讲、制度建设、价值引导等方面都对农村公共文化空间建设发挥了显著的作用。青年干部会组织更富有吸引力的公共文化活动，会挨家挨户且更为细致地宣传新的文化观念，会积极地制定新制度以方便当地群众表达文化诉求、施展文艺才能，会以政策法规为依照遏制当地的不正之风，维系好公序良俗。

第五，青年文艺工作者将文艺才能作为获取经济利益的工具，通常有更多的能力参与公共文化活动空间的建设。相较于青年非遗传承人，这一群体的受众更加广泛，无须"受限"于某一特定的文化行为样式，更具灵活性，在现有的农村公共文化生活中通常有着较大的影响力。我们从调研中发现，这一群体实现文化反哺的主要方式包括丰富活动内容、更新活动形式、参加竞赛等。青年文艺工作者通常更具市场化能力，且在市场环境下对才艺的标准评判较为清晰，这使得他们可以不断依照标准和市场反馈检验自己的文艺才能，进行有方向、有目的的学习和成长，而不用像非遗传承人一样自行摸索，付出较大的成本与精力。且由于文化产品市场竞争较为激烈，青年文艺工作者会更有学习意识，这使得他们能更频繁地向公众提供更好的文化产品，往往也造就了高频次的文化反哺行为。另外，青年文艺工作者有时也以文艺为支撑进行创业，这就发挥了文化与经济的乘数效应。

（二）文化反哺的路径

本书根据各主体在公共文化空间中的不同定位，将反哺的路径主要分为体验与反馈、提供与互动、决策与吸收三种类型。大部分青年群体仅作为公共文化服务的使用者，对公共文化空间的作用较为有限，只能提供较为浅层的意见类信息。而部分青年群体，尤其是掌握了一定文化技能和经济水平较优的群体，则能够或主动或被动地参与公共文化空间的建设；位于这一权力关系最上层的青年干部，则可从统揽的视角对整个公共文化空间实现广泛的影响，尤其是在制定文化决策和吸纳相关人才方面。

体验与反馈是最基础的路径。从需方视角出发，个体在进入公共文化空间时会产生一定的初始印象，尤其是在使用其中的公共文化服务时必然会产生相应的主观感受。在多元化和信息化的时代，青年群体的文化需求的表达往往十分频繁且具有差异性，这对当地的公共文化服务提出了更高更新的要求，也就倒逼当地公共文化空间发生符合这些人文化诉求的变化。

相比简单的体验与反馈，具有更高文艺才能或经济优势的青年群体则选择更主动地参与公共文化服务的提供，成为公共文化服务供给中的一支重要有生力量。这一群体可以提供新的文化产品和服务或是以新形式改造旧有的公共文化服务使其焕发新的活力，并在与其他中老年个体的互动中实现文化反哺。最明显的体现是青年非遗传承人提供的覆盖面更广的非遗传习班，早先的非遗传承人选定弟子要经历较长的考验，完成一套琐碎的流程，同时成为弟子后要继续履行师徒义务、遵守行业规则，较高的门槛和较严的规矩使得许多人难以对非遗文化进行系统性的学习。而青年传承人则能更多地提供细致的非遗教学，甚至愿意将其编写成教材，且更注重在这一过程中就学员的问题提供解答，当然，这一行为也与政府的经济支持和非遗产品本身盈收属性的削弱有关，但青年确实是这一新风尚的主导者。在这些青年向更广大人群提供文化服务的同时，他们本身成为一个凝聚文化力量的节点，并可以在周围环境中催生出一个具有其特质的公共文化空间。

公共文化服务的供需双方进行活动时处于一定的规则范畴之下，界定一项公共文化活动是否应当被广泛宣扬的权力往往落在政府手中，被政府肯定的文化活动将获得较高的"合法性"，从而易于得到社会的广泛认可，同时政府也会采取一些补助措施对某些式微的文化活动进行经济救济帮助其进一步发展。青年干部作为政府人员掌握着一定的公权力使其能按照国家意志去规制当地公共文化空间的发展方向，而这也必须与当地的具体文化生态结合起来进行研判，在这种情形下，青年干部在一定程度上可以通过制定决策对当地的公共文化空间施加整体或局部的影响。T县早先的公共文化生活凋敝，很大一部分原因是政府并不重视文化事业，仅提供最低限度的公共文化服务，青年干部通过制定决策、实施决策进行积极干预带动了当地的公共文化生活的发展。

（三）文化反哺的层次

发生在公共文化空间中的文化反哺因其内容的不同、指向的不同、效果的不同而有层次之分。本研究通过梳理调研资料，在此主要根据器物、行为、思想三个范畴将文化反哺划分为表层、中层、深层三个层次。

文化表层主要体现为器物学习与信息获取。长辈对新文化场所的熟悉和新设备的学习是发生在公共文化空间中最引人注目的变化，随着乡村信息化建设的不断深入和公共数字文化的快速发展，长辈群体从开始面对这一洪流时的失措，现已逐渐转变为接纳和欢迎的姿态。T县的文化反哺首先发生在家庭场域，是长期相处之下子代生活方式对长辈群体产生的潜移默化的影响，当代青年人的生活已经离不开手机，且显而易见地通过手机获得了许多长辈难以接触到的包罗万象的信息、便利的日常生活服务和多样化的文化生活，这就使得长辈产生了学习使用手机的动机。进入公共文化空间后，长辈依然能广泛地感受到周围青年人在手机运用上的独特优势，意识到在手机上还存在着一个虚拟的公共文化空间。在对一个全部成员由60岁及以上人员构成的自乐班的采访中，班长表示，他是这个班里唯一一个会使用快手的人，班子里的成员看到自己的表演呈现在手机上时会由衷地感到自豪，而班长的手机技能，则来自家中孩子与当地文化站工作人员的传授，他的孩子在外务工，回家时会帮着父母学习使用手机，但孩子一离开他就忘了操作方法，又因为要经常在镇文化广场表演，所以请热心的文化站工作人员帮助录制视频和上传视频，久而久之终于掌握了相关技能。此外，作为公共文化服务的虚拟载体，网页、微信号、微信群也是老年人进入"虚拟"公共文化空间所要熟悉的媒介，尽管并非真实存在的物理空间，但在这之中发生的文化行为正在迅速增长，在当地文化馆为曲艺爱好者建立的微信群里，不少中老年群体都在分享自己的作品，而这一群聊的提供者和管理者则是青年文化站工作人员。应当说，以手机、快手、微信群为代表的信息时代的新"器物"为增强老年人公共文化参与度、交流度、主动性都做出了较大贡献。

文化中层体现在行为规范方面。发生在行为领域的变化则相比器物学习更为深刻且费时费力。T县下属的村庄长期受环境问题、公共秩序问题、乡风民俗问题的困扰，小到随地吐痰、乱丢垃圾、不守交规，大到迷神信鬼、酗酒赌博、偷奸耍滑，失范的乡村文化大大侵占和挤压了健康公共文化的生存空间，公共文化生活非常匮乏。在大力开展扫黑除恶、扫黄打非等专项行动后，不良风气得以矫正，新的行为规范得以确立，而倡导文化变革的带头人大部分是青年人。在参加文化活动时，青年人往往率先爱护公共文化设施，不乱扔垃圾，对其他村民多使用礼貌用语。正是在青年不遗余力地倡导和以身作则的行为示范下，村民们感知到了这一群体所具有的文化特质，并在其引导下自觉规范自身的行为。在家庭场域下，青年个体的行为尽管与长辈不同，但对长辈的影响较为有限，很大程度上是因为长辈的认知水平决定其将青年先进的观念和行为当成代际的必然差异，而并不一定会上升到要向下一代学习的层面。而在公共文化空间中，青年群体讲文明、讲礼貌、守秩序、爱运动、拒斥低俗行径形成了一股合力，且受到政府的提倡宣扬，这使得长辈们能在这种群体行为的压力下对自己的行为进行矫正。

文化深层体现在价值观念层面。价值观念上的变化不易被直观察觉，且中老年群体对此的感受并不像器物和行为层面那般深刻。在对老年群体的简单采访中，他们都表示青年所持有的价值观念与自己有较大的差异，但在多大程度上影响了自己则较难给出界定。他们认为，比起自己生活的年代，青年们与长辈的相处模式发生了较大的转变，青年会要求更多的自由，会更坚持自己的观点，会更热衷于超前消费、娱乐活动而缺乏节俭意识、吃苦耐劳品质；学东西更快、更有创新精神，但也更"自私自利"等。这些差异在公共文化空间依然存在放大集聚的效应，使得青年和中老年往往依照各自的价值观念和惯习选择文化活动、文化产品，彼此间交流较少，互相尊重但远离对方的边界。近年来这一状况得到了一定程度的改观，这得益于政府推动的"三下乡"、文化扶贫等一系列政策的实施。青年人越来越多地涉足原来中老年群体所占有的空间，并以政府授予其的"合法""先进"身份对中老年群体进行再"教化"，随着彼此交集的增加，两类群体间的文化互融进程得以推进，也为他们相互间价值观潜移默化的改变提供了契机。

（四）文化反哺的正向功能

尽管青年群体内部个体所持有的文化观念并不尽相同，甚至于这一群体所持有的功利主义思想、自我为中心的思考方式和拜金思潮对乡村文化也造成了一定的负面影响，但总体而言，在乡村公共文化空间中还是以正向功能居多，就调研资料和实际观察来看，有四项功能最为显著。

第一，加强长辈文化素养。对农村中老年群体而言，他们生活稳定，社会关系稳固，接触新知识的机会较少，且也缺乏主动求知的动力。而能帮助这一群体实现文化进步的主要对象则来自他们的孩子，但由于农村青年的大量流失，他们的子代长期处于"不在场"的情形下。此时，通过公共文化空间接触到的年轻人成为他们的主要的新知来源，对公共文化数字载体的学习、新文化内容的了解、新行为规范的仿效、新价值观念的习得都与这一青年群体密切相关。

第二，弥合代际文化差异。公共场域不像家庭场域中长辈拥有对子代的权力关系，他们不能按照自己的喜好对青年施加文化上的影响，反过来会更多感受到青年群体和自己相比存在的差异，且很大程度上不得不接受这种新变化，这使得他们愿意放下自己的文化"偏见"，与青年一道加入新文化空间的建设中。广场舞大赛上所呈现的青年和老年组团跳的鬼步舞，演唱会上出现的中老年唱的流行歌曲，读书会上出现两代人关于农技、历史、科学的密切讨论即是明证。在这种"青年带动中老年、共同步入现代化"的思想新风尚引领下，乡村的文化建设同时吸纳了这两部分人群的力量并加以整合，使其在整体上保持步调一致，更有利于当地公共文化空间的营造。

第三，培养本土内生文化。文化传承离不开具体的人。传统文化的活的载体是当地的长辈，如果不能融入长辈群体的文化活动，便不可能深入了解、体会到当地的本真文化。积极的文化反哺使青年群体主动走入长辈的文化世界，并反哺以新时代的思想和形式，使得这样一种精神财富得以留存和发展，在继承文化内核的基础上做出适当的调适，培育出更富有生命力的本土文化。T县青年非遗传承人们在原有的民俗文化中加入现代元素，如以社会主义核心价值观为内容撰写的戏本，用西方油画作为参照来拼贴的麦秆画，用古筝、贝斯等演绎的传统曲目，等等，丰富其精神价值，同时发挥其经济价值，进而扩大该民俗文化的影响力，为民俗文化的发展寻找到新出路。

第四，提升国家政治认同。作为文化反哺的主导者和主力军，政府以其派驻的青年干部为文化载体向乡村定向传播国家所推崇的现代先进文化，并以此为蓝图构建公共文化空间。物理空间上，他们将农村的村民广场、宣传栏、文化礼堂、文化馆（站）等场所以社会主义核心价值观为基本理念进行展陈，使村民在进入这些场地进行文化活动时得以潜移默化地受到熏陶影响。活动空间上，他们以爱国主义思想为主线、以新文明新风尚为指向，组织各类活动，提高村民的国家认同意识。制度空间上，他们为村民提供各种实实在在的文化便利，以财政支持、队伍建设、社会参与等多个维度促进公共文化空间的稳固和壮大，深得村民的认同。

二 农村青年文化反哺的逻辑起点

逻辑起点简单来说就是动力的来源，是催生某一项行动的起点，其包括主观因素与客观因素，或称自身原因与环境原因。农村青年文化反哺行动中，文化优势的形成与表现是反哺发生的客观基础，具体体现为在数字能力、市场理性和专业知识三个领域。

（一）农村青年文化反哺的主体能力确立

首先，互联网普及提升了人们的信息需求和数字能力。互联网不仅提升了人们的沟通水平，削减了信息费用，也促成了个体之间的联结，催生了大量的文化团体。但同时，针对个体吸收网络信息能力的不同，媒介的变革也带来了所谓的"数字鸿沟"，在信息层面上导致了两极分化，即"信息富足者"和"信息贫困者"。[①]农村相较城市而言互联网技术发展较迟，但对于"80后"且进过城的青年而言，他们比农村的长辈们普遍具有较高的数字能力。农村青年由于娴熟掌握新媒体使用技能，更容易获取信息、提升效率。然而，长辈们因其生长环境、身心特征、文化水平等因素的限制，非但较少从新媒介技术中受惠，反而时常成为技术的受害者，与子代间的数字鸿沟越拉越大。以互联网信息检索为例，子代早已习惯运用强大的搜索工具进行信息筛选，在浩如烟海的讯息中较准确地获取自己需求的关键信息。而父辈却时常面临有求知欲，无求知路径，只能囿于自己的小社交圈获取信息，越来越与前端讯息脱节，长此以往，信息领域"富者愈富，穷者愈穷"的局面难以扭转，青老两代的数字代沟将逐渐加大。所幸

---

① 〔美〕尼葛洛庞帝：《数字化生存》，胡泳、范海燕译，海南出版社，1997，第 292～310 页。

的是，文化反哺的存在为这种差距提供了弥补的路径。

其次，经济活动带来了市场理性增长。市场理性是经济主体在结合客观规律和自身需求后有意识建立的行为原则和自觉意识。理性市场行为的诞生是适应经济法则的结果。[①]"80 后"一出生就沐浴在改革开放的春风中，相比从计划经济时代生长起来的老一辈，他们在解读、理解经济发展规律，乃至具体从事经济活动方面都更具优势，这些都培育了他们的市场理性能力。这一理性延伸到文化场域，即表现为他们对文化反哺的目的、手段的选用，对规则的理解，对制度的尊重。市场理性水平高的青年更擅长应用自己的文化优势，将其转化为物质财富，同时，青年也更愿意在文化市场上进行更高的消费，以此来换取文化产品可能带来的文化资本，如学乐器、购书等，而在这些方面，许多长辈不愿进行支出，无视或轻视这样做的收益。

最后，系统学习推动了专业知识积累。得益于国家政策的大力推行和教育系统的逐步完善，新生代比老一辈得到了更多的受教育机会、拥有了更佳的教育资源。对于一些选择文艺工作的青年，他们往往接受过学校或其他机构系统性的训练，拥有了一技之长，这些群体在面对文化领域与自己才学相关的各类问题时就具备了更高的解决能力，并且在这一过程中也收获了大家的认可，即因其学历背景或成长历程成为处理公共文化问题的"专家"。当这种"专家"身份在长期的实践中被充分检验和肯定，村民即会对其产生一定程度的依赖，这种依赖进而会扩散至其本不涉及的领域，即在其他问题上同样愿意更多参考他们的意见，进一步增强其文化反哺的正当性。这种由其他领域的才干衍生至文化场域的人的事例并不鲜见，在其他各领域取得成就的人大都能在公共文化空间中获得承认。

（二）农村青年文化反哺的内在动因

文化优势的积累并不必然导致文化反哺，客观上存在的文化优势还需经由人的主观能动性才能施展。而不同的青年个体则往往有不同的初衷，因此，对这一群体文化反哺内在动因的挖掘是必要的。

第一，青年的使命意识。青年是整个社会力量中最积极、最有生气的力量。新时代中国青年处在中华民族发展的最好时期，既面临着难得的人

---

① 唐凯麟、罗能生：《论当代中国市场理性的建构》，《湘潭大学学报》（哲学社会科学版）1998 年第 4 期。

生际遇，也面临着特殊的时代使命。使命这一概念不是当代独具，在中国传统文化赋予的诸如以家庭为重、造福桑梓等观念的作用下，杰出的乡村青年们往往愿意把所思、所学、所为贡献到养育自己的这一方水土中。他们认为自己对本地村庄负有使命与责任，为村里做事是一种不应当被理性计算的应然之事，由此，他们愿意牺牲物质利益来完成建设家乡的朴素理想，使命意识强烈的青年更具有文化反哺的主动性，往往也是反哺效果更佳的一类群体。

第二，青年的文化需求。随着城乡融合的推进，生活阅历的增加促使青年群体产生了更广泛的文化诉求，为满足自身文化需要，他们便会选择自主供给。通常是寻找志同道合的朋友组成团队进行"自娱自乐"式的文化享受，这一活动往往在公共场合发生，被村民观察到后有时会形成一定的引导作用并扩散其影响力。当然，该文化行为在"反哺"这个层面而言通常是无意识、无方向、无目的的，因而其效果往往差异很大。大多数情况下，青年群体以独特、自在的文化表达为当地文化氛围的进一步开放提供了风向引导，使长辈意识到了文化生活的多样性，逐渐接受新的文化行为，对长辈群体的文化生活产生较大的启发作用。

第三，青年的乡愁情结。在同一文化环境下成长的个体更能产生彼此之间的认同。① 长期在乡村生活的青年们，受本土文化浸润的程度较深，这使得他们在日常生活实践、行为模式乃至思考方式等方面都随处可见受本土文化影响的印记，也由此形成所谓的乡愁情结。如果在后续的成长过程中他们的文化认同没有发生新的大的变化，那这一部分青年对本土文化的认可会促使其选择重新回到家乡所独具的文化空间里，但也因此造成他们的文化生活与乡村保持着较多的一致性，这使得他们的文化反哺多是器物层面的，甚至是对当地传统文化的延续，而不涉及对文化内核的改变，这也使得这一群体的文化反哺温和、持久、易于接受。

第四，青年的性格特质。性格是一个人相对稳定的思想和情绪方式，是其对自己主观认识和外部基于其行为而给定的可被测量的特质。当人们身处不同情境时，他们的性格可能会表现出明显差异，并以此来预估其在

---

① 董莉、李庆安、林崇德：《心理学视野中的文化认同》，《北京师范大学学报》（社会科学版）2014年第1期。

进行某项社会行动时的表现。[①] 对于公共文化空间中的文化反哺这一行为而言，具有不同性格特质的人的参与意愿和采用的反哺方式各有不同。喜好与人打交道的青年会更多选择与人直接接触的反哺形式，沉静并喜好钻研的青年则用"作品"为公共文化空间带去新知，相比而言，性格之于文化反哺更像是一个调节变量，而不是一个因果变量。

高速发展的科技、丰富的学习资源、多变的社会形态等背景为青年人提供了传统经验社会少有的机遇，使他们在数字能力、市场理性和专业知识方面积累了相较于长辈的文化优势，这是作为文化反哺必要的先决条件。具备文化优势的青年有的从主观上就愿意积极主动地进行文化反哺，这一群体多具有较强的使命精神或乡愁情结。而有的青年则是在表达自己的文化需求的过程中，因在公共空间与长辈群体发生交互而在一种无意识的情形下产生了文化反哺。同时，青年的性格特质会影响其是否愿意进行文化反哺，性格偏内向、自我的青年即使具备较高的文化资本优势也很少选择进行文化反哺，而具有外向、活跃、利他、喜好社交等特质的青年则更乐于进行这一行为，据此整理出了农村青年文化反哺的逻辑起点（见图7-2）。

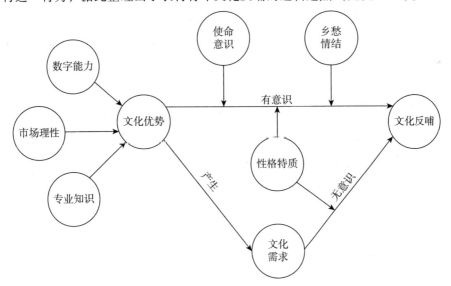

图7-2　农村青年文化反哺的逻辑起点

---

① 彭聃龄主编《普通心理学》，北京师范大学出版社，2012，第467~480页。

（三）农村青年文化反哺的外部刺激

尽管许多农村青年具备足够的文化反哺能力，并且有一定意愿投身农村文化事业，但真正落实到行动还需要良好的外部环境支持。调研资料显示，吸引青年进行文化反哺行动的外部刺激主要包括政策扶持、经济因素和文化氛围三方面。

政策扶持方面，T县长期以来因其地理位置欠佳、自然资源匮乏、经济落后导致人口流失严重。近年来随着扶贫政策的不断推进，T县在产业扶贫、文化扶贫等方面取得了较大成绩，包括制定文旅产业战略、创办特色农业、搭建电商平台、开设生态园区等，文化领域的政策还包括诸如兴修农家书屋、修建文化广场、送戏下乡、开办非遗传习班、搭建通信网络基站等。正是这一系列在全县域推行的政策为当地注入了新鲜活力、打下了厚实基础、注入了求变思想，也使得许多在外的青年才俊嗅到了机会，从而在政策的激励引导下回乡发展。

经济因素方面，大多数情况下的文化反哺需要青年群体的在场，而经济因素是青年选择回乡与否的重要因素，同时也是其进行文化反哺时的重要考量。受市场逻辑的影响，青年们相较长辈更能从经济理性的角度思考某一行为的价值，文化反哺也不例外，他们也会从需求、成本、可行性等维度进行理性分析。在新农村建设及脱贫攻坚任务的实施过程中，与其他西部农村地区一样，T县不断收到来自中央财政资金转移支付和对口帮扶省市各种人力、财力、物力资源的投入支持，这极大地破解了"农村地区经济落后—人才流失—经济更恶化"的循环怪圈，从而改变了T县的经济面貌。经济的相对充裕为文化事业发展提供了更多支持条件，而在大力推进公共文化服务体系建设"全国一盘棋"的整体部署下，文化事业的地位得到了极大提升，资源也开始向这一领域倾斜，从而诱导青年回乡创业，参与文化反哺行动。

文化氛围方面，T县居民大多保留着传统西北人所特有的既豪放勤劳又保守恋家的观念意识，同时还坚守着较为深厚的耕读文化传统，由此形成尊文崇教的风尚。在这样一种文化氛围熏陶下，人们更乐意把求学有为的本地青年树立为楷模，给予这些群体更高的认可，这使得T县较之周围其他县域有着更深厚的文化底蕴，也催生了更多的文化反哺行为。但这种文化氛围的存在并非仅来自历史积淀，其实也与政府的精心打造、努力作为密不可分，T县将"文化强县"确立为县域发展的重要战略，政府在文化风尚的转向及公共文化正外部效应的释放中皆起到了主导作用。良好的文化氛围必将助力乡村文化的健康发展，反之则有可能扼杀优良文化的生长。在好的氛围之下，青年在日常生活中能够感知到文化的力量，会产生更多化所学为所用、帮助建设当地文化的良善初心，并且能够预见自己的行为会得到更多的正向反馈，从而产生具体行动。

三 农村青年文化反哺的演进逻辑

在内在动机和外部支持的驱使下，农村青年群体实现了从无到有的第一次文化反哺，但这一行为是不是坚韧、是否可以长期生效及稳定发生，将取决于后续青年群体与公共文化空间中各方主体的交互作用关系，其行为逻辑的演进受到诸种因素的影响。

（一）文化反哺的资源获取能力

在一个能持久发生的文化反哺行动中，各主体一定能从行动中获取自己所需要的某种资源，只有主体间互惠互利才会促使良性互动的发生。在此将公共文化空间中被广泛用于交换的资源分为经济资本、象征资本和社会资本。

依据马克思主义政治经济学理论，经济决定政治和文化，政治和文化反作用于经济。[①] 经济资本的占有量与其政治地位和文化地位三者是相关联的。现代生活的发展使财富对于人们生活的重要性逐渐增加，为了谋求更好的经济处境，人们以各种方式参与市场竞争，而文艺产品和与文化相关联的活动自然也成为资本运作的场域。T县以书画闻名，每年在其书画交易市场上的交易额可以占到县GDP的5%，对于文化界人士而言是一个多金的领域，因此在其上发生的文化反哺的行为许多都以经济目的作为具体指向。青年非遗传承人和青年文艺工作者希望依靠更新更优的文化产品和文化服务获得经济利益，青年创业者希望借力文化营造一种有利于自己商业运作的文化空间，青年干部则有着文化扶贫的政治任务和具体要完成的经济指

---

① 马克思、恩格斯：《德意志意识形态（节选）》，《新湘评论》2020年第9期。

标。在这样一种情形下，他们都有着通过实现更优质的文化反哺来获取经济资本的诉求，因此，经济层面上给予他们的反馈是决定其是否继续进行文化反哺的重要影响因素。

象征资本是社会信誉的体现，体现在其对社会问题的影响力上，高象征资本的个体可以通过对公共舆论实现某种诉求，因此，象征资本因其把握了话语权而成为一种社会权威，成为某一群体的代言人。① 文化领域是象征资本的高富集地，因为象征资本是被建构出来的，而文化场域则以建构观念系统为主要特征活动。传统社会的象征资本获得者通常是政府官员、宗族长者，他们的权威往往来自组织任命和血亲关系，文化在其中的占比并不高。步入现代社会后，文化中蕴藏的理性、科学、审美价值被人们更多承认，这使得文化本身带来的象征资本变得更为充分。在文化底蕴深厚、崇学尚知的 T 县，拥有文化优势就意味着相比他人拥有了更多得到象征资本的机会，这些人将文化优势投放至各个具体领域，收获他人的认可，提升自己的地位，为此人们会主动追求"有文化"这一象征资本。从高学历，到比赛优胜得到的荣誉、各文艺协会的会员身份、政府资助的非遗传承人，甚至是广场舞的领舞人等，都是这一象征资本的体现。人们享受凭借象征资本影响他人的感觉，为此会主动通过文化反哺获取更大的影响力以争取这一身份，而当他们发现自己所进行的文化反哺无助于获得象征资本甚至起到相反作用时便会选择停止。

社会资本是指个体或团体之间的关联——社会网络、互惠性规范和由此产生的信任，是人们在社会结构中所处的位置给他们带来的资源。② 就微观层面而言，具有更高社会地位的个体通常拥有更多社会资本，享有更高的社会自由度，但这只有在这个个体作为社会关联中的某个节点时才能体现，即其需要是某个团体的代表或某个链条的关键角色。通过文化反哺的方式，人们彼此之间建立联系，进而加深彼此信任、深化关系，建立互惠性规范，通过在这样一张网络之上进行行动，产生共识，促进良好公共文

---

① 方俊奇：《论布尔迪厄的象征资本所形成弊端的破解之道及对其象征资本的再思考》，《法国研究》2019 年第 1 期。

② 程聪、谢洪明、陈盈、程宣梅：《网络关系、内外部社会资本与技术创新关系研究》，《科研管理》2013 年第 11 期。

化空间的建立。在农村，青年群体通常相较长辈在社会资本方面的积累还有所欠缺，此时他们更愿意通过自己在文化上的优势地位积攒社会资本，以帮助自己在相对固化的乡镇中获取更高的社会地位。此外，这一社会资本的交换还存在"局部性互惠"和"普遍性互惠"的区分，团队内部的成员们往往会有更密切的关系，有常态化的帮扶机制，而对于外界则进行较浅层的互利活动。但内外部的区分通常不被严格设定，T县许多村里的文化团体都是不断壮大的，这就说明社会资本的交换是始终存在的，且范围逐渐扩大。

（二）文化反哺的自我价值感知

自我认同是个体对自己或者自己所属的群体在身份上的确认。在人的生命历程中，其行为具有动作上的连续性和选择倾向上的稳定性、一致性，在这一过程中，人确立了自己的内在参照系统，并以此规范自己的行为。当然，个体的自我认同与社会系统密切相关，二者属于共生的关系。社会系统为个体提供了一个参照域，主流社会力量会给出一个大概的行动框定标准，从这个角度看，自我认同其实强调的就是个体认同，是与集体认同相对应的概念。相比更重视集体主义精神的长辈而言，青年在价值观念上显得更"自由"，能自主制定自己的价值标准，坚持自己的文化偏好，重视自我认同。在进行文化行为时，长辈往往关注的是大家怎么做，而青年更希望能有自己的特色，在遭遇阻力时，也更能坚持自己的选择。一旦青年认为自己的行动获得了积极的成效，他们便乐于将行动坚持下去，即行动本身便会促使下一步行动的发生，但同时由于文化反哺的不确定性，青年并不总能得到设想中的效果，获得普遍的认可，此时自我认同度高的青年更倾向于修饰这项行动而非终止，尤其是当他们认为这项行动最终会获得广泛理解时，他们便能坚持下去。

社会认同理论认为，个体认定其属于某一具体的社会群体，理解和遵从这一群体的行事方式、价值规范，能在群体中实现情感依归，并将人生意义高度与该群体绑定。[1] 显然，在人们决定进行某一行动前，总是会考虑到其他人会怎么看待，尤其是与自己联系紧密的群体的看法。当我们进入

---

[1] 〔美〕R. A. 巴伦等：《社会心理学》，黄敏儿等译，华东师范大学出版社，2004，第186页。

某一场合时，会通过观察他人的举动来判断怎样的行为是合适的，摸索出行动背后的"标准"，并以此来修饰自己的行为。① 根据社会整体对于其行动的正负反馈情况，青年会做出进一步决策调适自己的行为，文化反哺也符合这一互动规则。应当说，反哺行动在通常情况下具有一定的创新性，这时青年对自己行动的效果是难以充分预见的，而来自他人的反馈是重要的参考标准。调研显示，性情内向的青年会很看重他人对自己反哺行动的评价，甚至高过自己的看法，他们不愿承担成为"异类"的风险，而只愿在被普遍认可的情况下行动。一般而言，如果青年通过文化反哺实现的社会认同和自我认同的水平都很高时，他便会持续进行行动且扩大影响力；如果社会认同较高，而自我认同较低，则通常会使反哺的效率和效果受损；如果自我认同较高，社会认同较低，青年则更会表现出不受理解的苦闷，容易将公共文化行为转化为私性文化行为。

（三）文化反哺的自主参与机制

参与机制为社会公众就涉及自身利益和自己关心的议题提供了表达的渠道，同时为公共理性的发展和公共事务困境的解决提供了重要的路径。应当说，公共文化空间中参与机制的存在本身就代表了一种文化风向，其背后是有政府支持的。尽管在公共文化领域青年群体表现出了一定的参与意愿，进行了一定程度的文化反哺活动，但总体而言，文化反哺的形式呈现非正式化、生活化、随意化等特点。文化反哺的效果存在一定的滞后性、间接性。如果没有一种常态化的机制能普遍吸纳青年人的行动意愿，稳固反哺效果，那么这样的文化反哺很容易遭受某些偶然因素的冲击而中断。根据调研发现，T县青年群体文化反哺的自主参与机制与活动安排、平台设置、联系渠道息息相关。

活动安排即是否有足量的、能吸纳青年参与的、具有常态化特征的文化活动供青年施展自己的文化才能。由于甘肃农村青壮年外出务工人员较多，村镇常住人口主要由中老年人构成，故原有的文化活动多面向这部分人设置，仅在节假日青年大面积回流时才会组织相关的文化活动，近来随着县域经济转好，也出现了主要由青年人参与的街舞、乐队等评比活动，

---

① 《社会认同》，百度百科网，http://baike.baidu.com/view/1146065.html，最后访问日期：2021年9月19日。

成为吸引青年参与的重头戏，许多青年表示为了完成对这些活动的筹备工作，他们有了比原先更高的热情和活动频率。

平台设置是帮助青年完成文化反哺时有意构造的一种组织形式。青年个体能力有限，往往在文化反哺时面临种种困难，以政策宣讲团为例，T县政府组织青年大学生入户宣讲，给予了其足够的"合法性"，同时大学生之间也形成了合力，能共同完成对于个人而言较为繁杂的任务，这就使得青年以平台为依托，寻找到了可靠的组织资源，并由此获得稳定的文化反哺渠道。

联系渠道指存在于政府和青年、青年和同辈、青年和长辈之间的沟通管道。许多青年表示，很多情况下不是自己不愿意为文化事业做贡献，而是没有信息，对很多本可参与的活动因不了解而错失机会。联系渠道的存在使得信息成本大大减少，如微信公众号上推广的文化活动，立刻就能获得青年的响应，政府也得以充分吸收青年的意见表达，推出更适合的文化活动。

四　农村青年文化反哺的行动逻辑与治理审视

本书借鉴布尔迪厄场域理论，将农村场域、城市场域、村民惯习、文化资本等纳入分析范畴，对文化反哺现象进行理论反思，进而廓清农村青年文化反哺的行动逻辑，以此推进青年群体的基层公共文化服务治理实践。

（一）农村青年文化反哺的行动逻辑

如前所述，农村青年受城市经济资源和教育资源的吸引离开村镇，完成文化再造，随后以其积累的文化优势，在内在动因和外部刺激的双重作用下回到乡村进行文化反哺，进而通过其行动而产生的资本回馈和价值感获得的差异来决定其文化反哺行动的存续和强弱。此即农村青年文化反哺的行动逻辑（见图7-3）。具体而言，文化反哺从最初只是作为农村青年的一个设想，到在内因外力共同作用下促使其初次发生，再到经历互动后其行动增强或减弱，产生后续种种变化。农村青年群体在公共文化空间进行文化反哺的初次尝试后，便会根据这一行为在公共空间引起的反响评估自己的行为，如果这一行为能为其带来各类资本的积累、自我价值感的提升，并且有成本较为低廉、渠道较为通畅的参与机制为文化反哺提供便利时，农村青年群体就会得到正向激励，提高其反哺的深度及广度。反之则可能会削弱自己的积极性，减弱或中断其反哺行动。农村青年群体通过一定的参与机制向农村公共文化空间中的其他人群（特别是中老年群体）实施文化反哺，通过输入新的思想观念、认知模式及新的技术手段，不断弥合青年人与中老年群体之间的文化差异，而社会则馈之以各类资本以提升青年的社会地位，并在互动中提升青年的自我认同和社会认同水平。通常自我认同与社会认同是同向的，但也存在不一致的情况，其中自我认同程度高的青年个体则更能抵御外界压力而继续自己的文化反哺行为。三类资本则互为补充，亦存在着青年完全无法从反哺活动中获得经济资本的情况，但青年普遍能够通过文化反哺行动获得社会资本，而象征资本的获得往往需要较长时间和较大精力的投入。

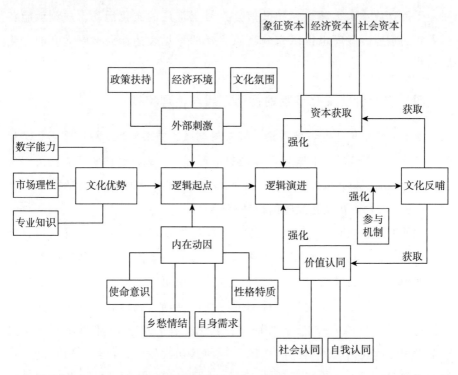

图 7-3　农村青年文化反哺的行动逻辑

（二）农村青年文化反哺的治理检视

在城乡二元体制下，传统农村的社会结构相对稳定且同质化，流动性较差，受外界干预较少。农村的新生代在脱域之前大都处于乡村这一"半熟人社会"中，生长于封闭、熟悉的乡土习俗，对外界知之甚少，其信息接收渠道、日常生活规范、观念养成系统全部在村落完成，村落中的长者、乡贤等作为农村生活的权威，既是"符号暴力"的合法占有者，又是青年不容置疑的榜样，他们对青年群体的精神观念、道德秩序和生活行为产生深刻影响。但是，随着信息技术的发展和青年的自我成长，城市文化日益浸染到农村地区，青年群体接触到了新的文化思想和生活样态，这对其原有惯习形成了一种冲击。而国家行政力量的下沉也带来了基层社会结构和治理场域结构的变化，传统权威在变迁中受到严重削弱，承载国家意识形态的基层干部逐渐代替乡俗权力在农村社会生活中发挥着重要作用。目睹这一切的新生代，原本的惯习系统就此发生了松动，在高等教育的"遴选"和城市对农村劳动力的"虹吸"中努力适应新环境，提升自我能力，争取在新场域中获得更多认可，拥有更多资源。同时，国家通过教育系统或市场系统对农村青年们的旧有惯习进行变革，让其意识到场域的差异，实现了惯习的更迭，更新了资本的定义。农村青年群体在传统到现代的适应与转换中，力争在新场域获得"位置"、资本与权力，在与同辈人的竞争中得胜，他们通过自己的拼搏，努力积累各项资源和资本，其中就包括文化资本的习得和内化，这个过程本质上是他们实现自我赋权的过程，从而为后续积极参与公共文化空间的塑造奠定了内生基础（见图7-4）。

场域理论认为，场域是一个充满多元主体及其关系互动的社会空间。[①]将农村公共文化空间视为一个特定场域，在青年群体文化反哺的实践中，必然少不了青年群体与村落长者、老年群体的文化交流和相互影响。改革开放以来，在市场化的浸润和教育普及、科技发展的影响下，青年群体对新生事物有着较为成熟的认知和把握，他们成长于农村、求学于城市，在往返于城市与农村的地域流动中，他们的思想观念和行为习惯更加开放多元，同时也带来了城乡文化的碰撞与交融。一方面，青年能够比常居于乡土社会、惯常于乡村礼俗的老年群体更能看到不同文化之间的差异，将城市文化带回农村，在一定程度上打破农村文化的封闭自建，重新挖掘农村

---

① 〔法〕皮埃尔·布迪厄、〔美〕华康德：《实践与反思——反思社会学导引》，李猛、李康译，中央编译出版社，2003，第276～300页。

文化资源的时代价值，促进农村文化的现代生长。另一方面，青年群体在现代农村生活方式的培育方面发挥着积极作用。老年群体由于思想较为保守，对新生事物的接受能力较弱，在日益频繁的现代更新中恍然发现自己一直信奉的传统经验并不能很好地解决新问题，为此，他们会在有困难的时候直接请教青年群体或在公共生活中间受到青年群体的影响，与青年群体共同进步，适应时代变化。

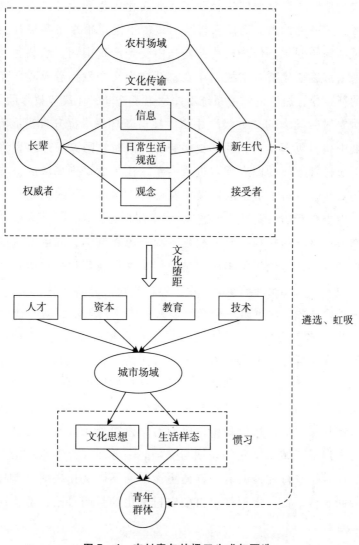

图 7-4 农村青年的惯习生成与再造

　　当然，不同的青年因其成长经历的不同，在文化资本外还可能积累经济资本（如青年创业者）和政治资本（如青年干部）等，这些附加资本在其文化反哺行动中发挥着不同作用，也会影响他们与长辈的文化互动实践。具体来看，当积累了文化资本的青年回归乡村时，他们很容易察觉到自身惯习与当地文化场域的不适配，此时他们便产生了改造这一场域的动机。如果外部条件不允许，即场域本身的逻辑惯性过于强大，他们甚至会拒绝回归乡村，其结果是文化反哺行为不可能发生。在农村公共文化场域进行具体的反哺过程中，青年试图以自己的惯习去改造场域，进而影响他人，这无疑要遭受来自外部的阻力。如果不能在这一过程中积攒各种资本资源，他们就没有足够的力量去与原场域的主体（即长辈）抗衡，进而占据重要的位置，获得支配场域根本运作逻辑的权力。或者，如果青年在反哺过程中感受到了来自外界和内心的否定，即对其行动"正确性"的质疑，他们也会产生挫败感进而停止行动。又或者，他们缺乏合法且易得的渠道实现自己"惯习"外化的过程，即缺乏在实践中的具体抓手，此时也容易导致他们放弃行动。

　　如果上述条件均被满足，青年逐渐在互动中积累资本并占据原属于长辈拥有的重要位置，凭借"合法的权力"将自己在城市及学校等场域中习得的惯习逐步地应用于农村文化场域的改造中，加速文化反哺的进程。这也就使得农村文化场域越来越接近城市文化场域，某种意义上，农村青年正是城市场域运作逻辑的承载者，是城市文化延伸至乡村的触角。当然，两者之间存在一定的差距，但青年文化反哺的效率越高，其自主性也就越强，城乡之间的文化差距就越小，城乡文化一体化就越容易实现。据此，本书构建了场域视角下农村青年文化反哺的行动逻辑（见图7-5）。在文化反哺的行动逻辑中，农村青年不只是对公共文化空间的反哺者，更多是城市文化场域和农村文化场域的连通者，全面向农村输出其在城市场域中获取的各项资本，从而缩短城乡之间的"文化堕距"。在长期的不均衡发展中，城市与农村形成了较大的差异，其场域结构、惯习系统、资本内涵都有较大差异，而农村青年作为两者的桥梁，为场域之间的融通提供了可能。文化反哺实际上成为城市文化影响农村文化、农村居民赋权自我共同参与乡村文化治理的一条路径。

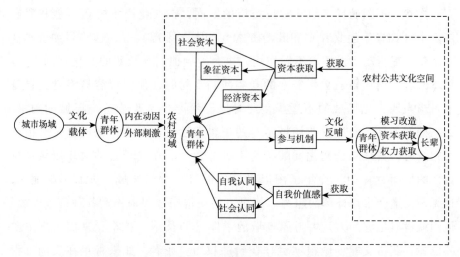

图 7 – 5　场域视角下农村青年文化反哺的行动逻辑

第四节　农民公共文化服务弱参与治理研究

——以庆阳市 H 县为例

公共文化服务参与作为农村公共文化服务体系建设的基础性要素，关乎农村居民文化权益的保障问题，是人民民主及服务型政府建设的前提条件。有效的农民参与关系到农村居民主体性的激活，是完善公共文化服务治理结构、实现乡村文化振兴的重要保障。如何破解农村居民公共文化服务参与不足的问题，成为新时期农村公共文化服务治理的重要课题。本节以庆阳市 H 县为例，立足农村居民本体视角探讨农民弱参与公共文化服务的外在表征、形塑机制及其治理路径。

一　农民弱参与的选择基础

H 县位于甘肃省庆阳市，属于典型的农村地区和革命老区。近年来受干旱气候影响，单纯地务农劳作已难以维持农户的正常开支，很多年轻人选择外出打工补贴家用，故 H 县形成以学生、农民工以及留守者共同构建的农村场域，不同场域之间的文化活动区别很大。就家庭场域而言，农民主要依托看电视丰富文化生活。受自身文化水平及经济、时间等因素影响，读书看报的农民少之又少。就社区场域而言，农民的文化活动以打麻将、玩扑克以及村部农民文化交流会为主。近年来，随着文化自乐班的兴起，部分民众逐渐将业余时间集中在自乐班团体的文化演出方面，改善了以往单一、消极的文化活动现状。每年一届的农民文化交流会成为本乡农民唯一的文化期许。政府为激活当地农村经济市场、活跃民间文化生活，每年会借农民文化交流会之际邀请专业或非专业剧团进行陇剧会演，该会演成为当地众人皆知且久负盛名的文化盛宴。

（一）形同虚设的乡村舞台

如前所述，"乡村舞台"是指村级综合性文化活动中心。虽然甘肃省2013年已出台大力建设乡村舞台的相关政策性文件，但 A 乡乡村舞台于2016年才开始筹建。自乡村舞台建设完成以来，A 乡基层公共文化服务贫瘠现状并未得到有效改善。A 乡属于典型的农村地区，沟壑纵横、道路崎岖，布局分散的社区通常依山而立，村庄之间被沟壑或高山隔开。居住于此的农民通常很难有"闲情雅致"徒步数千米路程前往村部的文化活动中心锻炼身体，仅有的健身器材成为村部极个别农民、个体户的眼前风景。在图书资源方面，A 乡农家书屋知名度并不高，图书资源陈旧且未能及时上架。在电影放映方面，A 乡近些年鲜有电影放映活动，农民的电影期待被一次次落空，转而将农闲时间投入打牌、打麻将等私性文化活动，乡村舞台难以为基层公共文化生活提供实质性帮助。

（二）久负盛名的农民文化交流会

B 乡农民文化交流会是当地每年定期举行的以激活当地农村市场、活跃农民文化氛围、丰富农民文化生活的地方性组织活动。交流会具有较高的知名度和影响力，成为大多数农民的期盼热点和关注焦点。其中陇剧演出是大多数农民参会的主要目的，以当地生活为题材、当地方言为特色语言、交流会现场为演出场地的陇剧演出，是当地老龄化、留守化、分散化农民唯一津津乐道的文化盛宴。然而，这种唯一的大型文化展演服务却不能为每个农民所接受，戏曲兴趣的淡漠、专业演出的隔阂、农忙时节的无奈、服务距离的阻隔等，都是部分农民对陇剧演出望而却步的现实性因素。看似热情高涨的陇剧演出很难得到农民群体的持续性关注，政府张罗的文化服务存在高热情下的弱参与问题。

（三）初露锋芒的农民自乐班

C 乡最早的农民自乐班成立于 2015 年，发展至今，自乐班成员已由组建初期的 2 人扩增至 8 人（人数最多时达 15 人），自乐班成员均来自当地的乡村，主要以传承地方传统戏曲（道情）为主。如今的乡村以中老年人居多，单调的村落文化滋生了大量的传统私性文化，甚至为封建迷信的糟粕文化提供了生长空间，对乡村文化生态造成极为消极的影响，由此激发了村落部分农民改良民众私性文化、丰富公共文化生活的决心，自乐班组织应运而生。本着自娱自乐的演出理念，自乐班从小乡村演出平台逐渐登上乡镇、县城甚至市里的演出舞台，知名度和影响力日渐扩大，并得到周围群众的一致好评。但就目前的发展现状来看，自乐班的服务范围及受益人数仍然有限，依旧面临场地及设备困难现状，短时间内难以形成"燎原之势"。

二 农民弱参与的具体表现

需要明确的是，无论是从其表征还是内涵来讲，本书所提到的"弱参与"较之农民公共文化服务的"参与不足"概念，皆具备对实践层面更为确切的解释力。"弱参与"不仅反映了农民群体在农村公共文化服务过程中参与不足的表象，而且内在地映衬出其参与农村公共文化服务的（异化）主动性和被动性，具体体现在参与意愿、能力及目的等方面。

（一）参与主体老龄化

随着近年来教育意识及经济需求的提升，H 县各村外出求学务工的学生和青壮年农民数量逐年增多，形成了典型的以中老年和儿童为主体的留守乡镇。就最受欢迎的农民文化交流会而言，参与者以老年人居多，且参与时间得不到保证，通常 7 天左右的交流会平均参与时长为 2 天。中年农民群体多为目的性参与，缺乏源自心底的参与意愿与参与热情，往往借助交流会平台聚众酗酒或打牌赌博，很难融入仅有的农村文化盛宴。就自乐班演出而言，组建初期的自乐班主要由中老年人组成，且将自娱自乐作为其生存之本，影响范围极为有限，观众也大多为中老年群体。

（二）参与内容私性化

农民群体文化活动私性化已成为制约 H 县公共文化培育的重要因素。

调查发现，农民平常主要的文化活动局限于看电视、打麻将、打牌和酗酒等私性文化活动以及一些颇具迷信色彩的活动。以打牌为例，村民通常以村庄或村部为据点，定期（农闲、喜事、过节）组织小范围的打牌娱乐甚至赌博活动。当地农民为消磨农闲空虚时间，曾自发组织了以生产队为单位的"北风"[①]扑克角王活动，虽然在乡镇引起了广泛的讨论，但打牌活动参与人数有限，基本上以中年男性群体为主，而且不乏常年赌博成性的"社会闲散人员"，其活动所折射出的积极意义微乎其微，实质是私性文化广受追捧且别无他选的落魄与无奈。在当地公共文化服务供给不足的情况下农民的私性文化甚嚣尘上，严重挤压了公共文化的生长和培育空间，农民很少有闲情逸致了解或参与当地的文化活动，就其深层次而言，私性文化活动的蔓延带来的不仅是民众公共文化生活的落寞，更是对基层公共性衰减的警示。

（三）参与领域单一化

就目前农民参与的公共文化服务领域而言，主要以乡村农民文化交流会为主，在民众文化需求长期得不到满足的情况下，当地唯一具有本土特色的陇剧演出这一文化活动成为广大留守者翘首以盼的精神食粮。除此之外，图书阅览室、老年活动室等基层公共文化资源很难达标，村级综合性文化活动中心等文化服务设施缺少专业人员，通常为一人数岗的兼职人员，公共文化活动稀少。虽然近些年兴起了农民文化自乐班组织，但其团队力量薄弱且数量稀少、专业性不足、服务能力有限，使得原本亮丽的文化风景难以支撑起社区场域甚至社会场域的公共文化服务，进一步造成农民群体公共文化服务参与领域单一化的窘境。

（四）参与时间集中化

在 B 乡每年一届为期一周的农民文化交流会中，大多数农民并不能保证每天都去参加，而是选择会期中间的一两天作为散心的"好日子"，参与时间呈集中化、居中化态势。交流会伊始，信息传播不及时使得许多民众不知晓交流会具体时间（每年时间不统一），依托口口相传或街道公告的方式很难达到短时间内大范围信息覆盖的效果，文化程度低下又限制了农民

---

① "北风"为 H 县约定俗成且众人皆知的扑克牌游戏，俗称"打北风"。

通过线上接收交流会信息的比例，导致民众接收参会信息滞后。

（五）参与方式出场化

H 县农民群体作为公共文化服务的权益对象，鲜有正式的参与渠道保障其行使民主权利，参与式治理理念异化为农民缺乏选择余地的被动出场，公共文化服务的决策性参与、事务性治理实践依旧遵循自上而下的政策传递，农村基本公共文化服务标准化、均等化政策实施很大程度上延续了政府"送文化"的惯性思维，忽略了"种文化"的重要性，农民只能借助当地本土化的农民文化交流会以旁观者姿态出场，治理基层农民出场化参与的公共文化服务难题任重道远。

三　农民弱参与的类型划分

H 县农民弱参与不仅与其参与意愿和热情息息相关（关系到动员参与或是自发参与），而且与政府、民众的联系程度（政府与民众的关系紧密或松散）密不可分。由此，以农民自发/动员参与及其与政府紧密/松散的联系分别作为纵横坐标可划分出四个象限，每个象限代表相应类型的参与模式（见图 7-6）。

图 7-6　农民主体基层公共文化服务"弱参与"类型

（一）偶遇型参与

所谓偶遇型参与，指基层公共文化服务主体参与行为具备偶然性、偶遇性特征，通常是在其无明确参与目的意识的情况下进入服务场域，并接受公共文化服务的系列活动及过程的参与类型。B 乡农民文化交流会虽然每年举办时间稍有不同，但大体集中在暑假期间，会兼顾农民劳作的空闲时间及乡村为数不少的大/中/小学生的暑假时间。此外，外出打工的农民工通常也会在农忙时间返乡劳作，长期外出的乡村主力军又构成 B 乡农民文化交流会的"临时观众"。由此，学生群体和农民工群体共同构成 B 乡公共文化服务偶然性参与的主力军。由于这两类群体与政府组织文化活动无直接联系，且参与行为带有无目的性和偶然性，往往会基于新鲜感而自发参与文化活动，因此，将"自发"参与及其与政府的"松散"关系作为偶遇型参与的基本属性。

（二）依附型参与

所谓依附型参与，指民众参与基层公共文化服务行为带有很强的目的性和依赖性，缺乏自主参与的意愿和热情，参与者往往通过文化服务平台实现其文化权益之外的其他利益。以村部举办的农民运动会为例，很少有民众自愿加入比赛行列，活动筹备陷入无人关注的尴尬境地，为激发农民群体的参与热情，政府人员通常以社会保障福利作为交换条件，动员乡镇部分民众加入。比如，D 村支书在任期间，H 乡每届农民文化交流会戏团都由其负责联系，表面看似程序化的活动招标实乃其私人剧团的合法性登场，D 村支书动员许多戏曲业余爱好者加入其私人剧团进行"专业化"文艺会演，降低了民众的文化期许与参与热情。由于整个参与模式不仅与政府的默许有关，而且是一种动员参与，因此，将动员参与及其与政府的紧密关系定义为依附型参与的基本属性。

（三）义务型参与

梁漱溟曾言，中国不应当被看作家庭社会，而是伦理社会。人自出生便生活于形形色色的关系之中，凡属关系，皆为伦理。伦理关系，也即情谊关系，是人与人相互间的义务关系。[1] H 县留守者以中老年人居多，沟壑纵横的地理环境、相距甚远的文化场地、交通不便的出行障碍以及家不离人的村落惯习，阻隔了留守者参与农村基层公共文化服务的意愿与可能。基于此困惑，年青一代通常会将父辈参与公共文化服务当作自身的一项使命，尊老的伦理约束、邻里的互通攀比以及亲友的在场期待都促使一家之

---

[1]　梁漱溟：《中国文化要义》，学林出版社，1987，第 79 页。

主义务性地接送父母往返于村庄与会场之间，而且这种义务性参与具有象征性、形式性特征，也即晚辈接送父母去会场看戏带有很强的虚荣心倾向。受村落文化的熏陶，接送父母观看陇剧是一种被邻里相亲认可并赞许的尽孝善行，差序格局下的亲属关系大多生活于同一个乡镇或邻近乡镇，"抬头不见低头见"的问候压力进一步促使一家之主不得不做出义务性参与行动。由于此种参与类型就其实质乃是伦理关系、邻里及亲朋压力的动员参与，且与政府的决策无直接联系，因此，可将其划分为第三象限的义务型参与。

（四）服务型参与

服务型参与指民众参与农村基层公共文化服务行为带有很强的服务意愿，整个服务活动不以营利或名誉为目的，所有服务性举动皆为基于自身能力的志愿性活动。于 H 县而言，服务型参与主体主要包括乡村精英与自乐班组织。自乐班组织以自娱自乐为宗旨，以活跃社区氛围为目的，以丰富农民文化生活为旨归，以传承本土传统戏曲为信仰，所有演出活动皆为成员自费筹集，从成员室内演出发展到应邀入户演出，自乐班始终未改"自娱自乐、服务民众、传承文化"的组织使命。在每年一届的农民文化交流会以及日常生活中，B 乡村精英通常也扮演着"信息服务者"角色。农民文化交流会过程中的信息传递、陇剧评介、内容讲解及其后续跟进等服务都是乡村精英的"拿手活儿"，农民自乐班的演出信息、演出内容、内容传播及其活动组织也同样是乡村精英能人的"本职工作"。无论是自乐班的发展壮大还是乡村能人的专业度提升，都难以脱离其与基层政府的微妙关系，因此，自发参与及其与政府的紧密关系可看作服务型参与类型的基本属性。

四 农民弱参与的角色定位

H 县公共文化服务虽然整体处于贫瘠状态，但其场域内仍旧存在多种文化角色，不同文化参与者承担不同的文化分工，具备不同的文化象征符号。

（一）文化群演者

文化群演者是指在农村基层场域中，为谋取自身的正当/非正当利益，自愿/非自愿参与公共文化服务供给的个人或组织。由于此类群体所呈现的公共文化服务质量和效果都不尽如人意，难以满足民众的心理期许和文化诉求。因此，其参与过程充满表演意味。这类群体主要由低保户、黑剧团和"社会人"构成。农村基层政府为鼓励民众参与文化活动，将可获取低保政策照顾作为吸引民众参与的方法，参与者可成为低保户，低保户参与是一种非自愿表演性参与。黑剧团是指受地方保护主义势力影响，B乡陇剧演出被各村支书组织的私人剧团承办，垄断演出多年且演出质量每况愈下，由此，该私人剧团被当地农民形象地称为"黑剧团"。与低保户群体相比，黑剧团群演主要是为了赚取演出经费，是出于自愿选择的非正当演出。社会人在B乡陇剧演出过程中同样兼具群演角色，为解决民众观看陇剧时会场秩序混乱的问题，当地社会街头无业游民成为净化民众陇剧观看环境的"调节者"，以其擅长的更加灵活的惯习性技巧自愿维护文化活动的运行秩序，并从中获取正当报酬。

（二）舆论引导者

舆论引导是指主流媒体、知识精英通过舆论影响人们的思想意识和行为选择，进而实现社会管理、文化建设和政治稳定的传播行为。[①]显然，主流媒体和知识精英在整个舆论引导过程中扮演引导者角色。就H乡而言，乡村精英与本土媒体构成公共文化服务舆论引导的主要力量。公共文化服务的影响力和知名度往往与该场域舆论引导者的文化喜好和评价标准密切相关。首先，就D自乐班组织的发展历程来看，从其组建创始到发展壮大主要经历了两个阶段。第一阶段即组建初期的自乐班组织活动范围主要局限于本村，其影响力和观众主要源于周围民众，随着村部知识精英和当地民众的口耳相传，其知名度逐渐突破村部范围，扩大到该乡镇范围内的大多数民众视域中，使自乐班获得了更多的观众和粉丝。第二阶段主要得益于本土自媒体和当地知名媒体的加盟报道以及舆论引导，使自乐班知名度和影响力进一步扩大至H县域范围。其次，从当地民众的文化参与意愿和选择来看，农村精英的文化评介往往是决定其是否参与文化活动的关键影响因素。乡村能人犹如"守门员"，位于乡村政治系统的边界，通过与其他系统的互动为社会分配价值。[②]在H县公共文化服务过程中，乡村能人同样扮演着"舆论守门员"角色，一系列文化活动经过其舆论转接，能够催化

---

① 黄卫星、李彬：《文化自觉与当前我国舆论引导》，《现代传播》（中国传媒大学学报）2011年第11期。

② 李强彬：《乡村"能人"变迁视角下的村社治理》，《经济体制改革》2006年第5期。

民众的公共文化活动参与意愿，进而影响其参与效度。舆论引导下的自乐班组织影响力扩散过程如图7-7所示。

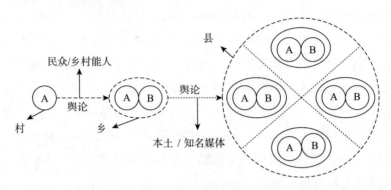

图7-7　舆论引导下自乐班组织影响力扩散过程

（三）情感治愈者

情感治愈者是指在H县基层公共文化服务过程中，部分群体的文化参与具备化解农民情感空虚、填补民众文化空白、满足民众文化需求的功效，主要以B乡农民自乐班为代表，包括服务精准、情感共鸣和治愈恶习三个层面。首先，服务精准是B乡公共文化服务中独具特色的服务形式之一，凭借小规模、菜单式、傍晚时的服务特点，能够兼顾民众文化娱乐的供需对接和时间保障，最大限度地满足参与者的文化需求，但囿于场地及设备限制，此种文化服务形式规模有限，影响力小。其次，情感共鸣效果主要源于自乐班演出内容的在地性、演出唱腔的口语化以及演出过程的直面化。与政府供给的正规剧团演出形式相比，无论是演出内容还是演出程序，自乐班都与之相差甚远，然而，正是正规剧团的程序化演出，给民众以陌生感和疏离感，严实的幕布、花哨的脸谱、隐秘的衔接环节阻挡了民众进一步满足好奇心的冲动。相反，自乐班演出的所有场景都暴露于观众眼下，甚至观众和演出者随时可以互换角色，零门槛的演出条件和零压力的出场方式带给民众的不只是身份互换上的自信，更是情感上的共鸣。最后，近年来农村地区私性文化活动甚嚣尘上[1]，严重挤压了公共文化活动生成空间。农民主要的文化需求寄托于看电视、打麻将、玩扑克等私性文化活动，

---

① 江金启、郑风田、刘杰：《私性不足，公性错位：农村居民的精神文化消费现状及问题分析——基于河南省嵩县农村的调查》，《农业经济问题》2010年第6期。

抑或农闲时逛庙会、祭祖、逛集市等传统公共文化活动，公共文化活动式微为农村基层赌博、酗酒闹事等恶习埋下了祸根。农民自乐班的出现在一定程度上转移了民众的文化注意力，将之前陈旧、落后、消极的文化偏好转变为欣赏甚至参与本土优秀传统文化的传承（如道情皮影）中，消解了延续已久的赌博、酗酒闹事等不良社会风气。

（四）文化旁观者

文化旁观者是指公共文化服务过程中，部分民众缺少文化消费和参与热情，以旁观者的事不关己的姿态进入文化场域，通常伴有牟利性、偶然性特征。与文化群演者不同，文化旁观者不存在文化服务的生产行为。文化群演者虽然同样具备牟利性和临时性，但这种临时性参与处于文化服务输出的生产/生成环节，其参与行为构成文化服务的必备要素。文化旁观者主要归结为外出者、留守者和工程方。外出者主要包括农民工和大学生两类群体，留守者主要是指老年留守群体，工程方是指 H 乡陇剧演出的赞助商，通过其赞助善举，在陇剧演出过程中宣传住宅房售卖信息。基于本次 H 乡陇剧演出的具体考虑，工程方进行文化资助的主要目的是宣传其项目活动，激发广大民众的房屋消费欲望，并非满足民众的公共文化服务需求。通过参与观察发现，在 H 乡陇剧演出过程中，有很大一部分参与者为临时性返乡的偶然性、即兴参与，这种参与形式不具备文化消费的持续性，缺少文化消费的忠实意愿，很难与文化活动达成有效的互动回应机制。老年留守群体在参与文化消费时，同样将更多的时间分配在会亲友等情感交流事务上，与工程方"醉翁之意不在酒"的行动取向一致。

五　"一强双弱"式角色互动：农民弱参与的形塑机制

回顾 H 县基层公共文化服务的主体角色，文化群演者、情感治愈者、舆论引导者和文化旁观者之间存在"弱文化供给—强舆论引导—弱文化反馈"的"一强双弱"角色联系。各角色间居于中心（过渡）环节的是舆论引导者角色，无论是文化群演者的牟利性、临时性服务参与，还是情感治愈者的小规模、精准化服务参与，都是在舆论引导者的"中转加工"基础上的文化呈现，这种文化中转功效主要体现于公共文化服务供给初期的宣传阶段以及公共文化服务结束后期的评价反馈阶段。公共文化服务初期，民众囿于信息流通的滞后性，很难短时间获悉相关服务详情，舆论引导者往往成为其获知文化服务概况的首要参照源，也是其决定是否参与、何时参与以及如何参与的主要决策依赖；公共文化服务结束后，民众对本次公共文化活动的评价主要依赖于舆论引导者的主流声音，通常遵从"沉默的螺旋"原理①②，由此会表现出冷漠抑或过于热情的异常反应，这种反应会与文化旁观者的主体性格进行配对，同样也会反作用于文化群演者和情感治愈者群体。文化旁观者角色位于基层公共文化服务链条的末端，受到文化群演者、情感治愈者和舆论引导者三者的综合影响，囿于其参与心理和意愿，文化旁观者的末端反馈效应异常微妙，呈现"弱文化反馈"的角色地位；舆论引导者凭借农村基层信息传播缓慢的特点而独具优势，呈现"强舆论引导"的角色地位；文化群演者的公共文化服务供给具备临时性，情感治愈者的公共文化服务供给规模小、影响力弱，因此，二者皆呈现"弱文化供给"的角色地位。受文化群演者、情感治愈者的弱文化供给，文化旁观者的弱文化反馈以及舆论引导者的强舆论引导综合影响，农民群体公共文化服务弱参与机制得以构建，并在各角色间的持续互动中不断被形塑（见图7-8）。

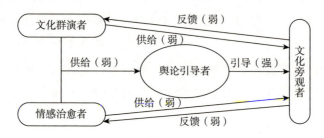

图7-8　农民弱参与的形塑机制

---

① 姚望：《农民非常态利益表达行动逻辑新探——以"沉默的螺旋"理论为分析视角》，《农村经济》2009年第6期。

② "沉默的螺旋"（The Spiral of Silence）是一个政治学和大众传播理论。该理论基本描述了这样一个现象：人们在表达自己想法和观点的时候，如果看到自己赞同的观点受到广泛欢迎，就会积极参与进来，这类观点就会越发大胆地被发表和扩散；而发觉某一观点无人或很少有人理会（有时会有群起而攻之的遭遇），即使自己赞同它，也会保持沉默。意见一方的沉默造成另一方意见的增势，如此循环往复，便形成一方的声音越来越强大，另一方的声音越来越沉默下去的螺旋发展过程。

六　农民弱参与的治理路径

城市社区居民参与公共文化服务受阶层区隔、品位差异、制度缺失以及执行不力等结构性因素影响而呈现"弱参与"倾向，致使其面临社会基础、空间结构和制度形塑三重阻隔。基于此，城市居民对公共文化服务的弱参与不断被生产和再生产，进而影响其社会认同功效。相对而言，一方面，农民参与农村公共文化服务同样囿于阶层区隔、品位差异、制度缺失以及执行不力等现实性因素而出现"弱参与"问题[1][2]；另一方面，农村基层通常处于国家公权力治理半径末梢，一系列公共文化服务政策被不断消匿于自上而下的层级管控和基层村庄的"丛林政治"中，国家公权力退场导致村庄治理规则的建立更多依赖于村民的"社会人"身份。在此背景下，富人治村、内生性村治组织、非科层化等思路皆为当下可行的村庄治理尝试。由此，农民基层公共文化服务弱参与治理图景需要以社区场域内优秀的本土治理资源为契机，重点发挥好服务性参与群体的情感治愈功效和乡村精英群体的舆论引导功效，逐渐转化文化群演者和文化旁观者的"酱油"角色，增强农村基层公共文化服务边缘群体的参与度和获得感。

（一）规范服务过程，转变群演角色

2015 年，中共中央办公厅、国务院办公厅印发了《关于加快构建现代公共文化服务体系的意见》，将推进基本公共文化服务标准化、均等化作为构建现代公共文化服务体系的主要抓手予以重点部署。显然，将标准化手段引入公共文化服务领域已成为保障公民文化权利的重要举措。[3] H 县在公共文化服务过程中缺乏规范化、标准化的服务章程，临时性、随意性的服务习惯导致低保户、"社会人"、"黑剧团"等群演角色出现，严重降低了民众的文化期许和获得感，难以满足基层民众的文化需求。将标准化手段引入公共文化服务领域，需要从服务源、服务中和服务后三个环节予以跟进。首先，制定明确的基层公共文化活动承接主体资格认定制度。将演出质量好、群众评价高的

---

① 李少惠、崔吉磊：《论我国农村公共文化服务内生机制的构建》，《经济体制改革》2007 年第 5 期。

② 周娟：《基于生产力分化的农村社会阶层重塑及其影响——农业社会化服务的视角》，《中国农村观察》2017 年第 5 期。

③ 张仁汉：《以标准化手段推进浙江基本公共文化服务建设》，《浙江社会科学》2015 年第 5 期。

剧团纳入基层公共文化服务数据库，与之建立长期合作协议。尊重民众参与公共文化活动的意愿，通过设置奖励和评比等正当激励方式提升其参与意愿，而非通过非法的利益交换做表面文章。其次，规范公共文化服务监管环节。发挥基层政府、村民委员会自治组织的组织协调职能，培养一批有素养、爱公益的"活动管理者"加入基层公共文化服务管理环节，提升民众参与的舒适度和亲和感。最后，注重公共文化服务的善后宣传推广工作。利用本土自媒体、乡村能人等资源扩大文化活动的影响力和知名度，形成良性的文化生态。

（二）提升服务质量，借力舆论效应

舆论引导者对于农村基层公共文化服务的发展无疑具有关键作用，良好的舆论引导能够扩大农村基层公共文化服务的正外部性，增强其影响力和知名度，使有限的公共文化服务资源获得更多民众的认同和好评。首先，农村基层公共文化服务，应当提升服务质量，确保演出团队的正规性和专业性。调研发现，许多民众将演出质量好坏作为其是否参与的重要影响因素。虽然农民限于自身文化水平，无法从专业角度评判陇剧演出的质量优劣，但仍然可以从陇剧演出的直观感受出发决定其是否进行二次参与。其次，民众对基层公共文化服务质量的评判很大程度上受制于村庄精英群体的声音。精英往往是指最强有力、最生气勃勃和最精明能干的人，这就对基层公共文化服务质量提出了更高的要求。故而，唯有提升基层公共文化服务质量，合理引导农村社区精英的正向舆论效应，发挥其舆论引导的正外部性，才能对民众的参与意愿起到正向推动作用。

（三）确保服务随俗，注重情感共鸣

研究显示，当前农村公共文化服务供需契合度不高，具体表现在农村公共文化活动需求旺盛、农村公共文化活动供不应求、农村公共文化活动供需优先顺序错位等方面。就 H 县公共文化服务而言，农民对本地公共文化服务资源（农家书屋、文化广场、健身器材、老年人活动室）的认可度和利用率并不高，更多表现出冷漠和与己无关的态度。相反，民众更热衷于一年一度的陇剧演出，虽然民众普遍反映每年的陇剧演出存在剧目重复、演出时间少等问题，但仍然对其抱有很高期许。作为本地唯一的内生性文化组织，农民自乐班由于缺少演出场地和设备而限于小范围演出，但基于其本土化的演出内容和形式，仍然获得民众的热情捧场，实现了农民群体

精准化自主供给公共文化服务的构想。由此，农村公共文化服务唯有坚持"入乡随俗"，为民众提供本土化的文化内容，才能获得服务对象的情感共鸣，激发广大民众参与公共文化服务的热情。

（四）丰富服务内容，带动民众参与

当下农民群体参与公共文化服务更多带有"旁观者"标签，缺乏参与公共文化服务的意识和需求，这种形神分离的在场状态使农村基层公共文化服务整体绩效大大缩水。这与农村公共文化服务供给主体单一、民众文化需求表达机制不畅以及与生活脱轨的服务内容等因素不无关系。长期以来，政府作为农村公共文化服务供给的主力军，自上而下的"送文化"惯性仍未消减，"种文化"的服务模式仍未能完全建立，农民群体公共文化服务需求表达机制消匿于基层人员稀少、责任模糊、部门推诿的实践困局以及经济唯是的行动逻辑中，农村公共文化服务"送""种""需"的合力优势尚待发掘，忽略了农村地方文化优势，大量本土化的优秀传统文化资源尚未被有效地挖掘和利用，农民文化主体性地位成为农村地方经济建设战略的牺牲品，农村公共文化服务处于被冷落和孤立状态。农民群体参与公共文化服务理应具备多元化、层次化的文化供给渠道和内容，丰富的公共文化服务形式可以使不同层次的民众有所选择地加入适合自身的文化场域，治愈其旁观和群演角色。

第五节　基层公共文化服务自主供给的生发逻辑研究
——以 L 市为例

公共文化服务体系作为国家文化建设战略的重要组成部分，关系着广大群众基本文化权益的实现。随着"政府主导、市场运作，社会参与"的复合供给模式逐渐嵌入公共文化服务供给的运作中，以群众为供给主体的"自主供给"模式登上了基层公共文化服务体系的舞台，旨在以多重力量增加公共文化服务的有效供给，满足人民群众追求美好生活的文化需求。广场舞作为融体育、健身与文化娱乐于一体，遍布城乡的群众自组织活动，是最常见且最典型的公共文化服务自主供给尝试，通常由民众自发聚合在街头广场、公园等公共场所，以舞蹈、合唱、戏曲、乐器演奏为主要内容，具有娱乐自我、服务大众的双重效应。回溯发掘群众组织自主供给公共文化服务的生成逻辑与发展进路对于开拓公共文化供给新思路、创新供给模式、巩固适宜群众生活的文化活动和形式、完善基层公共文化服务体系将大有裨益。综观公共文化供给模式领域的研究，基层公共文化服务自主供给是多元供给模式的纵向裂变与拓展，是基于广大人民群众日益增长的文化需求及民众文化权利意识的广泛提升所产生的新型供给模式，自主供给更能紧密契合基层群众的文化需求，凸显了基层群众的文化主体性。

一　L市自组织的基本状况

L市是一个包含回族、东乡族、藏族、维吾尔族等多民族的省会城市，各民族聚集形成了别具特色的民族文化。社会环境的变化体现了日新月异的变换节奏，城镇、农村人口的潮流涌动加速了城乡融合的社会形态的微观变换。人口的地域转移既有赖于经济的地域转移，也带动着文化的地域转移。虽然本研究的范围聚焦在城市，但在调查研究过程中发现，例如秦腔自乐班、腰鼓队、花儿演唱等很多文化团体的主要组成人员都是近年来从L市周边的农村转移而来的，或是进城务工，或是随儿女进城养老，他们的到来在一定程度上改变了L市的人口结构、经济结构以及文化形态。因此，L市的自组织带有浓厚的农村色彩，与农村自组织相通共融。透过城市自组织的研究，也能窥视出农村自组织的发展现状，为农村公共文化服务发展提供经验借鉴。经过前期预调研，最终选取L市楼兰之韵新疆舞蹈队（XJ）、夕阳红老年合唱团（XY）、和谐秦腔自乐班（QQ）和锅庄舞蹈队（GZ）四个文化自组织作为本研究的调研对象。综合运用深度访谈法和参与式观察法，共访谈18人，访谈对象既包括参与公共文化服务的个人（组织者或参与者），也包括团体，同时也将旁观者纳入其中。访谈提纲仅作为参考，实际访谈内容会根据受访者的回答适时调整，最终共获取6万余字的原始资料。本研究运用NVivo11质性研究工具进行编码工作，在编码过程中遵循扎根理论的三级编码要领，通过不断比较，逐步使研究资料"概念化""范畴化"，并最终归纳出基层公共文化服务自主供给的生发逻辑理论模型（见图7-13）。

二　基层公共文化服务自主供给的生发逻辑透视

生发逻辑意在表明事物的生成和发展过程所遵循的基本规律，是指事物从无到有、从低级到高级、从青涩走向成熟的内在机理。

（一）文化需求衍生——自主供给的逻辑起点

1. 主观爱好与健康意识的彰显

需求源于集体内部不满足、不平衡的一种心理或生理状态，这种状态刺激机体产生去寻求满足、弥补缺失的某种行为。文化需求作为人的精神需要，是基于生理需求、安全需求等更高阶段的需求，彰显了个体的精神内涵、价值观念、意识形态等面向的欲望，也正是这种与经济发展水平相适应的内生需求，成为基层公共文化服务自主供给产生的最原始动机。在社会发展进入转型期，人们的思想逐渐开放，更加注重精神层次的文化享受和主体价值的彰显。然而高额的生活成本、激烈的竞争压力，让不少人长期处于身心俱疲的生活状态，消耗健康已经成为很多人奋斗的代价。老年人在享受晚年生活的过程中，对物质需求看得更为寡淡，更加注重身体状况是否良好，而中青年人则有意识地提前规避生活压力带来的健康损耗，越来越多地走出家门参与文化活动。在这样一种心理状态下，免费的自发性文化活动也就成为不同群体锻炼身体、增强体质的完美选择。

2. 观念转变与心理情愫的唤起

时代的快速流动带来的不仅仅是物质外表的更新换代，也催化着民众内心的观念转变。在越发宽松的社会环境中，人的主观能动性得到了持续性增长，突破了物质压力，人们更多地向往轻松愉悦的精神享受，不再像过去那般封闭保守，渴望得到展示自我的机会。加之中老年群体普遍怀有对过去生活的记忆和某种心理情愫，使得他们将这种记忆和情愫寄托于生动的文化活动中而得以重现。因此，无论是感官上单向度的享受还是积极投身其中的主体性参与，都彰显了群众多元向度的文化需求（见表7-2）。

表7-2　"文化需求衍生"的编码举例

范畴	原始语句（初始概念）
主观爱好	PG39 我喜欢太极拳，打了二十多年了，看这里有人打太极拳，我都会跟着一起打（主观爱好） GZ61 我对藏族的锅庄舞情有独钟，我以前跟藏民打过交道，藏民的生活习惯的各个方面我都了解（生活经历）

范畴	原始语句（初始概念）
健康意识	XY53 关键还是以锻炼身体为主，人的观念在变化（健康意识）（观念转变） QQ292 就是为了领着大家一起开心、快乐地锻炼身体，为了健康着想，没有别的目的（健康意识）（活动目的）
观念认知转变	XJ73 过去人的思想太封闭了，现在慢慢就开放了（思想逐渐开放） XY51 年轻人可以随便唱歌，我们有什么不可以呢？社会这么好，应该多出来活动活动（认知转变）
心理情愫唤起	QQ31 因为一般老年人怀旧，秦腔对于他们来说，听得亲切、听得懂（怀旧情结） XY217 我们都是中老年群体，我们唱的红歌多一点，我们年轻的时候都唱的是这些歌曲，就是觉得比其他歌曲好听（心理情愫）（历史记忆）

（二）社会条件进步——自主供给的外在支持

1. 社会形态的微观变换

社会环境的变化体现了日新月异的变换节奏，城镇、农村人口的潮流涌动加速了城乡融合的社会形态的微观变换，这种变换具体表现为以下三方面：第一，主要供给者——以城市居民为主要参与者变为城市居民和农村居民结合的供给结构；第二，文化资源形态——在城市原本单一的文化资源的基础上增添了农村地区的文化元素，如秦腔、花儿、腰鼓等；第三，基层公共文化服务的客体——文化资源日益多样，提高了其他居民参与活动的可能性，使得基层公共文化服务的群众基础更为广泛。

2. 文化政策与制度支持

基于社会形态的不断变换，国家层面大力提倡的普惠共赢的文化政策更让基层公共文化服务发展如沐春风。L市政府采用以奖代补、项目补贴、演出资助和招标采购等办法，对文化惠民及各类公益性演出予以补贴，扶持基层群众业余文艺团队发展，并逐步形成了"文化活动月""文化艺术节"等群众文化活动品牌，为广大群众的文化活动提供良好的展示机会。无论是兴修街道、社区综合文化服务中心等基础设施的硬件支持，还是政府提供演出机会和经费奖励的软件支持，这些实践的落实无疑拉近了以往空有说辞的"政策鸿沟"，给予城市基层公共文化服务自主供给实践莫大的鼓励和支持。

3. 生活质量改善与参与成本反向行之

不断提高的生活水平，又在很大程度上助推了基层公共文化服务的向好态势。一方面，当人民的生活水平达到某一基点时，便会出现既追求文化品质和精神享受，又希望实现自身价值的深层次诉求；另一方面，社会的进步不仅体现在人均消费水平的提高，也体现在生活成本的降低方面，尤其在以移动互联网为主的科技时代，群众可以借助便捷的网络渠道进行学习，群众主动学习的兴趣得以激发。可以说。不断提升的生活水平提升了群众树立自身价值的精神欲望，低廉的参与成本又助推了群众自组织的良态发展，二者反向行之构成了基层公共文化服务自主供给得以发展的客观条件（见表7-3）。

表7-3　"社会条件进步"范畴的编码列举

范畴	原始语句（初始概念）
社会形态更迭	PG29 我原先在农村，过去的人们逢年过节时都唱一唱（秦腔），来这（城市）之后呢，反而还看到有人唱呢（从农村到城市）
	QQ55 我们都是一起来打工的，周末闲了就聚到一起唱上几个小时（进城务工）
文化政策支持	XJ89 现在社会进步了，政府也更加重视文化的发展了（政府重视）
	GZ258 我们团队参加过市里的广场舞比赛，还得到了奖金（比赛奖励）
生活质量改善	PG284 现在的人生活条件好了，闲暇时间也多了，需要精神享受（条件好转）
	QQ98 过去老是生活奔波，现在不用再为钱的事情操心了（生活富裕）
参与成本低廉	XY155 我们一个月只交十块钱电费，谁都能交得起（费用成本）
	PG198 现在网络这么发达，不会跳了可以从网上学，很方便（学习成本）

（三）文化团队组建——自主供给的载体构建

1. 雏形搭建：文化精英的引领示范

基层公共文化服务的自主供给以各类文化团队为主要载体。在团队组建过程中，少不了文化精英的引领示范作用。"精英"是指精明强干、具有显著影响力和号召力的群体。在文化领域内，如果拥有较多的文化资源，并能有效地利用资源服务于大众群体，获得他人认可的人，则被称为"文化精英"。这些文化精英主要由文化爱好者和专业人员两种类型组成。文化爱好者一般基于长久以来保持的浓厚兴趣，加之在生活中历练积累的文化才能，从而产生组建文化团队的意向。专业人员一般由艺术老师、退休教师、民间艺人和少数民族群众等为主要代表组成，他们通常掌握着高尚的艺术审美和纯熟的经验技术，能够对普通群众产生指导作用，引领集体性文化活动沿着培养高尚情趣、培养艺术气息的轨道前行，避免了活动的单调和低俗。

2. 身临其境：陌生成员的浸入体验

当搭建起文化团队的雏形后，便是新成员不断进入的阶段。文化团队开展文体活动时，往往会吸引感兴趣的来往行人驻足观看，此时文化团队成了

"表演者"，过往行人成了"旁观者"，他们常常表现出跃跃欲试的心理状态，甚至会在旁观者人群中不由自主地跟唱或跟舞，进入了一种"身临其境"的表演场域。文化团队因其自发性的组建方式，必然具备了"开放而非封闭"的特征，也即文化团队并无明确的"准入界限"和"准入规则"。在这种情境下，团队为了扩大规模，往往以热情的姿态接纳"旁观者"进入组织尝试，于是陌生成员能在备受鼓舞的氛围下形成一种"浸入式体验"。

3. 关系嵌入：文化团队的认同吸纳

当陌生成员经过"浸入式体验"环节后，往往有很多人愿意加入其中。此时，文化团队以非正式方式接纳新成员，经过不断的磨合和交流拉近成员关系。当新旧成员互相熟悉之后就逐渐形成了文化团队的"身份认同""关系认同""价值认同"。此时，以新成员为嵌入主体，以现有文化团队为嵌入客体，以个人资源、关系、价值观等为嵌入的主要内容的"吸纳—嵌入"机制就成为促进自发性文化团队提升扩容度的第三步骤。

4. 情感共鸣：团队成员的凝聚共融

当个人与个人、个人与群体处于同一情境下，他人的情感变化能够引起个体主观相同或相似的反应时，就产生了情感共鸣。对一个群体或团队来说，情感共鸣展现的是内部成员共同的心理振幅。新成员加入团队，客观上将个人文化偏好、价值观念、行为意识等要素嵌入组织，随着时间的推移，成员消除了彼此的陌生感和隔阂感，更具有一种零距离、直面化的交流互动。正是源于团队成员长期以来通过磨合、沟通、交流的方式而达成的心照不宣的心理机制，从而使一个团队产生文化认同，这种文化认同在某一程度上又形成了成员的"心理参照"，让团队成员的行为方式、思想观念都逐渐接近，趋于同一，进而以"共同参与—心理参照—情感共鸣—团队凝聚"的逻辑走向牢牢黏合了团队关系。

5. 形象价值：团队品牌的内涵塑造

团队发展趋于成熟后，必然少不了形象价值的塑造。因为形象本身具有价值，所以由此带来的效益便往往成为品牌的外显性展示。如楼兰之韵新疆舞蹈队，其名取"西域楼兰之风韵"的美意，以穿戴维吾尔族特色服装为标志，清晰地展示了团队风情浓郁的新疆特色，在文化活动场所极为引人注目，成功地打造了独一无二的品牌形象。与此相同，很多自发性文化团队在发展过程中都为自己取名，一些较为成熟的团队还身穿统一服装，策划团队口号，从而在形式上树立鲜明的团队品牌形容，使得团队更具有仪式感，达到一定的宣传目的（见表7-4）。

表7-4　"文化团队组建"范畴的编码列举

范畴	原始语句（初始概念）
雏形搭建	QQ188 团队成员在退休之前大多从事专业的戏曲工作（成员专业性） XJ18 她本身就是维吾尔族人，年轻时就在舞蹈团工作过（个人资源）
身临其境	GZ247 如果有观众想学的话就直接进来体验（体验环节） XJ258 看多了也想进去和他们一起跳（跃跃欲试）
关系嵌入	QQ247 有人想学习这个，我们就一起教着唱（成员互助） XJ125 时间长了，我们就熟悉了，把他看作我们的成员了（互相熟络）
情感共鸣	XY201 既能自娱自乐，大家互相帮助，也能提高演唱技巧（相互促进） QQ291 有些事情要和大家一起商量，才能把这个队伍壮大起来（人际和谐）
形象价值	XY228 叫作"夕阳红老年合唱团"，慢慢我们要把队伍组织起来呢（团队目标） QQ184 因为我们都是从农村来打工的，好不容易聚到一起唱秦腔，所以叫"和谐秦腔自乐班"，希望我们的队员一直都和谐（团队名称）

　　文化团队的组建使得群众文化活动有了一个特定组织，不仅有利于促进群众日常生活中的情感交流，也有利于构建生活空间，从而推动认同感、归属感、心理安全感的建立。文化团队组建的逻辑关系如图7-9所示。

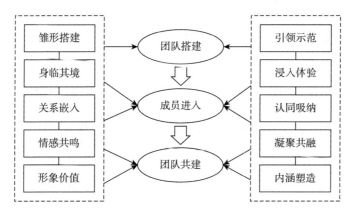

图7-9　文化团队组建的逻辑关系

（四）文化空间整合——自主供给的情境叠加

1. 硬件支持：物理场所的基础性供给

聚焦于社会学视域下的文化空间，是指具有文化意义的物理空间、地点、场所。① 无疑，文化空间首先是一个物理场所的客观存在。居民在进行自发性文化活动前，首先要选定一个合适的场所作为活动地点，通常以人民广场、文化广场、公园、社区活动中心，或是具有大面积的空地为选择对象。这些场所通常都具有"开放性""无门槛"的特点，不需要缴纳场地使用费，不被限制活动时间，且都设在居民生活圈中心，交通便利，因而是群众开展公共文化活动的最佳场地选择。文化团队的空间选择通常具有随意性和临时固定性，也即团队成员并不将活动位置长期固定在某一领域，场所的选择大多以人口流动性、活动密集程度、空间开放程度等作为定位标准，若场地产生了资源争夺的情况，那么成员能够在一致同意的前提下更换活动位置，因此组织场域也具有空间流动性。

2. 软件支持：文化资源的补给性填充

在公共文化服务供给过程中，多样文化资源的注入使得文化活动精彩纷呈。以广场舞为例，因其大众化、平民化的特点流行至今，但是广场舞也曾经被贴上了"低俗化"的负面标签，究其根本，是其内容的"空虚化"、形式的"单一化"，可以说，文化资源的匮乏一度成为广场舞的发展瓶颈。然而随着人口迁移、社会形态变换、现代信息技术的覆盖，文化资源呈现重生态势。在活动内容上，特色民族文化、古老民俗文化、现代流行文化元素交相辉映。在人才资源上，不仅有少数民族朋友、民间艺人，也不乏具备专业才能的职业艺人。在信息资源上，群众常常会借助网络工具及时学习新的文化表演形式，以形成团队的绝对竞争力。因此，文化资源已经成为群众对基层公共文化服务自主供给内容的重要补给，是引导群众性文化活动脱离媚俗化、平庸化的有力武器，深度彰显了文化资源的价值性，使群众自娱自乐的文化活动获得了长久发展的生命力。

3. 环境机制：娱乐氛围的调剂性渲染

从公共文化空间建构的过程来看，物理场所奠定了空间基础，文化资源填充了活动内容，在二者建立的基础上，便形成一定的环境机制——娱乐氛围。基层公共文化服务的自主供给，表象是文化活动在公共场所的开展，实则文化环境的无形营造。当团队整体开展活动时，悠扬的歌声、热

---

① 向云驹：《论"文化空间"》，《中央民族大学学报》（哲学社会科学版）2008年第3期。

闹的乐器、欢快的舞姿，这些娱乐气息交织在一起，吸引旁观者驻足欣赏。由于大多数文化团队都有着常态化的表演机制，活动时间和地点相对固定，旁观爱好者就可以在固定的时间去观看一场免费的文化演出。久而久之，当旁观者与活动者产生情感共鸣时，便会尝试加入其中。由此，以娱乐氛围为主要内容的环境机制因其渲染性功能而对旁观者产生一种深刻的感染力，从而成为文化空间的拓展工具。

4. 心理机制：文化与情感的互融

当人们在一定的物理空间进行文化活动的生产和实践时，文化空间对群众有一种"引导性制约"作用，面对不同情景，群众往往由"被动式反射"行为转化成"耳濡目染式习惯"，最后走向一种"主动式参与"行为。因此文化空间在影响人们行为的同时，也形塑着人们的思维和心理。群众开展自主性的文化活动时，无论是活动者还是旁观者都能感受到最为生动的文化生活和文化体验，产生文化与情感的交互效应。久而久之，人们逐渐会产生一种文化依赖———一旦生活中缺少文化活动，则会感到生活的寂寥和清冷，陷入一种无所适从的生活状态。随着时间的推移，文化环境不仅改变了群众的娱乐心态，也可能使人们的行为习惯、意志情趣、生活理念、价值取向发生转变，从而达到文化内涵与情感的互融效果。因此，文化环境不仅是文化活动的存在方式，更是一种具有文化气息的意义空间，它体现着人们的价值追求和理想表达，是文化空间构建的核心内蕴（见表7-5）。文化空间整合逻辑关系如图7-10所示。

表7-5　"文化空间整合"范畴的编码列举

范畴	原始语句（初始概念）
物理场所	PG78 公园人多，大家能跳起来（场合优势） PG84 这里环境好，主要是地方宽敞（环境优势）
文化资源	QQ203 秦腔是咱们甘肃这一带的传统文化（传统文化资源） XJ241 新疆舞是民族舞里面比较独特的，文化底蕴深厚，更有美感（民族特色）
娱乐氛围	GZ109 来这个公园遛弯就看见有人在跳锅庄舞，所以后来就加入进来了（氛围带动） XJ100 发现这些舞蹈很有感染力，音乐欢快，听着开心，人就喜欢（氛围感染）
文化与情感互融	QQ248 经常来唱一唱，心里的烦心事好像就消散了（舒缓心情） GZ301 跳舞时间长了，好像心里就产生了一种感情，觉得生活离不开它（文化依赖感）

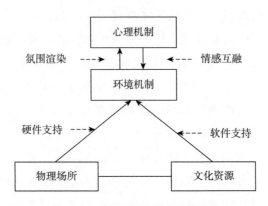

图 7 - 10 文化空间整合逻辑关系

（五）社会资本积累——自主供给的默契重组

1. 联系机制：社群网络的模式化构建

在持续的社会交往中，联系机制无疑成为发展社会关系网络的第一步骤。一方面，在团队组建初期，通常成员的认识表现为尝试心理下的默默跟随。当团队趋于稳定后，成员之间会确定一种联系机制，一般以建立微信群的方式呈现，团队中的大事小情都可以借此工具进行通知，极大地方便了团队成员之间的交流。当这种联系机制成为常态，团队成员的沟通与交流转而可以拓展到生活中的琐事上，拓展了成员的沟通渠道。另一方面，从团队外部来看，无论是何种类型的文化团队，都会不定时地参与一些文化展演、比赛等活动，这就需要与其他团队成员、活动举办方、参赛对手进行联系和沟通，此时便形成团队内部—外部的联系机制。在社会关系网络中，成员不断交换着信息资源、技术资源、人脉资源，甚至是关系资源，而不同团队的成员们便存在于亲属关系、职业关系、组织关系、邻里关系等之中，这样的社群关系在时间的脉络里衍化成一种模式化的建构，通过非制度化的人际关系和相对固定的行为而得到保障。

2. 互惠机制：社群成员的常态化帮扶

文化团队作为关系集合体，团队成员已经在潜移默化的团队关系中形成了彼此的关系认同和情感弥合，并且树立了一致性的团队发展目标，因此成员之间就会逐渐形成非正式的帮扶机制。对于新进成员，既有成员会义务性地给予其指导，帮助他们尽快融入团队。新老成员之间以文化活动为纽带会形成"日常生活性"的交往，主要体现在彼此的娱乐、聊天、生活互助等方面，该交往方式一般并不涉及利益或特定目的，有利于加深群众之间关系的紧密性。随着时间的推移，以群众性文化团体为基本单元的关系网络会逐步扩展到更大范围的合作体内，他们或是联结其他文化团体、社会组织、市场、基层政府部门等，通过合作形式达成互惠互利模式。例如一些文化团队会义务性出演社区、企业等部门组织的活动。与此同时，这些部门也为团队提供了更为丰富的表演机会，双方在互惠合作中不断创造新的资源集合体和社会关系网络，不仅建立了表达友好的沟通机制，形成了更为广泛的社会交往，也在实践过程中满足了彼此需求。因此，由团队内部向外围不断渗透的行动过程为社群成员的个人发展形成了常态化的帮扶，也为多元的社会关系网络建立了互惠机制，成为社会资本的主要观测点。

3. 信任机制：社群网络的潜在性成长

信任是构成社会资本的核心要素，是个体对于他人行为是否会遵守规则或标准的一种积极的反馈行为。基于团队成员在交往过程中个体或群体之间形成的普遍信任关系，主要分为认知信任和情感信任。一方面，成员的相互交往形成了一定的交流空间和信息集合体，尤其以"零距离"的方式获取大量的信息来源，这为成员之间建立信任关系提供了重要基础。与此同时，当个体感知到自己与其他成员具备相同的文化符号、思想意识、价值观念时，个体间更容易在团队中产生信任感。另一方面，公共活动空间为团队成员提供了一个交往平台，在长期交往过程中成员产生了自然的情感联系和心理认同，随即形成了成员之间的情感信任。文化团队作为一个关系集合体，必然具有一定的团体意识，团体意识则为成员增强团队归属感提供了情感信任的"培育场"，成员在长此以往的交流互动中更能增加团队归属感与凝聚力，无形之中也就建立和强化了团队中的信任关系。

4. 非正式制度：社群网络的共在性惯习

相比国家的法律、政策、规章等正式制度，非正式制度具有一种潜移默化的属性，一旦形成，就会对人们的观念意识、行为模式具有某种约束作用。即使在日常文化活动中团队成员也身着统一演出服装，演出服装作为一个团队最为鲜明的文化符号，彰显着团队品牌内涵，也意味着团队发展已经步入正轨。另外，由于文化团队均由群众自发性组建，为了应对日常活动的电费缴纳、设备服装的购置、材料印发等开销，成员需要自行承担相应费用，但此项费用由个人自愿上交，并非强制。这种自愿承担活动费用的行为也成为一种非正式惯例，体现着团队成员着眼集体利益的自愿行为。如果将一个文化团队看作一个"微单元"，那么这些非正式制度就是成员之间的心理契约和共识，也即当成员维持一定人际关系时，依靠共同的参照和微妙的心理机制，非正式制度往往以一种隐性规范的角色彰显在团队发展过程中的"自我管理""自觉维护"的共在性惯习。相比硬性而冰冷的正式制度，非正式制度通常能更加有效地推动团队及社群发展（见表7-6）。而基层公共文化服务自主供给中社会资本形成过程的逻辑如图7-11所示。

表7-6 "社会资本积累"范畴的编码列举

范畴	原始语句（初始概念）
联系机制	XY112 和其他团队联系比赛，我们就都相互熟悉了（建立联系） XY113 比如保险公司开业就会找到我们为他们演出（联系演出）
互惠机制	GZ176 大家在一起跳舞，就是一个相互学习的过程（相互学习） XJ375 社区联系到我们，让我们去表演，对双方都是一个机会（各取所需）
信任机制	QQ201 我们原先是一个地方出来打工的，所以才聚到一块唱秦腔（原始信任） XJ332 大家都是志同道合的人，也都能说到一起去，大家是彼此关照的（志同道合）
非正式制度	XY99 每人每月交十块钱的电费，都是自愿交的，队里不强制（自担费用） GZ156 每次跳舞的时候要把服装穿上，这样才显得整齐（心理契约）

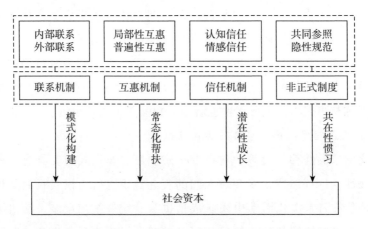

图7-11 基层公共文化服务自主供给中社会资本形成过程

（六）情感价值回归——自主供给的文化呈现

1. 自我效能感的逐步渗透

自我效能感是指"人们对能否运用自己的技能完成某种工作行为的自信"①，也即对个体能力保有一种确切的信念。群众之所以热衷于自主性的公共文化活动，是因为多元的文化活动使得群众能够收获丰富的"自我效能感"，主要体现在生活状态的改观和心理状态的调整两个方面。基层公共文化活动以中老年人为主要参与者，他们往往处于一种寂寥的生活状态，而文化活动则不仅可以充实老年时光，还可以有效促进人际交流，找回个人存在感。参与者常常能在文化活动中达到展示自我的目的，从而收获获得感与自豪感，这种获得感或来自团队成员的鼓励，或来自旁观者的赞许，尤其对于队长、领唱（舞）者等"明星角色"来说，集体性活动更能增加他们的优越感和荣誉感，这种荣誉感也成为增强团队凝聚力的关键因素。无论是生活状态还是心理状态，文化活动参与者总能在其中找到自我存在的意义，从而增强参与群体性文化活动的意愿（见表7－7）。

表7－7　"情感价值回归"范畴的编码例举

范畴	原始语句（初始概念）
自我效能感	GZ20 跳舞不是给别人看的，是给自己享受的（自我享受） GZ202 把这个快乐带给自己也带给大家（传播快乐）
公共精神	XY98 音响是我自己家的，这是大家共同的爱好，没必要斤斤计较（志愿精神） QQ206 我们应该把自己的文化重新捡起来，发扬光大（社会责任感）

2. 公共精神的不断延伸

基层公共文化服务最为显著的特征是公共性，不仅存在于开放性的公共空间内，也体现在群众内化的公共精神上。群众自主供给的行为本身就是公民参与意识和主体意识的鲜明体现，基于社群网络的联结、规范、互惠与信任，成员之间很容易形成强韧的聚合力，同时也衍生出基于个人道德规范、奉献意识的公共精神（见图7－12）。一方面，在群体性活动中，因权利和义务的无规定性，成员往往自主地承担团队事务，尤其以队长或团队负责人为主要带头人，以互惠关系为团队发展和自我发展的认同基

---

① Brown, D., *Career Choice and Development*（Hoboken：John Wiley & Sons, 2002）.

础，成员逐渐树立了一种积极参与、平等合作、邻里友好的公共意识。另一方面，囿于传统文化流失危机日渐严重，一些老艺人以拾起传统文化为最质朴的初衷，努力唤醒人们对传统文化的历史记忆，展现了一种深厚的社会责任感。公共精神的存在不断突破人们自私冷漠的"德性困境"①，呈现的则是"人人相善其群"的传统公德。正是由于公共精神的延伸给予了广大群众道德范式的指引，才使得群众对自发性的公共文化活动有了情感价值的体现，使得公共文化服务自主供给有了"精神—现象"的路径轨迹。

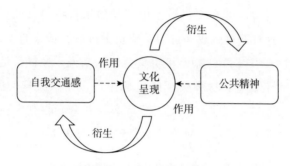

图 7 – 12　基层公共文化服务中情感价值的回归路线

三　基层公共文化服务自主供给的机理分析

（一）内生需求与外在支持：自主供给的逻辑原点

群众公共文化服务自主供给的逻辑原点由"内生需求"和"外在支持"两大范畴构成。"需求"源于集体内部不满足、不平衡的一种心理或生理状态，这种状态刺激机体产生去寻求满足、弥补缺失的某种行为。文化需求作为人的精神需要，是基于生理需求、安全需求等更高阶段的需求，彰显了个体的精神内涵、价值观念、意识形态等面向的欲望，也正是这种与经济发展水平应运而生的内生需求，成为基层公共文化服务自主供给产生的最原始动机。加之中老年群体普遍怀有对过去生活的记忆和某种心理情愫，使得他们将这种记忆和情愫寄托于生动的文化活动中而得以重现。因此，无论是感官上单向度的享受还是积极投身其中的主体性参与，都彰显了群

---

① 王永益：《社区公共精神培育与社区和谐善治：基于社会资本的视角》，《学海》2013 年第4 期。

众多元向度的文化需求。

社会环境的变化展现了日新月异的变换节奏，城镇、农村人口的潮流涌动加速了城乡融合的社会形态，人口的地域转移既有赖于经济的地域转移，也带动了文化的地域转移。加之国家层面大力提倡的普惠共赢的文化政策让基层群众的文化需求得以满足，而不断提高的生活水平，在很大程度上推动了基层公共文化服务的向好态势，基层群众的公共文化需求有了内外兼具的逻辑开端。

（二）载体构建与空间整合：自主供给的逻辑进路

基于群众普遍的文化需求和社会条件的外在支持，基层公共文化服务自主供给的发展路径步入"载体构建"和"空间整合"范畴。首先，自发性文化团队往往最初由几位主要发起人组建一个非正式团队，志趣相投的"旁观者"以"浸入式体验"的方式加入团队。在长期的共同活动中，团队成员的文化偏好、行为意识等趋于一致，于是出现了团队共同的"心理参照"，使成员逐步产生了情感共鸣。情感共鸣一旦产生，对团队整体发展有着强有力的黏合作用，是推动成员产生"共融心理"的催化剂。其次，当发展至成熟阶段时，团队往往会以树立一定的品牌来提升形象价值，通常表现为"取名称""喊口号""统一服装"等具体方式，不仅使团队特征更加鲜明，还树立了一种积极的外在形象。

如果将文化团队看作一个"子系统"，那么文化空间则是多个"子系统"的集合体。其中，以物理场所为基本的硬件支持，以文化资源为必要的软件支持，构成了文化空间的客观存在。近年来，在国家政策的支持下，各级政府部门以保障群众文化权益为重点工作，尤其以建立健全文化服务设施为工作开展的首要任务。与此同时，群众集体性的活动所散发的文化魅力无疑又为群众营造了一种具有"云氛围"的文化场域，形成一种具有晕染效果的娱乐氛围，构成文化空间重要的支撑力，在长此以往的氛围感染中，群众极易形成"文化依赖感"，从而引导群众走向"主动式参与"阶段。由是观之，在物理场所和文化资源的基础之上，娱乐性的环境氛围和文化情感的相互交织构成了文化的内生空间，打通了基层群众自主供给的逻辑进路。

（三）心理默契与价值回归：自主供给的逻辑终端

经过编码，自主供给的逻辑终端由"社会资本"与"情感价值"两大主范畴构成。基层公共文化服务自主供给行为的本质是群众自发组织的具有开放性的群体活动，从该行为伊始，联系机制无疑成为打破封闭环境的第一步。依托团队成员在长期相处过程中常态化的帮扶、资源的共享与交换，形成了互惠互信、情感联结、价值认同的动力要素，促进了社群网络的成长，而组织内部非正式制度的结构性嵌入，又使得社群单元有了共同参照，也成为成员的心理契约和共识达成。综上，社会资本的形成既是构建和谐有序的社会关系网络的基础，也是形成互助互惠互信关系格局的保障，使得群众自主供给公共文化服务有了更为深厚的心理默契。

"情感价值"范畴由"自我效能感"和"公共精神"两个副范畴构成。自我效能感体现了个人对于行为的预期心理和真实感受。群众在集体性的文化活动中获得丰富的自我效能感，这种情感丰富的心理机制往往扮演内生需求的"催化剂"的角色——自我效能感越强烈，则参与公共文化服务自主供给的动机越强烈。随着社会不断向更高阶段的发展，公民的"主体意识"和"个人价值"呈现愈加明显的延展趋势，越来越多的人能够在公共事务上展现出一种积极参与、邻里友好的公德意识。这种以公共利益为基准点的精神逐步渗透到更广泛的群体活动中，使自主性参与更上一层楼，对于推动群众树立公共性规范、社会性道德有着最为生动的教育意义，也是基层公共文化服务自主供给最佳的文化呈现。

基层公共文化服务自主供给的生发逻辑遵循了"逻辑起点—逻辑进路—逻辑终端"三个阶段，在这一过程中，不仅体现了基层公共文化服务从无到有、从弱到强的发展路径，还折射出基层群众在不同场域内心理活动与社会环境的叠加效应（见图7-13）。总体来说，基层公共文化服务自主供给的行为展现了文化供给者和文化受益者双重角色的统一，实现了基层公共文化服务的精准对接，这种极具群众主体意识的供给模式是国家大力发展公共文化服务体系的有益补充，展现了基层公共文化服务供给的新理念，也为完善未来的公共文化服务的供给机制提供了新思路，这是走向文化治理现代化的必然过程。

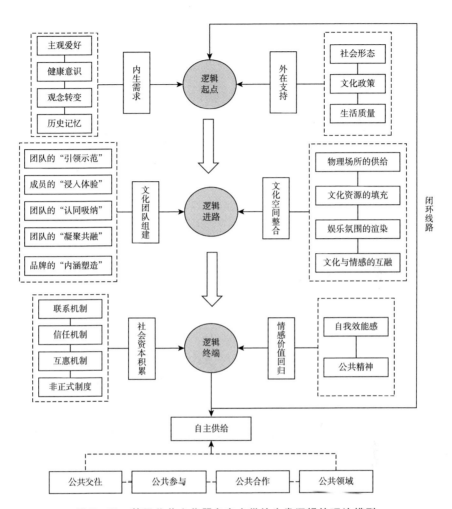

图 7 – 13　基层公共文化服务自主供给生发逻辑的理论模型

第八章 西部农村公共文化服务治理的
困境与路径

在公共文化服务体系理论发展与实践探索视野下，如何将治理理论应用于其中，推动公共文化服务治理转型成为其应有之义。按照西方治理理论的逻辑，其理论及应用存在诸多现实约束条件。公共文化服务治理实践中如果也简单地套用或照搬这一理论，同样会在治理的本质、结构以及过程中出现诸多困境，亦面临着西部农村公共文化服务治理的具体现实困境。实现公共文化服务治理的价值理念，我们需要弥补治理理论与实践应用之间的鸿沟，进行本土化的建构，通过创新公共文化服务治理模式以适应日趋复杂和多样的治理情境，建立政府行政机制、市场竞争机制、社会自愿机制组成的共同作用域，形成横向联结紧密、纵向整合有序的完备的治理体系。

第一节 西部农村公共文化服务治理困境的理论审视

公共文化服务治理是基于治理理论和文化治理理论提出的话语体系，在理论下沉并转化为治理实践的过程中必然面临本土"适用性"问题，由此呈现理论与实践的鸿沟与内在张力。通常情况下，当遇到以下情况时可以确定公共文化服务治理面临着困境，包括显在困境和潜在困境两个方面：一是制定了正式规则和条例，也采取了相应的措施行动，但由于各种原因治理过程被中止；二是在治理过程中，政府作为"管理者"，不愿意共享权力，控制和支配的思维模式难以改变；三是违反治理规则，出现治理权力垄断，回归单一主体；四是治理的持续性参与及合作表现为阶段性和流于形式。此外，治理的目标是实现公共利益最大化的"善治"，如果偏离这一目标也应视为出现了治理困境。基于此，本章对西部农村公共文化服务的治理困境进行界定和分析。

一 西部农村公共文化服务治理的本质困境

治理作为一种理论范式，其要点在于"目标定于谈判和反思之中，借助谈判协商达成共识、建立互信、实现合作，在正和博弈中求得共赢"①。这只是告诉了我们各行动主体之间的关系，但是各主体的行动能力和行动意愿到底如何呢？如果对治理进行简单的移植而忽视各主体的行动意愿和行动能力，就可能在公共文化服务的治理实践中出现本质的困境。

（一）协商成本高，行动效率低下

根据凯特尔的观点，"治理是政府与社会力量通过面对面的合作方式组成的网状管理系统"②。但在这一系统背后是占有不同资源的行动者协商之后的理性集体行动。政府组织、社会组织、市场组织以及公众等遵循不同的行动逻辑，存在多元主体间的博弈。因此，在公共文化服务的治理多元主体协商中，如果严格按照治理的原则，加强有效的整合机制与制度设计，发挥多元主体的比较优势，实现最优化效应，就可能出现协商交易成本高的状况。根据西部某地级市政府工作报告，要"实施州图书馆、州文化馆和州非遗中心等重点工程，建成7个县级数字影院，抓好文物单位的修缮与保护。加大非物质文化遗产的保护与传承，重视原生态文化的保护。实施乡村舞台建设项目，开展'千台大戏送农村'活动和对外文化交流。实施体育惠民工程和行政村农牧民健身工程，建成州多功能体育健身中心和州体育场改扩建项目，广泛开展群众性文体娱乐活动"。如果上述事项均采用协商讨论的方法，势必会加大博弈成本，决策效率必然降低，但绝不能因此而否认多元治理主体之间互动协商所带来的行动效率。相较于政府机制的权力驱动和市场机制的利益诱导，治理更关注的是行动质量。因此，在

---

① 谭英俊：《批判与反思：西方治理理论的内在缺陷与多维困境》，《天府新论》2008年第4期。
② Kettle, D., *Sharing Power: Public Governance and Private Markets* (Washington, D. C.: Brookings Institution Press, 1993).

公共文化服务治理中如何正确处理行动效率和行动质量之间的悖论关系成为当下迫切需要解决的问题。

（二）责任模糊，集体行动失效

"合作网络是建立在政府与非政府部门分享权力、分担责任的机制之上，所以，带来了公私界限的模糊、责任认定的困难，这为公共行动者相互推诿、转嫁责任提供了可能。"① 公共文化服务的治理作为一个资源共享的联合行动过程，如果责任划分不清晰、参与过程不确定，就会形成"人人负责人人无责"的现象，在治理结果追究上也会出现模糊化处理乃至无法追究。另外，各个主体责任模糊也会出现奥尔森的"集体行动的困境"，集体行动失效。这就会与治理所追求的公共利益最大化目标形成直接冲突。笔者在西北某地级市调研时，谈及当地民族传统文化资源如何保护开发这一主题时，诸多行动者对于保护的重要性有着一致的认识，但是在如何保护上却存在截然不同的意见。文化部门的工作人员认为，当地市场经济发展基础薄弱，文化市场消费能力也有限，加上文化发展的市场化和产业化也缺乏专门人才，需要政府有所作为，如果将其推向市场，将破坏文化的原本性。"文化搭台经济唱戏"会使文化变得庸俗。而在西部某县调研时，县文广新局的工作人员却说道："本县具有丰富的民族传统文化，在保护的前提下应该推向市场，就像云南一样，通过文化促进旅游发展，带动当地经济的发展"。而在对当地民间艺人进行访谈时，他们则表示应对民族传统文化加大财政资金的投入，但是对于如何保护，是采取推向市场还是政府负责方式，群众在民族传统文化资源保护发展中应发挥何种作用，却没有明确的选择倾向。由此看来，当地在民族文化传统保护方面达成共识，然而在保护的主体和责任上多元主体间并未达成一致意见，即使在政府主体内部也有不同的意见，如此情况下开展民族传统文化保护工作势必会面临重重困难。

（三）权力配置不等，参与效果甚微

治理强调多元权威。"政府并不是国家的唯一权力中心，各种公共和私人的机构只要其行使的权力得到了公民的认可，就都有可能成为各个不同

---

① 陈振明主编《公共管理学——一种不同于传统行政学的研究途径》，中国人民大学出版社，2003，第 91～100 页。

层面的权力中心。"① 但是，权威的来源和效能大小直接取决于占有资源的多寡。在现行体制下，公共文化服务的主导权仍为政府所有，各治理主体之间占有资源是不平等的。诸种条件限制以及社会资本的差异使得社会组织进入公共文化服务供给行列的门槛很高，"官方"组织仍长期占有大量的公共文化服务资源，而民间草根性质的社会组织往往被压制或"边缘化"，政府对其持不信任态度，在经费、任务分配上有意弱化，使这些社会组织无法真正参与到农村公共文化服务治理中来。因此，权力并不是均等地赋予各个主体，结果就会出现：一方面，治理机制中政府与其他主体处于平等地位，一定程度上削弱了政府在权力资源上的优势地位；另一方面，权力分配不同等进而产生新的权力不平等，造成治理内部的垄断及各主体之间权力的变异。这都与治理初衷相悖。

在调研中发现，虽然各级政府在推动乡镇综合文化站和农家书屋建设中要求加强对群众文化需求的了解，强调精准式供给、菜单式服务，然而实际上，综合文化站和农家书屋的经费都来源于上级政府的拨款和当地政府的配套，包括各项文化工程建设的经费使用、场地的管理以及人员的安排等资源也大多掌握在基层政府手中，农民作为文化需求的主体参与不够，文化权利的表达渠道还不够畅通。如此一来，市场组织、社会组织以及公众主体的权威也就无从建立，其作用力的发挥也无从谈起。

二　西部农村公共文化服务治理的结构困境

公共文化服务治理的结构困境主要是指，无论是静态的公共文化服务治理的组织形态还是动态的公共文化服务的治理行动，都是在"国家—市场—社会"这一宏大结构之下并受其支配的，因此可能导致治理困难。

（一）个体依附性参与，行动冲突显现

依附性参与是指受"国家—市场—社会"宏观结构的约束，参与个体的行为依靠其他主体而不能自立或自主，这一结构决定了各参与主体行为的形式与结果。公共文化服务治理中的依附性参与表现为：各个参与主体并没有因为进入公共文化服务治理领域而形成新的行为模式和结果，"国

---

① 汪向阳、胡春阳：《治理：当代公共管理理论的新热点》，《复旦学报》（社会科学版）2000年第4期。

家—市场—社会"宏观结构依然会影响各个参与主体的行动目的、行为逻辑和行动结果。这就与治理理论所追求的各个主体的平等、协商参与产生内在冲突。冲突具体表现在两个方面：一是政府主体的传统惯性行为与其他参与主体之间产生行动冲突，导致治理运行的失败；二是其他参与主体对于政府资源、权力的依附，出现政府行为的放大，其他参与主体行为的减小。

（二）行政干预框桎尚存，多元治理权威缺位

公共文化服务治理格局形成的一个重要基础在于社会力量和市场力量的强大。随着经济社会的发展，文化领域中强政府下的文化职能实现了有效转变，弱社会、弱市场下的重要参与力量得到了较大提升，然而其强弱之间的形态格局并没有根本转变，这特别表现在农村公共文化服务体系建设中带有一定的行政干预色彩，更多呈现"压力型"体制的特征。以政府为单一主体的管理模式将公共文化服务实践过程视为简单的行政任务，为了完成公共文化建设的各项指标，各级政府机构将任务和指标层层下达，层层量化分解，并在规定的时间内给予相应的政治和经济的奖惩。公共文化服务体系建设中更多关注的是场馆面积、演出数量等硬性指标，缺乏对群众文化需求的识别、论证与判断的基础工作和群众满意度等软性指标的设置。公共文化服务治理则是要发挥市场主体在文化资源配置中的基础性作用，给企业松绑赋权；发挥社会组织的作用，使其能够自主决定、自担风险、自我管理，从而激发社会活力。农村公共文化服务出现的效果不佳甚至偏离目标的一些现象，不能不说与农村政府部门传统管理方式路径依赖下的角色失位有着密切联系，这样市场组织、社会组织以及公众主体的权威也就无从建立，其作用力的发挥也就无从谈起。

（三）制度对接不畅，合法性受到挑战

公共文化服务治理行动的合法性来源于正式制度的认可和社会的认同。当前，在公共文化服务体系建设实践中，各地方政府采取了一系列措施推动公共文化服务治理的实现，包括公共文化服务的社会化、加强向社会力量购买公共文化服务等，但这些技术层面的方法却存在与国家正式制度之间的对接问题。这些措施更多地变现为一种以"规范性文件为主，法律为辅"的特征，从而可能出现在实际运作中法律效力层级较低的局面。从法律属性上讲，规范性文件尚不能被称为严格意义上的"法"。例如政府制定

了购买公共文化服务的指导目录，但与强制性的集中采购目录推行方式相比，其效力就略显不足。另外，中国目前的法律体系对社会组织承担公共文化服务的资质条件（包括服务条件、服务能力以及服务水平等）也缺乏相应的制度规定。因此，公共文化服务治理行动无论是在过程实施还是结果实现中都要处理好与正式制度的关系，这也是获取社会认同的重要基础，否则公共文化服务治理成果也就难以转化。

三　西部农村公共文化服务治理的过程困境

参与、合作与协商是治理的过程体现。公共文化服务治理的过程困境是指在共同价值理念指引下，无论是作为治理的倡导者还是治理的参与者，在参与、合作与协商治理层面中都存在不同层面的矛盾。

（一）形式和实质的矛盾

形式是实质的表现，实质是形式的目标。公共文化服务治理的实现依赖于各方在参与、合作与协商中既要有形式上的表现又要有实质性的目标，偏颇任何一方都会造成治理行动的中止或失败。在公众层面，需要其在公共文化服务的政策制定、产品供给以及绩效考核中能够广泛参与，实现治理的科学化、民主化。但是，公众缺乏所需的社会知识和素养以及参与渠道不畅、机制不健全、相关制度不完备等，使其参与过程更多的是草草行事，走走过场，无法真正参与整体治理。在市场层面，需要市场力量的积极参与，加大向社会力量购买公共文化服务的力度。但是，人为设定市场准入的"虚高"标准，采用"萝卜购买"，导致一些不符合条件，缺乏相应资质的"市场主体"进入竞争市场。在社会组织方面，一些中介组织还没有完全脱离"行政属性"，在参与公共文化服务供给中还具有"得天独厚"的优势。这就造成了公共文化服务治理的理想与现实的巨大反差，对现代公共文化服务体系建设带来一些不稳定的因素。

（二）个体与群体的矛盾

有效治理行动的开展需要有一个相对稳定的治理网络，但相对固定的治理网络不仅将群体中潜在的成员排除在体系之外，而且也不符合治理所追求的平等、协商、开明的原则。从常态上看，公共文化服务治理网络中一般由省、市、县（区）、乡镇（街道）各级政府工作人员与公共文化机构人员、村委会（社区）工作人员、群众代表和相关社会组织共同组成。这种组织网络，一方面能够保证治理行动顺利开展，另一方面也为其他群众和社会组织的进入设置了壁垒。当前，在中国深入开展的文化下乡、"千台大戏送农村"活动中，拥有官方背景的演艺团体与政府文化部门往往签订了中长期的演艺合同，这就造成了竞争市场中"参与购买垄断"现象的发生。在电影下乡中大部分选择固定的电影公司，在文化下乡中选择固定的歌舞团。政府在对这些承接主体进行评价时，由于缺乏市场中其他承接主体的参考标准，致使购买的电影和歌舞表演等服务更多的是自我评价和政府评价。另外，在群众代表中大多由村（社区）两委的人员组成，这也就排除了群体中其他成员的进入。因此，一旦形成相对固定的利益群体，而又缺乏公平的退出和进入机制，结果就会导致各主体由初始阶段的积极踊跃到中期阶段的看客心态再到后期阶段的消极对待并最终退出。

（三）规范化与统一化的矛盾

规范化就是通过制定、发布和实施规范性标准以取得更好的效果，其所要达到的目标应该是决策无失误、资源无浪费、职责无混淆、上下无脱节、治理无失控。统一化则是把两种以上的同类表现形态的事物归并为一种或限定在一定范围内的标准化形式。公共文化服务的治理规范化和统一化是两个完全不同层次的概念，规范化的目的在于公共文化服务体系建设取得质的飞跃；统一化从功能上只是量的提升。目前，中国公共文化服务的重要任务是推动规范化建设，例如制定《国家基本公共文化服务指导标准（2015—2020年）》《四川省政府向社会力量购买公共文化服务指导性目录》等，但是从实效性来看，尤其是农村公共文化服务治理工作仍停留在统一化层面，满足于办公场所的建立、工作人员的配备、制度的上墙、工作台账的完备等。公共文化服务治理行动有其复杂的环境因素，各地群众在文化需求和诉求上有一致性，但更多表现为殊异性和多样性，需有针对性地进行探索研究。

第二节　西部农村公共文化服务治理的现实困境

纵观当下西部农村公共文化服务治理的现实状况，虽已取得一定成效，但仍处于由传统的政府直接办文化向政府、市场、社会、公众共同配置文化资源的转型过程中，依然面临投入体制、行政组织体制、供给机制、人才队伍建设等困境。

一　西部农村公共文化服务治理的投入体制困境

公共财政投入是发展公共文化服务的基础条件，也是西部农村公共文化服务的主要资金来源，然而目前中国西部农村地区尚未形成利于切实推进公共文化服务治理的现代财政制度框架，严重制约了公共文化服务治理水平的提升。

（一）公共财政支持水平不足

政府财政投入作为西部农村公共文化服务体系建设资金的重要来源之一，同时也是公共文化服务治理得以实现的重要保障。近年来，中国政府高度重视西部农村地区公共文化服务体系建设，不断加大对公共文化事业的投入，西部农村公共文化服务得到了长足发展。《中国文化文物和旅游统计年鉴》[1] 统计数据显示，1995~2019 年，农村基层文化事业投入经费最低占比为 26.7%，最高占比为 54.2%。截至 2016 年，农村基层文化事业投入超过 50%，达到 51.9%。2016~2019 年，农村基层文化事业投入经费年均占比约为 52.8%。虽然公共财政投入力度不断加大，城乡之间投入差距有所缩小，但由于之前长期"城市偏向"的路径依赖，西部农村公共文化基础设施建设历史欠账过多，较之农村公共文化服务发展所需资金，仍是杯水车薪。2010~2019 年，国家财政对西部农村文化事业财政投入不足总量的 1/40，纵向转移支付总量不足，横向转移支付基本处于空白，城乡之间投入仍欠均衡。[2] 显然，仅仅依靠现有投入水平无法从根本上摆脱城市与农村之间公共文化服务发展不均衡的困境[3]，城乡文化发展差异性问题依然面临严峻考验。

造成这一现象的重要原因是东部地区的地方财力更为雄厚，可供政府配置的公共文化财政资金也更为充裕，这是西部地区所无法比拟的。如何弥合地区发展"鸿沟"，实现基本公共文化服务均等化，也在倒逼公共文

---

[1]　1995~2017 年的资料来源于《中国文化文物统计年鉴》，2018 年的资料来源于《中国文化和旅游统计年鉴（2019）》，2019 年的资料来源于《中国文化文物和旅游统计年鉴（2020）》。

[2]　吴高、韦楠华：《公共文化财政投入现状、问题及对策研究》，《图书与情报》2018 年第 2 期。

[3]　《文化部 2016 年文化发展统计公报》，百度文库网，https://wenku.baidu.com/view/68bf2a7e4793daef5ef7ba0d4a7302768e996ff2.html，最后访问日期：2021 年 10 月 3 日。

服务财政制度体系治理的现代化。

此外，从东部地区和西部地区财政投入的对比情况来看，东西部地区仍存在一定差距。2000~2019 年，西部地区的文化事业费从 29123 万元增加到 537648 万元，东部地区的文化事业费从 343263 万元增加到 5616461 万元，两者差距从 314140 万元扩大到 5078813 万元，且差距仍在拉大（见图 8－1）。

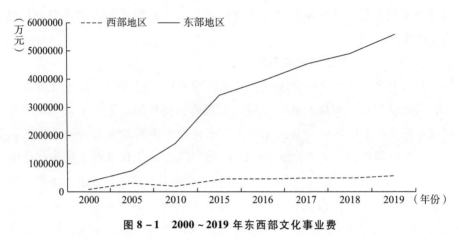

图 8－1　2000~2019 年东西部文化事业费

（二）财政支出结构不合理

社会性公共服务是与人们生活最为密切，也是国家最基本的公共服务内容，但就国家财政投入政策和支出结构来看，对文化事业的投入远远落后于教育、卫生等其他社会事业，资金投入相对不足，财政支出结构不合理已经成为制约西部农村公共文化服务发展的瓶颈，也进一步束缚了农村公共文化服务治理行动的开展。

根据《中国文化文物和旅游统计年鉴（2021）》发布的数据，2020 年西部地区财政对公共文化事业总支出为 1139.42 亿元；教育支出是文化体育与传媒支出的 8.5 倍；医疗卫生支出是文化体育与传媒支出的 4.9 倍；社会保障与就业支出是文化体育与传媒支出的 8.2 倍，财政投入在几项基本公共服务之间并不均衡，而文化与其他公共事业的投入比例悬殊，只占当年公共财政支出的 1.85%，比例最低。无论是中央财政还是地方财政对科教文卫系统的财政支出各不相同，但无一例外，对文化的投入皆低于其他公共事业，这种投入的非均衡性使公共文化投资在公共领域处于弱势地位。而由于文化投入基数本身较小，投入增幅缓慢使得文化发展滞后，与科技、教育、卫生和其他社会事业的差距越来越大。这意味着，随着国家经济的快速发展和财政收入的大幅增加，对文化事业的投入比例却不升反降；而文化基础设施投资不过是整个经济投资过热的连带受益者。公共文化财政投资滞后于其他公共事业投资呈逐年加剧的趋势。在荣损与共、互为支撑的公共事业投入上存有偏废，对同样事关民生的文化领域"另眼相待"，无疑会导致乡村振兴的建设动力不足和发展失衡。

与此同时，在西部农村公共文化财政紧缺的情况下，地方政府在资金使用过程中，难免会出现受地区领导人的个人偏好影响对某些特定项目有所侧重，而对另一些农民群众迫切需要的或亟待解决的问题不重视等现象。资金使用不当加大了农村地区公共文化服务治理的难度。我们在调研时发现，乡镇文化站、村综合文化服务中心、农家书屋等具有普惠性的建设项目得不到充分重视。同时，部分地区政府过度倚重上级政府的财政拨款项目，忽视了应当自主支出建设的项目。而当前国家对西部农村公共文化服务的财政投入主要集中于基础设施、人员配备、机构运行经费和设备的购买上，这些项目的投入往往能够较为明显地体现农村公共文化服务的外在形象，且可以解决基层组织的部分行政编制问题和财政供养难题，但导致农村公共文化服务的内容和实效被忽视、效果不突出等问题。

（三）财政转移支付制度不完善

在农村公共文化服务体系建设中，政府的财政投入作用最为显著。然而，由于财政转移支付制度不完善，资金缺口与地方政府匮乏的财政供给能力之间存在结构性矛盾，制约着本地区公共文化服务有效治理的实现。

首先，转移支付资金结构不合理。在农村公共文化服务体系建设资金的转移支付中，一般性转移支付普遍低于专项转移支付。一般性转移套用不同定额核定的方法，没有详细规定用途，相对灵活变通。专项转移支付资金则具有较强的政策性和特定用途的限制，在资金的使用上受到严格监管。虽然形式丰富多样，但在调动文化部门积极性和消除地区差异性方面效果并不明显。

其次，转移支付激励和监督机制缺乏。现行的公共文化转移支付制度由于缺乏激励和监督机制，导致文化资金的使用效率相对较低。一是在转移支付过程中，一些基层政府存在对资金的擅自挪用、挤占甚至截留的现象，专项资金难以及时、足额到位；二是文化资金的转移支付审批程序过于烦琐，分配效率低下；三是转移支付缺乏有效的激励和约束机制；四是转移支付形式上采用的是纵向单一、无配套资金的转移支付，难以均衡地方财力。

最后，转移支付建设的目标也不够明确。公共文化财政转移支付制度的建设目标不明确是现阶段中国农村公共文化服务转移支付制度建设中普遍存在的问题。一是在资金的投入上对市级单位做了具体规定要求，对基层部门在资金投入和管理上并没有详细规定要求；二是对缺额经费的提供上没有明确市、县政府的责任，致使基层重要的文化项目得不到财政上的支持，影响了基层公共文化服务事业的发展；三是对基层公共文化服务的专项转移支付方面没有考虑农民群众的实际需求，在资金的划拨上随意性较大。基层财政部门很难对当地各个文化单位的实际情况及文化发展规划进行全面细致的了解，划拨金额往往与当地的实际需求不相匹配。

（四）公共文化服务投入主体单一

中国政府对公共文化事业不仅投入总量不足、财政支出结构不合理，而且投资渠道单一。长期以来，受计划经济体制的影响，农村公共文化产品的供给由政府垄断，所提供的文化产品与服务难以满足不同阶层农民大众对不同文化产品的需求。由于现阶段中国财税制度的不完善及利益或其他方面的考虑，使得企业、社会组织较少介入农村公共文化服务的建设与资金投入，导致了农村公共文化投入主体单一。

对于西部广大农村地区来说，国家自"十一五"时期就已提出增加政府投入、调整资源配置、加大文化资源向农村地区倾斜的力度、着力推进农村公共文化建设重点工程、建立农村文化建设的长效机制的重大举措，有效缓解了地方财力不足导致的公共文化服务滞后以及低收入群体文化消费过低的现象，但公共文化服务体系的建设，往往更多地受制于区域财富均量的影响。具体来说，国家财富总量及其文化福利支出比例、区域财富均量及其文化利益落差、个体财富支配量及其拥有的现实分配条件等因素[①]

---

① 王列生：《论公民基本文化权益的意义内置》，《学习与探索》2009 年第 6 期。

直接影响着西部农村居民基本文化权益的实现程度。

　　由于西部农村公共文化产品与服务的投入历史基数太低，加之自2002年中国实施农村税费改革以来，西部农村集体经济普遍比较薄弱，相当部分县乡财政经费紧张，运转困难，财政收入只够用于维持政府公务人员工资，成为"吃饭财政"，用于公共文化服务的资金比较匮乏。西部农村地区的许多文化馆（站）只是建成了基础设施，且设施陈旧老化，乡、村两级文化设施建设标准低、空间布局不合理、服务功能不健全。以乡镇文化站为例，虽然国家在2011年重点对县乡文化馆（站）制定了"三馆一站"免费开放政策并落实了相应经费，西部地区乡镇文化（站）也获得每年5万元的项目开展经费支持，但依然受制于投入不足带来的困扰，缺乏配套设施，文化站骨干和专业人才流失严重，不具备开展文化活动的能力，从而对农村居民的吸引力亦不强，以致相当部分公共文化设施利用不足。这些都极大地制约着文化馆（站）功能的发挥和拓展。

二　西部农村公共文化服务治理的行政组织体制困境

　　农村公共文化服务始终是整个公共文化服务链条的重点和难点所在，地方政府处于农村公共文化服务供给链条的前端，扮演着农村公共文化服务的元治理角色，但当下西部农村公共文化服务治理中尚未形成科学完善的行政组织体制。

（一）政府文化管理体制滞后

　　中国社会主义市场经济体制目前仍处于形成阶段，尚未走向成熟，因此现行的文化管理体制面临着制度转轨的"双面性"，即既带有计划经济体制的痕迹，又具有转型期市场经济体制的特点。受此影响，政府文化管理实践中长期存在着政府、市场、社会三者作用边界模糊的问题，从而直接导致宏观文化体制空运转和微观文化主体边缘化。由于政府文化职能转变相对滞后，在提供公共文化服务或产品时，常常会混淆实施主体与责任主体的区别，习惯采用"大包大揽"的供给模式，本应由市场、企业或社会组织承担的事务，却由政府或下属的文化事业单位包揽，"管办不分"现象时有发生。

　　传统文化体制是建立在"同权系数分割"理念之上的职能体系设计，与这种设计理念相对应的是政府文化管理职能体系的"树结构"组织架构。① 这种科层化的文化管理体制以纵向的层级控制和横向的职能分工为最重要的特征，它既可以发挥集中力量办大事的制度优势，如推动实现了公共文化服务从"夯基垒台、立柱架梁"到"全面推进、积厚成势"的跨越式发展，但同时也造成了层级过多、职能交叉重叠、部门分割和管理的碎片化等问题，部门、层级以及职能之间的壁垒带来了协调的困难和管理运作的不畅，导致公共文化服务效能低下。一方面，各层级政府部门和文化行政机构内部协调不畅，职权划分不清产生多头管理；另一方面，文化主管部门和其他行政主管部门之间也存在职能交叉，部门间缺乏有效协调机制。就政府部门来说，文化管理的职能部门有文化旅游、广播电视、新闻出版等行政管理部门，诸多文化行政主体行使文化职能，由于文化事权划分不清晰，往往造成交叉行政、重叠施权、政出多门及政令不一。而在文化政策的顶层设计方面受制于既有思维定式，难以在政策扶持方面有大的突破，如对于社会力量参与公共文化投资的税收优惠政策力度远远不够。此外，由于公共文化服务的意识形态前置特征，长期经由各层级宣传文化系统行政条线主导管理，更多关注自上而下的指令意志传达，完成上级领导交办的任务，文化管理体制变得封闭保守，不仅没能很好地进行体制内外公共文化服务资源要素平台的集约整合，也失去了对广大民众文化需求的敏感识别与有效回应的功能。

（二）各级政府间权责不清

公共文化产品的公共性特点，决定了提供农村公共文化产品是政府必须履行的文化职能。中国实行的是中央、省、市（区）、县、乡五级政府体制，根据财政分权理论，各级政府在提供公共文化产品时具有不同的职能分工，涉及全局性的和全国规模的公共文化产品应该由中央政府负责提供，而具有地方规模和地域局限的应由地方政府提供。但在中国农村公共文化产品供给的实践中，长期存在各级政府之间的权限、职责划分不清，责任模糊的问题，导致农村公共文化产品供给上的政府越位、错位和缺位。显然，这与中国现行的"压力型"政府体制息息相关，其最显著的表现是事

---

① 霍步刚、傅才武：《我国文化体制改革的理论分期与深化文化体制改革的策略问题》，《中国软科学》2007 年第 8 期。

权并不与财权相匹配。所谓政府"越位"已如上述，系因文化行政部门职能定位不清、不遵守"政事分离"的原则而造成"管办不分"的局面。所谓政府"错位"是指中央划给地方的事权没有具体的责任层级，因而存在事权责任被地方政府过度下划给基层财政的问题。当农村公共文化产品供给涉及两级或多级政府的责任时，缺乏明确有效的责任分担机制，随意性大，互相推诿，上一级政府往往把本该由自己承担的职责向下一级政府转移，结果是层层下移，最终很多原本由上级乃至中央政府承担的职责都推给了基层政府。所谓政府"缺位"是指基层政府容易因自身的"目标任务排序逻辑"而将文化工作置于边缘性任务，难以真正履行其公共文化服务职能。无论是政府及文化行政部门"越位"造成公共文化服务的自主发展存在"中梗阻"，还是"错位""缺位"导致公共文化服务及管理制度出现漏洞和薄弱环节，显然都不利于公共文化服务治理功能的有效实现。正是看到了这一问题，国务院办公厅于 2020 年 6 月印发了《公共文化领域中央与地方财政事权和支出责任划分改革方案》，要求省级政府参照改革方案要求，合理划分省以下公共文化领域财政事权和支出责任；要将适宜由地方更高一级政府承担的基本公共文化服务支出责任上移，避免过多增加基层政府支出压力。这一政策无疑对公共文化服务的发展产生利好，通过优化政府间事权和财权划分，建立权责清晰、财力协调、区域均衡的中央和地方财政关系，形成稳定的各级政府事权、支出责任和财力相适应的制度，不仅有助于解决各级政府间权责不清的积弊，而且通过健全公共文化服务财政保障机制，确保财政公共文化投入水平与国家经济社会发展阶段相适应，由此，促进基本公共文化服务标准化、均等化，为西部农村公共文化服务提质增效提供了组织保障。

（三）公共文化机构运行封闭低效

长期以来，中国公共文化机构与政府之间一直存在行政隶属关系，这是公共文化机构的特殊性定位使然。它既担负着为人民群众提供基本的公共文化服务的重任职责，同时，各级公共文化机构作为政府部门下属的事业单位，又要履行上级部门要求其承担的职责与交办的事务，兼具行政和服务的双重身份使其运行机制面临一系列困扰。其一，组织目标导向模糊，追求公共利益和机构部门利益经常混杂在一起，导致对公益性服务意识的淡化和服务能力的欠缺。必须通过文化管理体制改革下放机构自主管理权限，使其回归公益性、服务型组织的定位，并确立起以人民为中心的价值导向。其二，行政依附性强、独立性弱。受事业单位属性的影响，公共文化机构长期采用行政机关的科层制管理模式，行政化倾向严重。自上而下的科层制管理结构造成政府与机构之间的权责不明，各机构的人财物、事权与决策权始终由上级主管部门掌管，不仅业务开展要依靠政府的财政投入，文化服务的供给也都由政府决定，这就导致公共文化机构对政府部门有较强的依赖性，成为政府的附属物。在目前推进的法人治理结构改革中，文化行政部门、公共文化机构的理事会与管理层之间在关于决策、管理、监管的职能分配上并不明确，管办分离的原则并没有完全贯彻，相关工作仍受上级文化行政机构的行政指令安排，独立性较弱。其三，管理封闭，缺乏活力。由于事业行政一体化的管理方式，公共文化机构的组织结构设计、资源要素配置、决策模式以及激励考核制度等都在很大程度体现了行政控制的要求，运营机制仍然是封闭的"动员机制"，而不是以开放竞争为主导的"市场机制"。内部用人制度、考核制度、管理制度内容僵化，缺乏活力，致使服务效能不高，难以应对多元化的社会发展需求。

三　西部农村公共文化服务治理的供给机制困境

中国西部农村公共文化产品供给制度在历史演变中路径依赖特征显著，形成了现行农村公共文化产品供给的制度困境。主要表现为城乡公共文化产品的供给制度差异导致公共文化的二元化特征、供需不匹配及供给决策不合理。

（一）城乡公共文化产品的供给制度差异

作为公共产品重要组成的农村公共文化产品，在供给过程中，政府理应遵循"公平性原则"，通过公共支出保障农村居民与城市居民获得公平的文化享有权益。但自新中国成立以来，伴随着以工业化和城市化为主导的经济发展战略的提出，中国公共文化产品供给也实行了城乡有别的二元化供给政策，城市居民通过税收缴纳，享受政府提供的基本公共文化服务，其供给进入公共财政体制；供给农村公共文化产品的资金却是制度外筹集，由农民自行买单。意即农民获得的公共文化产品是由农民自己进行成本分摊，而不是由政府统一从强制性税收中进行安排，农民没有享受到和城市居民一样的国民待遇，农村公共文化产品供给呈现制度上的不公平现象。税费改革后，国家财政虽然加大了对农村公共文化建设的投入，但公共文化产品供给的二元化特征及结构性短缺并未得到有效克服，国家财政的投入重点仍然在城市，从而使农村和城市的文化建设形成强烈的反差，尤其是西部农村地区公共文化服务供需矛盾突出，基础性公共文化设施简陋，缺乏必要配套设施和运营经费，农民文化活动单一。城市居民已经进入享受型文化消费，许多农民却连基本公共文化需求都难以得到满足。城乡之间公共文化产品供给的制度差异不仅加剧了城乡之间的文化"鸿沟"，拉大了城乡公共文化服务的差距，也逐渐加重了农村地区的"文化贫困"。显然，如果不从根本上推进国家体制改革与供给侧结构性改革，城乡之间公共文化产品供给的"马太效应"很难在短期实现逆转，城乡文化产品供给差距仍会继续拉大。[1]

（二）农村公共文化服务供需不匹配

随着农村经济社会的发展与互联网技术在农村的普及，西部农村居民的个人需求偏好也表现出动态变化的特点，文化层次和需求日益呈现出多样化和复杂化，已超越读书、看报、听广播、看电视等基本文化需求的狭窄范围，逐渐发展为集文体娱乐、信息获取、知识学习、技能发展为一体的复合型要素体系。然而，当下政府主导的公共文化服务供给在内容、主体、方式等方面越来越不适应公共文化服务的需求要素多样性、需求结构整体性、需求满足便捷性等多维度复杂变化[2]，导致供需不匹配。从供给内容来看，受政绩思维和行政逻辑的影响，文化下乡、送戏下乡、民间艺术表演、传统节日活动以及日常的文化体育活动更强调政府意愿的输入和政府文化绩效的展示，使得活动项目设计格式化，内容具有较大的趋同性和单一性，无法满足农民多样化的文化需求；从供给主体来说，虽已逐渐形成多元化主体格局，但各供给主体间因缺乏必要的目标导向达成共识以及

---

[1] 杨刚：《乡村振兴背景下农村文化产品供给的不均衡——基于可行能力的考察》，《贵州社会科学》2021年第10期。

[2] 陈建：《超越结构性失灵：农村公共文化服务供给侧改革研究》，《图书馆建设》2017年第9期。

信息联通机制和考核机制等机制保障，整合协同不力，不仅政府体系内供给主体还处于条线各自为战的碎片化状态，新加盟的社会力量也找不到应有的位置发挥其独特的补充作用，或因供给连续性无法保障而难以发挥文化治理的效能，或因政府监管缺位而造成滥竽充数、品质低下。各自分散的主体提供的各类文化服务使农村公共文化服务场域变得更为复杂。各供给主体非但没有相互协作、齐心协力地发挥整体性的功能与作用，反而造成公共文化服务供给项目孤岛运行、供给内容散碎交织、供给效益差等问题①；再从供给方式来讲，当前西部农村地区的公共文化服务仍以行政化主导的线下供给为主，对线上工具开发利用不足，供给方式运用单调化，制约了需求满足的便捷性。即使已使用数字化电子屏、微信、多媒体等供给方式，但多用于思想宣传和教育，尚未对数据背后隐藏的信息进行深入挖掘和分析，公共文化服务数字化程度低，致使农村宝贵的网络信息资源闲置，线下与线上供给的互补增益远远不够。

（三）公共文化产品的供给决策不合理

根据供求原理，农民对公共文化产品的需求决定公共文化产品的供给，各级政府应该以农民的有效需求为决策依据，决定农村公共文化产品的供给种类和数量，才能实现农村公共文化产品的供求均衡，保障其供给效率。同时，根据公共政策的公共性原则，农村公共文化产品的供给决策理应吸纳农民参与，遵循农民的意愿，按照农民的实际需要提供。但从中国西部农村公共文化产品供给制度的演变轨迹来看，政府一直是农村公共文化产品唯一或主要供给者，囊括了所有公共文化产品的供给职责，既是决策者，又是执行者，可谓事无巨细，亲力亲为。这一供给模式不可避免地导致决策机制自上而下的单向传输，进行强制供给。西部农村公共文化产品的供给种类、数量及程序等都由上级政府决定，带有很强的指令性、主观性和统一性。政府决策前不做仔细调研和征询农民意见，具体决策时不以农民群众的意愿为中心，而是从决策者的主观愿望出发，政府提供的公共文化产品不考虑农民的实际需要，而往往是以完成政治任务为中心。决策机制的不合理，导致形成农村公共文化产品供给过剩与供给不足共存的局面。

---

① 陈建：《超越结构性失灵：农村公共文化服务供给侧改革研究》，《图书馆建设》2017 年第 9 期。

一方面，农民群众对已有的农村公共文化产品不感兴趣，很少光顾乡镇综合文化服务中心、图书室等场所，致使相关文化设施利用率低；另一方面，农民迫切需要的文化产品得不到切实的回应，所供非所需，农民的文化生活仍相对单一。

四　西部农村公共文化服务治理的人才队伍建设困境

文化人才队伍是助推公共文化服务发展的核心变量，是保证公共文化服务落到实处的关键角色，人才队伍素质是公共文化服务建设质量的基础和保证。但西部农村地区不仅公共文化服务人才总量偏少、人才结构和分布不合理、人才队伍整体素质不高、专业性缺乏，而且存在文化人才队伍基本存量活力不足、发展增量生长缓慢等问题，由此导致公共文化服务实践中形式化、同质化现象严重，已成为制约西部农村公共文化服务治理的主要瓶颈。

（一）人才总量不足

公共文化服务人才是公共文化服务体系建设的基础力量，保障文化人才队伍的充足和稳定是公共文化服务人才队伍建设的重中之重，但现实中面临西部农村公共文化服务人才总量不足、结构不合理的困境，特别是管理人才、经营人才和专业技术人才严重短缺，表现为"招不来"、"留不住"和"上不去"。首先，人才"招不来"。西部农村经济发展相对落后，基础设施不全，与优质资源多、发展环境好的城市相比，还存在优质资源匮乏、发展机会受限、持续发展空间不足等问题，农村的现实条件约束让诸多优秀的文化人才望而却步，造成农村文化人才短缺。其次，人才"留不住"。农村文化工作较为冗杂，工作人员往往一个人要同时承担几个人的工作，工资待遇与工作强度不成正比，烦琐的工作任务、巨大的工作压力让他们选择"逃离农村"。政府虽然出台了一系列政策，为各类人才打造平台、创造发展机会，但仍存在农村人才引进机制不规范、激励机制不到位、流动机制不灵活的问题，体制机制障碍成为农村人才"留不住"的首要原因，导致优秀人才供给不足，乡镇及村级的文化专业人才尤为缺乏。最后，人才"上不去"。高素质人才短缺，普遍缺乏专业对口的管理人才和专业技术人才。根据《中国文化文物和旅游统计年鉴（2020）》所发布的数据，2019

年西部地区 12 省份的文化机构从业人员仅为 236998 人，远低于东部地区的水平。其中，正高级职称仅为 3132 人，副高级职称仅为 13198 人，中级职称 36570 人，复合型人才和高技能人才比例更低。文化人才城乡分布失衡现象更为严重。农村公共文化服务人才供给不足直接制约着公共文化服务的高质量发展与可持续发展。

（二）人才结构失衡

西部农村公共文化服务治理中的人才结构失衡主要表现在学历结构、年龄结构、专业结构以及人才的区域分布结构等方面不均衡、不合理。西部农村公共文化服务从业人员学科专业背景偏弱，缺乏管理型、复合型人才以及掌握数字化技术的专业人才；且随着城市化的快速推进，越来越多的农村青壮年迁移并长期生活在城市，农村人口日益老龄化，农村公共文化服务人才队伍面临青黄不接的问题。① 据调查，越是偏僻落后交通不便的农村地区，公共文化管理服务人才和各类文化专业人才断层现象愈加严重，文化从业人员梯队建设不合理、年龄结构普遍老化，一些乡镇拥有一技之长的文艺人才纷纷外流，留守在家的人员文化程度普遍不高。而由于乡镇综合文化站、农村综合文化服务中心、农家书屋等场所文化专干配备不足，多由乡镇干部或村长、村支书等来兼职，缺乏专业文化人才的引领辅导，致使农村文化活动形式单一，文化活动场所长期闲置，鲜有人问津。而有限的公共文化服务人员亦得不到及时的专业培训，队伍老化、整体学历偏低，严重制约了西部农村公共文化服务治理效能。

（三）基本存量活力不足

公共文化服务人才队伍作为各项文化政策的执行者和实施主体，是决定公共文化服务内涵与质量的直接因素，农村居民对于公共文化服务的获得感和满意度很大程度上受公共文化服务人员的素质和专业水平的影响。乡镇基层文化机构工作人员大多身兼数职，专业性训练不足，在提供公共文化服务的过程中，缺乏正确的服务意识，对相关政策了解掌握不够深入透彻，整体上难以得到农民的认可。西部农村地区受自然条件、地理位置和经济发展水平的影响，对人才的吸引力相对较弱，加之人才激励不到位、

---

① 刘红：《乡村振兴背景下农村公共文化服务体系建设研究》，《社会科学战线》2022 年第 3 期。

流动渠道不畅通、发展机会不均等、自主创作空间狭小等，相当一部分文化工作者缺乏工作动力，在公共文化服务实践中更多将农村公共文化服务视为完成任务的一环，导致出现形式化、同质化现象。此外，政府机构改革及人员精简所衍生的编制少、人员分流以及职称评定困难等问题使得基层文化工作中出现"在编不在岗""专干不专"等现象，同时也使基层文化工作者热情不高，影响了基层公共文化服务事业的大力发展。这一点还与基层政府的任务导向有关。基层政府的工作重心和治理任务总是围绕国家战略部署展开，文化事业在治理体系中的边缘化地位也使得文化工作者被抽调、借调现象屡见不鲜，不仅使基层文化工作队伍的稳定性面临严峻考验，也损耗了他们的工作积极性，致使基层公共文化服务队伍活力严重不足。由此可见，正是由于作为最基本力量的文化骨干、技术人员以及管理人才等文化工作者的工作动力和组织活力未得到充分激发，农村公共文化服务始于行政任务，终于上级满意，在流于形式的操作中最终制约了公共文化服务治理效能的持续提升。

（四）发展增量生长缓慢

西部农村公共文化服务人才队伍基本存量活力不足的现状迫切要求扩充人员队伍增量，以更充足完备的服务力量满足日益增多的公共文化服务需求。文化志愿者与本土文化人才作为公共文化服务人才队伍的重要补充力量，是发展增量扩充与培育的重点对象。但是，目前西部农村公共文化服务人才队伍发展增量生长缓慢，一方面，文化志愿服务起步较晚，队伍建设与管理机制不成熟、经费支持和保障制度不健全、志愿活动还未形成常态化机制。西部农村相对封闭且落后的发展现状限制了社会公众对文化志愿服务的基本认知，要么将其视为一种思想境界较高的道德行为，要么看作工作职责，更有甚者认为当志愿者就是提供免费或者廉价的劳动力。正是囿于思想认识的偏颇，文化志愿者主要来源于文化事业单位和志愿者协会，社区、企业、民间组织等多元领域的多层次人才参与较少。在组织管理方面，文化志愿服务队伍还未形成常态化的组织方式和制度化的服务机制，自发、涣散、时断时续的文化志愿活动不利于凝聚群众力量，也难以扩充公共文化服务人才队伍的发展增量，遑论推动公共文化服务事业的长远发展。

另一方面，本土文化人才发掘与培育不够，能够有效补充公共文化服务人才队伍的草根力量并未得到足够重视。本土文化人才扎根于乡土社会，对于传播地域特色文化、活跃农村文化生活、巩固基层文化阵地发挥着重要作用。在依靠行政力量外部输入公共文化服务资源而效能备受诟病的当下，本土文化人才作为内生力量对于纾解公共文化服务发展内卷化的困境有着特殊的价值。然而，以文化爱好者、文化示范户、民间艺术人才等为代表的本土文化人才却难以被吸纳进公共文化服务人才队伍体系中，这也直接导致了公共文化服务力量的不足。

第三节　西部农村公共文化服务的治理路径

审视西部公共文化服务治理的甘肃实践，可以发现"行政双重归因效果"的重要特征，凸显了政府提供公共文化服务有着无法替代的作用。如张掖市"乡村舞台"的建设、陇南市"乞巧节"品牌的推出均离不开政府对公共文化服务发展的规划谋定和专项资金支持，但这一现实又很容易产生对政府单一主体的路径依赖，形成公共文化服务治理困境。那么如何既能实现"行政有效"，充分发挥政府的主导作用，又能实现"治理有效"，达成多元主体的有效参与，就成为化解西部农村传统的公共文化服务管理模式与路径依赖所造成的矛盾的良方，也是公共文化服务治理路径设计的着力点。

一　西部农村公共文化服务治理的路径设计

从公共文化服务治理的理论与现实困境出发进行相应的路径设计，就要从以下四个方面着力：以"宪法法律"为制度基础，确保政府体制机制运作的合理性；以"组织协作"为催化手段，提升公共文化服务治理能力；以"有效参与"为内生力量，强化农民文化创造的主体性；以"社会资本"为重要资源，夯实公共文化服务治理的基石。

（一）以"宪法法律"为制度基础，确保政府体制机制运作的合理性

党的十八届三中全会关于"使市场在资源配置中起决定性作用和更好发挥政府作用"的理念与制度性安排，进一步理顺了政府与市场的关系，

厘清了二者的权责边界，建构了有为政府与有效市场共同发挥积极作用的机制，为促进社会资源的有序高效流动创设了制度前提，也为政府、市场、社会等治理主体有效参与治理活动提供了空间与保障。在公共文化服务治理实践中，政府在多元合作网络中往往扮演着"元治理"角色。相对于其他治理主体而言，"政府能够准确把握社会需求的变化趋势，并能及时有效地提供满足所需的公共物品和服务，同时通过政府的合理引导，将民众的社会需求整合到地方政府的公共治理目标之中，实现政府与社会、民众利益发展的一致"①，特别是在市场和社会力量尚未成熟的条件下，建立以"政府负责"为特征的治理结构才能相互弥补缺陷，避免各种机制在整合过程中出现劣势叠加现象，维护政府合法性权威。

政府作为"元治理"主体，需要妥善协调不同治理模式间的对立冲突，尽可能放大政府科层治理、企业市场治理和社会网络治理等治理模式的优势，寻找各治理模式协同联动的契合点，以共同服务于促进公共利益最大化的治理目标。当治理对象处于多变的发展过程时，政府还应当具备灵活转换不同治理模式的能力，以确保各治理模式在不同阶段的"开合"。与此同时，优化西部农村地区公共文化服务的管理体制和运行机制是保障公共文化服务供给、满足不同群体文化诉求的制度条件。只有深化文化体制改革，才能使西部农村公共文化服务体系建设摆脱尼斯卡兰模型中"官员预算最大化"和"官员效用最大化"的趋势，防止行政权力异化，避免导致治理无效或低效产生。因此，明确政府"元治理"角色的权力和范围成为治理形成的重要因素。其中，协商民主作为控制官僚自由裁量权的恰当途径②，这既是"宪法法律"建立的主要手段，亦成为治理理论所推崇的重要理念。在西部农村公共文化服务治理视域下，通过协商民主建立起相应的"宪法法律"制度框架，明确政府的权力范围和责任，要求将政府在文化资源的供给中所出现的"容易包办一切、打破有效治理规则、破坏治理各方发挥各自效用的权力规范和约束起来，确保政府的权力适时而为"③，这成

---

① 彭景阳：《走向善治的地方政府治理能力构成要素分析》，《江苏广播电视大学学报》2008年第1期。

② Christian, H., "Corporatism, Pluralism and Democracy: Toward a Deliberative Theory of Bureaucratic Accountability", *Governance* 14 (2), 2001, pp. 151–167.

③ 任剑涛：《国家治理的简约主义》，《开放时代》2010年第7期。

为构建规范有序的西部农村公共文化服务治理格局的重要原则。

（二）以"组织协作"为催化手段，提升公共文化服务治理能力

在文化需求多元化背景下，任何依托单一主体的公共文化服务治理模式都很难取得长足发展，组织协作显得尤为重要。增加组织间协作性不仅要解决传统的部门与部门之间的协调问题，还要解决在信息化条件下新的协调方式问题，即随着政府的分权，如何使政府作为完整的有机体更有效地协同工作，从而形成管理服务的信息化、精细化和快速回应群众意见的长效机制，实现政府管理服务由以往"条条"、点线的单向式管理向"块块"、点面结合的整体性治理转变。公共文化服务治理是非常复杂的工程，为了保证这个系统的正常运行，合理授权是必要的。要整合协调好政府与其他供给主体的责任与利益关系，首先应整合好有关部门之间的内在关系，既包括中央政府与地方政府的隶属关系，也包括地方政府之间的平等关系。纵向上，中央政府与地方政府公共文化服务责任侧重点是不同的，其对责任的响应自然不同。政府要根据责、权、利相结合的原则明确规定各职能机构的权限与责任，根据各职能机构的任务与特点划分岗位系列确定需要的岗位，根据岗位的需要选择合适的人才并将责任落实到每一个人，对不同的管理环节要有不同的授权并承担与之相当的责任。[①] 对于属地管理与垂直管理之间的矛盾可通过建立"政府间协议"等方式，优化交叉区域政府部门公共文化服务供给的责任关系，合力补齐区域性公共文化服务供给的短板。横向上，应增强不同职能部门公共文化服务供给的协同性，促进公共文化服务供给跨部门合作。近年来，国家层面相关职能部门通过建立协同联动机制共同解决公共文化服务中存在的诸多问题，也取得了实效，但问题的真正解决更需要理念与价值取向的一致性与协同性。

在整合好政府条块之间关系的同时，还应当增强政府与社会、市场之间的协同性，以提升公共文化服务治理能力。建立健全政府与社会组织、市场组织之间的协作治理机制，保证政府及相关组织密切配合，优势互补，运转高效是有效提升公共文化服务治理能力的关键之一。首先，为社会组织和市场组织构建规范有序的制度环境。一方面，社会组织和市场组织必

---

① 竺乾威：《公共服务的流程再造：从"无缝隙政府"到"网格化管理"》，《公共行政评论》2012 年第 2 期。

须在法律框架内进行活动，遵从社会普适性规范，以维护农民的文化权益为主要目的，将农民个人文化权益与集体文化权益相统一；另一方面，加快推进"政社分开""政企分离"，减少文化类社会组织和市场组织对于政府权威的依赖性，正确划分政府与基层社会、市场主体各自的权限，正确处理相互之间的关系，避免对其随意干涉，保持其独立性和完整性。其次，政府应加强对社会组织和市场组织的培育与扶持。与西方发达国家相比，中国西部农村地区的社会组织和市场组织的发展尚处于起步阶段，存在专业性不足等问题。因此，在公共文化服务治理过程中，特别需要政府部门出台相关的培育扶持政策，通过顶层设计为相关组织的发展提供帮助，提升其参与公共文化服务治理的能力。要优化相关组织的运营结构，明确管理机制，建立长期规划，保证公共文化服务的持续性，简化相关组织的手续办理流程，通过财政转移支付、提供贷款免息等方式给予其更多的政策优惠，形成在协同供给中培育、在培育中强化协同的治理格局。①

（三）以"有效参与"为内生力量，强化农民文化创造的主体性

"随着村民自治制度的深入推行，以村民自治制度为代表的基层民主制度已经从制度上建构了一个以农民为主体的乡村治理体系。"② 因此，从治理结构上来说，自治是健全和完善农村公共文化服务治理体系的核心，要激发农民自主性这一乡村文化内生秩序的控制力量，真正体现农民自我管理这一现代治理制度的特点。在乡村振兴战略实施的背景下，西部农村公共义化服务的有效性很大程度上取决于服务对象的参与有效性，特别是与农民群体的主体性塑造程度紧密相关。在公共文化服务过程中，越是能体现农民的主体性，公共文化服务内容与农民文化需求的匹配度便越高，反之亦然。因此，西部农村公共文化服务治理实践应当坚持以政府为主导、以农民为主体的基本原则，以农民群体的有效参与为内生力量，强化其文化创造的主体性。

首先，努力发展乡村教育，培育乡土人才。乡土人才作为联结农村优秀乡土文化与厚重的人文创造的交会点，在农村公共文化服务治理中发挥

---

① 吕宁、徐建荣：《新时代公共体育服务：碎片化供给与整体性治理》，《广州体育学院学报》2022 年第 2 期。

② 徐勇：《现代国家、乡土社会与制度建构》，中国物资出版社，2009，第 142～143 页。

着不可替代的独特作用，无论是现代公共文化服务体系建设还是民间优秀文化的传承与保护，都需要能够真正扎根基层的乡土人才来担当。通过培育乡土文化专业人才，进一步为乡土文化的创造发展提供人才支撑，发挥乡村文化能人的引领示范效应。其次，有效对接公共文化与本土文化资源，重建乡土文化认同。文化认同是乡村公共文化服务治理最深层次的力量源泉，关系着该项事业能否取得持久的治理动力。农民群体作为乡村发展的核心主体，只有重新发现乡土文化的自为价值和内在机制，才能正确认识乡土文化所蕴含的时代价值与精髓，树立起对于乡村优秀传统文化的自信和认同，并由此唤醒农民群体对于乡村传统文化的独特记忆，重构"乡村共同体"信念，进而激发其文化自主性和内生活力，确立自身在农村公共文化服务治理中的主体性定位。最后，建立健全农民参与农村公共文化服务治理的平台和机制。农民作为重要的内生机制和主体力量，既是公共文化服务治理行动的参与主体，也是治理结果的服务对象，这种双重特性决定了一方面西部农村公共文化服务不应当局限于"文化下乡"等自上而下"送文化"的固有供给方式，而要因地制宜为农民群众提供喜闻乐见的公共文化产品和服务，始终以农民文化需求为导向，提升他们的文化获得感与服务可及性，保障他们的公共文化权益；另一方面，不应把农民群众仅仅视为服务对象，统之以"供给—接受"的单向输入方式而忽略了其创造文化的能动性与可行性，作为多元主体的政府、企业与社区组织等皆应尊重农民治理主体的地位，以项目为依托构建合作关系，带动农民积极参与公共文化服务，激发其文化生产的自主性。特别是基层政府要在农村公共文化服务全过程中搭建农民有效参与的机制与平台，扩大参与网络，提升农民参与乡村公共文化服务治理的自觉性和创造性，努力提高农民群体自身的文化"造血能力"和协同治理能力。

（四）以"社会资本"为重要资源，夯实公共文化服务治理的基石

所谓社会资本，是指社会组织的特征，诸如信任、规范和网络，它能通过促进合作行为来提高社会效率。① 帕特南将社会资本作为一种与物质资本、人力资本相区别的，存在于社会结构中的规范、信任和网络形式，能

---

① 〔美〕罗伯特·D. 帕特南：《使民主运转起来》，王列、赖海榕译，江西人民出版社，2001，第200~207页。

为结构内的行动者达到目的提供便利的资源。纽顿也认为社会资本是社会结构和社会关系所具有的有助于推动社会行动和实现行动目标的特性。① 可见，社会资本的本质是参与网络所具有的信任、互惠和合作等特征。社会资本理论的提出为深入分析中国西部农村公共文化服务治理主体间的合作机制以及本土资源的整合利用等问题提供了一个重要的途径。

农村作为公共文化服务网络的末梢，是公共文化服务力量最薄弱的地区，同时也是传统社会资本最富集之处。农村公共文化服务治理与社会资本有着逻辑上的内在关联和一致之处，主要体现为在公共文化服务治理中形成的和谐的关系网络，有效的制度规范，群体间的信任、凝聚力，互惠互助的价值观和合作共享的文化组织等方面。其中对人的公共观念、公共精神的培育是公共文化服务治理最为独特的正外部性效应。一方面，关注社会资本对农村公共文化服务治理的重要影响，会在整体上推动农村公共文化的存续和发展，夯实公共文化服务治理的基石。农村公共文化服务治理需要依托农村社会的互助、信任和规范体系来达成目标。社会资本作为一种社会关系和网络，有助于改变农村社会的原子化状态，促进社区内信息的共享和流动，增强群体的心理认同和互助共济的意识，提高民众文化创造的热情和能力，有效地解决个人经济利益与公共文化服务治理的矛盾。信任作为一种重要的社会资本，通常是维护公共文化服务多元合作治理格局的关键要素。其中，良好的社会信用体系是信任发挥作用的前提，同时也是农村公共文化服务治理的直接制度支撑。它可以保证多元主体遵循一定的规则，规范各自的行为，借以提高集体文化行动的绩效。作为一种惯例和规范，社会资本还有利于农村文化机构和社团组织的成立，可以提高农民组织化程度。

另一方面，西部农村公共文化服务治理的发展也会对农村社会资本的重构产生促进作用。这一作用是围绕社会资本网络的核心——人的全面发展而展开的。农村公共文化服务旨在通过为民众提供寓教于乐、健康文明的文化生活，培养其理想信念、道德情操、学识修养等文化内涵，提升民众的文化素质和文化价值观等内在的精神力量，使农村社会主体对于自身

---

① 〔英〕肯尼斯·纽顿：《社会资本与现代欧洲民主》，转引自李惠斌、杨雪冬主编《社会资本与社会发展》，社会科学文献出版社，2000，第 379 页。

行动形成自主的意识，最终实现文化发展权。而这一切是公共文化产品和服务的供给、公共文化服务网络的建立健全、公共文化活动空间的培育等形式为保障基础的。一旦公共文化观念能够形成并内化为人的意识，就会对主体的思想意识、价值理念及其行为选择产生广泛深刻的作用，增进公共交往和公共文化活动并从中获得更多发展机会和能力，实现人的价值，从而有益于农村社会中互信、合作的社会资本的提升。社会资本的积累还可以从发育良好的民间社团组织在公共文化服务治理角色的功能作用方面体现出来。民间社团组织作为参与网络的存在，不仅为农民文化需求的表达以及参与文化活动提供多种渠道，实现农民的"自我娱乐、自我服务、自我教育"，更重要的是，在与政府和其他治理主体就共同利益进行协商对话的过程中，它作为代表农民自身利益的社团组织，能够使组织起来的农民有效、有序地表达其对农村公共文化服务的利益诉求，在公共文化服务决策中施加自己的影响，从而确立起"自上而下"与"自下而上"的双向互动的决策机制。这类组织将促进互信、合作的社会资本的重构。

二 西部农村公共文化服务治理的重要举措

公共文化服务治理是对公共文化服务治理样态、前沿创新、示范经验的理论提炼。实践层面，需要以"现代财政"为基础支撑，以"多元供给"为基本导向，以"人才建设"为服务纽带，以"数字乡村"为战略平台，以"文旅融合"为发展契机，采取切实可行的行动举措，将西部农村公共文化服务治理实践打造为可参照、能推广的治理范本，为提高公共文化服务治理效能，促进公共文化服务高质量发展提供借鉴。

（一）以"现代财政"为基础支撑，建立多元化的财政保障模式

财政资源是开展公共文化服务体系建设的先决条件和重要的物质基础，资金短缺常常成为制约西部农村公共文化服务发展的瓶颈因素。就目前有限的公共财政投入来看，农村公共文化投资明显落后于城市，西部农村更是落后于东部。但我们必须明白，政府对公共文化服务的财政投入仅仅是对社会公众基本公共文化服务需求的基础保障。随着人们精神文化需求的不断升级，基本公共文化服务必然要向非基本服务领域范围拓展，故要转

变思路，确立"财政投入保基本，政策引导激励社会参与"的财政保障理念，以"现代财政"为基础支撑，广泛动员吸纳社会资本进入公共文化服务领域，拓宽资金来源渠道，建立多元化的财政保障模式。

1. 创新公共文化财政投入模式

传统的以供给主导型作为公共文化财政投入方式，造成了投入不足、投入方式单一、资金使用效益不高等弊端，已成为阻碍西部农村公共文化服务发展的主要瓶颈，业已滞后于现代财政体制的要求。为改善这一状况，在保障文化发展经费"基础需求"的同时，要尽量满足"增量需求"[①]，建立健全与地方政府财政投入相匹配、同农民群众多样化文化需求相适应的财政投入稳步增加机制。加大农村公共文化服务体系建设的资金投入，进一步完善基本公共文化服务均等化的经费保障机制。同时，建立以"财政拨款为主，政府购买服务、奖励补贴、基金制等多种手段相配合"的财政投入模式[①]，建立多元化的资金投入方式，充分吸纳市场和社会资本以扩大资金来源，为提高农村公共文化服务水平提供更为稳固的财政保障。此外，落实好国家对西部地区集中连片特困地区配套资金的政策，完善政府购买公共文化服务、"奖励补偿"等方式，更好地利用文化资金发展公共文化服务。

2. 优化财政分级投入新机制

《公共文化领域中央与地方财政事权和支出责任划分改革方案》的出台，明确了中央和地方政府间的文化事权范围、事权责任与支出责任，使得中央和地方的财政支出责任明晰化，但省级以下与文化事权相匹配的支出责任尚未明确落实，尤其是当前基层政府的财政文化支出责任较重，亟须优化财政分级投入新机制，提高公共文化服务保障水平。要在明确各级政府基本公共文化服务的功能定位、科学合理划分各级政府权责边界的基础上优化省级及以下政府间事权和财权划分，明确省以下各级政府的责任清单，特别要强化基层政府文化事权的管理和执行责任，按照基层政府文化支出责任应与财政相匹配的原则，可以将由地方更高一级政府承担的文化支出责任上移，且要根据当地政府财政的实际情况，确立合理的经费分

---

① 傅才武、宋文玉：《创新我国文化领域事权与支出责任划分理论及政策研究》，《山东大学学报》（哲学社会科学版）2015 年第 6 期。

担机制①②，避免过多增加基层政府支出压力。

3. 完善公共文化财政扶持政策

公共文化财政政策体系不完善、政策效应较低，是制约当前公共文化财政资金高效使用的主要障碍之一。因此，进一步完善和落实公共文化财政政策就显得尤为重要。一方面，要发挥公共财政及财政政策的促进作用和引导示范作用，形成四两拨千斤的功效，如出台支持各类文化企业发展的财政政策，不断加大对农村文化产品的投入力度，推动社会资本投入农村公共文化基础设施建设，鼓励和推进农民的艺术创作生产，加强对农村文化遗产的保护和利用，等等，为现代公共文化服务体系提供政策保障；另一方面，要发挥财政政策的激励效应，健全税收优惠政策，落实各类鼓励社会组织、企业和个人捐赠、赞助及兴办农村公益性文化事业的税收优惠政策，通过简化税收优惠的流程，提供"一站式"服务，吸引更多社会资本参与公共文化服务。

4. 健全文化财政支出绩效评价制度

财政资金保障是基础，资金的使用效益更关键。传统的公共文化服务财政支出管理制度不够完善、管理方式粗放，导致西部农村公共文化服务规模效率普遍偏低。因此，建立一个科学规范的财政支出绩效评价制度尤为重要。通过建立监督评价体系，保证资金的合理和有效使用。从预算编制与执行、绩效评估到检查监督的各环节，对资金进行事前、事中、事后的全面监管，强化转移支付的财政监管与预算约束。通过建立健全以中央政府为主导，省际交叉考核和第三方评估相结合的公共文化服务支出绩效考评制度，突出强调中央和地方财政资金使用效率与引导作用，综合发挥中央统筹监管激励作用、地方需求偏好信息优势和社会力量协同作用，防止因文化资本投资管理不善、过度浪费和使用效率低下而导致的供给效率瓦解。同时，要建立绩效评价结果反馈制度，强化绩效评价结果在财政投入中的运用，将评价结果作为资金投入和政策优化的重要依据③。

---

① 陈庚：《新常态下财政支持文化改革发展的政策路径研究》，《中国文化产业评论》2017 年第 1 期。
② 傅才武、宋文玉：《创新我国文化领域事权与支出责任划分理论及政策研究》，《山东大学学报》（哲学社会科学版）2015 年第 6 期。
③ 陈庚：《新常态下财政支持文化改革发展的政策路径研究》，《中国文化产业评论》2017 年第 1 期。

（二）以"多元供给"为基本导向，提升公共文化服务供给质量

公共文化服务的公益性决定了政府承担着服务供给的主要责任，但政府迫于财政压力和服务能力不足等制约因素往往会产生"失灵"的弊端。因此，建立政府、市场、社会组织等多元主体协同供给机制成为必然选择。

1. 培育公共文化服务多元供给主体

在西部农村地区，单纯依赖政府力量供给公共文化服务的模式仍非常普遍，尽管这种输入型文化供给方式有着一定的积极作用，也驱使公共文化服务供给从"绝对性短缺"转变到"结构性短缺"。但随着公共文化服务供需矛盾的日益加剧，这种单一主体、单向度的公共文化服务供给机制显然已无法适应市场经济环境下民众多元化的服务需求，必须通过深化文化体制改革和供给侧改革，发掘制度红利，释放社会活力，形成开放多元的公共文化服务供给体系，建立起政府主导、企业等社会力量参与的多元化供给机制。公共文化服务治理既是制度转型的过程，也是不断创造和培育多元主体的过程。政府作为文化治理共同体的打造者，在培育公共文化服务市场和社会供给主体方面负有义不容辞的责任，应积极主动贯彻服务型政府理念，转变政府职能，将"管控者"的角色定位转变为农村公共文化服务治理中的"引领者"、"布局者"与"服务者"，摒弃以前统揽权力"唱独角戏"的做法，在保留基本资源保障、质量监督、规范协调等职责的同时，主动向市场主体、社会力量和公众让渡参与治理过程的有效空间[①]，为各主体参与农村公共文化服务治理创造良好环境；放权的同时，努力实现政府、市场和社会相互赋能，政府必须明确认识到市场主体在文化资源配置中的积极性作用和社会组织主体蕴藏着丰富的文化资源与社会资本，通过明晰责权，加强政策制度的引导，鼓励和支持企业等社会力量积极参与公共文化服务供给，发挥市场组织和文化企业的杠杆效能，提高农村文化产品的供给效率和质量；让社会组织主体精准对接农村居民的文化需求，供给不同层次、人群所需的文化产品和服务，促进农村公共文化服务有效治理。

---

① 兰庆庆：《从文化管理到文化治理：我国农家书屋建设的发展逻辑与范式转换》，《中国编辑》2020 年第 11 期。

2. 构建城乡一体化的公共文化供给体系

如果说多元化供给机制通过推进公共文化服务供给主体、供给方式及筹资渠道的多元化，主要致力于解决农村公共文化服务一元供给体制的弊端，那么一体化主要是解决城市与农村"二元结构"问题，缩小城乡公共文化服务供给制度差异，为农村公共文化服务体系的建设提供公平的政策环境和制度平台。因此，建立多层次、广覆盖的公共文化供给体系，必须改变以往城市优先的逻辑，破除城乡二元体制的制度壁垒，统筹城乡文化资源协调供给，保障农民获取文化产品的机会公平。首先，要改革包括城乡二元"双轨"供给体制在内的管理体制，消除不公平的文化资源配置的制度与政策，特别是要深化户籍体制改革，破除农民身份背后的文化隔离；其次，要积极推进基本公共文化服务均等化建设，建立统一合理的城乡公共文化服务标准体系，以标准化促进均等化、普惠化与便捷化，使城乡居民都有权获得同样的、质量稳定的、程序公平的、机会均等的基本公共文化服务。同时，要加快城乡间文化要素双向流动，引导城市文化资源向农村地区延伸，让农民能够以免费或优惠的价格享受城市的文化产品和服务，从而切实保障农民文化权利，不断增加农民在文化发展中的获得感。

3. 促进农村公共文化服务供需均衡

政府主导公共文化服务供给的现状长期存在，不仅造成西部农村公共文化服务供给多样化不足、包容性不够、灵活性不强，而且因市场、社会组织等力量介入得较少，导致西部农村公共文化服务供需不匹配，特别是无法及时跟进对接农村居民多样化、多层次、发展型的文化需求，要改善农村公共文化服务供需结构，实现供需匹配，应从供给侧和需求侧同时发力。首先，从整体上要深化文化供给侧改革，创新有效实现方式以补齐短板，充分吸纳或调动行政系统之外的社会治理资源，大力开展订单式、菜单式的服务方式，根据不同农村地区的实际需求及社会文化生态构成有针对性地提供差异化公共文化服务，实现政府项目供给与农民需求的双向互动。① 其次，要建立供需对接与匹配机制，并拓宽农民文化需求表达渠道，以需求牵引供给，供给创造需求，通过各种文化补贴等形式，为农民提供

---

① 王慧斌、董江爱：《文化治理：乡村振兴的内在意蕴与实践路径》，《山西师大学报》（社会科学版）2020 年第 2 期。

个性化、差异性的文化服务，以解决农民不断丰富的需求问题①。与此同时，还要通过农民主体性地位的确立，引导农民利用文化资源、社会资本等以自组织方式进行文化产品的生产与服务的供给活动，弥补政府单一主体供给文化产品的缺陷，丰富农村公共文化服务供给内容。最后，加强公共数字文化基础设施建设，与线下公共文化基础设施相结合，创新文化服务供给模式。具体可通过制定公共数字文化发展的配套制度，规范化公共数字文化供需过程，加大对公共数字文化的宣传力度，融合现代文化和传统文化的内容，提升公共数字文化供给能力和有效性。②

4. 在服务供给过程中引入竞争机制

在多元主体协同供给的模式下，需要特别强调供给过程中竞争机制的引入。当前农村地区公共文化供给低效率的主要原因在于政府全权包办服务供给，供给过程缺乏有效的竞争机制。企业等营利性机构在追寻利润的前提下具有强大的生产能力，在供给公共文化产品和服务中能第一时间回应民众的诉求，以专业化的服务提供高质量、高效率的文化供给。这种专业化和高效率是目前政府部门在农村公共文化服务供给过程中所缺乏的，竞争机制的引入可以倒逼政府文化供给部门改进自身服务、优化供给方式。因此，政府在供给公共文化服务过程中，一方面，要构建完善的招标采购制度，培育良好的市场环境，增加农村公共文化服务的供给主体，以政府采购的形式统一向企业购买公共文化服务，企业直接或以"包干"的方式向村庄输出公共文化产品；另一方面，通过市场竞争改善公共文化服务质量、降低公共文化服务成本，从而达到"少花钱、多办事、办好事"的效果，促进市场供给农村公共文化服务的规范化与高效化。②

（三）以"人才建设"为服务纽带，激发乡村文化人才队伍活力

公共文化服务人才是直接面向农村居民提供公共文化服务的主体力量，要更好地回应人民群众文化需求，必须加强人才建设，确保公共文化服务人才队伍持续发展壮大。为此，要从战略高度制定西部农村公共文化服务

---

① 慕良泽、曲建波：《农村公共文化建设中政府与农民供需关系研究》，《广西大学学报》（哲学社会科学版）2021 年第 1 期。

② 董帅兵、邱星：《供给侧视角下我国农村公共文化服务的有效振兴——基于全国 31 省 267 个村庄的调查分析》，《图书馆学研究》2021 年第 2 期。

人才发展规划，遵循"存量优化、增量优选"的整体思路，通过建立教育培训及激励考核机制提升乡村文化人才队伍的创造力与创新性，从而增强西部农村公共文化服务的活力。

1. 加大人才引进力度

人才是最稀缺的资源要素，特别是文化专业人才是促进文化繁荣发展的基本保障，公共文化服务的内容方式创新、服务质量提升都需要文化专业人才作为支撑。而文化专业人才短缺成为阻碍西部农村地区公共文化服务治理结构优化的重要因素之一。对此，西部各级政府应根据中长期发展规划，制定合理的人才引进政策，加大人才引进力度，拓宽人才引进渠道。本着公平、公正、公开的选任原则落实专业对口引进机制，有针对性地引进高素质高层次文化人才，特别是结合基层文化工作者的数量不足和专业化水平欠缺的现实状况，大力选拔引进合格的文化专业人才充实农村基层公共文化服务人才队伍，构建人才队伍建设的梯队结构，真正发挥人才领头作用。政府部门可通过"三支一扶"等方式，加大对文化专干人才的招录引进，鼓励大学生参与到农村文化建设中来。除大力发展文化志愿服务队伍、吸引社会力量参与基层公共文化服务供给之外，还可采用特聘制、项目聘请等多种形式引进文化骨干力量参与农村公共文化服务，为农村地区文化发展出谋划策，以人才力量推动农村公共文化服务质量的优化提升。

2. 确保服务人员的配置到位

研究制定基层公共文化机构人员编制标准。根据基层公共文化服务规模，为乡镇与村级配备专业的文化工作人员，配套合理的薪酬待遇，确保文化人才"专职专干"。依据国家规定，乡镇综合文化站每站要配置1~2名编制人员，村级综合文化服务中心（公益性）岗位不少于一个。但在实践中，这一要求并没有完全得到落实，多数村级综合文化服务中心并未设立单独的岗位，而是由村委会成员兼任，这样就无法保证公共文化服务体系建设中最基本的人才队伍供给，导致公共文化服务力量远远不能满足越来越多元的公共文化需求。因此，西部各省份还需进一步落实基层公共文化机构人员的配置问题，针对县级及以下的贫困边远地区，加大人才投入力度，划拨专项资金，实施针对性人才补贴，并通过以补代资等方式，充分吸纳省内、区域内非遗传承人、优秀文艺骨干参与到文化馆（站）建设中来，发挥所长，补齐人员不足短板，努力打造一支具有较高素质与能力的专业性人才队伍。

3. 重视服务能力培养开发

加强公共文化服务人才队伍建设，关键在于培养与开发文化工作者的服务素养与能力。对农村公共文化服务人才队伍进行培养与开发可以从本质上改善现有人才队伍结构，优化农村公共文化服务质量。首先，应树立正确的服务意识，将服务群众作为一切工作的出发点和落脚点，鼓励文化工作者下沉到基层、深入群众中，并在实践中锻炼业务能力。其次，建立基层文化工作者培训机制，开展系统专业化培训。将制度性常规培训与专题专项培训相结合、文化主管部门培训与协同高等院校联办相结合。充分利用区域内外的高校教育资源，提升文化工作者的业务素质和基础能力。同时鼓励文化工作者将优秀传统文化与现代公共文化相结合，根据各地实际，对接农民群众的需求喜好，学会将地域文化特色与传统节日习俗等有机融入公共文化活动，更好进行文化传播和创造。再次，创新培养机制，利用信息化技术优势，推广实行线上培训与线下实践相结合的方式，将课程教育逐步转化为线上教育，既保证文化工作者不会因忙于其他工作而失去培训机会，同时也能够拓宽培训范围，让更多感兴趣的文化骨干参与其中。最后，还应加强数字化人才队伍的培养，文化机构工作人员要积极主动地参与数字化技术培训，提高其对数字设备操作的熟练程度与开发数字化文化资源的能力，不断提升农村公共数字文化服务水平。

4. 完善服务绩效考核机制

科学合理的绩效考核与激励机制是组织实现持续发展与提升的根本保障。由于西部农村公共文化服务人才队伍建设中缺乏完善的人才考核与激励制度，所以"不专业、不专干、在编不在岗"等问题较为普遍。对此，西部各省份应尽快完成省内所有相关工作人员的核验工作，并依据国家政策要求结合各地实情建立起一套针对农村公共文化服务人才队伍的考核标准，提升岗位竞争力，以激发工作积极性。同时，建立与考核机制相配套的激励机制，以业绩为导向实行包含薪酬激励在内的多种激励举措，切实保障人才的合法权益。根据个人的贡献度适当调整晋升机制，畅通晋升渠道留住人才，充分调动专业人才的积极性和主动性，提高人们工作的满足感与成就感。只有培养出一支素质优良、结构合理、实力雄厚的文化人才队伍，才有利于公共文化服务事业的可持续发展。

（四）以"数字乡村"为战略平台，推动公共文化服务数字化建设

伴随网络化、信息化和数字化的应用，"数字乡村"成为乡村振兴的战略方向与任务，公共数字文化服务作为其中不可或缺的重要一环，具有打破时空限制，使人们的文化服务参与和利用更为高效便捷的优势，不仅极大地便利了人们的生活，也丰富了公共文化服务的内容与形式，由此可缩小城乡之间的"数字鸿沟"。

1. 构建农村数字化基础设施网络

在当下智能手机及5G网络的信息化发展红利下，西部农村公共文化服务治理也出现了颇具挑战性的新动态和新趋势。尽管越来越多的农村居民可以使用智能手机与外界互联，但部分偏远地区仍然存在数字化基础设施建设不足、硬件落后、网络访问迟缓和信息无法联通等问题，成为农民参与和利用公共数字文化服务的严重阻碍。对此，一方面，应补齐农村公共数字文化基础设施短板，持续推进农村网络基础设施建设，推动农村公共文化服务基础设施数字化改造升级，扩大农村互联网和5G技术的普及范围，使城乡居民享有平等的文化权利，实现城乡同网覆盖、同步传输、同时服务、同质享有；另一方面，西部各省份应尽快建立偏远农村公共数字文化服务普惠机制，通过对村民移动终端与专属网络资费优惠补贴机制，鼓励各地采用消费券、政府补贴、企业让利等方式促进公共数字文化服务终端在村民中普及[①]，形成"政府负责、社会协同、村民自治"的乡村公共文化服务治理数字化多元共建共享网络，切实增强农民的获得感、幸福感。

2. 推进数字文化资源建设

数字文化服务建设主要以信息技术为支撑，通过发动包括各级公共文化服务机构在内的社会力量共同参与，不断促进各种文化资源的整合，且利用多个数字文化服务平台相互对接，为社会大众提供高品质的数字文化服务。落实"数字乡村"战略，推进数字文化服务建设，就要促进公共数字文化资源共建共享，构筑线下线上一体化公共文化服务协同系统。为此，

① 冯献、李瑾、崔凯：《乡村治理数字化：现状、需求与对策研究》，《电子政务》2020年第6期。

需加强规划引导和政策指导，打通各层级公共文化云服务平台，打造公共文化数字资源库群，利用信息化手段推出城乡各级图书馆、文化中心、博物馆、科技中心等服务机构的专业 App，微博推广号，微信公众号，自媒体，等等，使城乡居民可借助智能手机和计算机实现对数字文化平台的全天候访问，从而缩小城乡间公共文化服务差距，实现农村数字文化资源的有效供给。在建立覆盖全国范围的数字文化服务平台，实现数字资源共享的同时，也要加强建设有当地特色的信息数据库，建立分级、分布式的地方性数字信息资源库，并将农村地区相对优质的文化资源制作为具有竞争力的文化产品，促进当地优秀传统文化的传承与发展。

3. 提升农民数字化素养与能力

"数字乡村"建设战略和公共数字文化服务的推进从根本上还是要依靠广大的农民群众，因此提升农民数字素养与能力，以数字赋能极为重要。可通过定期开展"大讲堂"活动等加强农民数字素养与技能培训，提升农民数字应用能力。农民数字素养与能力的提升不仅有助于优化农村公共文化资源配置，还可激发农民自主参与意识，如农民通过手机、电脑终端借助一站式云服务平台进行自主点单无疑会使供给更加精准，而将快手、抖音等现代"微传播"平台及其数字技术融入乡村公共文化生活，更便于农民主动参与数字文化产品创作、地域产品资源展示、资源交易平台开发，以"在线化"形式传播公共文化服务自主供给内容，展示乡村文化活动。但其中值得关注的问题是，西部农村地区还面临着数字弱势群体和数字排斥现象的普遍存在，这一现象较为集中体现在数字化素养水平较低的中老年群体身上。对此，应在资源建设、服务利用、相关知识技能培养等环节对数字弱势群体给予切实关照，构建全方位、立体式的社会支持体系，通过建立相关制度，运用合理的经济手段保证数字弱势群体参与和利用公共数字文化服务的物质条件，企业主体在终端、平台建设和运营时开发相应功能，尽可能清除其参与和利用公共数字文化服务的障碍；发挥社区组织与家庭各自的优势，积极了解居民数字文化生活情况，主动提供相应的服务，有针对性地开展志愿服务，为严重遭受数字排斥的数字弱势群体提供志愿者帮扶等活动；充分发挥家庭成员的文化反哺功能，帮助数字弱势群体参与和利用公共数字文化服务，从而消解公共数字文化服务中的数字排斥现象，保障全民文化权益。

（五）以"文旅融合"为发展契机，探索公共文化服务与旅游融合新模式

随着文旅融合在理论和实践方面的纵深发展，其促进公共文化服务供给侧改革的独特意义逐渐显现，兼具文化与旅游双重属性的公共文化服务和旅游公共服务融合发展成为新时期农村公共文化服务治理的重要内容。为此，要积极抓住文旅融合发展契机，实现西部农村公共文化服务模式的创新，既要不断开拓农村公共文化服务的旅游服务功能，打造新型农村公共文化和旅游空间，又要推动农村公共文化服务嵌入旅游公共服务中，发挥文旅综合放大效应。

1. 开拓农村公共文化服务设施的旅游服务功能

以文旅融合发展理念优化现有公共文化和旅游空间体系，构建包含实体展示、文化体验、自我实现等多维度的新型农村公共文化和旅游空间，开拓公共文化服务设施的旅游服务功能。通过空间场所的互联互通，公共文化空间可以成为农村旅游的空间媒介，实现由传统服务阵地到美好生活支撑的多功能空间场所转型。首先，以农村标志性公共文化服务空间建筑为基础，利用外部建筑景观、内部服务空间的外化物和可视符号有意识地将农村公共文化服务空间融入公共文化旅游精品线路中，提升农村公共文化服务空间的展示和利用水平，这既能为农民参与公共文化服务提供活动场所，又能为游客创造理解生动乡村的体验场域。其次，充分挖掘农村特色乡土文化和地方性知识，依托乡镇综合文化站、村文化活动室、农家书屋、乡村文化体育广场等农村公共文化服务机构开展文化研学旅游活动，发挥农村公共文化和旅游空间的外溢性。农村居民和外来游客共同参与农村文化研学旅游，不仅可以促使当地农民产生文化认同，提高文化自觉和文化自信，还可满足游客的多样化文旅需求，增强地方特色文化的外部影响力。最后，依托公共文化服务设施搭建农村文创产品研发设计、生产制造和流通营销空间。结合农村地方物产、民俗文化等基础，开发满足旅游者纪念、馈赠、实用、文化和享受等方面的购物产品，塑造农村文化 IP，扩大农村公共文化产品供给和辐射范围。

2. 推动农村公共文化服务嵌入旅游公共服务

统筹农村公共文化服务和旅游公共服务机构功能设置，在农村旅游公共服务设施修建和改造中，推动公共文化服务进旅游景区、旅游度假区，不断提升旅游公共服务文化内涵、彰显地方特色，搭建主客共享的公共文化服务和旅游公共服务集散中心。一方面，将农村本地特色公共文化嵌入旅游景区交通设施、导览、标识牌等旅游公共基础设施中，按照位置、导向、示意图、信息板等基本导向标识系统，以安全标志、禁止标志、管理标志等分类构建公共标识，串珠成线、连线成片，打造广为人知的具有乡土特色的视觉形象识别系统。另一方面，整合农村公共文化服务和旅游公共服务资源，建设农村公共文化服务与旅游公共服务一体化智慧平台，通过对本地村民与外地游客基本信息、行为信息、文化和旅游情境信息进行分析和挖掘，构建标签化的群体画像，依托微信公众号、小程序、微博、App 等文旅一体服务终端[1]，共同构建智慧化的文旅公共服务网络和传播矩阵，以更加灵活和精准的方式，将公共文化和旅游资源与活动送到农民和游客身边，实现公共文化服务与旅游公共服务资源共享和优势互补，提升公共文化服务和旅游公共服务的覆盖面和时效性，更好地推动农村公共文化服务和旅游公共服务的高质量发展。

---

[1]　潘颖、孙红蕾、郑建明：《文旅融合背景下的乡村公共文化发展路径》，《图书馆论坛》2021 年第 3 期。

参考文献

（一）国内专著

[1]〔英〕爱德华·泰勒:《原始文化:神话、哲学、宗教、语言、艺术和习俗发展之研究》,连树声译,上海文艺出版社,1992。

[2] 陈瑶主编《公共文化服务:制度与模式》,浙江大学出版社,2012。

[3] 陈振明主编《公共管理学:一种不同于传统行政学的研究途径》,中国人民大学出版社,2003。

[4]〔美〕戴维·斯沃茨:《文化与权力——布尔迪厄的社会学》,陶东风译,上海译文出版社,2006。

[5] 胡惠林:《国家文化治理:中国文化产业发展战略论》,上海人民出版社,2012。

[6] 柯平等:《我国基本公共文化服务标准化与均等化研究》,国家图书馆出版社,2020。

[7] 李少惠:《互动与整合:甘南藏区农村公共文化服务发展研究》,中国社会科学出版社,2014。

[8] 刘辉:《文化治理:公共文化服务的中国故事研究》,高等教育出版社,2017。

[9] 刘军宁编《民主与民主化》,商务印书馆,1999。

[10]〔法〕卢梭:《社会契约论》,何兆武译,商务印书馆,1980。

[11] 吕庆华:《文化资源的产业开发》,经济日报出版社,2006。

[12]〔德〕马克斯·韦伯:《经济与社会》,林荣远译,商务印书馆,1997。

[13] 毛少莹等:《公共文化服务概论》,北京师范大学出版社,2014。

[14]〔美〕尼葛洛庞帝:《数字化生存》,胡泳、范海燕译,海南出版

社，1997。

［15］〔德〕裴迪娜·滕尼斯：《共同体与社会》，林荣远译，商务印书馆，1999。

［16］彭岚嘉、陈占彪：《中国西部文化发展战略研究》，中国社会科学出版社，2002。

［17］彭岚嘉主编《西北文化资源大典》，民族出版社，2018。

［18］〔法〕皮埃尔·布迪厄、〔美〕华康德：《实践与反思——反思社会学导引》，李猛、李康译，中央编译出版社，2004。

［19］〔美〕乔尔·S. 米格代尔：《社会中的国家：国家与社会如何相互改变与相互构成》，李杨、郭一聪译，江苏人民出版社，2013。

［20］申维辰主编《评价文化：文化资源评估与文化产业评价研究》，山西教育出版社，2005。

［21］孙逊主编《2013 年中国公共文化服务发展报告》，商务印书馆，2014。

［22］〔英〕托尼·本尼特：《本尼特：文化与社会》，王杰、强东红等译，广西师范大学出版社，2007。

［23］王列生、郭全中、肖庆：《国家公共文化服务体系论》，文化艺术出版社，2009。

［24］王锰：《乡村公共数字文化服务能力提升策略研究》，中国社会科学出版社，2021。

［25］王恬主编《古村落的沉思——中国古村落保护（西塘）国际高峰论坛论文集》，上海辞书出版社，2007。

［26］〔比〕维克托·A. 金斯伯格、〔澳〕戴维·思罗斯比编著《艺术与文化经济学手册》，王家新等译，东北财经大学出版社，2018。

［27］吴理财等：《文化治理视域中的公共文化服务体系建设》，高等教育出版社，2016。

［28］吴理财：《中国城乡基层公共文化服务调查》，高等教育出版社，2016。

［29］吴理财主编《社会力量参与公共文化服务概论》，北京师范大学出版社，2021。

［30］武桂杰：《霍尔与文化研究》，中央编译出版社，2009。

［31］西和县文学艺术界联合会主编《中国（西和）乞巧文化高峰论坛学术

论文集》，华夏出版社，2014。

［32］阎云翔：《私人生活的变革：一个中国村庄里的爱情、家庭与亲密关系（1949—1999）》，龚小夏译，上海人民出版社，2017。

［33］艺衡、任珺、杨立青：《文化权利：回溯与解读》，社会科学文献出版社，2005。

［34］俞可平：《论国家治理现代化》，社会科学文献出版社，2014。

［35］俞可平：《中国公民社会的兴起与治理的变迁》（中英文本），社会科学文献出版社，2002。

［36］俞可平主编《治理与善治》，社会科学文献出版社，2000。

［37］〔美〕詹姆斯·E. 安德森：《公共政策制定》，谢明等译，中国人民大学出版社，2009。

［38］〔美〕詹姆斯·N. 罗西瑙主编《没有政府的治理》，张胜军、刘小林等译，江西人民出版社，2001。

［39］张岱年、程宜山：《中国文化论争》，中国人民大学出版社，2006。

［40］张森：《文化治理：理论演进、西方模式与中国路径》，中国政法大学出版社，2017。

（二）国外专著

［1］Bratich, J. Z., Packer, J., McCarthy, C., "Culture and Governmentality", in Bennett, T., ed., *Foucault, Cultural Studies, and Governmentality* (Albany, NY, US: State University of New York Press, 2003).

［2］Commission on Global Governance, *Our Global Neighbourhood: The Report of the Commission on Global Governance* (Oxford: Oxford University Press, 1995).

［3］Donald, F. K., *Sharing Power: Public Governance and Private Markets* (Washington, D. C.: Brookings Institution, 1993).

［4］Goldbard, A., *New Creative Community: The Art of Cultural Development* (New York: New Village Press, 2006).

［5］Granovetter, M., *The Sociology of Economic Life* (Abingdon: Routledge, 2018).

［6］Polanyi, K., *The Great Transformation: The Political and Economic Ori-*

gins of Our Time（Boston，MA：Beacon Press，2001）.

[7] Rosenau，J. N.，Czempiel，E. O.，Smith，S.，*Governance without Government*：*Order and Change in World Politics*（Cambridge，England：Cambridge University Press，1992）.

（三）国内学位论文

[1] 陈彪：《浙江省基本公共文化服务均等化研究》，浙江大学硕士学位论文，2009。

[2] 侯雪言：《文化场景视域下乡村公共文化空间优化研究》，武汉大学博士学位论文，2019。

[3] 韩慧：《西部省区公共文化服务供给效率评价研究》，兰州大学硕士学位论文，2019。

[4] 孔进：《公共文化服务供给：政府的作用》，山东大学博士学位论文，2010。

[5] 刘凌博：《农村公共文化空间中青年"文化反哺"的行动逻辑研究》，兰州大学硕士学位论文，2021。

[6] 钱勇晨：《地方政府公共文化服务供给效率研究》，浙江大学硕士学位论文，2014。

[7] 王啸：《文化治理的历史演进逻辑》，华中师范大学硕士学位论文，2013。

[8] 吴嘉欣：《城市基层公共文化服务自主供给的生发逻辑研究》，兰州大学硕士学位论文，2019。

[9] 吴正泓：《社会力量参与公共文化服务供给模式研究》，天津大学博士学位论文，2018。

[10] 闫瑞娟：《铜川市公共文化服务供需失衡问题研究》，西北大学硕士学位论文，2018。

[11] 赵军义：《农民主体基层公共文化服务弱参与的行动逻辑研究》，兰州大学硕士学位论文，2018。

[12] 赵梓辰：《文化参与视角下农村公共文化空间的形塑机制研究——以Z镇为例》，兰州大学硕士学位论文，2021。

（四）国内期刊

[1] 蔡文成、赵洪良：《结构·价值·路径：文化治理的内在逻辑与实践选

择》，《长白学刊》2016 年第 4 期。

［2］陈波：《二十年来中国农村文化变迁：表征、影响与思考——来自全国 25 省（市、区）118 村的调查》，《中国软科学》2015 年第 8 期。

［3］陈波、耿达：《城镇化加速期我国农村文化建设：空心化、格式化与动力机制——来自 27 省（市、区）147 个行政村的调查》，《中国软科学》2014 年第 7 期。

［4］陈波、侯雪言：《公共文化空间与文化参与：基于文化场景理论的实证研究》，《湖南社会科学》2017 年第 2 期。

［5］陈波、李晶晶：《文化高质量发展视域下乡村公共文化空间指标体系研究》，《湖北社会科学》2021 年第 8 期。

［6］陈波、刘波：《农村内生公共文化资源优化聚合与服务创新研究——基于场景理论的分析》，《艺术百家》2016 年第 6 期。

［7］陈建：《国家与社会关系视角下我国乡村公共文化治理变迁与展望》，《图书馆建设》2022 年第 2 期。

［8］陈婕：《青年创业需要哪些政策红利》，《人民论坛》2018 年第 5 期。

［9］陈世香、黄冬季：《协同治理：我国城市社区公共文化服务供给机制创新的个案研究》，《南通大学学报》（社会科学版）2018 年第 5 期。

［10］陈世香、赵雪：《农民工公共文化服务供给机制研究：基于"服务三角"模型的建构》，《行政论坛》2017 年第 2 期。

［11］丁和根、陈袁博：《数字新媒介助推乡村文化振兴：传播渠道拓展与效能提升》，《中国编辑》2021 年第 11 期。

［12］董莉、李庆安、林崇德：《心理学视野中的文化认同》，《北京师范大学学报》（社会科学版）2014 年第 1 期。

［13］杜鹏：《转型期乡村文化治理的行动逻辑》，《求实》2021 年第 2 期。

［14］费孝通：《反思·对话·文化自觉》，《北京大学学报》（哲学社会科学版）1997 年第 3 期。

［15］傅才武、何璇：《四十年来中国文化体制改革的历史进程与理论反思》，《山东大学学报》（人文社会科学版）2019 年第 2 期。

［16］傅才武：《中国文化管理体制：性质变迁与政策意义》，《武汉大学学报》（人文科学版）2013 年第 1 期。

[17] 关爽、郁建兴：《国家主导的社会治理：当代中国社会治理的发展模式》，《上海行政学院学报》2016年第2期。

[18] 何星亮：《文化模式：传统模式向现代模式的转换》，《中南民族大学学报》（人文社会科学版）2014年第3期。

[19] 贺芒、简娟凤：《主体互惠：平衡乡村公共文化空间生产的标准化与差异化——基于政治机会结构理论的分析》，《北京行政学院学报》2021年第5期。

[20] 胡惠林：《国家文化治理：发展文化产业的新维度》，《学术月刊》2012年第5期。

[21] 胡惠林：《实现文化善治与国家文化安全的有机互动》，《探索与争鸣》2014年第5期。

[22] 胡惠林：《文化治理中国：当代中国文化政策的空间》，《上海文化》2015年第2期。

[23] 胡税根、李倩：《我国公共文化服务政策发展研究》，《华中师范大学学报》（人文社会科学版）2015年第2期。

[24] 胡税根、莫锦江、李倩：《基于数据包络分析的公共文化科技服务资源配置效率研究》，《行政论坛》2018年第5期。

[25] 胡税根、陶铸钧：《中国公共文化服务的发展逻辑研究》，《华中师范大学学报》（人文社会科学版）2018年第5期。

[26] 黄萃、任弢、张剑：《政策文献量化研究：公共政策研究的新方向》，《公共管理学报》2015年第2期。

[27] 江金启、郑风田、刘杰：《私性不足，公性错位：农村居民的精神文化消费现状及问题分析——基于河南省嵩县农村的调查》，《农业经济问题》2010年第6期。

[28] 靳浩辉：《农村社会治理视阈下祠堂文化与公共文化的互嵌与重构——以浙江省农村文化礼堂为例》，《理论月刊》2018年第7期。

[29] 景小勇：《国家文化治理体系的构成、特征及研究视角》，《中国行政管理》2015年第12期。

[30] 敬乂嘉：《从购买服务到合作治理——政社合作的形态与发展》，《中国行政管理》2014年第7期。

[31] 孔进：《我国政府公共文化服务提供能力研究》，《山东社会科学》2010 年第 3 期。

[32] 李国新：《强化公共文化服务政府责任的思考》，《图书馆杂志》2016 年第 4 期。

[33] 李强彬：《乡村"能人"变迁视角下的村社治理》，《经济体制改革》2006 年第 5 期。

[34] 李少惠、崔吉磊：《论我国农村公共文化服务内生机制的构建》，《经济体制改革》2007 年第 5 期。

[35] 李少惠、崔吉磊：《政府与社会力量在公共文化服务供给中的互动机理研究——以 Z 市"乡村舞台"建设为例》，《图书与情报》2021 年第 2 期。

[36] 李少惠、崔吉磊：《中国公共文化治理的本土化建构》，《贵州社会科学》2015 年第 11 期。

[37] 李少惠、崔吉磊：《中国现代公共文化服务政策扩散的内在张力与优化策略》，《思想战线》2017 年第 6 期。

[38] 李少惠：《甘南藏区农村公共文化服务的主体困境分析》，《图书与情报》2015 年第 4 期。

[39] 李少惠、韩慧：《我国省域公共数字文化服务供给效率空间分异及驱动因素研究》，《图书情报工作》2021 年第 7 期。

[40] 李少惠、韩慧：《西部农村公共文化服务供给效率及收敛性分析》，《深圳大学学报》（人文社会科学版）2020 年第 6 期。

[41] 李少惠：《民族传统文化与公共文化建设的互动机理——基于甘南藏区的分析》，《西南民族大学学报》（人文社会科学版）2013 年第 9 期。

[42] 李少惠、王婷：《多元主体参与公共文化服务的行动逻辑和行为策略——基于创建国家公共文化服务体系示范区的政策执行考察》，《上海行政学院学报》2018 年第 5 期。

[43] 李少惠、王婷：《基于双重差分模型的公共文化服务体系示范区创建效果研究》，《山东大学学报》（哲学社会科学版）2021 年第 2 期。

[44] 李少惠、王婷：《我国公共文化服务政策的演进脉络与结构特征——

基于 139 份政策文本的实证分析》,《山东大学学报》(哲学社会科学版) 2019 年第 2 期。

[45] 李少惠、邢磊:《公共文化服务购买中政府与社会组织合作的可持续性问题》,《图书馆论坛》2022 年第 5 期。

[46] 李少惠、余君萍:《公共治理视野下我国农村公共文化服务绩效评估研究》,《图书与情报》2009 年第 6 期。

[47] 李少惠、袁硕:《我国公共文化服务效率影响因素研究:一项元分析》,《国家图书馆学刊》2022 年第 2 期。

[48] 李少惠、张玉强:《公共文化服务创新驱动机制研究——基于模糊集的定性比较分析》,《国家图书馆学刊》2021 年第 2 期。

[49] 李少惠、赵军义:《公共文化服务研究的热点主题与演化路径分析》,《图书与情报》2017 年第 4 期。

[50] 李少惠、赵军义:《农村居民公共文化服务弱参与的行动逻辑——基于经典扎根理论的探索性研究》,《图书与情报》2019 年第 4 期。

[51] 李少惠、赵军义:《乡村文化振兴的角色演进及其实践转向——基于中央一号文件的内容分析》,《甘肃社会科学》2019 年第 5 期。

[52] 李少惠、赵军义:《乡村文化治理:乡贤参与的作用机理及路径选择》,《图书馆建设》2021 年第 4 期。

[53] 李少惠:《转型期中国政府公共文化治理研究》,《学术论坛》2013 年第 1 期。

[54] 李世敏:《新中国文化治理的结构转型》,《云南行政学院学报》2015 年第 6 期。

[55] 刘忱:《国家治理与文化治理的关系》,《中国党政干部论坛》2014 年第 10 期。

[56] 刘红:《乡村振兴背景下农村公共文化服务体系建设研究》,《社会科学战线》2022 年第 3 期。

[57] 刘辉:《公共文化服务建设的治理效应——基于黄淮市"周末一元剧场"的调查与思考》,《理论与改革》2012 年第 1 期。

[58] 刘辉:《文化治理:公共文化服务建设的欠发达地区经验——以黄淮市"一元剧场"为个案》,《学术论坛》2014 年第 10 期。

［59］刘伟：《社会嵌入与地方政府创新之可持续性——公共服务创新的比较案例分析》，《南京社会科学》2014年第1期。

［60］刘志刚、陈安国：《乡村振兴视域下城乡文化的冲突、融合与互哺》，《行政管理改革》2019年第12期。

［61］毛少莹：《文化治理及其国际经验》，《中国文化产业评论》2014年第2期。

［62］苗伟：《文化时间与文化空间：文化环境的本体论维度》，《思想战线》2010年第1期。

［63］祁述裕、曹伟：《构建现代公共文化服务体系应处理好的若干关系》，《国家行政学院学报》2015年第2期。

［64］祁述裕：《当前文化建设的几个重点难点问题》，《行政管理改革》2013年第1期。

［65］祁述裕：《国家文化治理建设的三大核心任务》，《探索与争鸣》2014年第5期。

［66］祁述裕、张祎娜：《"共治"模式的三个转型》，《国家治理》2014年第16期。

［67］秦艳华、社洁：《媒介素养：乡村文化振兴的重要推动力》，《中国编辑》2021年第11期。

［68］邱柏生：《论文化自觉、文化自信需要对待的若干问题》《思想理论教育》2012年第1期。

［69］任贵州、曹海林：《乡村文化治理：能动空间与实践路向》，《云南民族大学学报》（哲学社会科学版）2021年第5期。

［70］邵晨：《乡村振兴不可忽视乡村文化力量》，《人民论坛》2018年第26期。

［71］申亮、王玉燕：《我国公共文化服务政府供给效率的测度与检验》，《上海财经大学学报》2017年第2期。

［72］孙刚、罗昊：《乡村振兴背景下文化治理现代化的价值意蕴与政策路径》，《江汉论坛》2021年第7期。

［73］唐亚林、朱春：《当代中国公共文化服务均等化的发展之道》，《学术界》2012年第5期。

[74] 田鹏：《文化转型视角下农村社区文化治理体系重建的实践逻辑》，《暨南学报》（哲学社会科学版）2021 年第 11 期。

[75] 涂斌、王宋涛：《地方政府公共文化支出效率及影响因素——基于广东 21 个地级市的实证分析》，《经济问题》2012 年第 3 期。

[76] 万林艳：《公共文化及其在当代中国的发展》，《中国人民大学学报》2006 年第 1 期。

[77] 王列生：《警惕文化体制空转与工具去功能化》，《探索与争鸣》2014 年第 5 期。

[78] 王列生：《"权力操控"与"契约运行"的属性级差及其转换途径——关于现代公共文化服务体系建设中工具激活的思考之二》，《艺术百家》2015 年第 3 期。

[79] 王武林、包滢晖、毕婷：《乡村振兴的人才供给机制研究》，《贵州民族研究》2021 年第 4 期。

[80] 王志弘：《台北市文化治理的性质与转变》，《台湾社会研究季刊》2003 年第 52 期。

[81] 文立杰、纪东东：《乡村文化振兴进程中农村公共文化服务的实践转向》，《图书馆》2021 年第 4 期。

[82] 吴高、韦楠华：《公共文化财政投入现状、问题及对策研究》，《图书与情报》2018 年第 2 期。

[83] 吴建南、张攀、刘张立：《"效能建设"十年扩散：面向中国省份的事件史分析》，《中国行政管理》2014 年第 1 期。

[84] 吴理财：《把治理引入公共文化服务》，《探索与争鸣》2012 年第 6 期。

[85] 吴理财、贾晓芬、刘磊：《以文化治理理念引导社会力量参与公共文化服务》，《江西师范大学学报》（哲学社会科学版）2015 年第 6 期。

[86] 吴理财、夏国锋：《农民的文化生活：兴衰与重建——以安徽省为例》，《中国农村观察》2007 年第 2 期。

[87] 夏国锋：《从权利到治理：公共文化服务研究的话语转向》，《湘潭大学学报》（哲学社会科学版）2014 年第 5 期。

[88] 邢磊、李少惠：《社会组织参与乡村阅读推广：实践机制与策略选

择——以"三加二读书荟"为例》，《图书馆杂志》2022 年第 4 期。

［89］许丹、陈果：《中国农村公共文化服务制度变迁研究——以制度变迁为分析框架》，《社会科学》2021 年第 3 期。

［90］许丹：《中国农村公共文化服务高质量发展——基本内涵、问题清单与行动框架》，《社会科学研究》2021 年第 5 期。

［91］许丹：《中国农村公共文化服务制度创新动力分析——基于理性选择制度主义的考察》，《行政论坛》2021 年第 2 期。

［92］许源源、邓敏：《农村公共文化服务供给中新乡贤的作用研究——一个"双层认同与行动模型"的分析框架》，《东北大学学报》（社会科学版）2021 年第 2 期。

［93］闫小斌、段小虎、贾守军、荆皓：《超越结构性失衡：农村公共文化服务供给驱动与需求引导的结合》，《图书馆论坛》2018 年第 6 期。

［94］闫小沛、张雪萍：《城镇化进程中的乡村文化转型：文化变迁与文化重构》，《华中师范大学研究生学报》2014 年第 1 期。

［95］颜玉凡、叶南客：《政府主导下的居民离散性参与：类型、策略与特征——基于对 N 市 JY 区公共文化服务实践的考察》，《社会科学》2017 年第 4 期。

［96］杨芳、王晓辉：《数字赋能农村公共文化服务供需契合作用机理研究——基于扎根理论的质性研究》，《图书与情报》2021 年第 1 期。

［97］杨林、许敬轩：《地方财政公共文化服务支出效率评价与影响因素》，《中央财经大学学报》2013 年第 4 期。

［98］杨雪冬：《后市场化改革与公共管理创新——过去十多年来中国的经验》，《管理世界》2008 年第 12 期。

［99］姚望：《农民非常态利益表达行动逻辑新探——以"沉默的螺旋"理论为分析视角》，《农村经济》2009 年第 6 期。

［100］尹长云：《农村公共文化服务的弱势与强化》，《求索》2008 年第 6 期。

［101］余成龙、冷向明：《"项目制"悖论抑或治理问题——农村公共服务项目制供给与可持续发展》，《公共管理学报》2019 年第 2 期。

［102］俞可平：《治理和善治：一种新的政治分析框架》，《南京社会科学》

2001 年第 9 期。

[103] 张波、李群群：《乡村文化治理的行动逻辑与机制创新》，《山东社会科学》2022 年第 3 期。

[104] 张惠梅：《社区文化发展委员会：基层文化治理新机制》，《图书馆论坛》2018 年第 9 期。

[105] 张梧：《文化自信的理论透视与当代建构》，《贵州师范大学学报》（社会科学版）2021 年第 5 期。

[106] 赵军义、李少惠：《文化福利的基层样态：农民弱参与及其治理图景》，《图书馆建设》2019 年第 5 期。

[107] 赵立波：《完善政府购买服务机制推进民间组织发展》，《行政论坛》2009 年第 2 期。

[108] 赵立波：《完善政府购买服务机制推进民间组织发展》，《行政论坛》2009 年第 2 期。

[109] 韩志明：《实践、制度与理念之间的互动及其张力——基于中国行政问责十年历程的理论思考》，《政治学研究》2013 年第 2 期。

[110] 周娟：《基于生产力分化的农村社会阶层重塑及其影响——农业社会化服务的视角》，《中国农村观察》2017 年第 5 期。

[111] 周军：《当代中国乡村文化变迁的因素分析及路径选择》，《中央民族大学学报》（哲学社会科学版）2011 年第 2 期。

[112] 周晓丽：《农村公共文化服务：问题与对策分析》，《理论月刊》2010 年第 5 期。

[113] 周雪光：《基层政府间的"共谋现象"——一个政府行为的制度逻辑》，《社会学研究》2008 年第 6 期。

（五）国外期刊

[1] Berry, F. S., Berry, W. D., "State Lottery Adoptions as Policy Innovations: An Event History Analysis", *American Political Science Review* 84 (2), 1990.

[2] Berry, W. D., Baybeck, B., "Using Geographic Information Systems to Study Interstate Competition", *American Political Science Review* 99 (4), 2005.

[3] Che, Y., Lu, Y., Tao, Z., Wang, P., "The Impact of Income on

Democracy Revisited", *Journal of Comparative Economics* 41 (1), 2013.

［4］ Damanpour, F., Schneider, M., "Characteristics of Innovation and Innovation Adoption in Public Organizations: Assessing the Role of Managers", *Journal of Public Administration Research and Theory* 19 (3), 2009.

［5］ Färe, R., Grosskopf, S., Norris, M., Zhang, Z., "Productivity Growth, Technical Progress, and Efficiency Chang in Industrialized Countries", *American Economic Review* 84 (1), 1994.

［6］ Gray, V., "Expenditures and Innovation as Dimensions of 'progressivism': A Note on the American States", *American Journal of Political Science* 18 (4), 1974.

［7］ Hunold, C., "Corporatism, Pluralism, and Democracy: Toward a Deliberative Theory of Bureaucratic Accountability", *Governance* 14 (2), 2001.

［8］ Li, H., Zhou, L. A., "Political Turnover and Economic Performance: The Incentive Role of Personnel Control in China", *Journal of Public Economics* 89 (9 - 10), 2005.

［9］ Page, S. E., "Path Dependence", *Quarterly Journal of Political Science* 1 (1), 2006.

［10］ Stark, D., "Manuel Castells, The Rise of the Network Society", *Contemporary Sociology* 26, 1966.

［11］ Walker, R. M., Avellaneda, C. N., Berry, F. S., "Exploring the Diffusion of Innovation Among High and Low Innovative Localities", *Public Management Review* 13 (1), 2011.

（六）国内报纸

［1］ 白雪华：《用数字化赋能公共文化服务》，《光明日报》2022 年 4 月 26 日，第 5 版。

［2］ 包松娅：《农村基本公共文化服务，期待"百花齐放"》，《人民政协报》2019 年 5 月 17 日，第 8 版。

［3］ 惠梦：《推动公共文化服务高质量发展》，《中国财经报》2022 年 1 月 27 日，第 7 版。

［4］ 韩洁：《基层公共文化服务如何扬长补短》，《中国文化报》2022 年 3

月 22 日，第 1 版。

[5] 刘淼：《贯彻新发展理念，推动公共文化服务高质量发展》，《中国文化报》2021 年 3 月 23 日，第 2 版。

[6] 刘彤：《推动城乡公共文化服务高质量发展》，《人民政协报》2022 年 11 月 5 日，第 8 版。

[7] 苏锐：《摸清需求 精准投送》，《中国文化报》2022 年 8 月 16 日，第 6 版。

[8] 王彬：《从"吹拉弹唱"转向"协同开放"》，《中国文化报》2022 年 5 月 18 日，第 1 版。

[9] 王彬：《更多社会力量参与 塑造公共文化"服务 IP"》，《中国文化报》2022 年 11 月 11 日，第 2 版。

[10] 王彬：《公共文化服务大数据应用需更重视成果转化》，《中国文化报》2021 年 12 月 6 日，第 3 版。

[11] 王彬：《新型公共文化空间建设获"政策高配"》，《中国文化报》2021 年 10 月 14 日，第 4 版。

[12] 王彬：《专家：融入大局 向"美"而行》，《中国文化报》2021 年 10 月 14 日，第 4 版。

[13] 王伟杰：《坚定文化自信 推动新时代文化繁荣发展》，《中国文化报》2022 年 1 月 13 日，第 1 版。

[14] 王炜：《全国政协委员贺云翱：乡村公共文化服务重在提升效能》，《中国文化报》2022 年 3 月 10 日，第 6 版。

[15] 韩业庭：《公共文化服务：让生活更有质感和温度》，《光明日报》2022 年 8 月 23 日，第 5 版。

[16] 韩业庭：《公共文化建设这十年：持续为群众幸福生活添彩》，《光明日报》2022 年 4 月 8 日，第 5 版。

[17] 于帆：《提高服务效能，完善服务体系》，《中国文化报》2021 年 12 月 10 日，第 1 版。

[18] 岳凤：《建设公共文化服务体系 满足人民美好生活需要》，《中国社会科学报》2021 年 12 月 8 日，第 8 版。

[19] 郑崇选：《扎根火热的文化实践 推动提升文化治理现代化水平》，《光

明日报》2022 年 3 月 15 日，第 5 版。

［20］郑海鸥：《精神文化生活更加丰富充实》，《人民日报》2022 年 5 月 12
日，第 6 版。

［21］郑海鸥：《专业机构请进村 文化大餐端上来》，《人民日报》2021 年 9
月 1 日，第 12 版。

［22］郑建明：《着力推动公共文化服务数字化发展》，《中国社会科学报》
2022 年 8 月 2 日，第 8 版。

后　记

2005 年，我承担了中宣部暨甘肃省委宣传部课题"新时期我国公共文化服务体系的构建研究"，这一年恰是国家启动公共文化服务体系建设的元年，自此以后，"公共文化服务"日益渗透到政府决策和社会生活中，成为当前文化建设的"公共话语"与核心理念。而我也与公共文化服务结下了不解之缘，成为国内较早涉及这一新的研究领域的学者之一。

十余年来，我个人及团队成员先后围绕公共文化服务的一般理论与实践问题进行了多维度的探讨，对公共文化服务的基本概念、构成要素、内容特征和功能定位等基础理论做了学理性论述，并在公共文化政策与制度设计、城乡公共文化服务一体化、均等化、少数民族地区公共文化服务、政社合作与公民参与研究、社会力量购买服务以及绩效评估等方面取得了突出成绩，在此基础上，富有前瞻性地提出了公共文化服务治理的话语体系。

本书正是对中国公共文化服务治理相关研究的丰富和拓展。公共文化服务治理的提出是顺应中国公共文化服务理论与实践发展，促进中国现代公共文化服务体系建设，进而实现公共文化服务高质量发展的必然要求。公共文化服务治理是基于新时代的治理语境对公共文化服务的实践行动与理论发展的全新探索。从整体上讲，本书的写作框架包括两个方面：上篇理论概述与战略构想部分，重点从理论、政策和战略等层面分析了公共文化服务及其治理转向的基础性问题，尝试从学理层面厘清公共文化服务与公共文化服务治理的核心要素区别，进一步明确公共文化服务治理的理论意涵；下篇实践样态与治理图景部分，将公共文化服务作为治理的内容和手段，进而从实证角度分析我国西部农村公共文化服务治理的基本水平与典型案例，并提出改善西部农村公共文化服务治理水平的路径。

在本书撰写过程中，从主旨确立到框架设计直至最终交稿，历时两年，其间数易其稿，几经增删，有些章节甚至推倒重来。我个人作为主要负责人与撰稿人，深知理论创新的提出，必定会受到学界的检验与质疑，责任尤为重大，为此夙兴夜寐，无论是框架体系的逻辑严密性还是理论观点的细微阐发皆进行全方位的把握、仔细打磨与修改，团队成员崔吉磊、王婷、赵军义、邢磊、韩慧、袁硕等博士研究生同学亦付出了辛勤的汗水，贡献了他们的才智，吴嘉欣、刘凌博等同学提供了个案研究的文本，还有多位研究生同学进行了资料收集整理与后期校对工作，故而本书是学术团队共同的成果和学术研究的结晶。每每回想起带领团队成员一起深入田野村舍调研，在校园里和教室里交流探讨问题的情景，我总是感慨万千，体味着教学相长的快乐与学术探索的无穷魅力。如今崔吉磊、王婷、赵军义、邢磊已成长为高校教师队伍中的青年骨干，我也希望他们能够成为公共文化服务研究的中坚力量。在此向所有参与本书写作的同学一并表示感谢！同时，要特别感谢兰州大学社科处为本书出版提供的大力帮助与支持！感谢社会科学文献出版社高雁老师与责任编辑贾立平老师为本书付梓所付出的辛劳！

李少惠

2022 年 12 月于金城兰州

图书在版编目（CIP）数据

走向治理：公共文化服务的现代转型与西部实践 /
李少惠等著. -- 北京：社会科学文献出版社，2023.2
ISBN 978 - 7 - 5228 - 1422 - 3

Ⅰ.①走… Ⅱ.①李… Ⅲ.①公共管理 - 文化工作 -
研究 - 中国 Ⅳ.①G124

中国国家版本馆 CIP 数据核字（2023）第 014830 号

走向治理：公共文化服务的现代转型与西部实践

著　　者 / 李少惠 等

出 版 人 / 王利民
组稿编辑 / 高　雁
责任编辑 / 贾立平
责任印制 / 王京美

出　　版 / 社会科学文献出版社　（010）59367226
　　　　　　地址：北京市北三环中路甲 29 号院华龙大厦　邮编：100029
　　　　　　网址：www. ssap. com. cn
发　　行 / 社会科学文献出版社　（010）59367028
印　　装 / 三河市龙林印务有限公司

规　　格 / 开　本：787mm × 1092mm　1/16
　　　　　　印　张：23　字　数：362 千字
版　　次 / 2023 年 2 月第 1 版　2023 年 2 月第 1 次印刷
书　　号 / ISBN 978 - 7 - 5228 - 1422 - 3
定　　价 / 128. 00 元

读者服务电话：4008918866